彰国社刊

新建築学大系
31
病院の設計
第二版

伊藤　誠
小滝一正
河口　豊
長澤　泰

顧　問

東京大学名誉教授　　工学博士　　太田博太郎

編集委員

金沢美術工芸大学教授
東京大学名誉教授　　工学博士　　内　田　祥　哉

東京大学名誉教授　　工学博士　　稲　垣　栄　三

早稲田大学教授　　　工学博士　　尾　島　俊　雄

東京大学名誉教授　　工学博士　　川　上　秀　光

神戸芸術工科大学学長
東京大学名誉教授　　工学博士　　鈴　木　成　文

京都大学名誉教授　　工学博士　　巽　　　和　夫

　　　　　　　　　　工学博士　　谷　　　資　信

装幀：伊藤憲治

刊行の言葉

「建築学大系」は，昭和29年の発刊以来今日まで，建築界の知的集積として偉大な役割を果たしてきた。それは発刊時の編集方針に述べられているように，建築学の基礎的概説書であるとともに，研究によって得られた成果を技術に浸透させ，実務における経験を研究に反映させることを目指していた。すなわち，建築にかかわるさまざまな研究・技術・技芸を集大成しつつ，相互に影響を及ぼし合い，関連を確かめ合うことによって，建築の発展に寄与することを目標としていた。そしてその成果は，建築界に十分吸収されたといってよい。

その「建築学大系」もすでに四半世紀を経，この間の建築界はめざましい発展を遂げ，建築を取り巻く状況もまた大きく変貌した。これは単に技術・産業の発達が建築を変容させただけにとどまらず，われわれの生活や環境が総体として激変したことを大きな特色としている。われわれは建築の創造に当たって，つねに進展する学術の体系を把握することを求められているが，それだけでなく，学術の成立ちやそれの社会における位置づけを，あらためて見直さなければならない状況のなかにいるといえよう。

このような背景をふまえて，「新建築学大系」の刊行が新しく組織された編集委員会によって企画された。「新建築学大系」は，「建築学大系」発刊以来の編集方針を基本的に継承するものであるが，一方で，この間に起こった変化と発展を反映させるために，構成や内容について新しい意図を織り込むこととした。

その第一は，基礎的で概説的叙述に一層重点がおかれたことである。最近は情報活動の活発化によって新しい情報はもちろん，高度に専門化された分野の情報量も極めて膨大であり，しかもそれらが比較的容易に入手できるようになったから，そのすべてをこの企画に収録する配慮は必要なく，またそれは不可能でもある。むしろ本大系にふさわしいことは，現在の建築創造にかかわる広範な領域についての整理された情報を，網羅的かつ比較的平易に叙述することにあると考えた。

第二は，それぞれの専門分野で，学術が発達した経過について，できる限り触れたことである。建築学を構成している各分野は，時代とともに変遷した結果，専門化が進み，建築界の内部においてさえも，相互の協力・交流は必ずしも十分とはいいがたい。本大系でそれぞれの分野の発達の沿革をたどることにしたのは，技術がその時々の社会の要請に応えるものであるという視点から，現在到達した地点を長期的な展望のなかで明らかにするのみならず，相互の理解のためにも，また変遷の中に一貫した方向や問題点を浮び上がらせるためにも有効と考えたからにほかならない。

以上の二点こそ，今後の建築界に自らの進路を照らす書として最も重要なことと考えており，新しい執筆陣による新しい大系が，建築界の発展のために大きく貢献するものと確信する。

1981年7月

　　　　　　　　　　　　　　　　　　　　　　　　新建築学大系編集委員会

まえがき

　つい最近の厚生省発表によれば，日本人の平均寿命はさらに一段と伸びて，男子が75.23歳，女子では80.93歳に達したという。われわれは今や世界最高の長寿国になったというだけでなく，ある意味で人類がかつて経験したことのない状況の中に踏み込んでいるのである。このような高齢化社会は，必然的に健康と傷病についての新しい問題を生んでいる。また，日々の生活の豊かさとゆとりが，人々の間に"からだ"と"こころ"へのより強い関心を呼んでいる。こうした背景の中で，保健医療施設の建築計画に関する研究は，絶え間ない歩みを続け着実にその成果を積み上げてきた。他方，多くの建築家の研鑽によって日本の保健医療施設の水準は，特にこの10年間目覚ましい向上を示した。本書は，以上の蓄積を整理し，従来とかく一部の建築家からは敬遠されがちであった保健医療施設計画の問題を，できるだけ平易に，しかも体系的に述べることを意図したものである。

　全体は11章から成る。そのうち1章では保健と医療の制度と現況を各国との比較において概観的に述べている。続く2章は保健医療施設の中核をなす病院についての序説であるが，特にその冒頭で本書全体を貫く基本姿勢とも言うべき"患者中心の発想"について述べた。本来ならば，この章に先立って地域とのかかわりにおける保健医療施設の在り方が論じられるべきところであるが，それについては本大系21『地域施設計画』に譲る。3章は病院設計についての総論であり，かつ全体計画に関する具体的な叙述である。4〜8章は病院を構成する五つの主要部門についてのやや詳細な各論，9章は専門病院と大学病院についての概論である。なお，以上の考察がいずれも主として中規模以上の病院を対象にしていることへの補いとして，特に診療所と小病院を取り上げたのが10章である。数から見れば，この両者がわが国の医療施設の大半を占めているのが実情だからである。最後の11章では，病を未然に防ぎ，健康をより増進するための保健関係施設を取り上げた。施設体系から言えば，考察はおのずから福祉関連施設へと展開していくことになるのであるが，それについては本巻に続く本大系32『福祉施設の設計』がある。

執筆は，終始，担当者4人の共同で進められた。まず自由討論を中心とした勉強会を重ねながら段々と構想を固めていき，その過程で顕在化してきた問題点や弱点については随時調査や実地視察を行って解明補強につとめた。この作業を通じて各自が得た収穫は計り知れないほど大きなものだったように思うが，またいろいろと楽しく思い出深い時期でもあった。詳細な目次が出来上がったところで，章・節ごとに分担して草稿をつくり，それを相互に交換しながら意見を述べ合い，朱を入れ，時には受持ちを換えて書き直しを試みたりもした。その結果は，良くも悪くも本書の全体にあらわれているはずである。

　そのような事情から，予想外に長い時間がかかってしまい，各方面の方々に大変ご迷惑をかけることになったが，その点についてはご寛容願うとして，少々気になるのは早い時期に脱稿した部分にもう幾分か時代遅れの憾があることである。しかし，これはこのテーマに関する限り，ある程度宿命的とも言えることで，可能な範囲で急ぎ加筆修正も行ったが，結局は，本書全体が古くさくなる日もそう遠いことではあるまい。病院建築が，医療技術の進歩のみならず，制度や社会状況，さらには時代の思想と深く関係するものだからである。

　時あたかもわが国の保健医療制度は大きな変革期にさしかかっている。施設の在り方も急速に変わっていくことであろう。その方向を見定めるための手がかりとして，本書がいくらかでも役立つならば，それこそ筆者らにとっては望外の喜びである。

1987年7月

伊　藤　　　誠

鈴　木　成　文

（担当編集委員）

第二版に寄せて

　初版が出てからすでに10年以上経った。その間増刷のつどある程度の加筆修正を行ってきたが、それは当初の見落しを繕う程度のもので、内容に触れるほどのことはほとんどしていない。
　医療の世界は今や"変革の時代"だといわれている。人はみずからの周辺の状況変化を、とかく大きく見たがるものらしく、政治・経済の分野でも教育・技術の領域でも同じような議論がにぎやかだ。それはともかく、病院の設計をとりまく環境に、相当の変化が出ていることは事実だ。
　まず、医学・医療の進歩は、なんといっても驚異的だ。DNAとかヒトゲノムとかいう難しい話題は別にして、診療部門に並んでいる機器の様変わりを見ればそれは誰にでも直感できる。次に、医療費の増大は、病院のあり方やその運営に抜本的な改革を迫っている。それが施設計画にひびくのは当然だろう。たとえば、"病院"を従来のように一義的にとらえていると大変な過ちをおかすことになりかねない。第3に、人々が医療や病院に求めるところにも大きな変化が見られる。はやりのキーワードでいえば、プライバシーでありインフォームドコンセントでありアメニティーなどである。
　そうした見通しについては初版の「まえがき」にも書いたが、変化の速さは予測を上回ったようでもある。そんなことで、かねてから大幅な手直しの必要性を感じていたのではあるが、何かと手間取ってとうとう今日に至ってしまった。着手してみると、覚悟していた通り、部分的な修正では到底おさまりきれず、遂に全面的な組み替えということになった。おかげで内容を全章にわたってどうにか今日的なものにすることができた。
　手を加えたところは、制度・法令・統計にかかわる諸項目、診療の方法やそのための機器についての記述、参考にあげた設計例などをはじめとして、特に次の諸部門については、全面的に書き直すか新たに節を設けるなどした。
　　LDR（出産施設）
　　感染症病室，感染症病棟
　　高齢者病棟，療養型病床群，老人保健施設
　　緩和ケア病棟（ホスピス）
　　手術部，日帰り手術
　　供給部
　いずれにせよ、病院の形は今後とも変わり続けていくことだろうが、その方向もしくはとるべき対応姿勢についてはそれぞれの個所に示しておいたので、設計のための手がかりとしての本書もいましばらくの余命を得ることができたと思う。
　なお、索引についても多少の心配りをした。この種の本の活用には、索引からのアプローチも重要だと考えるからである。お役に立てば幸いである。

2000年6月

伊藤　誠

目　　次

1　保健と医療 …………………………………………………………………………… 3
　1.1　医療の進歩と拡大 ……………………………………………………………… 3
　　　飢えと伝染病…3／結核…4／成人病…4／人口の高齢化…4／精神病…5／医療概念
　　　の拡大…6
　1.2　日本の保健医療制度 …………………………………………………………… 7
　　　医療法…7／医療保障…8／医療施設の現況…13／医療保健施設の発展…19
　1.3　各国の医療体系 ………………………………………………………………… 21
　　　アメリカ…21／イギリス…23／フランス…26／ドイツ…27／スウェーデン…28

2　病院―人と施設 ……………………………………………………………………… 31
　2.1　計画の基本条件 ………………………………………………………………… 31
　　　患者中心の発想…31／病院管理…31／保険診療…32
　2.2　職員構成 ………………………………………………………………………… 33
　　　病院で働く人々…33／職員数…36
　2.3　病院建築の特性 ………………………………………………………………… 37
　　　暖かさと冷たさ…37／診療機器と建築…38／活動時間帯…38／小空間の集合体…38／
　　　安全性…39／設備の高度化…39／情報システム…40

3　病院の全体計画 ……………………………………………………………………… 41
　3.1　部門構成 ………………………………………………………………………… 41
　　　病棟…41／外来部…42／診療部門…42／供給部門…42／管理部…42
　3.2　立地と環境 ……………………………………………………………………… 43
　　　地域の医療需要…43／環境形成要素としての病院…43／周辺とのかかわり合い…44／
　　　敷地条件…45
　3.3　規模計画 ………………………………………………………………………… 46
　　　病院の規模…46／全体面積…46／各部の面積配分…47
　3.4　配置計画 ………………………………………………………………………… 51
　　　進入路…51／建物への出入口…51／駐車場…53／付属施設の配置…53

- 3.5 建築形態 ……………………………………………………………………………………54
  - パビリオンタイプ…54／積層集約型…56／高層化…58／成長変化への対応…60／マスタープラン…64
- 3.6 動線計画 ……………………………………………………………………………………64
  - 動線短縮…64／動線分離…65／患者と車の移動…65／物品の搬送…65
- 3.7 防災計画 ……………………………………………………………………………………66
  - 避難の限界…66／水平避難…67／問題点…67

4 病棟 …………………………………………………………………………………………69

- 4.1 看護単位 ……………………………………………………………………………………69
  - 看護単位とは…69／看護単位の種類…70／看護単位の大きさ…74
- 4.2 病棟の計画 …………………………………………………………………………………76
  - 基本条件…76／構成要素と面積配分…81／動線計画…82／他部門との関連…89
- 4.3 各室の設計 …………………………………………………………………………………91
  - 病室…91／看護関係の諸室…98／患者の生活的施設…105／廊下…107
- 4.4 産科病棟 …………………………………………………………………………………108
  - 産科の看護…108／産科病棟の設計…111
- 4.5 小児病棟 …………………………………………………………………………………113
  - 小児病棟の意義…113／小児病棟の計画…115
- 4.6 高齢者病棟 ………………………………………………………………………………117
  - 長期療養の場…117／計画の要点…118
- 4.7 精神科病棟 ………………………………………………………………………………120
  - 一般病院の精神科…120／精神科病棟の計画…121
- 4.8 感染症病棟 ………………………………………………………………………………123
  - 感染症への対応…123／計画の要点…125
- 4.9 集中治療病棟 ……………………………………………………………………………128
  - 集中治療病棟の機能…128／計画の要点…128／CCU…131／NICU…132
- 4.10 緩和ケア病棟 ……………………………………………………………………………133
  - 終末期医療のあり方…133／建築計画…134
- 4.11 特殊治療病室 ……………………………………………………………………………136
  - 放射線治療病室…136／無菌病室…139

5 外来部 ………………………………………………………………………………………143

- 5.1 通院診療 …………………………………………………………………………………143
  - 外来部の意義…143／外来部の構成と患者の流れ…146
- 5.2 外来部の設計 ……………………………………………………………………………155
  - 出入口まわり…156／診察室…159／待合室…162

5.3 救急部 ··· 166
　　救急体制…166／各室の設計…167

6　診療部門 ··· 171

6.1 検査部 ··· 172
　　検体検査と生理検査…172／検査部の構成…176／検査部の設計…180

6.2 放射線部 ··· 183
　　放射線の利用…184／X線診断部の計画…188／核医学検査部の計画…195／
　　放射線治療部の計画…197／画像診断…200

6.3 手術部 ··· 201
　　手術部の機能…201／規模と所要室…202／全体計画…204／各室の設計…213／
　　日帰り手術部…222

6.4 分娩部 ··· 223
　　分娩部の機能と位置づけ…223／建築構成…226

6.5 リハビリテーション部 ·· 227
　　一般病院におけるリハビリテーション…227／設計の要点…228

6.6 血液透析室 ·· 231
　　人工腎臓…231／血液透析室の設計…232

6.7 特殊診療室 ·· 233
　　高気圧治療…233／温熱療法…235／体外衝撃波結石破砕術…235

7　供給部門 ··· 237

7.1 供給の体系化 ··· 237
　　体系化の意味…237／供給部門の構成要素…238

7.2 薬局 ·· 239
　　薬局の機能…239／計画の要点…241

7.3 材料滅菌室 ·· 244
　　材料滅菌の意義…244／材料滅菌室の設計…245

7.4 輸血部 ··· 248
　　血液の供給…248／輸血部の設計…249

7.5 栄養部 ··· 250
　　入院患者の食事…250／栄養部の設計…251

7.6 洗濯室・ベッドセンター ··· 258
　　洗濯室…258／ベッドセンター…259

7.7 中央倉庫・ME機器センター ···································· 260
　　中央倉庫…260／ME機器センター…260

7.8 電気室・機械室 ·· 260

電気室・機械室の特性…260／電気室・機械室の計画…261

 7.9 廃棄物処理施設 …………………………………………………………………… 263
   塵芥…264／廃液と排気…266

 7.10 供給センターの計画 ……………………………………………………………… 267
   搬送の条件…267／搬送手段と搬送設備…268／設計例…270

8 管理部 …………………………………………………………………………………… 273

 8.1 運営関係の諸室 …………………………………………………………………… 273
   管理…273／医局…273／医療事務…275／情報…275／医療社会事業…277／霊安室…278

 8.2 厚生関係の諸室 …………………………………………………………………… 278
   患者と見舞客のための施設…279／職員のための施設…280

9 専門病院と大学病院 …………………………………………………………………… 281

 9.1 がん病院と循環器病院 …………………………………………………………… 282
   日本人の死因…282／施設の特徴…284

 9.2 小児病院と周産期医療センター ………………………………………………… 287
   小児病院の誕生と問題点…287／小児病院の建築計画…288

 9.3 リハビリテーション病院 ………………………………………………………… 291
   リハビリテーションの体系化…291／計画の要点…292

 9.4 老人病院と老人保健施設 ………………………………………………………… 294
   老人の医療と介護…294／老人病院と老人保健施設の計画…294

 9.5 精神病院 …………………………………………………………………………… 296
   精神医療の変遷…296／精神病院の建築計画…301／精神保健福祉の総合センター…309

 9.6 大学病院 …………………………………………………………………………… 312
   大学病院の機能と現況…312／大学病院の計画…313

10 診療所と小病院 ……………………………………………………………………… 319

 10.1 診療所 ……………………………………………………………………………… 319
   診療所の位置づけ…319／診療所の設計…321

 10.2 小病院 ……………………………………………………………………………… 323
   小病院の経営形態…323／大病院との違い…324

11 保健施設 ……………………………………………………………………………… 327

 11.1 保健所 ……………………………………………………………………………… 327
   保健活動の中核…327／計画の要点…328

11.2 市町村保健センター……………………………………………………329
　　　対人保健サービス…329／施設の内容…330

11.3 健診施設 ………………………………………………………………331
　　　健康診断…331／設計例…332

11.4 健康増進センター ……………………………………………………333
　　　健康度の判定と健康増進の指導…333／施設計画…333

索　引 …………………………………………………………………………337

病院の設計

伊藤　誠
小滝一正
河口　豊
長澤　泰

1 保健と医療

1.1 医療の進歩と拡大

　平和で健康な生活が送れること，それはすべての人々に共通した願いであろう。われわれは，そのような世界を目指して不断の努力を重ねている。そして，わが国の場合，相応の成果を上げてきたといってよい。平均余命の急速な伸び一つをとってみてもそれは明らかである。これには経済の発展をはじめいろいろな要因がかかわっているのではあるが，中でも医療が果たした役割の大きさについては誰しも認めるところだろう。しかし，まだ問題はいくつも残されており，さらには事態の改善や水準の向上が必然的に新しい問題を生むといったこともある。そこでまず，過去の歩みを顧みながら問題点を整理し，今後の方向づけを探るための手がかりとしたい。

a. 飢えと伝染病

　地球上には，現在でも，疾病以前の問題である飢えに苦しむ人々を抱えた国がある。そして，われわれもそう遠くない過去において同じような飢えを体験した。第二次世界大戦の末期から敗戦後にかけてのことである。この飢餓による栄養失調は，戦災がもたらした環境の荒廃もあって，たちまち悪疫の激しい流行を招くことになった。

　まず，大正末期にはほとんど姿を消していたコレラが，海外からの引揚げ船によって再びもたらされ，1945年から翌年にかけて猛威をふるった。同じくマラリアや発疹チフスも戦後数年間大流行をみせる。戦争中から途絶えることのなかった腸チフスや赤痢，ジフテリアなども戦後しばらくの間続いた。

　しかし，これらは占領軍による防疫対策と，ようやく立ち直ってきた日本の保健衛生機構の活動によって徐々に抑えられ，1950年代の中頃からは伝染病も急減した。もはや昔のような大流行は考えられないという。ただし，エイズにみられるような国際化によってもたらされる輸入感染症は，今後も次々と問題を生むことであろう。

b. 結　核

　急性伝染病の一応の終息に続いて，次に対応を迫られたのが結核である。結核は戦前すでに亡国病と呼ばれ日本にとって大きな課題であったが，戦後の貧しい食糧事情などともからんで事態はにわかに顕在化する。しかし，これに対しては国を挙げて医学・医療の主力が正面からの取組みを展開した。保健所・診療所・病院による積極的な診療活動，結核予防会の指導を中心とした組織的な集団検診，着実に成功率を高めていった外科療法，そして最終的にはストレプトマイシンなど抗結核剤の開発と普及があって，さしもの結核も1950年頃から衰退の兆しをみせはじめた。

　死因の変遷をみても，1950年まで1位：結核，2位：脳血管疾患，3位：肺・気管支炎ということで高位を保っていた結核は，1951年2位に下がり，その後加速度的に下位に落ちていった。

c. 成　人　病

　死因順位は1953年から1957年まで1位：脳血管疾患，2位：がん，3位：老衰であったが，1958年老衰に代わって心疾患が3位に登場する。その後，1981年脳血管が2位に落ち，さらに1985年には3位となり，現在の順位は1位：がん，2位：心疾患，3位：脳血管疾患である。いずれも成人病（あるいは生活習慣病）と呼ばれる病気で，現在のところ決定的な根治療法がないこともあって，中年以上の人々の大きな関心事であると同時に，医学の主要な対象となっている。

　このうち，がんは世界の英知を結集した精力的な挑戦にもかかわらず，いまだにその正体が全面的には究明されておらず，死因の絶対数も年ごとに増加の一途をたどっている。

　心疾患による死亡も，がん同様，確実に増加傾向にあり，患者数もまた増えている。原因は経済水準の向上に伴う生活様式の変化によるものといわれている。

　他方，脳血管疾患は医学の進歩とその成果に基づく広範な啓蒙の結果，行き届いた健康管理により死亡者数は年々着実に減少している。しかし，現在のところ，これら三大成人病による死亡が全死因の60％を占めているのである。

d. 人口の高齢化

　わが国の人口は第二次大戦後増加の一途をたどり，1995年の国勢調査では1億2,557万人であった。しかし，人口推計[1]によれば，2007年にピークに達した後は長期の減少過程に入り，2050年には1億50万人になるであろうと予測されている。その最も大きな要因は，若者の未婚傾向や女性の晩婚化による出産率の低下

1）国立社会保障・人口問題研究所：日本の将来推計人口，1997

にあるという。

　一方で，乳幼児死亡率の低下や生活水準の向上によって，人口の高齢化が著しく進みつつある。老年人口（65歳以上）は1975年に10％程度であったものが，1995年には約15％と急増しているし，この傾向は将来とも進行するものと予測されている。年少人口（0〜14歳）と老年人口の割合は，1995年にはそれぞれ16.0％と14.6％であるが，将来，年少人口比率は15〜16％程度を維持しながら，老年人口比率の方は増加の一途をたどって2000年に17.2％，2045年には32.0％に達するであろうと推定されている。国連の定義では老年人口14％以上を高齢社会としているが，まさに超高齢社会の到来である。

　日本の人口高齢化の特徴は，先進諸国の中でも特段に高齢化水準が高いこと，進行の速度がきわめて早いこと，および人口密度の高い社会における高齢化であること，の3点にある。

　こうした状況に対応すべく，施設面では各種老人ホームや老人病院が整備され，老人保健施設・特別養護老人ホームなどが新設されてきた。また施設づくりだけでなく，在宅でも診療・看護・介護サービスが受けられるようにさまざまな制度をつくりつつある。さらには，2000年度からの介護保険制度の発足により，医療・保健・福祉それぞれの分野で発展してきた各種施設の役割の調整や統合整理が必要になろう。

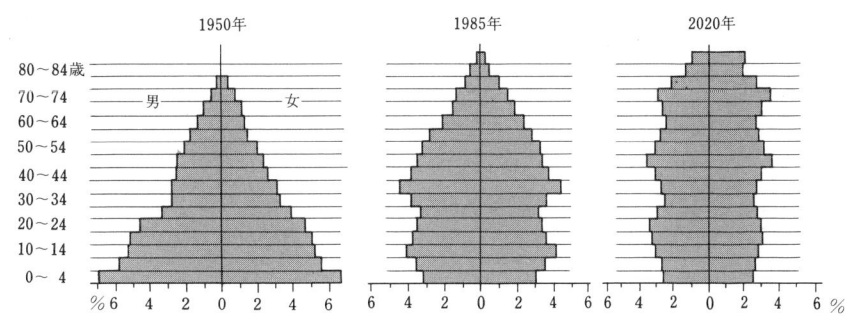

図1.1　日本の人口構成

e. 精　神　病

　戦前からあった少数の精神病院は，戦中戦後の混乱期にははなはだしく荒廃し，多くの精神障害者は社会的にほとんど見放された状態になっていた。自宅監置も少なくなかったという。このような状況の中で，1950年精神衛生法が施行され，ようやく精神医療がまともに取り上げられるようになった。法による義務づけにこたえて次々と県立精神病院の新設がみられたが，その後大きな伸びをみせたの

は私立の精神病院である。精神病全体に関して病院数も病床数も急速に増大していく中で，私立の占める比率が異常に大きくなっていった。

しかし，戦後しばらくの間，主要な治療法としては電気またはインシュリンによるショック療法，発熱療法，ごく一部でロボトミーなどの外科療法が試みられるくらいで，いずれもさほど目覚ましい治療効果は期待できなかった。それが1950年代の中頃，向精神薬の出現をみるや，精神病の治療に決定的な変革が起こった。しばしば顕著な病状の改善がみられるようになったのである。同時に入院偏重ともいえるそれまでの姿勢に反省が生まれ，通院診療の重要性と早期治療を前提とした一般病院精神科や精神科診療所の意義が改めて見直されるようになった。

それでも，1995年現在，全国の精神障害者数は約150万人といわれ，うち約33万人が入院している。これらの患者に適正な医療が施されるべきことは当然として，回復途上にある患者の社会復帰を，積極的にかつできるだけ円滑にすることが近年の主要課題とされている。そのための施設として，デイケアセンター・社会生活適応施設の設立など，医療・福祉の両面から地道な努力が続けられている。

f. 医療概念の拡大

人々は現在の健康を保持し，あらゆる病気を未然に防ぐだけでなく，よりすこやかな生活を求めている。こうした要求にこたえるべく，医療は旧来の守備範囲を大きく踏み出した領域にまでその対象を広げることになった。

医療はまず病気の"向こうへ"広がって，リハビリテーションの重要性が強調されるようになった。昔のように当座の病気がなおれば終りというのではなく，それぞれの欠損機能の回復，残存機能の維持，さらには補完機能の開発までが医療の役割として期待されるようになったのである。上田[2]によれば，リハビリテーションとはすべての障害者の全人間的復権をいうのである。そのような流れの中で，多くの病院がリハビリテーション部門の充実に力を入れ，またリハビリテーション専門の施設が次々に生まれた。さらには，中間施設，デイホスピタル，ナイトホスピタルなどの充実が急がれている。

しかしながら，医療の及ぶところには当然限界がある。あらゆる手を尽くしてもついに薬石効なく死を迎えなければならないこともあるだろう。このような人々に対して最近は緩和ケアのあり方が問題にされている。これら末期の患者を迎える施設——いわゆるホスピスはわが国にはまだ少ないが，残された日々をい

---

2) 上田敏：リハビリテーションを考える，青木書店，1983

かに意義深く過ごさせるかについて各方面で真剣な対応がみられるようになった。

医療は"横に"も幅をひろげて，それまで十分に手が尽くされてはいなかった知的障害者や重症心身障害者など数々の先天性障害を負った人々，原因も治療法もまだ明確にされていない筋ジストロフィーなど難病の患者をも，その対象として積極的に包みこもうとしている。たとえば，全国各地の国立療養所に設けられたそのような施設の果たしている役割はきわめて大きい。

医学の対象はまた病気の"手前へ"も伸びている。すなわち，従来の予防医学からさらに歩を進めて，健康者に対する定期的な健康診断の制度が広く普及した。多くの病院が積極的にこれを行っているが，大都市を中心に健診専門の施設もかなりの数でみられるようになり，それぞれ着実な活動を展開している。職場や地域を対象にした成人病（生活習慣病）の集団検診もかなり活発で，疾病の早期発見や健康を目指した生活指導に大きく貢献している。さらには，健康増進，体力増強の働きかけが各方面で活発に推進されつつある。

以上に述べたような医療の領域拡大はやがておのずから福祉につながる。特に，先にも触れたように，21世紀に向けて高齢社会を迎えようとしているわが国の場合，医療施設自体の性質も大きく変貌することになるだろう。まず第1には，従来のような狭義の診療を主とする病院のほかに，看護や患者の生活に重点を置いた新しい施設（療養型病院など）の必要性が高まってきた。第2には，診療中心の病院も，いろいろな形の福祉施設（特別養護老人ホーム・ケアハウス・グループホームなど）との連携や在宅看護など包括的な医療・介護サービス体系の裏づけなしにはその存在を維持し得ないことになろう。これら保健・医療と福祉の総合があって初めて豊かな長寿社会が約束されるのである。

1.2 日本の保健医療制度

1.2.1 医療法

わが国の現在の医療体制は，1948年に制定・施行された医療法と医師法・歯科医師法・保健婦助産婦看護婦法によってその基礎が固められたといってよい。医療法によって医療機関のあり方が規定され，続く3法により医療担当者の資格と責任が明確にされたのである。

a. 病院と診療所

医療法では医療施設を次のように定義している。すなわち，病院とは「患者20

人以上の収容施設を有するもの」で,「傷病者が,科学的でかつ適正な診療を受けることができる便宜を与えることを主たる目的として組織され,かつ運営されるもの」,つまり,"療養所"とか"センター"とか呼ばれるものも,病床数が20以上あればすべて"病院"の範ちゅうに入れられる。病床数が20未満の施設は,病床をもたないものを含みすべて"診療所"である。診療所には一般診療所と歯科診療所とがある。

 b. 医療施設の体系化

国は医療施設全体の機能分化と相互連携をめざして,それらの体系化をはかりつつある。その一端は以下の通りである。

まず,病院のうち,高度の医療を担当し,あわせて医療に関する教育・研究の機能をも備えた大規模病院を"特定機能病院"とする(大学病院・国立がんセンター・国立循環器病センター)。

かつて一般病院よりは一段高い医療の提供を期待して設置された"総合病院"の制度は廃止され,新たに地域医療の中核的役割を担う病院を"地域医療支援病院"と位置づける。

そのほか,病床数の大部分を精神病床に当てる病院を"精神病院"と呼ぶ。同じく,病床の大半を結核にあてる"結核病院"は激減し,今やその数は残り少ない。

なお法律改正に伴って"伝染病院","らい病院"などの名称は消滅した。

長期にわたる療養を必要とする患者を入れる"療養型病院"は,"老人保健施設"や"特別養護老人ホーム"などを含んで再編検討の気運にある。

 c. 病院・診療所の構造設備

医療法第23条をうけて同施行規則第16条は,病院・診療所の施設面に関して,病室の面積,廊下・階段の寸法をはじめ,設備そのほかについて10数項にわたる規定を設けている。医療施設の設計にあたっては,建築基準法・消防法などとともに医療法にも必ず目を通しておく必要がある。

1.2.2 医療保障

病気で働くことができなければ,収入の道が途絶えて生活が成り立たなくなる。その上,医療のために不測の出費を迫られるのである。傷病は,そのままではいずれにせよ生活の窮乏もしくは破滅につながる。そうなっては困るから,万一病を得ても最低の生活が保障され,また必要な医療が受けられるような仕組みが欲しい。こうした求めにこたえるべく,数々の曲折を経ながら,医療を社会的に提供する体制が一応ととのい,社会保障がわれわれの生活の中に定着した。

a. 社会保険の種類

わが国では，現在，すべての国民に対して医療と年金とを保障する制度が確立されているが，各自の職業や立場によって加入している保険の種類が異なる。これはそれぞれの制度の出発時の事情や発展過程の歴史的な違いによっているのである。以下，医療保険を中心にそれらの概要を述べる。

1) 健康保険

a) 制度としてはわが国で最も歴史の古い保険で，当初（1927年）は10人以上を雇用する工場や鉱業所の従業員を対象に施行された[3]。その後，適用事業所の範囲拡張（従業員5人以上に改正），1939年に施行された一般俸給生活者のための職員健康保険との合併統合（1942年），被保険者本人のみであった給付対象の家族にまでの拡張，給付率の変更などがあって，現在では被保険者本人8割，家族では入院8割・外来7割の給付率，それに薬剤費の一部患者負担となっている。保険料は，使用者（雇う側）と被用者（雇われる側）の双方がほぼ半々の割合で負担し，一部に国庫補助がある。

経営は，政府管掌と健康保険組合管掌の2本立てになっており，前者は主として中小企業を対象に政府がみずから運用に当たり，後者は従業員1,000人以上の大企業に対し，企業ごとにまたは数企業共同で組合をつくって自主的に運営することを認めたものである。

なお，業務にかかわる負傷・疾病・障害・死亡については，別に労働者災害保障保険制度があり，保険料は全額使用者の負担となっている。また，これら一般労働者に対する年金は，医療関係の保険制度とは別に厚生年金保険によってまかなわれている。

b) 以上が一般勤労者に対する職域保険の概要であるが，この他日雇労働者に対しては1953年に制定された日雇労働者健康保険制度があった。しかし，これも1984年の法改正により健康保険に組み入れられ，政府が直接運営することになった。保険料の負担方式や療養の給付率は一般被用者の場合と同様である。

2) 共済組合など

a) 同じく被用者ではあっても国家公務員・地方公務員・私立学校教職員はそれぞれに共済組合を組織し，医療と年金の給付を併せ行う制度をとっている。共済組合の誕生は明治末期にさかのぼるが，現行のような形をととのえたのは，いずれも第二次世界大戦後のことである。

医療に関する給付内容は，前記の健康保険と全く同じである。また，業務上の

---

[3] 健康保険の目的は，当時の政府の提案理由によれば，労働者の生活上の不安を除き，労働能率の向上と労使の協調によって，国家産業の健全な発達を図ることにあった。

傷病などに対しては，公務員の場合それぞれに補償法（条例）があり，私立学校教職員には前にあげた労災保険が適用される。

b) 船員については，1939年に際立って特異な船員保険法が制定されている。その特色は，医療保障，業務上の災害補償，失業給付ならびに年金を含んだ総合的な社会保障をいち早く確立したことにある。制度の詳細はその後いくたびか改められ，また海運のもつ意義も今日では大きく変わっているが，この制度がわが国の社会保障体系に与えた影響の大きさは相応に評価されるべきであろう。

保険者は政府で，被保険者は船員法第1条に定める船員すべてである。

3) **国民健康保険**　以上にあげた被用者のための各種職域保険のほかに，農業・自営業などを営む一般住民のための地域保険として国民健康保険がある。1938年の発足当初は市町村または職業を単位とする任意設立・任意加入の制度であったが，おいおい内容の充実が図られていった。ことに画期的であったのは1958年の国民健康保険法の全面改正で，この結果，1961年ついに国民皆保険が達成されたのである。

現在の国民健康保険は，法によってすべての市町村に義務づけられ，被用者保険に加入していない農業・自営業などの従事者全部と被用者保険の退職者とを包含している。ただし，同種の事業に従事するもの300人以上で国民健康保険組合を組織することが認められており，現に組合を設立している業種には医師・歯科医師・薬剤師・弁護士・食品販売業・土木建築業・理容美容業・浴場業などがある。

保険料は税金と同じ形で世帯ごとに（組合の場合は組合員から）徴収され，医療給付は，農業・自営業者等では世帯主・家族とも7割，退職者では本人8割，家族の入院8割・外来7割となっている。なお，これら一般住民に対する年金は国民年金法による。

4) **老人保健制度**　1983年から老人保健法が施行され，70歳以上の高齢者と65歳以上の寝たきり老人に対しては，被用者であってもすべて市町村において保健サービス（予防から治療・リハビリテーションまでをも含む）が提供されることになった。つまり，高齢者は各医療保険の給付対象から除かれ，老人保健制度という別体系のもとに一本化されたのである。

しかし，その後，この制度のままでは高齢社会への対応は困難であるとの理由で介護保険法が制定され，2000年度から施行された。

b. **療養の給付**

1) **現物給付制と医療費償還制**　社会保険における医療給付方式には医療そのものを給付する形と医療費を給付する形との二つがある。通常，前者を"現物

給付"制,後者を"医療費償還"制と呼んでいる.

現物給付制では,患者は診療を受けた病院や診療所に対して直接医療費を支払うことをせず(自己負担分を除く),診療報酬は保険者から医療機関に支払われる.

医療費償還制では,患者はまず受診した医療機関に診療費を支払い,あとでその分を保険者から払い戻してもらう.

日本では,原則として前者,つまり現物給付方式が採用されているが,一部(たとえば,次に述べる高額療養費支給制度など)に償還制も導入されている.

2) 高額療養費　すでに述べたように,いずれの保険にもなにがしかの自己負担が伴う.これが普通の病気ではさほどにはならないが,高度の,したがって高額の医療を必要とするようになると,場合によってはその負担に耐えられないということも起こり得る.このような場合の救済策として,高額療養費支給制度がある.1か月の自己負担が一定金額を超える場合,その超過分が公費から支給されるのである.

また,療養が長期にわたる場合には,国が認めた特定の疾病に限り自己負担限度額が月1万円とされている(現在,認められている疾病には血友病と人工透析を受ける慢性腎不全とがある).

3) 公費医療　医療保険の基盤は相互扶助にあるが,いくつかの特定医療については,その費用の全額もしくは一部が公費によってまかなわれている.これには,生活保護法・精神保健福祉法・母子保健法・老人保健法・児童福祉法・身体障害者福祉法など法律によるものと,難病といわれるスモン・ベーチェット・重症筋無力症などの特定疾患と小児の特定疾患(がん・ぜんそく・慢性心疾患など)を対象にした予算措置によるものとがある.

c. 問題点と今後の動向

1) 各種保険間の格差　すでにみたように,各種保健の給付にはある程度の差がみられる.この制度間格差は,最近の数次にわたる法改正によってかなり小さくはなってきたが,社会保障の原則からいっても,格差の解消は今後とも努力されなければならない課題の一つである.

加えて,やや複雑に過ぎる現行制度は,全国民的な相互扶助に向けて整理されるべきであろう.

2) 医療費の増大　わが国の総医療費は,最近20余年の間に10倍に達し,なおも増え続けている(表1.1).その伸び率は急速に鈍化してきているとはいえ,国民所得に対する比率はますます大きくなってきた.なんらかの歯止めの必要性が叫ばれるゆえんである.

表1.1　国民医療費と国民所得[4]

		1970	1980	1990	1993
医療費（億円）	a	24,962	119,805	206,074	243,631
国民所得（億円）	b	608,754	1,940,362	3,428,725	3,588,945
比率（％）	a/b	4.10	6.17	6.01	6.79
医療費伸び率	％	20.1	9.4	4.5	3.8
国民所得伸び率	％	19.7	8.6	7.1	△0.6

　医療費増大の要因としては，①治療期間の長い成人病の増加，②都市化・工業化に伴う交通災害・公害病などの増大，③医療技術の進歩による高価な設備・器械の導入と高価な新薬の使用，④専門的医療技術者の必要性の増加，⑤保健・医療に関する国民意識の向上，などの傾向が指摘されている[4]。

　これらのうち国民の健康水準向上のために必要なものは当然さらに増していかなければならないのだから，他方で不合理な支出を是正し無駄を省く努力がよりいっそう強く求められることになるだろう。

　3）　高齢社会への対応　老人は，当然のことながら有病率が高く，したがって受療率も大きい。また，いったん病気にかかるとその期間も長びく。結果として，総医療費に占める老人医療費の比重はかなりの大きさになっている。表1.2からその一端が読みとれるが，要点を整理すると——①診療費の4割以上が高齢者によって費やされている，②この診療費を1人あたりについてみると，小児（0〜14歳）の10倍近くにもなっている，③高齢者の人口比率は着実に増大し続けている。

　したがって，このまま推移すれば保険財政がほどなく破綻するであろうことは明白である。中堅層に過重な負担を強いることなく，高齢者の生活を豊かで不安のないものにするために，今や医療制度，健康保険制度，老人保健福祉制度，年金制度の総合的改革が迫られている。

表1.2　年齢別にみた診療費（1993年度）[4]

	一般診療費推計額（億円）	1人当たり診療費（千円）	人口割合（％）
0歳〜14歳	12,797　〔6.1％〕	61.4	16.7
15歳〜44歳	40,202　〔19.2％〕	74.9	43.0
45歳〜64歳	66,801　〔31.8％〕	200.2	26.7
65歳〜	89,957　〔42.9％〕	532.3	13.5
全　　体	209,757〔100.0％〕	168.1	100.0

---

　4)　厚生統計協会：保険と年金の動向（厚生の指標），1995

1.2.3 医療施設の現況

表1.3と表1.4はわが国の医療施設の現況を一覧にしたものである。病院の数は1万に近く、一般診療所はその約9倍、歯科診療所は約6倍を数える。病床数は総計193万、その内訳は病院87％に対し診療所13％の割合になっている。

病床数をいくつかの先進諸国と比べてみたのが表1.5である。日本はスウェーデンに次ぎ世界第2位にあることが分かる。ただし、日本の場合、後で述べるように欧米に比べて入院期間が格段に長いから、この数だけで必要病床の充足度をうんぬんすることはできないが、各方面で指摘されているように現況がやや過剰気味であることは確からしい。

以下、表1.3, 1.4を中心に若干の解説を加えながら考察を進めよう。

a. 多様な開設主体

日本の医療施設の開設運営主体は多様である。それぞれに相応の歴史があってのことではあるが、中にはすでに当初の設置目的とは異なった性格の病院になっているものもある。

1) 国

a) 国立病院・国立療養所　第二次世界大戦後、すべての医療施設が荒廃しきっていた中で、最も注目すべき変革は軍関係の病院が一括して厚生省に移管され、広く市民に解放されるようになったことであろう。1945年12月のことで、陸軍病院102（ほかに分院22）、海軍病院17（ほかに分院5）、軍事保護院の傷痍軍人療養所53で、前二者を国立病院、後者を国立療養所とした。

また、戦時中、結核の予防と撲滅、無医地区の解消、医療水準の向上、などを旗印として設立された日本医療団が管轄していた病院・診療所計688施設のうち結核療養所93施設も軍病院に続いて国に移された（そのほかの施設は都道府県もしくは市に移管されている）。

第二次世界大戦終了時までの医療施設の推移を示したのが表1.6である。これからも分かるように、戦前は病院数では私立の方がはるかに多く、病床数でも公私ほぼ半々であった。特に国立としては、軍病院・教育病院を除けば、逓信省・鉄道省など一部政府職員のための病院があるだけで国民一般を対象にした病院は存在しなかったから、終戦に伴う国立病院の誕生は大きな変革であったといってよい。

その後いくたの変遷があったが、現在、国が直接に運営している医療施設は国立病院・国立療養所（約230施設）のみである。それらに関しても、近年行政改革の一環として、高度専門医療や難病など政策医療を担当する病院に限定し、そのほかについては統合・委譲などの整理が進められつつある。

表1.3 開設者別にみた病院と診療所の施設数

施設の種類と規模	一般病院						精神病院					結核療養所	らい療養所	計	診療所			歯科
															一般			
開設者	20床〜	50床〜	100床〜	200床〜	300床〜	小計	20床〜	100床〜	300床〜	小計					有床	無床	計	
①国(厚生省)	—	1	19	53	153	226	—	1	2	3	—	13	242	1	7	8	—
②国(その他)	17	18	26	6	79	146	—	—	—	—	—	—	146	235	341	576	1
③都道府県	10	39	68	45	106	268	5	13	23	41	—	—	309	17	350	367	12
④市町村	80	184	165	113	212	754	1	7	2	10	—	—	769	438	2,931	3,369	332
⑤日赤	—	6	19	9	63	97	—	—	—	—	—	—	97	2	195	197	—
⑥済生会	1	4	19	20	29	73	—	1	1	—	—	74	3	34	37	1
⑦厚生連	4	7	19	23	59	112	—	1	1	—	—	113	5	66	71	—
⑧国保団体など	—	0	2	5	3	10	—	—	—	—	—	—	10	—	1	1	1
⑨全社連など	—	—	12	20	28	60	—	—	—	—	—	—	60	3	21	24	—
⑩健保組合・共済組合など	4	4	17	15	34	74	—	—	—	—	—	—	74	9	752	761	18
⑪公益法人	19	55	125	67	72	338	2	24	36	62	2	1	403	59	892	951	170
⑫医療法人	666	1,302	1,300	437	300	4,005	16	514	206	736	3	—	4,744	5,777	10,200	15,977	5,504
⑬学校法人	14	8	6	5	61	94	—	1	1	2	—	—	96	4	85	89	10
⑭会社	10	16	23	14	20	83	—	—	—	—	—	—	83	31	2,968	2,999	50
⑮その他の法人	16	64	98	44	38	260	1	7	7	15	—	1	276	118	4,000	4,118	88
⑯個人	755	714	337	77	36	1,919	29	140	19	188	3	—	2,110	15,070	42,396	57,466	52,220
総 数	1,596	2,401	2,255	953	1,293	8,519	54	707	298	1,059	8	15	9,606	21,764	65,305	87,069	58,407

厚生省大臣官房統計情報部:平成7年「医療施設(動態)調査・病院報告」(1995年10月1日現在)。なお、らい療養所は1997年の法律廃止により閉鎖された。

14　病院の設計

表1.4 開設者別・病床種別にみた病床数

病床の種類 開設者	病院									診療所
	一般病床	精神病床		結核病床		らい病床	伝染病床		計	
		精神病院	一般病院	結核療養所	一般病院		伝染病院	一般病院		
国(厚生省・その他)	119,590	1,267	8,057	—	16,712	8,526	—	1,051	155,203	2,373
都道府県・市町村	215,632	15,375	9,964	—	6,533	—	274	6,265	254,043	4,471
その他の公的医療機関	92,004	763	4,999	—	1,565	—	—	1,714	101,045	137
社会保険関係団体	37,451	—	318	—	914	—	—	163	38,846	31
医療法人	473,975	187,966	55,930	197	3,294	—	—	142	721,504	80,778
個人	145,235	32,965	6,534	241	921	—	—	—	185,896	169,127
その他	172,580	26,302	11,274	132	2,654	107	—	365	213,414	2,328
総数	1,256,467	264,638	97,076	570	32,593	8,633	274	9,700	1,669,951	259,245

厚生省大臣官房統計情報部:平成7年 医療施設(動態)調査・病院報告(1995年10月1日現在)

b) その他 厚生省以外で国が開設している病院としては,文部省の国立大学附属病院(約70施設),労働福祉事業団による労災病院(約40施設),そのほか少数ながら大蔵省・郵政省・防衛庁・宮内庁などの病院がある。

2) 道・府・県・市町村 自治体による病院は,その大半が第二次世界大戦後に設立されたものである。このうち特に市町村立病院は,いずれも地域住民に密着した施設として現に重要な役割を果たしている。

都道府県,市立医大(8大学)にもそれぞれ附属病院がある。

3) 日赤・済生会 日本赤十字社と社会福祉法人恩賜財団済生会による病院

表1.5 人口万対病床数の国際比較

スウェーデン	148
日本	155
オランダ	125
ソ連	123
フランス	107
西ドイツ	115
スイス	114
イタリア	98
イギリス	86
アメリカ	59

厚生統計協会:厚生の指標(国民衛生の動向),43巻9号,1996

表1.6 終戦までの病院数・病床数の推移

	国 公 立		私 立	
	病 院	病 床	病 院	病 床
1920年	1,692	39,465	1,280	…
1930年	1,683	62,390	2,033	59,555
1940年	1,647	99,243	3,085	89,412
1945年	297	19,531	348	12,235

戦前は,病床数10床以上の医療施設を"病院"としていた。

は，いずれも明治以来の歴史をもつ．前者は災害時の救護にそなえて医師・看護婦を養成することを目的とし，後者は皇室からの下賜金に民間の拠金を併せて救貧を目的に設立された．どちらもその後の社会事情の変化により初期の存在理由は薄れたが，現在は広く地域全般のために活動している．

4) **厚生連・国保団体など**　戦前からあった農民を対象とする医療利用組合の病院が，戦後，厚生農業協同組合連合会（厚生連）に統合された．現在，全国で100以上もの病院を経営している．

"国保団体など"には，国民健康保険団体連合会と北海道社会事業協会とを含めたが，いずれも少数の施設しかもっていない．

以上，表1.3の③から⑧までの病院は医療法（第31条）により"公的医療機関"と規定されており，その設置に対しては一部国庫補助が与えられることになっている．

5) **社会保険関係団体**　表1.3の⑨⑩は，通常，一括して社会保険関係団体と呼ばれる．

このうち全社連は，全国社会保険協会連合会の略で，社会保険事業の円滑な運用を図るため，国（社会保険庁）が設立した社会保険病院などの経営にあたっている民間団体（社団法人）である．

次に企業の健康保険組合や公務員・私立学校教職員などの共済組合が組合員のために開設，運営している病院がある．

このほかに，数は少ないが，厚生年金保険・船員保険などの積立金または益金によって設立されている病院がある．

以上は，いずれも保険加入者または組合員のための病院として発足したものであるが，医療施設が総体にととのってきた今日ではその存在意義も薄れ，ほとんどが一般に向けて開放されるようになった．

6) **公益法人**　民法第34条による公益法人立の病院は，いずれもかつて公益奉仕を目的に設立されたものであるが，その後医療法によりすべての医療施設が営利を目的としないように規定されたので，特定の病院だけを公益法人と認めるのはおかしいという意見もある．公益のために設立された歴史の古いいくつかの病院（たとえば，聖路加国際病院や倉敷中央病院など）のほかに，最近では医師会病院[5]にこの形をとる例がみられる．

7) **医療法人**　医療法第39条に規定する医療法人の数は，1985年の法改正に

---

[5] 医師会病院は，開放型病院とか共同利用型病院などと呼ばれ，その多くは地区ごとの医師会（その主要構成員は個人開業医である）により設立運営されている．1950年代初期に第一例が発足して以来，20世紀末までに全国で75施設を数える．

よる法人設立条件の緩和に伴い急増した。それまで個人経営だった小病院と診療所の多くが法人に切り替えたためである。

8) **学校法人**　私立学校の附属病院（約80施設）は，いずれも教育研究機関であるとともに高水準の病院として地域の中で重要な地位を占めている。

9) **会社**　かつては大企業が従業員の福利厚生と労務管理の一環としてみずから病院を経営する例が多かった。しかし，国全体の医療施設が充実してくるにつれ，その必要性が薄くなり，おのずと施設数も減ってきた。

b. **医療施設と病床の特性**

引続き表1.3，1.4を中心に病院と病床の特性分析を試みる。

1) **一般病院**　日本の病院の特徴の第1は，一般病院の70％が私的（医療法人＋個人）病院によって占められていることである。ただし，これら私的病院の約60％は100床未満の小病院で，病床数比率では50％に満たない。300床以上の（恐らく医療内容のととのっているであろう）病院では，国および公的医療機関が54％を占め，私的病院は26％しかない。

1995年から最近までの病床数の推移をみたのが図1.2と図1.3である。

増加の一途をたどった病床も，診療所では1970年代以降，病院では1990年代に

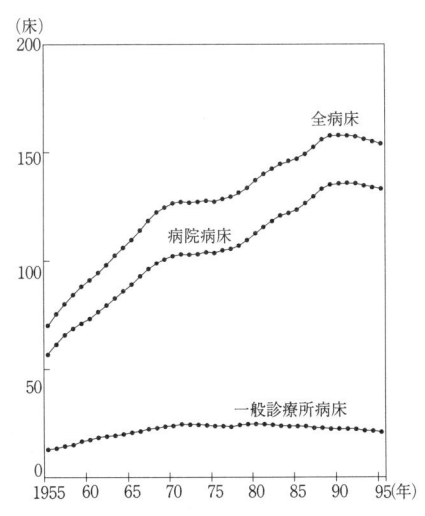

図1.2　病院・診療所別にみた人口万対病床数の推移
（厚生省統計情報部：医療施設調査）

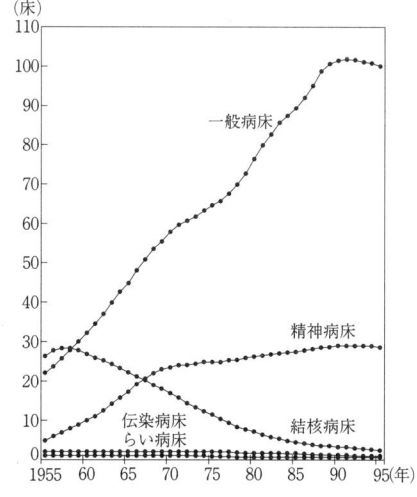

図1.3　病床の種類別にみた人口万対病院病床数の推移
（厚生省統計情報部：医療施設調査）

入ってようやく減少傾向に転じた。すでにある程度の過剰が指摘されているが，施設の機能分化についての政策が明確になるにつれ，療養型病床あるいは高齢者介護施設への転換が進むものと期待されている。

2) **精神病院**　精神病院では，規模の大小にかかわらず，圧倒的に私的病院が主体をなす。病院数では実に87％，病床数では78％を占めているのである。精神保健福祉法（第4条）による義務づけにもかかわらず，いまだに自前の精神病院をもたない県が存在していることなど，国全体の精神保健に関する民間依存のほどが知れよう。

精神病床増加の様相は図1.3にも明らかで，特に1960年代末頃までが顕著であった。

3) **結核療養所**　戦後医療の最重点課題の一つであった結核対策による結核病床の積極的な増設の結果，1950年代の中頃には結核病床が一般病床を上回るほどになった。しかし，それも1957年を頂点として以後は急激な減少傾向をたどっている。それにもかかわらず病床利用率は低下する一方で，たとえば1970年66.2％，1980年55.4％，1990年48.4％といった状況であった。多くの結核療養所は方向転換を余儀なくされ，今やほとんど残っていない。

病床の主流は，一般病院にわずかに残されている結核病棟に移った。しかも，その大半は国立および公的医療機関である。

4) **らい療養所**　らい（ハンセン病）も治療薬の開発に伴い，少なくとも先進国では過去の病気となりつつある。日本でも1997年にらい予防法が廃止され，従来の療養所は生活支援施設となった。現在，入所者総数は約5,700，大半が高齢者によって占められている。

5) **伝染病院**　伝染病専門の病院は1965年には全国で46施設あったが，1975年には27施設，1995年にはわずか5施設となった。地域医療計画に基づいて自治体病院に併設伝染病棟をおく形がととのったのである。しかし，その利用率も着実に低下しつつあり，たとえば，1960年26.4％，1970年6.1％，1980年2.0％，1990年代に入ると1％前後となっている（1999年伝染病予防法の抜本的改正によって伝染病院の名称は消滅した）。

6) **診療所**　診療所は全体で約14万5,000施設あり，うち一般診療所と歯科診療所の比率は6：4になっている。これを人口との割合でみると，一般診療所は約1,400人に1施設，歯科診療所は約2,100人に1施設あることになる。

一般診療所は，かつては有床の95％，無床の80％が個人開業によって占められていたが，現在では有床の69％，無床の65％にまで低下した。個人以外では，医療法人18％，そのほかの法人5％が目につく。前者は法人格の取得が容易になっ

たための増加によるもの，後者は特別養護老人ホームなど福祉施設内に設けられたものである。

歯科診療所は，個人（89%）と医療法人（9%）によって大部分を占められている。

c. 入院期間

前にも触れたように，日本の病院における入院期間は相当に長い。1995年の統計[6]によれば，全平均で44.2日，病床種別にみると一般病床33.7日，精神病床454.7日，結核病床119.0日となっている。これを欧米先進国と比べてみると（表1.7），その異常ともいえるほどの長さが分かるだろう。最も短いアメリカでは，最近の医療費引締め政策によってこの日数がさらに短縮されつつあるという。軽快をまたずに退院しなければならないようなことがあるとすれば問題であるが，日本ほどの長さにも疑問がある。日本でも最近この値が少しずつ短くなってはいるが（表1.8），もう一段の短縮が望まれるところである。ちなみに，都道府県別にみた場合，人口対病床数の多いところほど入院期間が長くなっていることを付言しておこう。

1.2.4 医療保健施設の発展

医療保健施設の今後の発展には次のような方向への期待が寄せられている。

a. 診療所と病院の組織的連携

眼科・耳鼻科・皮膚科・歯科など特定の専門診療所は別として，内科を中心とする一般診療所は従来よりもいっそう地域に密着した形で"住民の健康を守る家庭医"としての役割を果たすべきであるとされている。そのためには今までの医学教育に欠けていた家庭医養成，ならびにこれら家庭医に対する生涯教

表1.7　各国の平均入院期間（1995年）

カナダ	12.2（日）
フィンランド	11.8
フランス	11.2
ドイツ	15.0
イタリア	10.1
日本	44.2
スウェーデン	7.8
イギリス	9.9
アメリカ	8.0

慢性疾患を含んだ全病床についてみたもの。
"OECD Health Data 1998"より作成

表1.8　日本の病院の平均入院期間の年次推移（日）

	1970年	1980年	1990年	1995年
一般病床	32.5	38.3	38.1	33.7
精神病床	455.4	534.8	489.6	454.7

---

6) 厚生省統計情報部：平成7年　病院報告，厚生統計協会，1997

育など，検討を要する課題がいくつかある．中でも特に重要なのは，病院との緊密な連携である．必要に応じ患者が最も適切な施設へ紹介転送されるような体系が望まれる．

他方，病院の方も住民に身近な地域病院から高度専門病院へと数段階に機能分化されつつあるが，さらにそれら相互の組織的連携が推進されなければならない．

b. 継続医療

傷病の急性期を主要な対象とする診療所・病院の他に，今後は各種周辺施設の充実が求められる．

1) **高齢者施設** その第1は高齢者のための施設であろう．医療に近いところからいえば，療養型病院，老人保健施設，特別養護老人ホームなどにおける介護体制の整備が急務である．ただし，この種の施設をただ増やすことがただちに高齢者の幸福につながるとは限らない．在宅高齢者に対する訪問看護やデイケアなどとも併せてあるべき形が模索されつつある．

2) **リハビリテーション施設** 急性期から開始されたリハビリテーション療法をさらに継続すべく，入院・通院の双方を受け入れるリハビリテーション施設がもっと整備されなければならない．現在最も多い脳卒中や整形外科的疾患の後遺症だけでなく，心疾患やがんでもリハビリテーションに対する要求が増えている．

3) **精神科リハビリテーション施設** 精神科領域でもデイケアセンターとかナイトホスピタルなど，病院と社会をつなぐ中間的な施設の必要性が強調されている．

4) **難病治療施設・緩和ケア施設** 治療法が確立されていない難病はまだ相当に多い．筋ジストロフィーなどに対して国立療養所が果たしている役割についてはすでに述べたが，この種の施設のいっそうの充実と同時に，わが国でもようやく取り上げられるようになってきた末期がんなどに対する緩和ケア施設の整備が望まれる．

c. 保健予防施設

あらゆる疾病について早期発見・早期治療の大切なことは今さらいうまでもないが，一歩進めてできるだけ病気にならないように，さらにもう一歩進めて現在の健康状態を一段と向上させるように，各種の対策が講じられつつある．これに関連した施設としては，保健所，市町村保健センター，精神保健福祉センター，健診センター，健康増進センターなどが設けられてきた（詳しくは **11. 保健施設**で述べる）．

1.3 各国の医療体系

国別の医療体系について述べる前に，先進諸国の病院の病床数についてみておこう（表1.9）。この表から分かるように，日本を除いた各国では，1990年に東西統合という大変革のあったドイツを別にすれば，最近10〜20年の間にかなり大幅な病床削減を行っている。この間，日本だけはとどまることを知らない増床を続けてきた。その結果，各国に比べ比較にならないほどの病床を抱えることになった。しかも，この表から，急性疾患と慢性疾患への対応区分が遅れている状況も読み取れるだろう。

表1.9 各国の病院の人口万対病床数の年次推移

	1975	1985	1995
カナダ	70 (…)	67 (44)	51 (…)
フィンランド	151 (48)	140 (48)	93 (40)
フランス	106 (63)	105 (57)	89 (46)
ドイツ	93 (62)	87 (59)	97 (69)
イタリア	106 (…)	85 (68)	62 (51)
日本	128 (…)	147 (…)	162 (155)
スウェーデン	155 (54)	146 (46)	61 (30)
イギリス	87 (…)	74 (27)	47 (20)
アメリカ	68 (44)	55 (42)	42 (34)

各欄，左側は全病床，右側（ ）内はうち急性疾患病院の病床数，(…) は不明。"OECD Health Data 1998" より作成。

1.3.1 アメリカ
a. 自由と自主の国の医療

先進各国とも医療に関しては相当程度に社会化が進んでいる中で，アメリカにはいまだ国民全体を対象とする公的な医療保険制度がない。自主を尊ぶアメリカらしいところでもあろうか。対象を限定した二つの制度，メディケアとメディケイドがあるだけである（いずれも1966年から施行）。前者は65歳以上の老人と障害者のための健康保険で連邦政府によって運営され，後者は低所得者を対象とする医療扶助で州政府によってまかなわれている。したがって，国民の大部分はブルークロスとかブルーシールドといった非営利保険（前者は入院費，後者は医師に対する診療費を負担する）か民間医療保険に加入している。民間保険は種類も多様で，保険料や契約条件次第で受けられる医療内容にはかなりの差がある。このほかに HMO（health maintenance organization）と呼ばれる保険機構が相当数あり，なお増加しつつある。これは一定の掛金を払って加入した会員に対し，疾病の予防や健康相談なども含んだ包括的な医療サービスを提供しようというもので，診療には組織の所属医師と契約病院があたる。

世界にその名を知られたメイヨー・クリニック（ミネソタ州ロチェスター）が，フロリダ州のジャクソンビルとここアリゾナに分院を設けた。全国から患者を誘致しようという積極策である。

テキサス・メディカル・センター（ヒューストン）の中核施設のひとつ聖ルカ病院は，道路を挟んだ向い側にドクターズ・オフィス専用の貸ビルをもっている。大病院に共通の経営手法である。設計はシーザ・ペリ。

図1.4　スコッツデールのメイヨー・クリニック

図1.5　聖ルカ病院に併設されたドクターズ・ビルディング

b. 医師と病院

　アメリカの病院が日本の病院と異なる点は，原則として外来部をもたないことであろう[7]。また，一部の例外を除けば常勤の医師をかかえていない。医師はおのおの自分の診療所（doctor's office）をもち，かつ特定の病院と契約を結んでいて，自分のところに来た患者についてX線や検査が必要と認めた場合は，その患者を自分の契約病院に紹介して検査などを受けさせる。医師は病院から送られてきたX線や検査の報告を見て診断を下す。その結果，入院が必要となったならば患者をその契約病院に送り，それが外科医で手術の要ありと判断した場合には，みずからその病院に出向いて手術を行う。患者が入院中は，合間をみて病院を訪れ主治医としての務めを果たす。病院では各主治医の指示を受けたレジデント（研修医）が主治医不在中の診療を受け持つ。患者は，医師に対し診療費を払い，病院に対して入院料を支払う。技術への報酬と物的サービスの料金とが明確に分けられているのである[8]。

c. 高価な医療費

　診察料は，個々の医師が決めるので，当然のことながら，優れて評判の医師ほど高くなる。他方，病院の責任者である院長（administrator）は，日本のように医師ではなく，病院管理を専門に学んだ人がその任にあたる。この院長は建築や医療設備をととのえ，看護婦・技師など優秀な職員をそろえる努力をするが，そ

---

7) アメリカでも公立病院などには外来部（outpatient department）をもっているところがある。また，最近では，多くの病院が日帰りでかなりの程度までの手術などを行う ambulatory care が活発になった。5.1.1参照。
8) 日本でもこれにならって，処方箋料は病院または診療所に払い，薬は院外の薬局で買うシステム（いわゆる医薬分業）がようやく一般化しつつある。

の結果いい病院になれば当然入院料は高くなる。また，いい病院ほど優れた医師と契約することができる。

こうした競争の原理を基盤にして，アメリカの医療技術は目覚ましい進歩をとげ，また医療施設も世界最高の水準に達した。しかし，同時に診療費も入院料もそれにつれて高騰したため，ついに医療は人々にとって容易には近づけないものになってしまった。

他の要因も加わっていよいよ大きくなる医療費を抑制するための方策として取り上げられたのがDRG（diagnosis related groups）／PPS（prospected payment system）である。これはすべての疾病を一定数の診断群に区分し，それぞれの区分に応じ実際にかかる医療費とは関係なく一定額を支払うという方式で，いわば診断別定額請負制である。まずはメディケア・メディケイドの支払いから始めて，徐々にその適用範囲を広げてきた。

また，入院医療費の高騰に対応すべく，通院診療が見直されている。なかでも日帰り手術の増加はめざましい。

1.3.2 イギリス
a. ゆりかごから墓場までのNHS

イギリスでは，National Health Service（NHS）と呼ばれる制度により，医療のすべてが国によって保障されている。社会保障の模範として広く知られている制度で，1948年以来すでに半世紀の歴史をもつ。NHSでは単に疾病の診断・治療だけでなく，予防からリハビリテーションにわたる総合的な医療サービスを提供しており，医薬品・医療材料の供与から訪問看護などもこれに含まれる。費用の大部分は国費による。

1）**家庭医**　国民はそれぞれに家庭医（一般医）を選んで登録しておき，病気になったらその家庭医に診てもらう。診察の結果，検査や入院が必要ということになれば病院に紹介される。緊急の場合を除き，患者が直接病院に行くことは認められていない。

家庭医は最高3,500人までの登録を受けることができるが，現状では平均約2,200人となっている。医師に対する報酬は，診察した患者の数とは関係なく，基本給＋登録人頭割と特殊加算により構成される。

2）**病院**　イギリスでは古くから一般医と専門医の区別が明確であるが，NHSのもとでは一般医は家庭医，専門医は病院勤務医として位置づけられている。これら専門医は，家庭医から送られてきた紹介患者を病院の外来部で，または入院させて診療する。

病院のほとんどすべては公立（約1,700病院）で外来・入院とも一切無料であるが，ごくわずかながら私費診療を希望するもののために私費ベッドが準備されている。私立は約200病院ほどである。

3）地域保健サービス　NHSのもう1本の柱に地域保健サービスがある。地域保健活動の中心はヘルスセンターで，母子・老人・障害者に対する保健のほか学校保健や予防接種・精神衛生相談・訪問看護など多角的な活動を展開してきた。また，ヘルスセンターでは，いくつかの診察室を備えて家庭医に診療の場を提供している。イングランドとウェールズには約900のヘルスセンターがあるが，ここで診療活動を行っているのは家庭医全体の約20％であるという。

4）運営組織　運営組織については，制度発足以来何度かの修正を経てきたが，近年さらに大幅な改革が進みつつある。したがって現況の把握が難しいが，根幹は全国（スコットランドを除く）を14地域に分けてそれぞれに地域保健局（Regional Health Authority）をおき，直接の管理運営はその下に位置する地区保健局（District Health Authority）にゆだねられてきた。DHAの総数は最近まで約200ほどであった。

このような形は1982年の改正によるものであるが，その動機としては，①それ以前にみられた地域格差の解消，②病院中心の運営体制から地域医療に重点を置く体制への転換，③高齢化社会への対応，などがあげられていた。結果として，医療と福祉の連携がより緊密になったといわれている。

1990年代に入ってからは，DHAへの権限移譲が一段と進み，加えて自助努力を強く求めている。各DHAはそれぞれにトラスト制度を導入し，いわば財団法人のような形で国に対して医療サービスを供給する立場をとる。NHSはDHAから買い取った医療サービスを国民に提供するのである。国はみずからの施設をもたず，医療の間接提供者になろうとしているともいえる。

5）医療費抑制　周知のような財政逼迫の中で，なおもNHSを維持していくために政府はいろいろな方策を打ち出している（もっとも大きいのは1991年改正による医療サービスへの市場原理の導入であるという）。

その第1は費用の一部自己負担である。かつてはたとえば眼鏡まで無料で供与されたのであるが，最近ではこれらの一部が患者負担に切り替えられた。

第2は，病床数の削減で，地域によっては既存病棟の一部を閉鎖しているところもある。その上，入院日数の短縮にも相当の努力が払われている。無論，これを補うものとして，日帰り病棟（day ward）の充実やデイケアの活発化にも意が用いられている。

第3には私費診療の奨励がある。この根底にはNHSへの不満が少しずつ大き

くなってきていることへの配慮もあるようであるが,いずれにせよ私費診療が多くなればその分政府の負担は軽減されるわけで,最近は民間保険への加入者が徐々に増えているという。

b. 施設計画

1) **基本方針**　医療施設の設置に関しては地区ごとに計画がたてられるが,基本は既存の小病院を統合して適正規模の病院を適当な分布で配置することにある。その際,地区内の各病院の機能分担をはかって,それぞれに相互補完的な特徴をもたせようとしている。この点,ほとんどすべての病院が公立であるから,事を計画的に進められるわけで,日本のような施設の偏在や過当競争はなくてすむ。

なお,現在病床総数は約30万床であるが,これをさらに減らす方針だという。

2) **病院の設計**　NHSの発足以来,病院の設計については,厚生省建築部が常に主導的な立場をとって新しい方向を追求してきた。たとえば,1960年代の代表作グリニッジ地区病院をみても,世界に先がけて設備階を設けるなど数々の意欲的な試みが盛られていた。しかし,やがてイギリスの経済が傾き,国の財政が窮迫してくるにつれ,ベストバイホスピタル（お買得病院）の開発に精力を集中するようになる。建設費・維持費とも割安で,しかも質的な低下をきたさないような設計の模索である。そして,さらには新築の場合だけでなく増築にも応用できるニュークリアス方式の追求へと移っていった。当座は最小限の増築だけでしのがなければならない例が増えてきたからであろう[9]。

厚生省主導の病院以外にも,各地区ごとに特色のある優れた設計が数多くみられる。

ベストバイ病院として厚生省建築部がみずから設計した病院。同じ設計でほかの都市にも建てられている。

図1.6　ウェストサフォーク病院

イギリス中部,北海に面した小都市に建つ180床の病院。国営医療が経済的に窮迫する中で,厚生省が打ち出したニュークリアス方式を準用した設計。

図1.7　ブリドリントン地域病院

9) 伊藤誠：英国の病院建築の系譜を追って,病院42巻3〜4号,1983-3〜4

3) **一部機能の共同化**　病院機能の一部を地区内の数病院で共同化する方式はかなり早い時期から行われてきた。たとえば，洗濯などは一つの病院の洗濯場で数病院分をまとめて処理した方が疑いなく効率的である。洗濯以外で実際に共同化が行われている機能には，検体検査や薬品その他諸物品の購入・配分などがある。

1.3.3　フランス
a.　多元的な医療保障
1) 保険の種類　フランスでは自助と連帯を基盤とする公的な保険制度がととのい，1978年ようやく国民皆保険が達成された。ただし，保険の種類はかなり多く（20近くあるという），その仕組みも複雑である。政府は，第二次世界大戦直後，統一的な社会保障制度を立案したが，既存の保険制度や従来からの行きがかりなどもあって，ついに一元化できなかった。この点，わが国の事情とやや似たところがある。

主要な制度には次のようなものがある。
(1) 一般制度：商工業の被用者を対象とする保険で，全被保険者の80％強を占めている。
(2) 農業制度：みずから農業を営む者を対象とする。
(3) 自営業制度：自営業者を対象とする。
(4) 特別制度：一般制度に加わらなかった公営企業の従業員をはじめ鉱山労働者・船員などを対象とする10数種の制度からなる。

2) 医療の給付　開業医への通院診療に関しては，日本と違って償還制をとっている。受診後，医師に対して診療費を，また薬局に対して薬代を払ったのち，医療保険金庫から払い戻しを受けるのである。ただし，償還は全額ではなく，診療費で約75％，薬剤費で約70％とされている。つまり，残りは自己負担になるわけであるが，他方，疾病の種類に応じた多様な減免措置も準備されている（結核・ハンセン病・精神病などに対しては100％償還）。

入院診療では，外来とは異なり現物給付制が採用されている。費用は保険金庫から病院に送られるから，患者は一部負担だけを支払えばよい。

3) 保険の財源　一般制度では，雇主と被用者が7：3の割合で保険料を拠出する。他国に比べ雇主側の負担が大きい点がフランスの特徴であろう。政府の発表では，1983～1984年の財政収支は黒字になっている。しかし，医療の高度化による医療費の増大傾向はこの国でも同様で，抑制策の一環として自己負担率の増加が検討されつつある。

b. 開業医と勤務医

　医療施設としては病院と開業医の経営する診療所とがあり，病院には公立と私立（非営利病院，営利目的病院）とがある。患者にとって通院・入院とも施設の選択は自由である。

　医師の数は1991年現在約15万（うち1/3が勤務医，2/3が開業医）で，長らくその過剰が問題になっている。病院の医師はすべて勤務医であるが，医師に対する診療報酬と病院に対する入院料とは明確に区別されている。

都心に建つ750床の公立病院。新館の外観は，文化財でもある旧館との調和から比較的地味だが，インテリア・デザインは思い切って派手だ。

図1.8　サンルイ病院

1.3.4　ドイツ

　ドイツの社会保険制度はかなりととのったものであったが，その歴史は古く19世紀末にさかのぼる。当時すでに疾病・労災・老齢・障害などに対する保険が一応の体裁をなしていたという。しかし，これらは第二次世界大戦中ナチス政権のもとで大幅な後退を余儀なくされた。戦後は東西分割によってそれぞれ別の復興をたどったが，1990年の統一以後は遅れていた東側の水準引き上げに懸命である。

　以下の記述は，主として分裂時代の西側の状況であるが，統一後は高齢化対応の介護保険制度に先進的な実績をあげている。

a. 高水準の医療保険

1）　保険の種類　　この国の公的医療保険制度は一般保険と農民保険の二つに大別できる。

　一般保険は，生産労働者・学生・年金受給者・失業者などを対象とした義務的な保険である。公務員・公共機関職員などは任意加入になっており，収入の多い事務系従業者に対しても希望があれば自主加入の道が開かれている。農民保険は自営農民を対象にして1972年に創設された制度である。

　1985年現在，全国民の92%がこれら二つの保険のいずれかに加入しており，残り（主として高所得者）は民間の医療保険に入っている。

　一般保険の保険料は労使折半であるが，民間保険加入者についても雇主は保険料の約1/2を負担することになっている。

2）　医療の給付　　給付に関しては現物給付方式をとっているが，内容的に

は，各国に比べ給付範囲が最も広く，かつ給付率も最高であるといわれている。

運営は，各州の保険医協会と疾病金庫間ならびに各病院と疾病金庫間で交わされた契約に基づいて行われている。給付率は本人・家族の別なく原則として10割給付であったが，最近の医療費抑制策によりだんだんと一部自己負担の項目が増えてきた。

b. 医療制度と医療施設

1) 医療制度 施設は病院と開業医の経営する診療所とからなるが，病院ではわが国のような外来診療は行っておらず，外来部では退院後の患者に対する継続診療と老人や障害者のためのデイケアを行う程度である。したがって，患者は病気になったときまず診療所を訪れるわけであるが，この場合どの医師を選ぶかは患者の自由である。ただし3か月間は主治医を変えることができない。病院への入院にはこの主治医の紹介を必要とする。病院と診療所の機能が明確に分化されているのである。なお，開業医の90％は保険医に登録されており，病院の医師はすべて勤務医である。

30床ずつの看護単位を六つ集めてひとつの病棟グループとし，2グループを4層重ねて総計1,022床の大病院を形づくる。まことにドイツらしいシステマティックな設計である。

図1.9 ニュルンベルク南病院

2) 医療施設 病院には大きく分けて公立・公益法人立・私立の3種類がある。公立病院は連邦・州・市町村などの経営になり，州立の大学病院などを含む。公益法人としては宗教団体や各種の財団がある。公立・公益法人立には総合病院が多く，私立にはどちらかといえば単科専門病院が多い。

1.3.5 スウェーデン

スウェーデンといえば福祉国家の典型のようにいわれているが，事実自由主義国でありながら医療面における社会化はかなり徹底している。すべてが国または県の主導による計画に基づいて進められているから，医療施設体系もきわめて整然としたものになっている。

a. 福祉の国の医療制度

医療については，中央政府の監督下で各県の政府が責任を持つ[10]。平均的な県

---

10) スウェーデンは23県と3特別区から成る。

の保健医療費は県税60％，国からの補助25％，健康保険からの繰入れ10％，患者負担5％程度の構成になっている。

　1955年以来，16歳以上の国民はすべて健康保険に加入することを義務づけられている。15歳以下の子供は親の保険に含まれ，65歳以上の高齢者は保険料が免除される。保険料は，被用者の場合すべて雇主の負担であるが，自営業者ではみずから負担しなければならない。

　医療の給付は，原則として現物給付制で，一部に償還制が取り入れられている。病院の外来部や各地の診療センターへの通院診療費は一部自己負担となっている。

b. ピラミッド型の施設体系

　スウェーデンの病院はほとんど公立で，人口対病床数は世界最高である。また，医師の95％は国または県の公務員で，民間開業医はわずか5％に過ぎない。この開業医も大半は保険診療を行っている。

　医療施設は，次に述べるようなピラミッド型の組織体系を形づくっている。

(1) 地域中央病院：全国を七つの地域に割って，それぞれに地域中央病院をおく。これは医大関連の教育病院でもあり，医療器械なども最高水準のものを備え，高度の医療を行っている。1地域の人口は平均100万で，運営はその地域に含まれる県の協力による。なお，病院は以下の各級ともすべて外来部をもっている。

(2) 県立中央病院：各県それぞれに中央病院をもつ。対象人口は20万から30万程度である。

(3) 地域病院：人口6〜9万ごとに設けられたいわゆるコミュニティーホスピタルである。

(4) 診療センター：人口5,000人ごとに一次医療のための先端機関として診療センターがおかれている。ここには，通常，一般医と数名の専門医が勤務しており，予防・外来診療・往診・健康相談などの活動を行っている。ただし，現状における住民の通院診療の利用先をみると，病院外来部53％，診療センター30％，民間開業医17％と

この病院は，スウェーデン中南部エレブル県の県都に建つ総病床数950の高機能病院である。エントランス・ホールに続くホスピタル・モールの左右に各部門が展開する。

図1.10　エレブル地域中央病院

なっており，病院への志向性がやや強い。

(5) 保健婦：人口2,000人に1人の割で保健婦が配置され，在宅老人などの訪問看護にあたっている。

(6) 特殊専門病院：以上のほかに，リハビリテーション病院・精神病院など各種の専門病院がある。

(7) 歯科診療：歯科医の半分は公務員，半分が民間開業医である。

　政府の報告によれば，従来からの病院偏重体質を反省し，地域社会に密着した一次医療体制の充実を強調しているが，現実はなかなか計画通りには進んでいないようである。

2　病院 —— 人と施設

2.1　計画の基本条件

a.　患者中心の発想

　建築の設計は，当然のことながら，常にその建物を使う人の立場に立って進められなければならない。しかし，病院の場合，現実の設計過程において，使う側の要求として出てくる項目の大半は往々にして医師の立場からだけのものであったり，時に一部の職員の主張が勝ちすぎたものであったりする。これらの要求も使う側からのものであることには違いないが，だからといって，これに一義的な対応を示すことは必ずしも当を得ていない。なぜならば，一つの病院において"それを使う人"いいかえれば"その病院と何らかのかかわり合いをもつ人"はもっと広範多岐にわたっているからである。しかも人それぞれの要求が相互に矛盾することも決してまれではない。一概に使う人の立場に立つといっても問題はそう単純ではないのである。

　ともあれ，病院では，建物を使う側の主体はやはり患者におかれるべきであろう。といっても，病院自体がもともと患者のために存在すべきものであるから，診療も看護も食事・洗濯などのサービスもすべて患者を中心に動いているはずである[1]。ただ，今日，病院といえども採算を度外視した運営は許されない。必然的に合理化や省力化を迫られることになる。問題はそこから発生する。複雑で困難な諸条件のもとで，何とか事を解決すべくあれこれ模索しているうちに，つい患者が二の次にされていたというようなこともないとは限らない。患者中心の発想を改めて強調したいゆえんである。

b.　病院管理

　日本の病院が前近代的な形から現代病院へ脱皮したのは第二次世界大戦後のことである。その際，当時，アメリカから導入されたばかりの病院管理の思想が大

---

[1] 病院の職員を user，患者を consumer として位置づける考え方がある。上述の問題を考えるのに一つの示唆を含んだ呼び方であるように思う。

きく影響した。そして，その後も病院建築は常に病院管理の発展と表裏一体をなして成長してきている。最初は新しい管理思想を盛る器として新しい建築を求めるところから出発し，やがては逆に建築の側からの提案がしばしば管理面の進歩を促すことにもなった。この関係の重要性は今日でも一向に変わっていない。すなわち，"よい病院"をつくるには，病院管理学の指向するところを常に正しく理解していなければならないのである。いくつか例をあげよう。

　まず，かつての病棟には入院患者に対する医療だけしかなかったといってよい。そこへ戦後新たに看護と生活面への配慮とが加わった。入院には家族の付添いが絶対的な前提条件であったのが，看護一切を病院側でみることになったのである（この方式を当初は"完全看護"と呼んだ）。また，家族が七輪や鍋釜を持ちこんで患者のための食事をつくっていたのを，病院側が提供するようになった（その頃これを"完全給食"と呼んでいた）。また，布団を家から運び込む必要もなくなり，これも当時の表現でいえば"完全寝具"方式が一般化するようになった。同時に看護単位の概念が確立され，今日の病棟に至るのである。ただ，病棟運営にはまだ数々の問題が残されている。それらの解決については，管理側の提案と相まって建築計画的な工夫が期待されている。

　戦後の日本の病院におけるもう一つの大きな変革は診療部門の中央化であろう。それまで各科に分散されていた検査・Ｘ線・手術といった診療諸機能をそれぞれ中央化し，独立の部門にすることによって，診療の内容も効率も格段に向上した。しかし，検査にせよＸ線にせよ，１か所にまとめれば患者にある程度の移動を強いることは避けられない。建築計画の側で常に診療部門の課題として取り上げてきたのが，ここに生ずる患者負担の軽減であった。多くの病院が実地の設計において相応の心くばりをし，そのことがある意味で中央化を定着させたのである。病院管理と建築計画とが補い合って初めて達成できた一つの成果といえよう。

c. 保険診療

　前章で述べたように，わが国の医療はすべて保険制度を基盤にしている。診療や各種のサービスに対する料金なども一切保険によって統一的に規定されているのである。これが病院の管理運営，ひいては建築に及ぼしている影響や制約の大きさには計り知れないものがある。

　たとえば，ある時期，理学療法や作業療法に対する診療報酬がごく低かったため，医学的にはリハビリテーションの重要性が広く認められていながら，充実したリハビリテーション部をもつ病院は少なかった。当然，リハビリテーション部が占める建築的な比重もそれなりに小さなものでしかありえない。しかし，その

後診療報酬改定に伴う是正によって，最近はこのあたりの様相も大分変わってきた。逆に，わが国で人工腎臓による血液透析が急速に伸びたのは，保険が透析を認めた当初における報酬額がやや高めであったことに起因しているとする見解もある。

また，病室についてみると，一部の重症患者や隔離を必要とする患者以外は，すべて相部屋に入ることを前提として室料が定められている。ただし，病状とは関係なく個室を望む者からは，保険が負担する室料以外の差額料金を徴収することが認められている[2]。しかし，これもせいぜいが全病床数の10〜20%程度に限ってのことで，それ以上は原則として許されなかった（療養環境についての人々の要求が高まるにつれ，個室率の制約も大幅に緩和された）。このことは病棟の設計を大きく左右することになり，最近のアメリカの病院にみられる全病室を個室にしたような病棟は，日本では特別の場合を除き成立しえないのである。

このような制約は，ややもすれば病棟の設計を固定化させ，その発展を阻害することに通じかねない。事実，ある面にそれがあらわれている。われわれ建築家としては，この種の制度や規定を一概に無視するわけにはいかないが，自由な，とらわれない発想をもって，より豊かな療養環境を創造すべく提案を続けていきたいものである。

2.2 職員構成

病院はいろいろな職種にわたる数多くの人々の協力によって成り立っている。そのほとんどは常勤であるが，医師の一部にしばしば非常勤がみられる。

最近は経営の合理化・活性化を目指して業務の一部を外部に委託する例が増えてきた。医事事務，検査，給食，洗濯，清掃，設備機器の運転・保守，コンピューターのプログラミングと操作，電話交換，警備などである。この場合，この種の業務の従事者はいうまでもなく病院の職員ではない。

外国の病院で大きな力になっているボランティア活動は，まだごく一部の病院で見られるに過ぎないが，少しずつ広がりはじめている。

a．病院で働く人々

病院の職員を構成する各職種を一覧にしたのが表2.1である。このうちのいくつかについて簡単な解説を加えておく。

---

[2] 保険で決められた料金以外に病院側が患者から直接徴収できるのはこの室料差額だけであった。

表 2.1　病院の職員

医　　療	医師，歯科医師，研修医
看　　護	看護婦，准看護婦，助産婦，保健婦，看護補助者
診療補助	薬剤師 臨床検査技師，衛生検査技師，臨床工学技士 診療放射線技師，診療X線技師 理学療法士，作業療法士，視能訓練士，言語聴覚士，義肢装具士 歯科衛生士，歯科技工士 診療情報管理士，医療司書，医療ソーシャルワーカー，精神保健福祉士，社会福祉士，臨床心理士 管理栄養士，栄養士
管　　理 サービス	事務職員 電話交換手 調理師 ハウスキーパー 技術員（機械，電気，高圧ガス，など） 作業員（洗濯，清掃，営繕工作，メッセンジャー，その他） 守衛，運転手

(1)　看護婦：傷病者や産婦に対する療養上の世話と診療の補助を行う。その資格は保健婦助産婦看護婦法（いわゆる保助看法）によって規定されており，国家試験に合格した上で厚生大臣の免許を受けなければならない。

(2)　准看護婦：医師・歯科医師または看護婦の指示を受けて看護婦に準じた仕事を行う。都道府県知事の免許を必要とする。

(3)　助産婦：出産を助け，妊婦・産婦・新生児の保健指導を行う。資格は原則として看護婦の免許をもつ者が，国家試験に合格した上で厚生大臣の免許を受ける。

(4)　保健婦：地域住民に対し健康相談・衛生教育・訪問看護などの予防衛生活動を行う。資格は原則として看護婦の免許をもつ者が，国家試験に合格した上で厚生大臣の免許を受ける。

(5)　臨床検査技師，衛生検査技師：医師の指導監督の下に微生物学的・血清学的・血液学的・病理学的・寄生虫学的・生化学的・生理学的諸検査ならびに検査のための採血を行う。ただし，衛生検査技師には，上記のうち最後の2項（生理学的検査と採血）は認められていない。資格は臨床検査技師・衛生検査技師等に関する法律により，ともに厚生大臣の免許を受ける。

(6)　臨床工学技士：1987年に法制化された職種で，いわゆるME（メジカルエンジニアリング）専門の技師である。

(7)　診療放射線技師，診療X線技師：医師または歯科医師の指示の下に，放射

線を照射して撮影や治療を行う。ただし，人体内に機器や針を挿入して行うものを除く。ここで放射線とは，診療放射線技師の場合，α線，β線，γ線，100万電子ボルト以上のエネルギーを有する電子線，X線，そのほか政令で定める電磁波または粒子線とされており，診療X線技師では100万電子ボルト未満のエネルギーをもつX線のみに限定されている。資格は診療放射線技師および診療X線技師法により，前者は厚生大臣の，後者は都道府県知事の免許を必要とする。

(8) 理学療法士：通常 Physical Therapist を略して PT と呼ぶ。医師の指示の下に，身体に障害をもつおそれのある傷病者または障害者に理学療法を行う。理学療法では，基本的動作能力の回復を図るため治療体操その他の運動を行わせ，また電気刺激，マッサージ，温熱などの物理的手段を用いる。資格は理学療法士作業療法士法により，厚生大臣の免許を受ける。

(9) 作業療法士：通常 Occupational Therapist を略して OT と呼ぶ。医師の指示の下に，身体または精神に障害のあるものに対し作業療法を行う。作業療法では応用的動作能力または社会的適応能力の回復を図ることを目標に，手芸や工作，その他の作業を行わせる。資格は前項と同じ法律によって定められている。

(10) 視能訓練士：視力障害者の視力回復訓練を行う。残像法・眩惑刺激法などの矯正訓練のほか，眼底写真撮影などの検査も行う。視能訓練士法に基づいて資格化されている。

(11) 言語聴覚士：言語聴覚士は，音声機能，言語機能または聴覚に障害のあるものについて，その機能の維持向上をはかるため，言語訓練やその他の訓練，検査，指導などを行うことを業とするもので，厚生大臣の免許を必要とする。1997年に法制化された。

(12) 義肢装具士：障害者のための義肢や装具を設計製作する。1987年に資格が制度化された職種である。

(13) 歯科衛生士：歯科医師の指導の下で歯および口腔疾患の予防処置，たとえば歯石除去法などを行う。資格は歯科衛生士法による。次項の歯科技工士ともども都道府県知事の免許を受ける。

(14) 歯科技工士：歯科医療に用いられる補綴物・充填物・矯正装置の製作・修理・加工を行う。資格は歯科技工士法による。

(15) 医療ソーシャルワーカー：Medical Social Worker を略して MSW と呼んでいる。医療・保健の妨げとなっている患者や家族の心理的・経済的・社会的問題に関して相談にのり，解決のために援助協力する。わが国では，まだその身分が確立されていない（精神科だけが1998年精神保健福祉士として資格化された）。

(16) 診療情報管理士：医療保健活動のための最も基本的な情報源となる診療録

（病歴）を管理する専門職である。

(17) 栄養士，管理栄養士：栄養士は都道府県知事の免許を受けて，通常の栄養指導を行う。このうち，高度の栄養指導と給食管理についての能力を有すると認定されたものを管理栄養士と呼ぶ。

b. 職員数

日本の一般病院における職員数の現況を示したのが表2.2である。

これから分かるように，わが国の一般病院では，平均的に病床数とほぼ同数の

表2.2 一般病院の職員数

職種＼病床数	20～49	50～99	100～199	200～299	300～399	400～499	500～699	700～899	900～	100床あたり
医　　　　師	2.9	4.3	8.1	12.3	23.6	33.8	74.8	116.6	244.6	9.0
非 常 勤 医 師	1.1	1.7	2.3	2.4	3.1	4.5	12.1	27.1	57.9	2.0
歯 科 医 師	2.4	0.4	0.1	0.2	0.4	0.7	1.8	2.4	6.1	0.5
非常勤歯科医師	0.3	0.1	0.0	0.1	0.1	0.1	0.5	0.7	1.3	0.1
看　護　婦	5.7	10.9	27.4	48.8	95.1	139.3	248.5	322.2	486.9	28.6
准 看 護 婦	9.8	15.4	25.9	33.6	38.8	44.1	15.3	42.4	60.1	14.3
助 産 婦	0.4	0.2	0.7	1.6	4.3	6.3	11.0	14.6	18.0	1.1
看 護 助 手	4.4	9.8	20.4	26.7	31.5	33.5	40.7	53.3	102.4	11.2
薬 剤 師	1.3	2.1	3.5	4.7	7.6	9.8	15.4	19.1	34.3	2.7
臨 床 検 査 技 師	0.7	1.3	3.1	4.7	9.2	13.6	24.1	29.8	61.6	3.1
衛 生 検 査 技 師	0.0	0.0	0.0	0.1	0.1	0.1	0.2	0.4	0.7	0.0
検 査 助 手	0.1	0.2	0.2	0.3	0.5	0.7	1.2	1.6	3.7	0.2
診 療 放 射 線 技 師	0.7	0.1	2.4	3.1	5.6	7.7	13.6	17.0	30.9	2.0
診 療 X 線 技 師	0.1	0.1	0.1	0.1	0.1	0.1	0.1	0.0	0.1	0.1
理 学 療 法 士	0.2	0.6	1.5	1.8	2.5	2.8	4.2	4.8	6.6	0.9
作 業 療 法 士	0.0	0.1	0.5	0.9	1.1	1.5	1.4	2.1	2.9	0.3
視 能 訓 練 士	0.0	0.0	0.1	0.1	0.3	0.5	0.9	1.1	2.7	0.1
マッサージ師	0.4	0.6	0.9	0.7	0.8	0.8	1.1	1.3	1.2	0.4
歯 科 衛 生 士	0.4	0.1	0.2	0.3	0.6	0.7	1.2	1.3	2.6	0.2
歯 科 技 工 士	0.1	0.0	0.1	0.1	0.1	0.2	0.5	0.7	1.2	0.1
管 理 栄 養 士	0.4	0.8	1.3	1.6	2.2	2.7	3.7	4.6	7.3	0.8
栄 養 士	0.8	1.0	1.2	1.4	1.6	1.7	1.8	2.3	4.9	0.7
その他の技術員	0.6	1.2	2.4	2.9	3.6	4.5	6.5	7.3	12.1	1.4
医療ソーシャルワーカー	0.1	0.2	0.5	1.1	1.4	1.8	1.7	2.6	3.2	0.3
事 務 職 員	6.0	8.3	13.9	17.8	27.5	33.7	55.4	70.5	116.1	10.2
その他の職員	4.8	6.9	11.1	15.7	23.2	29.9	37.7	48.1	69.9	7.7
計	40.8	67.4	127.8	183.2	284.8	375.4	575.5	794.0	1,339.4	98.2

厚生省統計情報部：平成7年医療施設調査，厚生統計協会，1995

職員を抱えている。精神病院ではこれが約半分になり，がん・循環器など特殊専門病院では逆にもっと多くなる。転じて欧米先進国の病院をみると，国により，また病院の事情によりかなりのばらつきはあるが，総じて病床数の約3倍といったところが普通のようである。病院職員の定義，職員数の数え方などについていろいろ議論の余地はあるが，日本の病院が彼らに比べ極端に少ない人手によって運営されていることだけは確からしい。前章で述べた日本の病院における在院日数の長さなども，この職員数との関連で考えればある程度まで納得がゆく。

以上の職員のうち最も多いのが看護婦を中心とする看護関係者で，全体の半分以上を占めている（特に1980年代以降看護婦が増えた）。また，150床未満の病院では看護婦よりも准看護婦の方が多い。一般に，小規模病院ほど准看護婦への依存度が大きく，大病院になると看護婦の方が多くなる。

次いで多いのは医師であるが，最近の傾向として常勤が増え，非常勤が減った。医科大学増設にともなう医師養成制度の改革が成果をあらわしてきた結果であろう。

そのほか診療関係職員では，薬剤・検査・放射線関係が目立つ。PT・OTなどリハビリテーション関係の近年の増加ぶりも注目に値する。

2.3　病院建築の特性

病院建築を的確に理解するために，まずほかの建築と比べてどこがどう違っているか，その特異点を拾い出してみよう。

a.　暖かさと冷たさ

病院の設計は，いろいろな建築の中でも最も難しいものの一つであるとされている。なぜであろうか。すぐに考えられるのは，目覚ましい速さで進んでいく医学の歩みに絶えず追随していかなければならないからということであろう。確かにそのとおりである。しかし，それだけのことならば，それは必ずしも病院に限ったことではない。宇宙開発とか先端技術というような分野では，つねに似たような問題を抱えているに違いない。病院の難しさは実はもっと別なところにある。たとえば，そこには手術に代表される一面非情ともいえる診療行為があり，他方に病者の苦しみを除き，やすらぎを与えるための細やかな心づかいがなければならない。いうならば，きわめて冷たい側面と暖かみを求める側面との二つを併せもち，しかも両者の間に絶妙な調和を必要とするのである。これらは，つまるところ一つの楯の両面にすぎないのであるが，具体的な設計にあたって，この

条件を満足させることはそう容易ではない。機能の的確な理解と卓越した創造力をもってして，それは初めて可能になるのである。

b. 診療機器と建築

診断のため治療のため次々と新しい器械が登場してくる。それを容れる器としての建築の側では，その種の機器のための注文に応ずべく空間的にも設備的にもいろいろな配慮を迫られる。器械の進歩や変化はきわめてはやいから，この対応はなかなか容易ではないが，もっと大きな問題は，これがさらに進んで建築そのものが診療機器の一部に組み込まれるような事態が起こりつつあるということである。たとえば，がん治療のための高エネルギー放射線照射室や白血病治療のための無菌病室などがそれである。厚さ2mもあるコンクリート壁で囲まれた放射線治療室など，今までの建築の常識とはおよそ質を異にする空間であろう。壁一面または天井全面を空調吹出し口にした清浄空気の無菌病室なども従来の病室の概念からは遠くかけ離れた空間である。医療上必要とあれば，それはそれでよいのであるが，問題はこの種のあまりにも特化された空間が建築の柔軟性を著しく狭めているところにある。大体，いま挙げたような部屋をほかの用途に転ずることはまず困難であろう。建築は本来医学の進歩に自在に対応できなければならないはずなのであるが，こうした医療上の要求に忠実であればあるほどみずからを硬く融通のきかないものにしてしまう。このような矛盾の解決も病院の建築計画に与えられた課題の一つだと思う。

c. 活動時間帯

部門によって活動時間が異なることも病院の特異点であろう。病棟のように1日24時間活動を継続しているところもあれば，昼間8時間だけしか動かない部門もある。あるいは救急部や分娩室のように活動時間が不定で常時待機の姿勢を保っていなければならないところもある。さらには，薬局や検査室のように，原則としての活動時間は一応昼間だけになっていても，夜間臨時の要求に応じなければならない部門もある。

このような部門間の活動時間帯のずれ，それによって生ずる連絡調整の必要性などは施設計画にもからむ問題である。夜間も活動している部門とそうでない部門とが明確にゾーニングされていなければ管理上何かと不都合が生ずるであろうし，また設備面でも空調や照明などの系統分けが複雑になる。

d. 小空間の集合体

病院建築は延べ面積の割に室数が多いことでも特異である。ごく一般的な200〜300床の病院でも，部屋の数がベッド数の1.3〜1.5倍ぐらいあるのは普通で，これが2倍を超す例さえある。病院はまさに小空間の集合体なのである。あ

まりに空間を細分化することは好ましいことではないが，実際問題として機能上どうしても部屋を分けなければならないことが多いのである。患者のプライバシー確保，手術室などの清潔管理，感染性患者の隔離，分厚い壁による放射線防護など，すべて結果として小空間を形づくることになる。このことは，必然的に建築の構成を複雑にし，建設費を割高なものにし，かつ維持管理をむずかしくすることにつながるであろう。

e. 安 全 性

病院は病人を数多く抱えたところであるから，安全については特別の配慮を必要とする。たとえば，災害時にも機能を保持すべき建築物として，特に公立病院の場合，一般の建物よりは大きな耐震性をもたせようとする考え方が広く行きわたってきた。

建築基準法でも，病院は"特殊建築物"として，内装に不燃もしくは難燃材料を使用することなどを求めている。消防法に基づく行政指導などもかなり厳しい。

まったく性質を異にする問題ではあるが，自殺を企図する患者の安全をどう考えるかといったことも忘れてはならない。

院内外のすべてにわたって一切の段差を排すべきことは今や常識であろう。

ただ，以上が具体的な設計に加える制約は相当なものである。そのためか，ともすると病院は建築としての魅力に乏しい。各階に同じようなバルコニーをめぐらした単調で退屈な立面や，避難誘導灯が室内の決定的な支配要素になっているインテリアデザインなどがそれである。十分な安全性を確保しつつ，しかも創意に富んだ豊かな設計を期待したい。

f. 設備の高度化

最近の病院における設備内容の充実にはめざましいものがある。これは当然工事費にも反映されて，かつて建築：設備＝7：3程度であったものが今やほぼ半々の線に到達した。このことにより病院の環境水準が格段に向上したことはいうまでもないが，特に注目すべきは，空調と照明による人工環境の達成が設計の自由度を大幅に拡大したことである。各室に自然の採光と通風を確保しなければならない場合と，それにあまりこだわらなくてもよい場合とでは，平面の構成が大きく変わる。自然依存の条件から解放されることで，特に診療部門などにすぐれて機能的な平面型が生まれた。この点はまず高く評価されねばなるまい。

しかし，その反面，このような高度の設備の維持費が，そうでなくても苦しい病院の財政を圧迫し，ある意味で運営上の重荷になりつつあることも否めない。さらには，こうした重装備化が病院の体質を脆弱化し，特に災害時には高機能病

院ほど先に機能停止に陥るのではないかといった危惧さえ生まれている。設備の高度化を求めてひたすら登り続けてきた歩みをしばし止めて，反省のための小休止が求められてもよい時期かと思う。

g. 情報システム

今日の医学は，ひとりの患者について可能な限りの情報をすべて集め，それらの総合判断を通してできるだけ正確な診断を心がけている。しかも，患者は入院と外来の両方で大変な人数になる。それら全患者にかかわる情報量たるやまさに膨大である。一方，先に述べたように，病院では多様な職種の多数の人々がそれぞれの部門で働いており，相互の協力の上で日々の診療が成り立っている。その間に行き交う情報の量もまたおびただしいものになるだろう。それらの情報は正確に，また時に迅速に処理されなければ患者の生命にかかわることさえある。

最近は，ハードウェア・ソフトウェアの両面で新しいシステムが次々と開発され，その導入が診療内容の向上や運営の効率化に大きく寄与している。建築計画面でも，作業のごく初期の段階から，どこにどのようなシステムを採用すべきかを検討しつつ設計を進めることになる。取り上げるシステムのいかんによっては，建築の形態が大きく変わることもありうるだろう。

3 病院の全体計画

　この章では病院の総合的な計画にかかわる基本問題を取り上げる。すなわち，まず **3.1 部門構成** で病院を形づくっている五つの部門について概説し，次いで **3.2 立地と環境** で病院がおかれるべき敷地まわりの諸条件について考察する。続いて **3.3 規模計画** では病床数と延べ面積との関連，ならびに各部が占める面積割合について，**3.4 配置計画** においては敷地への進入路や建物への出入口のあり方，駐車場の問題などについて述べる。次の **3.5 建築形態** はブロックプランに関連した論述，最後の **3.6 動線計画** と **3.7 防災計画** は病院各部に共通する動線と防災の問題についての考察である。

3.1 部門構成

　病院は複雑な構成をもった有機体であるから，全体をそのままひとつかみに理解しようとしても無理である。したがって，建築計画的には便宜上これを次のような五つの群に分けて考えることにする[1]。
　①病棟，②外来部，③診療部門，④供給部門，⑤管理部
　以上の構成は，精神病院や小児病院など専門病院についても，あるいは大学病院などについても同様と考えてよい。それぞれの特性に応じて部門の相対的な大きさや比重が変わってくるだけである。

a. 病棟

　患者を入院させて診療看護を行うところである。病院本来の使命からしても，それが占める面積的な比率からみても病院の主体をなす部門で，しかも年中昼夜絶え間なく活動しているところである。さらに，そこには患者の"生活"がある。一般に"生活"にかかわる側面には，普遍的な考察の場に載せにくい要素が

---

[1] このような部門分けは，あくまで建築計画的な立場からみたもので，管理・運営面からの部門構成とは異なるところがある。

多分に含まれている。そういった意味でいろいろ複雑な問題を抱えた部門だといえよう。

b. 外 来 部

患者が一定期間通院しながら診療を受ける部門である。ほとんどの病院が外来部を持たなかったアメリカなどの例は別として，わが国の場合は機能面でも施設面でも病院の中でかなり重要な地位を占めてきた。ことに最近では入院による患者の負担を少しでも軽減すべく，外来部やデイホスピタルにより積極的な意味づけをしようとする立場もみられる。なお，昼間の決められた時間帯に診療が行われる一般的な外来部とはやや性格を異にするが，時間外診療や救急医療を行う部門もここに含めることにする。

c. 診 療 部 門

医師が行う診断・治療行為に対して，その一部を代行し，あるいはそのための場をととのえて提供する部門である。具体的には，検査部・放射線部・手術部・分娩部・リハビリテーション部などを指す。検査やX線撮影はかつては診療各科ごとにそれぞれに人と設備を抱える形で行われていたのであるが，戦後，新しい病院管理の思想のもとに中央化されることになった。したがって当初は中央診療施設などと呼ばれていたが，今日ではもはやあえて中央化をいう必要もなくなった。

以上はいずれも今日の病院に定着し欠くことのできない要素となっているが，このほか医学の進歩に応じ今後次々に生まれてくるであろう新しい診療機能については，それが定着するまでひとまず一括して特殊診療室と名づけておく。

d. 供 給 部 門

上記の各部門の活動に対してはいろいろな"もの"の供給を必要とする。薬品・滅菌材料・輸血用血液・食事・リネン類，その他の物品などである。これらを補給する各部をまとめて供給部門と呼ぶ。

なお電気室・機械室はエネルギーの供給源として，さらに廃棄物の処理は負の供給であると考えて，ともに供給部門に加える。

e. 管 理 部

病院全体の管理・運営・維持をつかさどる部門である。また，売店・喫茶室や職員・見舞客などのための厚生関係諸室もここに入れる。

3.2 立地と環境

3.2.1 地域の医療需要

　体系的な医療施設配置計画がまだ完成していないわが国では，ある病院の立地を他施設との関連において検討しようとしても困難なことが多かった。しかし，周辺の医療施設を無視して計画を進めるわけにもいかないから，一応既存の病院・診療所についてその位置・標ぼう診療科目・病床数・外来患者数のほか，それぞれの病院・診療所が特に力を入れている診療分野などについてできるだけ詳細に調べ，無益な競合が起こらないようにすべきであろう。

　またその際重要なのは，予想される診療圏内の人口ならびにその年齢構成である。これによって医療需要の型が大きく左右されるからである。

3.2.2 環境形成要素としての病院

　病院は都市環境の形成要素として重要な位置を占めるはずである。そのことは，ヨーロッパあたりの街を，そしてそこにおかれている病院をみればただちに理解できよう。そこでは多くの病院が広い敷地を確保し，かつしばしば豊かな緑に囲まれて存在する。そのことの意義を改めて考え直してみたい。

a. 病院と地域社会

　病院は，市民との結びつきにおいて，地域社会の中心におかれなければならない。しかし，それは必ずしも住宅群の中に溶け込むような形が好ましいということではない。かつて，伝染病院や精神病院が，一部の人々の無知と偏見によって地域から排斥されたのは論外として，たとえば診療の雰囲気が周辺住民の身近にまでただよってくるような状況は決して望ましいものではないだろう。だからといって，周囲に高い塀をめぐらすのもどうであろうか。必要なのは，近隣からの適当なひきである。病院の建物と周辺の家々との間にある程度の距離をとれば，相互の干渉度は相応に弱まることになる。

b. 庭の確保

　療養の場として，病院は当然のびやかに広がる庭をもつべきである。それはみずからの責務を果たすために欠くことのできない条件であるが，結果として，豊かな街づくりにも貢献することになる。

c. 防災拠点

　病院にはまた災害時における活動拠点としての働きも期待したい。不幸にも災害に見舞われたとき，病院は最も立場の弱い患者をみずからの内部に抱えながら，なお外に向かって援助の手をさし伸べなければならない。次々に都市機能が

停止する中で，病院こそ最後まで活動を続けてほしいのである．それには，何としてもある程度の空地をもっている必要がある．新潟地震の際，大きな活躍ができたのは広い庭をもった病院であった．そこは単に救急医療の場としてだけでなく，被災者の避難場所としても大いに役立ったのである（残念ながら，阪神・淡路大震災にこの教訓が生かされていたとはいえない）．

3.2.3 周辺とのかかわり合い

医療施設と地域社会とのかかわり合いについては，そのマイナス面，つまり病院が周辺から受ける被害と，逆に周辺に及ぼす病院側からの加害の問題についても考えておく必要があろう．

a. 周辺からの被害

被害については，まず，日に日に悪化する都市環境が病院の存在そのものを危うくしつつある点を挙げねばなるまい．大気の汚れや騒音に対する自己防衛の手段として，病院はいやでも空調を採用しなければならないことになった．その結果，空気による院内感染が問題にされるようになっている．かつて患者に快適な療養環境をという観点から待望された空調が，このような形で，つまり周辺環境の悪化という外圧によって，普及することになったのはまことに皮肉なことである．また，最近では騒音対策として，遮音性能の高いサッシを採用しなければならないことがしばしばである．これまた病院にとって負担増以外の何ものでもない．

b. 周辺への加害

もう一つの問題は，ともすると周辺に対して病院が加害者の立場に回りかねないことである．

たとえば，排気ファンやクーリングタワーが発する騒音に対して周辺住民から苦情をもち込まれる例が少なくない．そもそも大規模な空調はほとんどが都心の施設に限られていた．そこでは，この程度の騒音はあまり問題にされない．しかし病院は，都心よりやや住宅地寄りに建てられることが多い．住宅地だと，昼間はともかく夜間の暗騒音はかなり低い．しかも，昼間だけ動いている事務所などと違って病院の活動は24時間にわたる．加えて，周辺人口は夜間の方が多いとなると，この種の苦情が出るのも当然であろう．何らかの対策がたてられなければならない．

また，病院から出る廃液についても，従来問題にされたのは伝染病棟からの排水と放射性廃液ぐらいのものであった．しかし，最近では検査室からの排水やX線診断部門からの現像廃液などすべてについてしかるべき処理が求められる．

そのほか，日照問題，近隣住宅への視線の問題などいろいろある。いずれにせよ，本来の存在意義からいって，病院が地域社会と対立的な関係に立つなどというのはおかしなことであろう。

3.2.4 敷地条件

敷地選定にあたっては，その形状，方位，高低差，地盤条件や周辺環境のほか次のような条件を考慮する。

a. 用途地域

建築基準法（第48条）により，第1種および第2種低層住居専用・工業・工業専用の各地域には病院の建設が許されない（ただし，いずれの地域でも診療所ならば認められる）。そのほか，容積率，建ぺい率，日影規制などの制約条件をあらかじめ調査しておくべきことはいうまでもない。

b. 公共サービス

1) 交通　道路をはじめとする交通条件は病院の運営を将来にまでわたって大きく左右する。特に急性疾患を対象とする病院で交通事情が悪ければ致命的である。たとえば，バス路線がないようなところでは，前もって最寄りの鉄道駅からの路線新設の可能性などを打診し，できれば病院構内にバス停を設けるなどの交渉が必要であろう。また，自家用車利用の多い地方にあっては，相応の駐車場用地を見込んでおかねばならない。

2) 上下水道　多くの場合，井水の汲上げは規制されているから，所要水量の大半を公共水道に頼らなければならない（阪神・淡路大震災以来，災害時対策として井水設備を計画している例は少なくない）。したがって，まず既設給水管の状況を調査する必要がある。下水についても，付近に下水道がある場合はよいが，ないときは放流水系の水質規制の程度をまず知るべきである。それがきびしい場合は，浄化槽がかなり大規模なものとなり，用地の面でも建設費の点でも相当の負担になることを覚悟しておかなければならない。

c. 敷地面積

一般病院では容積率を100％以下に抑えたい。敷地に比較的無理のないいくつかの実例からみると，病棟だけは多層にしても，診療部門などを低層で張り出す形にしようとすれば，延べ面積の約2倍相当の用地（容積率50％）が必要となる。

敷地に余裕がなければ多層化・集約化した建築形態をとらざるをえないが，その場合でもせいぜい300％を限界としたい。

3.3 規模計画

3.3.1 病院の規模

病院の規模を表す指標としては，入院または外来の患者数とか職員数などいろいろあるが，一般にはそこに備えられている病床数をもって示すことが多く，またそれが最も便利なようである．1日平均外来患者数や職員数なども病床数との対比で表されるのが普通である．

ところで病院の病床数については次の吉武の式[2]がある．

$$B = \frac{A \times L}{u}$$

　　B：所要病床数
　　A：1日平均新入院患者数
　　L：平均入院日数
　　u：平均病床利用率

つまり，病院がおかれるべき地域の1日あたり要入院患者数と当該病院への誘致率とを把握すれば，その規模を決定できるはずである．

次に，病床数が決められたとき，その病院にどれほどの面積を与えるべきか，またそれを院内各部にどのような比率で割りふったらよいかを決めなければならない．しかし，これについて普遍的な基準を設定することはそう容易ではない．しかし，実地の設計ではこれに関してなんらかのよりどころがほしい．このような要求に対する目安として，以下，実例についての分析結果[3]を紹介しておこう．

3.3.2 全体面積

図3.1は，1955年から1995年までの各年ごとに竣工した一般病院のうち建築的にすぐれていると評価された病院の延べ面積を1床あたりに換算した値を示したものである．その大部分は公的病院であるが，規模としては100床程度の小病院から1,000床前後の大病院にまでわたっている．

この図から過去40年間の病院の面積水準の向上傾向を読むことができよう．1960年ごろようやく1床あたり30m²前後であったものが，1990年代にはその約3倍近くにもなり，100m²を超す例も珍しくはなくなった．

---

[2] 吉武泰水：建築計画概論（上）－地域施設計画原論，コロナ社，1967
[3] 伊藤誠・河口豊・中山茂樹ほか：日本の病院の建築規模と部門別面積配分，日本建築学会計画系論文報告集434号，1992-4

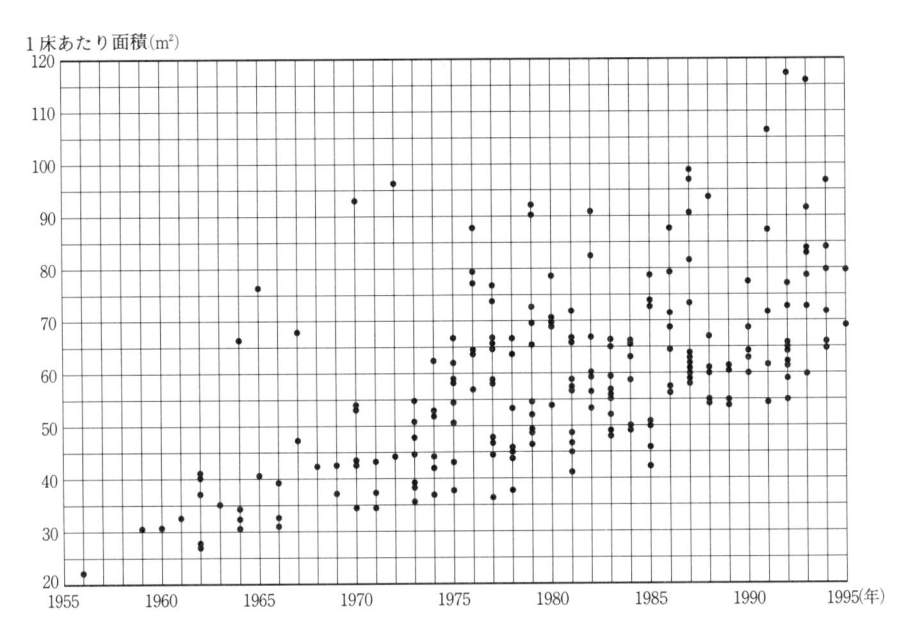

図3.1 1床あたり面積の年次推移

3.3.3 各部の面積配分

　図3.1の設計例の中から比較的最近の25病院を選び（表3.1），その部門別面積配分をみた。部門の分類は表3.2による。

　図面の上で各部門を区分する場合，廊下・階段・ホール・待合スペース・便所などは，各々それが最も関係深いと思われる部門に含めた。廊下を挟んで二つの部門が相対しているような場合には，その廊下面積をそれぞれの部門に比例配分した。

　各部門ごとの面積と，それぞれの全体に対する百分率をまとめたのが表3.3である。この表からわが国の病院の部門別面積構成の概要をうかがうことができる。

表3.1 分析対象病院

病院名*	病床数	延べ面積 (m²)	竣工年次	所在地
町　立　A	150	7,759	1983	秋　　　田
市　立　B	200	11,217	1986	長　　　野
〃　　　C	201	13,186	1984	愛　　　知
〃　　　D	290	17,510	1989	石　　　川
〃　　　E	304	19,671	1983	愛　　　知
〃　　　F	330	21,959	1988	〃
厚　生　G	333	19,950	1982	宮　　　城
市　立　H	344	20,639	1990	兵　　　庫
県　立　I	349	19,142	1983	愛　　　媛
職　域　J	357	26,033	1985	大　　　阪
市　立　K	411	20,070	1983	静　　　岡
社　保　L	420	34,856	1987	東　　　京
日　赤　M	427	25,171	1982	宮　　　城
〃　　　N	480	28,594	1987	岩　　　手
県　立　O	493	31,721	1986	兵　　　庫
市　立　P	500	27,231	1989	静　　　岡
〃　　　Q	502	27,559	1988	〃
都　立　R	508	41,202	1987	東　　　京
職　域　S	510	37,299	1987	愛　　　知
学　法　T	518	32,405	1987	神　奈　川
農　協　U	567	30,857	1989	秋　　　田
学　法　V	630	36,284	1987	千　　　葉
市　立　W	700	39,014	1983	富　　　山
県　立　X	730	49,806	1986	岩　　　手
府　立　Y	801	61,270	1993	大　　　阪

＊「厚生」は厚生団の，「職域」は特定企業体の，「社保」は社会保険協会の，「日赤」は日本赤十字社の，「学法」は学校法人の，「農協」は厚生農業協同組合のそれぞれ運営する病院。

表 3.2 部門の分類

大分類	中分類	小分類	内容
病棟		病室	重症病室・観察病室・感染症病室などを含む。
		その他の諸室	病室以外のすべての部屋。
		通路など	廊下・階段・エレベーターなどのほか、ダクトスペースや配管スペースなども含む。
外来部	一般外来部		各科診察室のほか、受付・待合室・廊下など。医事関係事務室は含まない。
	救急部		
診療部門	検査部	検体検査	一般・生化学・血液・血清・微生物・病理検査など、主として検体を扱う部門。解剖室・霊安室を含む。
		生理検査	心電図・心音・脳波・筋電図・基礎代謝・呼吸機能の検査など、主として患者を対象とする部門。内視鏡や超音波検査室をも含む。
	放射線部	X線診断	X線による透視・撮影のための諸室。MRIはここに入れる。
		放射線治療	リニアック・アフターローディングなど、高エネルギー放射線による照射治療室。治療計画室、工作室などを含む。
		核医学検査	RIを使用する検査で、インビボ・インビトロの両方を含む。RI治療病室は病棟に入れる。
	手術部		手術部専用の材料滅菌室（TSSU）を含む。
	分娩部		新生児室・未熟児室は含まない。これらは病棟に入れる。
	リハビリテーション部		理学療法・作業療法・言語治療・精神科デイケアなどの諸室を含む。
	血液透析室		透析機械室などを含む。
	特殊診療室		高気圧治療・結石破砕・温熱治療などの諸室、およびそれらの付属室。各種の療養指導・治療教育・相談などの諸室をも含む。
供給部門	薬局		外来患者のための調剤待ちスペースや薬局内の薬品庫を含む。TSSUは含まない。
	材料滅菌室		
	輸血部		採血室・血液保管室などを含む。
	栄養部		関係の更衣・休憩・当直などの諸室を含む。
	洗濯室		
	保管搬送部		ベッドセンターは含む。
			供給事務室・搬送準備室・中央倉庫・ベッドセンター・ME機器管理室・廃棄物処理室などを含む。各部門内の器材室はそれぞれの部門に入れる。
	機械室		ボイラー室・空調機械室・電気室のほか、医療用ガスマニホールド室・水槽室・焼却炉室などを含む。各部門に分散されている機械室も、その面積が20m²以上の場合はここに入れる（それ未満のときはそれぞれの部門に入れる）。
管理部	運営関係		院長室・総婦長室・事務室をはじめとする管理関係の諸室のほか、医局・図書室・会議室・病歴室・電算機室などを含み、また、電話交換室・工作室・守衛室・宿直室などをも含む。
	厚生関係		食堂・喫茶室・売店・理髪美容室・更衣室・仮眠室などを含む。なお、委託業者（清掃・搬送など）の控室もここに含む。

3 病院の全体計画

表3.3 各部の面積配分（各欄，上段は実面積 m², 下段は面積割合%）

病院名	病棟	外来部	診療部門	供給部門	管理部	計
町立 A	2719	1087	1670	1422	860	7759
	35.0	**14.0**	**21.5**	**18.3**	**11.1**	**100**
市立 B	4216	1541	2422	1839	1199	11217
	37.6	**13.7**	**21.6**	**16.4**	**10.7**	**100**
〃 C	3947	1601	3060	3000	1578	13186
	29.9	**12.1**	**23.2**	**22.8**	**12.0**	**100**
〃 D	6831	2579	3639	2602	1858	17510
	39.0	**14.7**	**20.8**	**14.9**	**10.6**	**100**
〃 E	6817	2282	3682	3854	3038	19671
	34.7	**11.6**	**18.7**	**19.6**	**15.4**	**100**
〃 F	7088	2779	4668	4336	3087	21959
	32.3	**12.7**	**21.3**	**19.7**	**14.1**	**100**
厚生 G	6777	3028	3806	3699	2639	19950
	34.0	**15.2**	**19.1**	**18.5**	**13.2**	**100**
市立 H	7817	2507	4165	3316	2834	20639
	37.9	**12.1**	**20.2**	**16.1**	**13.7**	**100**
県立 I	7693	2080	3849	3221	2298	19142
	40.2	**10.9**	**20.1**	**16.8**	**12.0**	**100**
職域 J	7900	3125	5092	5112	4803	26033
	30.3	**12.0**	**19.6**	**19.6**	**18.4**	**100**
市立 K	8110	2495	4017	2946	2502	20070
	40.4	**12.4**	**20.0**	**14.7**	**12.5**	**100**
社保 L	10562	3806	7654	8656	4178	34856
	30.3	**10.9**	**22.0**	**24.8**	**12.0**	**100**
日赤 M	10214	3175	3127	3971	4684	25171
	40.6	**12.6**	**12.4**	**15.8**	**18.6**	**100**
〃 N	11482	3507	6026	3645	3935	28594
	40.2	**12.3**	**21.1**	**12.7**	**13.8**	**100**
県立 O	12613	3155	6432	5420	4100	31721
	39.8	**9.9**	**20.3**	**17.1**	**12.9**	**100**
市立 P	10100	3280	5157	5480	3214	27231
	37.1	**12.0**	**18.9**	**20.1**	**11.8**	**100**
〃 Q	10814	4546	5088	3302	3810	27559
	39.2	**16.5**	**18.5**	**12.0**	**13.8**	**100**
都立 R	13884	4629	8798	8596	5295	41202
	33.7	**11.2**	**21.4**	**20.9**	**12.9**	**100**
職域 S	13621	4887	7106	5944	5740	37299
	36.5	**13.1**	**19.1**	**15.9**	**15.4**	**100**
学法 T	12243	3974	5285	6206	4697	32405
	37.8	**12.3**	**16.3**	**19.2**	**14.5**	**100**
農協 U	12337	3984	4768	4755	5013	30857
	40.0	**12.9**	**15.5**	**15.4**	**16.2**	**100**
学法 V	14920	4273	5975	4865	6251	36284
	41.1	**11.8**	**16.5**	**13.4**	**17.2**	**100**
市立 W	14906	3738	8330	6225	5815	39014
	38.2	**9.6**	**21.4**	**16.0**	**14.9**	**100**
県立 X	16580	4732	8964	11482	8048	49806
	33.3	**9.5**	**18.0**	**23.1**	**16.2**	**100**
府立 Y	20401	7123	11973	12042	9731	61270
	33.3	**11.6**	**19.5**	**19.7**	**15.9**	**100**

3.4 配置計画

3.4.1 進入路

　配置計画とのかかわりにおいて，まず敷地への取付きをどこにするかが重要である。病院に限らず，一般に交通の激しい道路から直接出入りする形や交差点に近い位置に出入口を設けるのは好ましくない。

　出入口は，できれば表と裏の2か所にしたい。前者が一般用，後者がサービス用である。敷地の都合でそれができない場合でも，表裏の勝手がはっきりするよう構内道路のつけ方に工夫がほしい。

　病院に近づくにつれて建物の全貌が把握できるような，"見え方"への配慮も重要である。

　院内では，歩道と車道の分離は当然として，いずれにも十分な幅員を確保したい。ただし，車道にゆとりがありすぎて道沿いの駐車を誘発するようではまずい。

3.4.2 建物への出入口

　出入口は，出入りする人や物の種類によっておのずからいくつかに分けられる。

a. 外来患者と入院患者

　外来と入院の入口は別にするのが原則であろう。理由の第1は，どうしても混雑しざわめいた雰囲気にならざるをえない現在の外来玄関を通って入退院するのは，あまり適当とはいえないことである。第2には，外来と入退院との時間的なずれの問題がある。つまり，外来の方は昼間の限られた時間だけであるが，入院には出産など夜間の出入りもある。

　いずれにせよ病棟と外来部とは面積的に病院の大きな部分を占めているから，入退院玄関と病棟，外来玄関と各科の診察室とをできるだけ直結しようとすれば，必然的に二つの玄関は相互に離れることになる。

　しかし，入口を分けると管理上それだけよけいに人手がかかる。また案内や医事業務も，それに応じて分けた方が親切だということになる。運営面でそうした対応ができるだけの構えがなければただ出入口だけを分けてもうまくはいくまい。

　出入りする人数を比べれば外来玄関の方が多いだろうから，どうしてもこちらが主たる扱いになる。しかし，開いている時間は入退院玄関の方が長いのだから，午後から夜間にかけては入退院口の方が正面である。来院するすべての人々

に両者のこのような関係を無理なくのみ込ませるよう，入口まわりの設計と案内標識に相応の配慮が求められる。

b. 救急患者

救急が独立した一部門を構成し，四六時中受入れ態勢をととのえているほどの場合なら設計はさほど難しくない。

ところが，大部分の病院では本格的な態勢をとるまでには至っていない。それにもかかわらず，ある程度以上の病院になれば，時をかまわず駆けつける時間外の患者をも受け入れなければならない。外来部の診療時間中に，混雑をかき分けるようにして交通事故の患者がかつぎ込まれるような形は，一般患者への影響からいって好ましくない。

救急の入口は一般外来とは別にしなければならないだろう。ただし，これを正面玄関とはまったく反対の側にとるような形は避けたい。救急車は別として，タクシーや自家用車で駆けつける急患を迷わせることになりがちだからである。

c. 見舞客

見舞客の出入口は，入退院のそれと同じでよい。時間的なずれからしても，外来と一緒では具合が悪い。

見舞客をどう導くか，設計の時点で明確にしておかなければならない。不慣れな人をまごつかせてもいけないし，慣れた人に勝手な通路を通られるのも困る。

d. 来訪者

見舞客以外の来訪者となると，内容が雑多であるから，出入りには外来または入退院の玄関，場合によっては職員用の出入口などが使われることになろう。いずれにせよ，案内の必要なことが多いに違いない。

e. 職員

職員については出勤・退勤のチェックが必要であろうから，タイムレコーダーや出勤簿の置場との関係を考えなければならない。特に看護婦は，人数も多く夜勤の関係もあって，更衣室・仮眠室との結びつき，宿舎の位置とそこへの通路（特に夜間の安全）などに配慮を要する。

f. サービス関係の搬出入

食品・薬品・各種医療材料やその他の物品・燃料などの搬入は裏勝手から行われる。ここには燃料や液体酸素補給のための大型車も出入する。また，塵芥（厨芥を含む）や廃棄物の仕分け・下処理とその搬出についても事前に十分検討しておかないと，裏口まわりが見苦しいことになる。

g. 遺体

病棟または霊安室から送り出される遺体については，まずほかの動線との重な

りをできるだけ避けたい。しかも，入院・外来どちらの患者の目にも触れないような心配りが必要である。ただ，最近，高齢者を主な対象とする病院などでは違った考え方も出てきた。

3.4.3 駐 車 場
a. 駐車台数
　駐車場は常にできるだけ大きく求められる。特に自家用車以外に頼るべき交通手段の少ない地方都市にあっては，一定の駐車台数の確保がまずは計画上求められる第一条件となる。しかし，大都市では，駐車場を増やせばそれだけ利用者が増えて結局は再びあふれるといったこともあって，適正規模の算定がきわめてむずかしい。一般には，法によって義務づけられた設置台数を満たすのがせいぜいであろう。その場合，考え方としては，まず病院所有車，救急関係の車，各種物品の搬入・搬出用の車などを優先的に取りあげることになろう。あとは立地条件と敷地の広さをにらみ合わせながら適当に駐車台数を決めるというしかあるまい。
　駐車場に関連して，オートバイや自転車の置場も準備されることになろう。
b. 設 計
　玄関前が車で埋めつくされている景観は決して快いものではない。駐車場の設計にあたっては，それが病院全体の姿を損なわないようにしたい。たとえば，その位置を正面からはずすとか，駐車場全体を地盤面よりある程度低くするとか，植栽で囲むなどの工夫があってよい。

3.4.4 付属施設の配置
a. 医療関連施設
　病院と同じ敷地の中に老人保健施設や特別養護老人ホームなどの高齢者施設を併設する例が増えてきた。これらの施設は病院との関連は保ちつつも，生活の場としての適切な環境が必要であり，またデイケア・デイサービス部門への送迎や家族の面会など病院本体とは異なった出入りがあるので，独自の環境や進入路への配慮が必要である。
　病院に併設して保健予防・健康管理の施設（健診センターなど）をつくる場合も，病院本体とは別のアプローチを設けるのが適当であろう。
b. 宿 舎
　医師・看護婦および付属看護学校生徒のための宿舎を備えた病院が多い。そのほかの職員のための宿舎をもつところもある。それが病院構内にあれば，万一の

とき，患者にとっての安心は大きい。しかし，勤務の場と近すぎることによる居住者側の不利も見逃せない。

いずれにせよ，その配置は，敷地条件との関連によって決められなければならないが，多くは中層集合住宅の形式をとることになろう。

c. 付属学校

病院の規模がそれほど大きくないにもかかわらず，付属の看護学校をおいている例は少なくない。自ら必要とする看護婦を自力で養成しなければならないからで，いわば自衛手段なのである。敷地にゆとりがなくて構内に学校をおくことが無理な場合もあるが，教科課程の中で病院実習が相当の重みを占めていることもあって，一般にはなるべく病院の近くであることが求められる。講師の多くを病院職員に依存していることも理由の一つである。

d. 保育所

勤務時間中，職員の子どもを預かる院内保育所が増えてきた。これこそ敷地の一隅に，遊び庭をもった独立棟として建てられることが望ましいが，規模があまり大きくない場合には，院内の職員厚生施設などと一緒に計画されることになろう。

3.5 建築形態

機能とのかかわりにおいて，病院のブロックプランもしくはそのとるべき建築形態について少し考えてみよう。

3.5.1 パビリオンタイプ

病院建築の基本型として定着し，すでに古典となった形にパビリオンタイプがある。平屋もしくは2～3階建ての病棟を適当な間隔で平行に並べ，それらを渡り廊下で結んだ形である（ただし，パビリオン本来の意味からすれば，渡り廊下で結ぶことは絶対条件ではない）。

各棟は適当な隣棟間隔を保っているから採光・通風ともに良好で，療養の場としてはまず必要条件を満たしていた。それよりさらに重要なことは，患者をこのように分けておくことによって，病気の広がりを一定限度に抑えることができるという事実が認められていたことであろう。病原菌の存在や感染の機構そのものが明確には分からないままに，ともかくパビリオンタイプが感染拡大の防止に有効なことだけはかなり早くから知られていたようである。

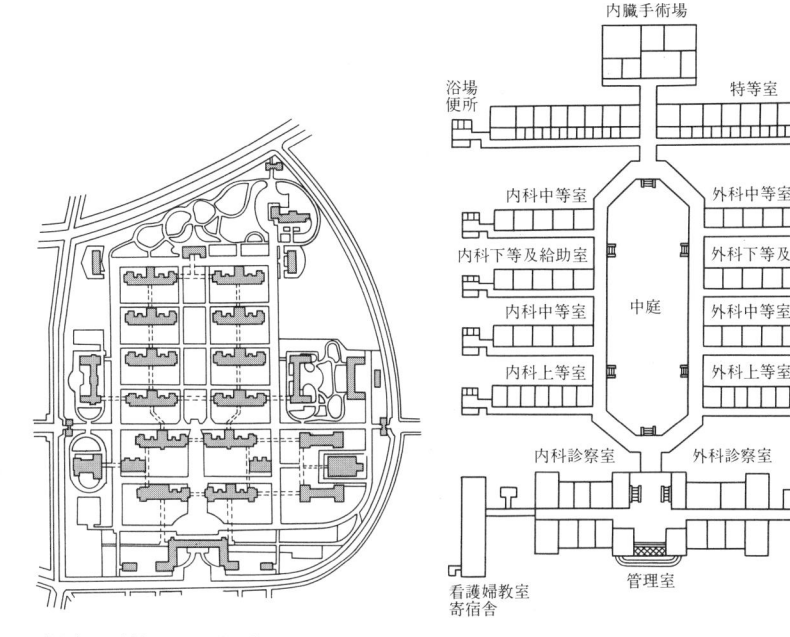

図3.2 ビスペブヤー病院
平屋建ての各棟は互いに地下道で結ばれている。この図は1930年頃の配置であるが，現在では大分様子が変わった。

図3.3 日本のパビリオンタイプ／日本赤十字社病院（設計：片山東熊）
1974年，全面的な改築のため取り壊され，一部が犬山の明治村に移築保存されている。

　こうして医学，ことに細菌学の未発達な時代にあっては，この型が病院建築の典型とされ，かつ広く普及したのであった。

　図3.2に掲げたのはヨーロッパでしばしばみられた病院の一例である[4]。この場合，各棟は地下道で結ばれている。こうすることによって，庭が分断されず，のびやかな外部空間をつくることができている。

　図3.3は1891年に竣工した日本赤十字社病院[5]である。何回もの増改築を重ねながらこの病棟部分は1970年代の初めまでほとんど原型のまま使われた。管理診療棟以外はすべて木造平屋建てであった点は，わが国のかつての病院や療養所の大半と共通している。

　最近は中層・高層の病院が一般的になっているが，一部にはまだパビリオンタイプへの強い志向も残っている。たとえば，イギリス厚生省の標準設計ニュークリアスシステムはパビリオンタイプの一変型といってよいだろう（図3.4）。その

4) 高松政雄：病院（高等建築学　第15巻），常磐書房，1933
5) 伊藤誠：日本建築学発達史　7編2章4節，丸善，1972

3　病院の全体計画　　55

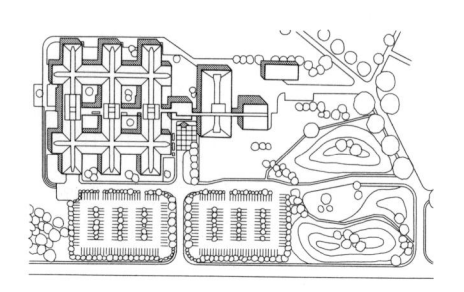

イギリス厚生省の標準設計（ニュークリアスシステム）によって建てられた300床の地区中心病院。総2階建てで1983年竣工。

図3.4　メイドストーン病院（設計：厚生省建築部＋ポールウェル・モイヤ設計事務所）

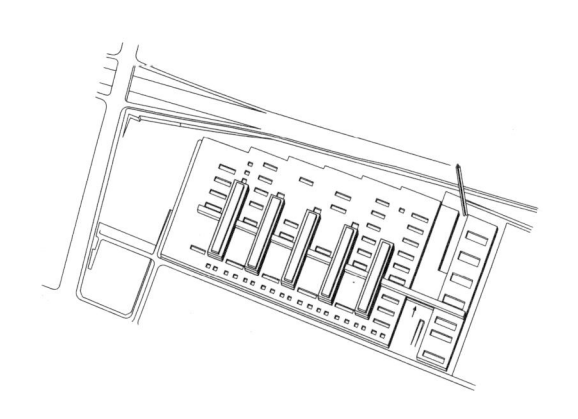

病棟以外のすべての部門を1階にまとめ、その屋上を人工地盤にして、そこに2層のパビリオンタイプの病棟を展開している。

図3.5　ビドブル病院（設計：K. & H. ラスムッセン）

ほかにも、ヨーロッパにはしばしばこの型がみられる（図3.5）。

3.5.2　積層集約型

今日、多くの病院は積層集約型ともいうべき形態をとっている。ことにわが国では敷地の制約があって、特別な場合以外、低層棟をのびやかに展開させることは難しい。

a.　積層集約型の意義

今日の病院は、いろいろな働きをもった多くの部門の集合体として成り立っており、運営面ではそれら相互の緊密な連携を絶対条件とする。これはおのずと建

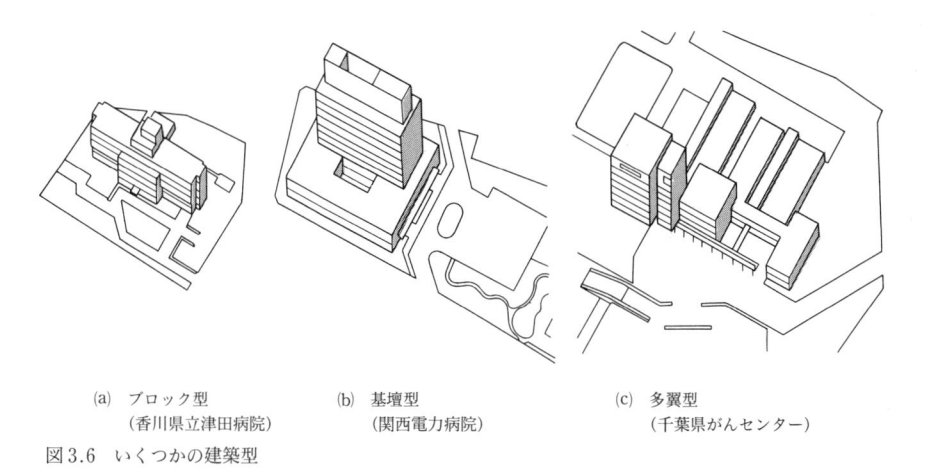

(a) ブロック型　　　　　(b) 基壇型　　　　　　(c) 多翼型
　　（香川県立津田病院）　　　（関西電力病院）　　　　（千葉県がんセンター）

図3.6　いくつかの建築型

築の集約化を促す。また主体をなす病棟は看護単位の集まりとして類似平面の繰返しになるから，もともと多層化の有利性につながる面をもっている。つまり，積層集約型は病院の内部機能から必然的に生まれたものとみることができる。

b. いくつかの型

積層集約型といっても具体的にはいろいろな形が考えられよう。よくみかけるように，これをその平面型に従って田の字型とかT型，H型……などと形体的に分類してみたところあまり意味はない。むしろ次の三つに絞りたい（図3.6）。

1) ブロック型　　最も単純な形態であり機能面での集約度も相応に高い。しかし，平面の大筋や柱割り，縦方向のダクトや配管スペースのとり方などは，多くの場合病棟を主体に決められ，他部門の平面はそれによって形づくられた枠に従わねばならない。こうしたことから，この型が生かされるのは小規模病院に限られる。

2) 基壇型　　平面的に広がった低層棟の上に板状または塔状の多層棟が載る形である。いうまでもなく，上に載った部分が病棟になる。社寺建築にたとえれば，基壇上に堂塔を載せた形だから，仮に"基壇型"と名づけておく。アメリカでは，matchbox on the muffin，ドイツでは，一般に Breit Fuss などといった呼び方が通用している。基壇のうち，少なくとも多層棟の真下にあたらない部分は上階による制約から解放され（それだけ設計の自由度が増し），しかも集約化に伴う利点を失うほどではない，というわけで，この型が第二次大戦後の一時期パビリオンタイプに続く新たな典型の座を占めることになった。

3) 多翼型　　部門間の連携が緊密であることの重要性は認めつつも，各部そ

れぞれにもう少し自由度の高い設計を求めて多翼型が生まれた。すなわち，病棟だけは積層にしても，ほかの部門はできるだけ別々の翼におさめ，それらを主幹ブロックから張り出す。各翼は棟の幅とかスパンを独自に決めることができるから，基壇型のもつ難点はかなりの程度まで解消できる。パビリオンタイプと基壇型の中間に位置する形であるといえよう。これがそれなりの価値づけを得たのは，もう一つに病院機能の成長変化への建築的対応という問題が出てきたからであるが，そのことについては後にまた 3.5.4 で述べる。

3.5.3 高層化

前項の積層型に関連して，最近いくつか出現した高層病院について考察しておこう。

a. 高層化の条件

病院に高層化が求められるのは，どのような場合であろうか。あるいは，高層化にどの程度の必然性があるのだろうか。

敷地の制約から，ある程度建物を高くしないとおさまり切れないというような場合があろう。今日では，必要とするだけの用地を与えられることは遺憾ながらまず望み薄である。少なくとも都市の病院は，程度の違いこそあれ，必ず多層化せざるをえない状況にある。

仮に敷地面積が十分に獲得できたとしても，可能な限り積層集約的なブロックプランにまとめ，建ぺい率を積極的に小さくする工夫が望まれる。できるだけ庭をとりたいからである。そこになにがしかの緑地を生み出すことは，病院の地域社会に対する責務だといってよい。

さらには，絶えず成長を求めてやまない病院機能に対応すべく，増築の余地を確保しておくこともまた重要である。そのためには，許される範囲内で，できるだけ建物を立体化することが，初歩的ではあるが，最も確実な手法である。与えられた敷地をいっぱいに使ってしまったのでは，数年ならずしてたちまち身動きできない事態に立ち至ることであろう。

病棟を多層化したとしても，1階あたり100床ずつ入れれば10階で1,000床になる。1,000床もの病床をもつ大規模病院

下層に診療部門を置き4〜16階を病棟に当てている。総病床数 1,000。

図3.7 国立国際医療センター

はそうはないから，病院の場合，高層といってもせいぜいが10数階どまりで，いわゆる超高層が建てられる可能性は今後ともあまり多くはないだろう．

b. 計画上の問題点

高層化には，①敷地を有効に使える　②開けた眺望が確保できる　③異なる部門を別の階に置くことにより相互を適宜切り離すことができ，また必要ならばエレベーターなどによって任意の階どうしを密接に結ぶこともできる　④物品搬送の機械化という点では水平より垂直方向の方が容易である，などの利点がある．

他方，留意しなければならない問題もいくつかある．

1) 建設費　常識からしても高層化はおのずと建設単価の上昇を招くから，敷地その他の事情により，仮にそうしなければならない必要性があっても，従来の低層病院なみの建設予算では実現は困難である．より高い視点からする総合的な判断のもとに基本方針が建てられ，その結果高層化が決まったならば，それに見合うだけの予算が準備されなければならない．

2) 周辺への影響　日影，局地風，電波障害など周辺への影響は高層建築すべてに共通する問題であるが，ことに病院の場合は事務所やホテルなどと違って住宅地に建設されることが多いから，あらかじめ周囲に対して十分な配慮がなされていないと，計画自体が途中で暗礁に乗り上げることになりかねない．抜本的には，地区全般にわたる都市計画的な整理が行われた後に，初めて高層化が提案されるべきなのである．

3) 不安感と危険防止　実例のさほど多くない高層建築に対して，どこかに漠然たる不安感が残っていたとしても無理はない．病人を抱えていれば，それはなおさらのことである．生活にかかわる施設のうち集合住宅やホテルの高層化はすでにかなり一般化している．しかし，病院における病人の生活にはやはりそれなりの特殊性を認めないわけにはいくまい．成人の一般的な急性疾患は別として，慢性疾患，老人，小児，精神神経系の疾患などについては特別な配慮が必要なように思う．また，病棟をある程度高くすると自殺を企図した飛び降りを誘発する傾向があるといわれている．災害時の避難や消防活動のためのバルコニーなどはこの種の危険防止と矛盾する．病院側の管理体制との関連において，検討を要する問題の一つである．

4) 災害対策　病院の特殊性といえば，まず第1に，自力では動くことのできない患者を抱えていることである．ここからまず頭に浮かぶのは災害に対する問題であろう．しかしこれは高層病院に限られたことではない．低層であっても，階を重ねれば必ず出てくる問題なのである．強いて高層についていえば，高層化は病院規模の増大を意味するから，そうなると院内の組織も複雑になって，

思わぬところに管理上・防災上の落とし穴ができがちだというところであろうか。

3.5.4 成長変化への対応

過去半世紀にわたる病院建築の歩みを振り返ってみると，それはまさに成長と変化の連続であった。経済の急速な発展，医学の目覚ましい進歩，医療制度の整備と改革，社会福祉の拡大充実など，要因はいろいろなところに求められるが，建築面におけるそれへの対応は必ずしも十分ではなかった。そのつど，求められるままに増築・改築を繰り返し，ついには収拾がつかない状態に陥ってしまった例が数え切れないほどある。わずか20年前後で全面的な建替えに踏み切った病院も少なくない。

こうした傾向への反省から，ある時期，病院機能の成長・変化に建築はどう対応すべきかが真剣に取り上げられるようになった。そして，それはわが国だけでなく世界中の病院建築界に共通の課題となったのである。提案のいくつかを紹介しておこう。

a. 先行投資型

可能なら望ましい形ではあるが，われわれには絶対といっていいほどまねのできない手法に，将来必要な分も含めてあらかじめつくっておくやり方がある。ヨーロッパやアメリカでしばしばみかける例である。たとえば，建物の高さを当座必要とする階数以上に高くしておき，ある階から上は将来に備えて仕上げをせずにおく。このような手法は，主として都市の中心部で敷地にゆとりの少ないところにみられる。こうした発想が現実に認められるとはうらやましい限りであるが，ひるがえって，どれだけの拡張予定を見込んでおくのかという段になると，恐らく論理的に解答を導くことは不可能なのではなかろうか。多分，そのときの予算や財政状態の許す範囲内でできるだけといったあたりにとどまるのだろう。

b. 分　棟　型

次にはロンドンのノースウィックパーク病院のような方式（図3.8）をあげねばなるまい。ここは，約800床の地域病院であるが，同時に研究と教育の機能をも兼ねている。さて，その配置計画であるが，病院の各部門はそれぞれ独立棟を形成し，それら相互を渡り廊下（ホスピタルストリート）でつなぐという形をとっている。また，各棟の端部を平面的にも構造的にも増築可能な形にし，これをオープンエンドと名付けている。設計者のJ. ウィークスがいう indeterminate architecture（無限定建築）[6] の具体的な実践例ともいえるわけだが，一見して気になるのはやはり配置にみられる広がりである。棟と棟とを結ぶ渡り廊下の延長

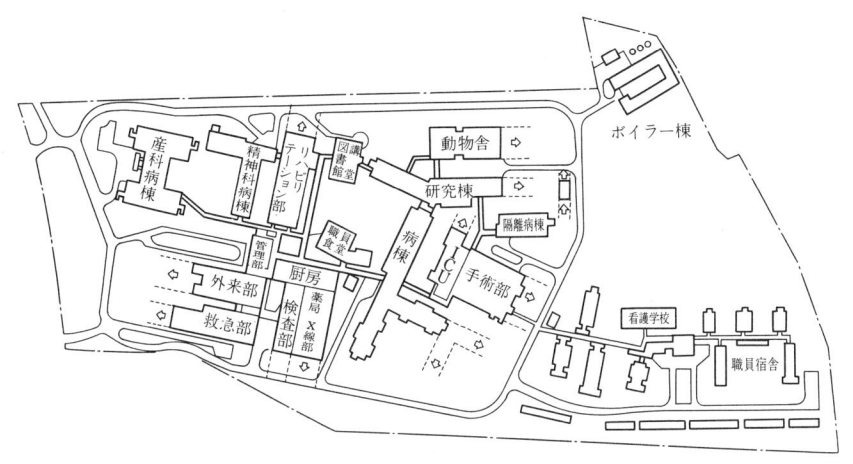

図3.8 ノースウィックパーク病院（設計：ジョン・ウィークス）

は，どのくらいあるだろうか。ここを往来するのに費やされるエネルギーの埋め合わせはそう容易にはつかないのではなかろうか。将来の成長を思うあまり，現在の毎日にかかる負担がやや大きすぎるような気がしてどうにも賛意を表しかねる。

c. 設 備 階

　病院の場合，増改築にともなって設備をどう扱うかが大きな問題になる。建物の増築はできても設備が追いつかなければ用をなさない。これに対する解決として提案されているのがいわゆる設備階である。一部ではこれをインタースティシャルスペースなどと呼び，実際の採用例は欧米にかなりみられる。要は大スパン架構を用い，それによってできた十分にゆとりのある天井ふところを配管スペー

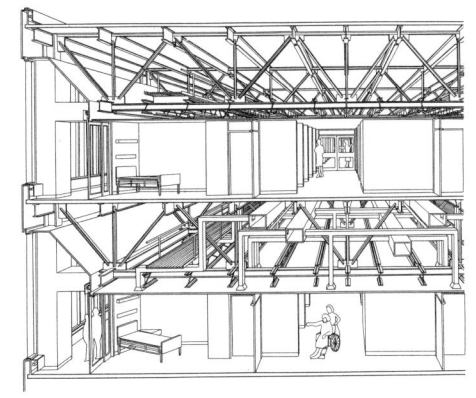

図3.9 インタースティシャルスペース／ウッドハル・メディカルセンター，ニューヨーク（設計：コールマン）

---

6) Weeks, John: Indeterminate Architecture, Transactions of the Bartlett Society Vol. 2, Bartlett School of Architecture, University College, London, 1963～64

スにあてようというものである。interstice とはもともと医学用語で，細胞あるいは組織間の間隙（間質）を指す。ある階と次の階との間に挟まれた設備階をこれにちなんで interstitial space と呼んだのである。ますます高度化・複雑化していく設備のためには実際に人が使う空間に匹敵するくらいのスペースが必要だというわけである。丈の高いトラスを使うことによって，一方で，柱や耐力壁に制約されない融通性の大きな空間を得ることができ，同時に，設備のための十分なスペースをも確保しようという狙いである。

問題は建築容積のほぼ半分を設備のために割くようなことで工費的につじつまが合うのかということであろう。こうした疑問もしくは批判は欧米でもかなり大きい。ただ，この方式を病院全体に及ぼすのではなく，必要性の最も高い診療部門にだけ採用している例がいくつかみられるが，これはかしこい選択であろう。

d. 多翼型

わが国の現況に照らして，成長変化への一応の解答と考えられるのは先にあげた多翼型である。これについてもう少し詳しく述べておこう。

病棟は，看護単位の集合体として成り立つ。その場合，看護単位相互の建築的類似性や他部門から受けるサービスの共通性を考慮に入れれば，その建築形態はやはり積層化したものとなろう。

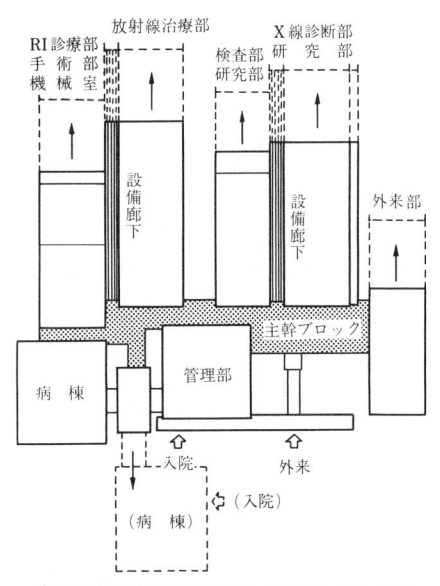

機能面での変化が特に激しいのは，診療関係の諸部門である。しかも，成長変化への要求は部門ごとに発生の時期がまちまちで，その足並みがそろうことはまず考えられない。したがって，各部門をできるだけ別々の翼とし，それぞれがほかの制約を受けないで独自に成長できるようにすべきである。また各翼の梁間方向を大スパンにし，中間に柱や耐力壁をおかないようにすれば，間取りの変更も容易で機能の変化にも対応しやすい。

中心になる病棟といくつもの枝を構成する診療部門とを相互に結ぶきずなとして，それぞれの根元

図3.10　千葉県がんセンター（設計：吉武・浦・西野・伊藤）
多翼型平面の例。病棟は6階，管理棟は4階，診療部門はすべて1～2階建てで2棟ごとに設備廊下を挟む。破線部分は将来の増築計画。

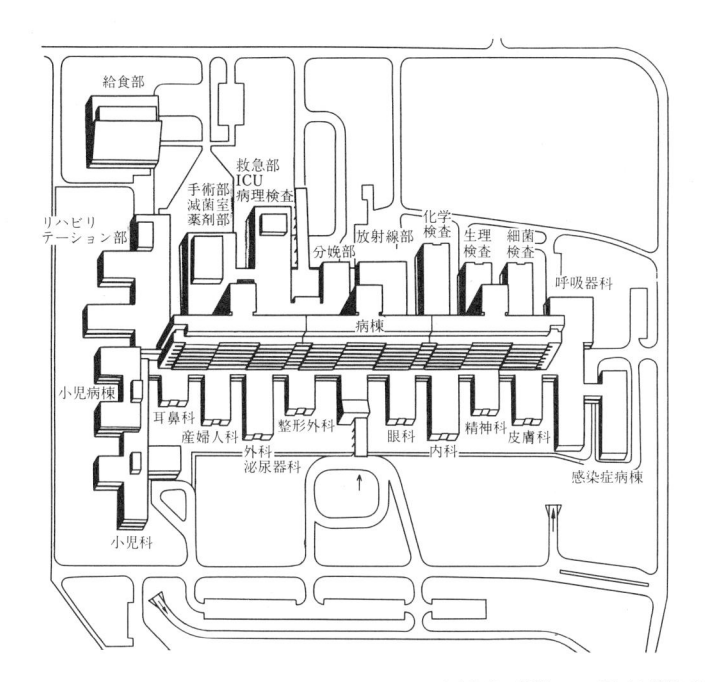

徹底した多翼型で外来部は各科ごと別翼（平屋建て）とし診療部門も機能により翼（2階建て）を分けている。

図3.11　スンズバル病院（設計：E.ピュツェップ）

をつなぐ中枢廊下が必要になる。人や物の主要動線をさばき，設備系の幹線路となるべき大動脈である。

病棟の拡張だけは端部の増築によらず，動脈の一端から別のブロックを増殖させる形とする。病棟の拡張が，端部を何スパンか伸ばすといった形で行われることは，機能面からしてまずありえない。

以上の原則を忠実に建築化することによって，一見"むかで"を思わせる特異な形態ができ上がる。とはいっても特別強調するほど新しい平面型ではない。しかし，過剰に自由度の高い，そしてそれだけむだな投資の多そうな大スパン架構方式（たとえばカナダのマックマスター医療センターなど）や，あまりに散在的な配置計画の故に，日々の運営に大きな犠牲を払わされそうな渡り廊下型（たとえばロンドンのノースウィックパーク病院など）よりは，はるかに現実的な解決になっているように思う。

多翼型に必要とされる条件は，ある程度の敷地面積である。低層の各翼がそれぞれに伸びられるだけの余地がなければこのような形は成り立たない。逆にいえば，病院の計画にあたっては，多翼型をとることができるくらいの用地を確保し

3　病院の全体計画　　63

てほしいものである。

3.5.5 マスタープラン

病院機能の成長変化ともからんで増改築を絶対とする前提にたてば，おのずからマスタープランの必要性をいうことになる。すなわち，どのような病院であれ，将来の発展方向を示すべき計画案が常に準備されていなければならない。そして現状はさしあたって全体像の一部分が具体化されたに過ぎないものとしてとらえられるべきである。

しかし，現実に最初のマスタープランどおり事が進んでいくなどということはありえない。周辺の状況が当初予想したものと異なってくれば，それに即応して計画そのものも当然変えられなければならない。マスタープランは，もともと常に微調整を加えていかなければならない性質のものなのである。とすると，はじめに見通しを立てること自体意味がうすいようにも思えるが決してそうではない。各時点において将来像を描いておけばこそ，情勢の変化に随時対処できるのである。マスタープランは，それ自身発展し変貌するものであるといってよい。

3.6 動線計画

動線計画はいかなる種類の建物においても設計の重要課題である。しかし病院の場合，すでに述べたように，多くの部門の有機的な連携があってはじめて正常な活動が期待できるのだから，各部門間の有形無形の動線をいかにさばくかは特に重要な問題である。有形の動線とは人の動きと物の流れであり，無形の動線とは情報の往来やエネルギーの供給などである。

3.6.1 動線短縮

仕事の能率からみても，運営面における経済性からいっても，あるいは病院にしばしばみられる緊急性からしても，動線の短縮は設計における絶対条件の一つである（病棟における看護婦の動線について特にそのことがいわれるが，それについては4.2.3で詳しく述べる）。しかし，小病院ならともかく，病院の規模が大きくなれば動線もおのずと長くなる。これをただ一概に短縮せよといっても意味はないので，現実には各動線の質と量とをいちいち吟味しながら重点のおき方を選ぶことになろう。

図3.12は病棟と外来部から生理検査（心電図や脳波など）やX線診断に回され

る患者の数と臨床検査に送られてくる検体（血液や尿など）の数を調べたものである。さらに，生理検査やＸ線診断のために来る患者のうち，外来部からは大部分独りで歩いてくるのに対して，病棟からはストレッチャー（患者搬送車）や車いすを使って看護婦に送られてくるといった質的な違いを考慮しつつ，各部の配置が決められるのである。

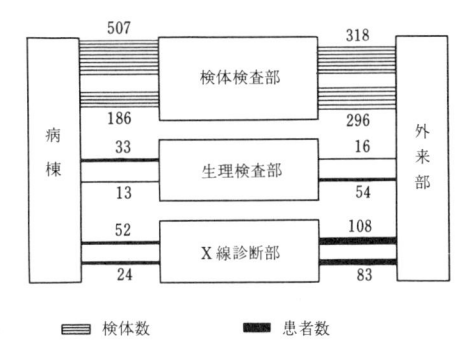

２本の線のうち，上はＡ病院における1976年３月の調査結果，下はＢ病院における1977年７月の調査結果。

図3.12　検査部・Ｘ線部への患者と検体の動き

3.6.2　動線分離

　動線にはまた極端に性質を異にするものがあって，相互に交わりや重なりを嫌うことが少なくない。たとえば，手術直後の患者と見舞客，配膳車と塵芥運搬車などである。遺体や放射性物質の動線などは特にほかの動線との重複や交差を避けたい。数多くの動線を巧みに分離し，あるいは統合して，病院全体の動きをできるだけ円滑なものにしなければならない。

3.6.3　患者と車の移動

　歩行の不自由な患者や，多種多様な運搬車の移動が，病院の動線を際立って特徴あるものにしている。このため，院内のあらゆる部分で，床面にはわずかの段差も許されず，また廊下をはじめ，すべての交通部分に手すりや車摺が求められている。

　たとえば，病棟についてみると，各看護単位ごとにストレッチャーや車いすのほか包帯交換車・回診車・清拭車・洗髪車などが備えられており，その上すべてのベッドがキャスター付きである。また他部門から病棟に入ってくる車としては供給関係搬送車・配膳車・塵芥収集車などがあり，診療面でも可搬型Ｘ線装置・心電計など移動型の機器を数えあげればきりがない。

　車の移動はややもすると人の動線を妨げかねないから，設計上も十分な配慮を必要とする。また，それぞれの車の所属を整理して各部ごとにその置場を準備しなければならない。

3.6.4　物品の搬送

　物の搬送における省力化や機械化がいわれてすでに久しい。しかし現実には容

易に有効な具体策がみつからず，早々と"いかなる手段を用いても人手による運搬には及ばない"といった結論を出している病院もある。このこと自体確かなことではあるが，さりとて将来ともこれが許されるという保証はない。

　仮に搬送機械を採用したとして，それに十分力を発揮させようとすれば，建築計画にも根本的な変換が迫られることになろう。つまり，搬送システムが計画決定の重要な条件になってくる。逆にいえば，従来と同じ基盤の上に立った設計を前提にしながら，その一部に既製の搬送設備を導入してみても，本質的な問題の解決には何ほどの効果も期待できないだろう。

　要はあらゆる物品の動きを整理し，物品管理の立場からする配慮もいれて搬送の問題をシステム化することにある。その中心に位置すべき新しい"供給部門"の働きが病院運営に及ぼす影響は，①人手の節減を計りながら　②各部が求める各種のものを適時に供給し，かつ　③それらの動線を明快に統合・分離し，しかも　④物品のむだな損耗を少なくする，など予想以上に大きなものになるはずである。

3.7　防災計画

3.7.1　避難の限界

　火災や地震に関しては，まず避難の問題が論じられる。そして，多くの場合，すべての患者を屋外に避難させることを当然の前提としている。しかし，いざというとき，実際にそれが可能であろうか。確かに最終的には，すべての患者を（屋外の）安全な場所に移すことになろうが，これを第1の目標にしようとすると，えてして実行不可能な空論に陥りやすい。患者数に比べて職員数の格段に少ない夜間を考えれば，それは明白である。

　図3.13は中高層の病棟をもった10病院（東京5，千葉1，名古屋1，大阪1，高松2）において行った調査の結果[7]である。ここで夜勤者とは，夜勤看護婦・当直医師のほか，事務当直・守衛などの一切を含んでいる。ここで，患者数対夜勤者数は大半が10：1前後，中には患者20人以上に対して職員1人という例さえみられる。

　同時に調べた担送・護送・独歩の看護単位別割合を示したのが図3.14であ

---

7)　浦良一・伊藤誠：病院と災害，病院34巻7号，1975-7
8)　担送とは避難に際しストレッチャーや担架で運ばなければならないもの，護送とは避難に介助を要するもの，独歩とは独りで歩行可能なものを指す。

る[8]。

以上から，50人の患者を抱えた外科系病棟があったとすると，平均15人前後の担送患者がいることになる。しかも，それが深夜だと恐らく看護婦は2～3人であろう。少数の看護婦で15人もの重症患者を担送し，かつそれとほぼ同数の患者を護送し，さらに残りを円滑に誘導することなど，どう考えても無理だろう。

この現実を冷静に受けとめるとき，屋外に避難させることに固執した対策がいかに観念的，空想的であるかに気づくはずである。実行不能な避難計画に拘泥してはならない。

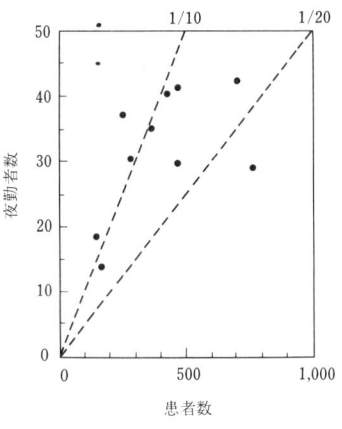

図3.13　入院患者数と夜勤者数

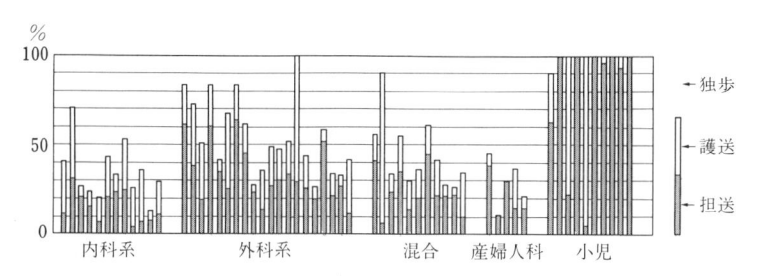

図3.14　看護単位別にみた担送・護送・独歩患者の割合

3.7.2　水平避難

ではどうするか。いろいろにいわれてはいるが，つまるところやはり水平避難をまず第1の目標とすべきである。すなわち，一つの階を二つ以上の防火区画帯に区切り，一方に危険が生じたらとりあえず同じ階の別区画帯に逃れ，そこで消防隊を中核とする本格的な救出を待つ，という考え方である。病棟の場合，建築基準法による防火区画の規定にかかわらず，ぜひとも2区画帯以上に細分すべきである。階段や斜路を使わない水平避難ならば，少ない人手でもどうにかなる。

このためには，区画自体が防火防煙の点で安全なものでなければならず，さらにある時間とどまっていることができる安全な場所（バルコニーや庇，もしくは外気に接した踊場など）が各区画帯ごとに準備されていることが望ましい。

3.7.3　問　題　点

建築面・設備面での防災対策は，建築基準法・消防法などによってかなり厳し

く規定されている。しかし，法に適合していさえすればそれで安心というものでは決してない。問題点のいくつかを拾ってみよう。

 a．防火区画

 防火区画には問題が多い。すなわち，設備程度の高い病院ほどダクトや配管類が込み合っており，これらが区画に弱点をつくりやすい。また気送管やコンベヤーなど搬送の機械化も急速に普及したが，これも同様の問題をはらんでいる。ダクトや搬送機器が防火区画を横切る箇所には，煙感知によって作動するダンパーが設備され，配管の貫通部まわりは入念にふさがれることになってはいるが，施工や保守にともすると不安がともなう。これらを真に効果あるものとするには相当の努力が必要なことをまず覚悟しておかねばならない。

 問題は防火区画の管理面にもある。常時閉鎖を建前とする防火戸にくさびをかって開いたままにしている例が現実には意外に多い。逆に，平時は開かれたままの防火戸の前に障害物がおかれていたりする。これではいざというとき防火区画は何の用もなさないから，水平避難も成り立たなくなる。

 b．情報設備

 無事水平避難ができた場合でも，火災の状況やその後の行動に関する情報・指令を各防火区画帯にどうやって流すかが問題である。区画の中にとどまっている人々の不安焦燥感を抑えるのは至難のことだと思う。正確な情報が時々刻々に伝達されて，それぞれの区画帯に孤立感を抱かせないようにする必要がある。これは大きな，しかも恐らく最も難しい課題の一つになろう。

4 病　　棟

　この章では，建築的に病院の主要部分を占める病棟の設計について述べる。全体は11節からなっているが，初めの3節（4.1～4.3）は総論ならびに一般論である。ここでの総論とは病棟設計に関する基本的，共通的事項を指し，一般論とは主として内科系・外科系の病棟（いわゆる一般病棟）を念頭においての記述である。以下，4.4～4.10では産科・小児・高齢者をはじめそれぞれ特殊な配慮を要する病棟の設計について述べ，最後の4.11では，特別な場合を除きそれだけで1看護単位を形成することがほとんどないような病室について触れた。

4.1　看護単位

4.1.1　看護単位とは

a.　病棟と看護単位

　病棟は患者を入院させて必要な診療・看護を行う部門である。そこでは患者はいくつかのグループに分けられ，各グループはそれぞれ担当の看護チームによって看護される。この患者グループと看護チームによって形づくられた一つのまとまりを"看護単位（nursing unit）"と呼ぶ。看護単位は，それぞれの婦長（または主任）のもとに，看護婦の交代勤務によって24時間休みなく運営される。

　一般には，病棟の構成要素である"看護単位"そのものを"病棟"と呼ぶことがあっていささか紛らわしいが，慣用としてすでに定着してしまっているから，ここでもそれをそのまま認めることにする。たとえば"小児看護単位"を"小児病棟"と呼ぶようなたぐいである。

b.　看護基準

　健康保険法では，患者の病状に応じた適切な看護ができるよう，以前から入院患者数に対する看護婦数を設定してそれぞれ看護料に差をつけてきたが，高齢者や慢性疾患患者の増加などにより看護に対する需要が多様化してきたことに対応

すべく，1看護単位の看護職員について次の条件の組合せから看護料を算定することとした（1996年）。当然のことながら，職員（特に看護婦）数が多いほど看護料は高い。

① 看護職員に占める看護婦の割合（70％以上，40％以上70％未満，20％以上40％未満の3段階）
② 入院患者対看護婦・准看護婦の比率（2：1, 2.5：1, 3：1, 3.5：1, 4：1, 5：1, 6：1の7段階）
③ 入院患者対看護補助者の比率（3：1, 4：1, 5：1, 6：1, 8：1, 10：1, 13：1, 15：1，それ未満の9段階）

この方式を"新看護"と称しているが，現在のところ従来からの看護基準もそのまま併用されている。

c. 看護単位と管理単位

外国にはいくつかの看護単位をまとめて1管理単位とする方式がある。管理単位のステーションには，婦長のもとに1人もしくは数人の事務員がおかれ，主として病棟運営にかかわる事務的な仕事や他部門との連絡，物の受渡し，病棟への出入りに対する応接などにあたっている。こうすれば看護単位は純粋に看護のための集団となる。

1段階構成の看護単位には，当然のことながら，これら管理事務的な仕事と看護との両方が課せられているのである。

4.1.2 看護単位の種類

病棟をどのような看護単位に分けるかは病院の規模や性格によって異なる。100床足らずの小病院ならば，せいぜい内科系・外科系の2単位に分ける程度であろうし，大病院ならば，同じ内科系でもさらに循環器・消化器というように臓器別，専門別に細分化されるのが一般的である。がんや循環器の専門病院になればまた事情は異なる。

以下，いくつかの分類軸とそれによる看護単位の種類をあげておこう。

a. 一般病棟

1) 内科系・外科系看護単位　　一般的な疾病を治療の手段に応じて大きく外科系と内科系に分ける。一般病院の主体をなす看護単位である。

大病院になれば，先にも述べたように，内科系は循環器・消化器・呼吸器・代謝内分泌など，外科系は胸部・腹部・脳神経・整形，そのほかの小外科など，さらに細かく区分される。

2) 臓器別看護単位　　最近，内科系・外科系といった単なる治療手段による

区分を捨てて臓器別に看護単位を構成しようとする考え方が広まってきた。すなわち，たとえば循環器内科と循環器外科を一緒にして循環器科の看護単位にするのである。消化器や呼吸器などについても同様に構成される。

3) PPC方式　さらに内科系・外科系にこだわらず，患者の病状と所要看護量に応じた段階的な看護単位構成 (progressive patient care) 方式が提唱されている。これには，①重症患者を集めて重点的に治療看護を行う集中治療病棟 (intensive care unit) や，②身の回りのことはひと通り自分でできる患者だけを集めた軽症病棟 (self care unit)，③両者の中間にあたる中等症病棟 (intermediate care unit)，④在院期間の長びく患者をまとめた長期病棟 (long term care unit) などがある。通常PPC方式と略称されているが，ここでは看護度別看護単位方式と訳しておこう。

b. 産科・小児・高齢者病棟

原則として病人を含まない産科は，一般の病棟とは別にまとめたい。また看護上，保育上，成人とは違った条件を求める小児も，小児だけのまとまりにする方が望ましい。人口の高齢化に伴って，高齢者に対しても同様の配慮が求められよう。

1) 産科病棟　産婦も新生児も普通は病人ではないから，病人を対象とするほかの部門とはできれば切り離したい。また産婦の生活はいろいろな面で病人とは大幅に異なる。入院中の日課も，療養第一の他病棟とは違って，育児指導などの比重がかなりの大きさを占める。

2) 小児病棟　15歳未満の小児だけを独自に扱うべきだとする考え方には，次のような理由がある。

第1に，小児の病状は急変しやすく，また相互に感染を起こしやすい。この点で成人とは別の特殊な配慮が求められる。

第2に，看護上，新生児・乳児・幼児・学童にわたって各々異なった扱いを必要とする。たとえば，食事だけでも母乳・人工栄養・離乳食・特別食・普通食など多種類にわたるほか"おやつ"を必要とする。また用便についても，"おむつ"によるもの，手伝ってさせるもの，自分でできるもの，といったように幅が広い。

第3には，医療以外に，しつけをも含めた保育や教育の問題を無視できない。ここから遊戯・学習・食事・身の回りの始末などにわたる豊かな生活環境が求められる。

最後に，施設面からは，建築・設備器具とも小児の人体寸法に適したものでなければならない。また，各部に危険防止のための配慮が必要である。

3) **高齢者病棟**　　近年,病院における高齢患者の比率が急激に高まりつつある。高齢者の疾病にはそれなりの特性があり,また生活の面でも相応の配慮を必要とするから,できればそのような患者だけを集めた看護単位をつくるべきだとするのも当然であろう。

c. **精神病棟と結核・感染症病室**

精神病ならびに結核・伝染病をもった患者は,病気の性質上,ほかの患者とは別に看護しなければならないとされてきた。そのため従来は一般病棟とは別にそれぞれに看護単位を構成し,それらは特殊病棟と呼ばれていた。しかし今や状況が大きく変わって,結核と感染症(旧来の伝染病を含む)については病室単位での対応になった。

1) **精神病棟**　　精神科の専門病院に比べて,一般病院の精神科には比較的近づきやすい雰囲気がある。このことは地域精神医療[1]の観点からしても,早期発見・早期治療の実をあげるためにも重要である。また一般病院の各科は,それぞれの診療を進めていく過程で精神科の協力を必要とすることが多くなった。その意味で,一般病院における精神科の比重はいよいよ大きくなりつつあるといってよい。

しかし,現状では一般病院で精神科の病床をもっているところはまだそれほど多くない。これをおくとすれば,精神科だけで単独の看護単位としなければならず,ほかとの混合という形は難しいからである。

2) **結核病室**　　わが国の病床数の約半分近くが結核によって占められていた1960年頃,結核病棟をもたない病院はほとんどないといった状態であった。

しかし,その後結核患者は急激に減り,それに応じて多くの病院は結核病棟を廃止していった。ただ,結核が完全に消滅したわけではないから,一部の病院では当分の間結核病床を残しておかなければならないだろう。ただ,その病床数が1看護単位を形づくるに足りない場合が多いことから,管理区画を明確にした上で病室群単位に運用することも認められるようになった。

3) **感染症病室**　　赤痢・腸チフスといった古くからの伝染病の発生は目立って少なくなってきた。他方,国内ではほとんど消滅したかにみえていた疾病が突然発生したり(再興感染症),かつて経験したことのない病気が時折海外から侵入してきて(新興感染症)われわれを戸惑わす。このような状況の変化に対応すべく,制定以来100年の歴史をもつ「伝染病予防法」を,性病・エイズの予防法とともに全面的に見直して新たに「感染症の予防および感染症の患者に対する医療

---

[1] 精神病の治療を個々の病院にまかせて終りにするのではなく,地域全体の問題としてとらえていこうとする考え方。入院偏重を排し,通院治療やデイケア,ナイトケア,リハビリテーションなどが重視される。

に関する法律」が施行された．改正の要点は，疾病を"新感染症，1・2類感染症，3・4類感染症"の5段階に区分し，対応する医療機関として「新感染症→特定機関（全国に数か所），1類→1種機関（都道府県ごとに1か所），2類→2種機関（2次医療圏ごとに1か所）」を指定し，3・4類は一般病院で扱うこととした．

いずれの場合でも，患者数はそれほど多くないと推計されること，診療・看護技術上むかしのような絶対隔離は必要ないことなどから，特定機関以外では病室で（つまり従前のような隔離病棟という形でなく）対応できることとなった．

d. その他の看護単位

以上のほかにも，特殊な性格の看護単位がいくつかある．

1) **差額病棟**　健康保険で定められた入院料金とは別に自己負担で室料差額を払っても，条件のよりよい病室に入ることを望む患者のためのいわゆる特別病室については，それだけで独自の看護単位をつくった方がよいとする意見がある．その方が室料に見合った雰囲気をつくりやすいし，また格差に対する感情的な軋轢も少なくてすむ．

一方，差額病棟は，病気の種類や容態の軽重，あるいは急性・慢性といった点からみるときわめて複雑な混合病棟になる．したがって，看護婦にとっては扱いにくい病棟となり，医師にとっては手数のかかる飛び地になる．このため差額病室を一つにまとめることをせず，各看護単位に分散させる方がよいとする意見もある．

いずれにせよ，差額病室の割合があまり高くなると保険制度そのものが破綻しかねないから，厚生省ではその割合を一定限度（総病床数の20％以内）に抑えるよう求めてきた．しかし，近年の個室志向増大に対応すべく，この枠を大幅に緩和した．

2) **健診病棟**　数日間入院させて精密な健康診断を行ういわゆる"人間ドック"も，できればそれだけで単独の看護単位を構成すべきである．対象はいうまでもなく病人ではないが，そのベッドを病院内におく場合には，病棟とまったく無関係に考えるわけにもいかない．ベッド数の多少にもよるが，このあたりに運営上の難しさがある．

3) **混合病棟**　以上，各種の看護単位をあげたが，条件によってはその病床数が1単位を形成するほどの数にならないことがある．そのような場合，なんらかの形の混合看護単位をつくるしかない．運営・管理にかかわる区分は病室ごとということになろう．逆に，病院運営の効率を高めるために混合病棟を推奨する声もある．

4.1.3　看護単位の大きさ

病棟の設計にあたっては，1看護単位の病床数をいくつにするかをまず決めなければならない。しかも，この数は，看護の側に対しても病院経営の側に対してもきわめて重大な影響をもつ。だからこそ，いろいろな提案や主張が繰り返し行われてきたし，現に今日でもさまざまな意見が交錯している。しかしながら，そのどれをとってみても，論理的な基盤の上に立って結論が導かれたとはいいにくいものばかりである。

本来，論理的に結論の出せる事柄ではないのかもしれない。しかし，これが病棟設計の出発点であってみれば，常になんらかの指針だけは準備されていなければならないはずである。

a.　単位の大小による問題点

1看護単位に含まれる病床数の多少はいろいろな面に影響をもってくるが，これを整理してみると次のようになる。

1)　**看護の面から**　　各看護単位の婦長は，受持患者すべての容態を知っている必要がある。また看護婦全体を確実に掌握していなければならない。婦長の立場からすれば単位が小さいほど統括しやすいことは確かであるが，大きくした場合の上限については，個人的な能力差や病床回転率なども関係してくるから，もともと適正規模を求めようとすること自体に無理がある。

3交代勤務[2]で，特定の1人が夜勤ばかりを続けたりすることなく，またなるべく各自の都合のよいときに週休がとれ，しかも病欠が出てもなんとか補えるというようにしなければならないとすると，勤務割当の作成はそう容易な作業ではない。しかし，1チームの人数が多いほど勤務表は組みやすく，しかも不測の事態に対応しやすいということだけはいえる。

重症患者や不慮の事故などを考えると夜勤1人では不安がある。その意味では，準夜勤・深夜勤とも2人もしくはそれ以上を配置できるような大単位の方が好ましい。

2)　**病棟全体の構成から**　　個々の単位をあまり大きくしない方が，言い換えれば同じ病床総数に対して看護単位の数をなるべく多くした方が患者区分が明確になる。

たとえば200床を3看護単位にまとめようとすると，いずれも混合的な性格のものにならざるを得ない。しかしこれを5看護単位にすれば，かなりきめの細か

---

[2]　3交代にもいろいろなやり方があるが，日勤（7:30〜16:00）・準夜勤（15:30〜24:00）・深夜勤（23:30〜8:00）に早出勤・遅出勤あるいは半日勤（午前あるいは午後のみ）などを組み合わせた勤務割にしているところが多い。新しい勤務体制として2交代（日勤と夜勤）に切りかえる病院が増えてきた。

い分類が可能になるから，それだけ看護側からの要求にも患者の生活的な面からの求めにも対応しやすくなる．

建築的な立場からすると，1単位の大きさを小さくして単位数を増やせば，それだけ設計が難しくなる．ことに敷地が限られていたり，建物の高さに制限がある場合には，単位数が多いほど計画しにくい．

3) 施設・設備の面から　1単位の病床数が多くなるほど，看護婦の動線が長くなることは避けられない．動線の短縮は病棟設計における重要課題の一つであるから，大きな単位ほど不利なことは明白である．これに対して設計上の工夫はいろいろあろうが，それにも限度があるから，動線的にはあまり大きな単位でない方が好ましいといえる．

単位の大きさを小さくしてその数を増やせば，看護単位ごとに必要な看護諸室やそこに備えるべき設備器材などがそれだけ多くなる．これらは1単位の病床数の多少にかかわらず，各単位ごとに一式ずつ設けなければならないものだからである．

b. 現状と今後の方向

1) 戦後の歩み　戦後，わが国に看護単位の概念が導入されて以来，各単位のベッド数をどの程度にすべきかいろいろに議論されながら，初期の頃は既存の建物を利用しなければならないといった事情などから，適正規模を下回った不経済単位や運営に困難を伴うほどの巨大単位が少なからずみられた．しかし，病院の整備が進むにつれて看護単位の大きさもようやく45床前後に落ち着きつつあった．それは現実に確保できる看護力との釣合からおのずと出てきた線でもあったのである．

2) 二八裁定以後　ところで，1965年に出された人事院のいわゆる"二八裁定"によって事態は大きく変わった．これは国立病院の看護勤務体制に関して，夜勤者数を準夜・深夜とも"2人以上"とし，しかも看護婦1人あたりの夜勤回数を月"8回以下"に抑えるべしとするものである．従来からの勤務形態を変えずにこれを実現しようとすれば，当然1チームの看護婦数を増やさざるを得ない．単純な計算[3]によれば最低16人は必要ということになる．そうでなくても不足がちな看護婦数をさらに増やさなければならないし，それに伴う人件費の増加は病院の経営をいっそう苦しいものにする．管理運営側からの対応策として最も安易な方法は，それに見合うだけ1単位あたりの患者数を増やすことである．

---

3) 1日あたりの夜勤者数は準夜2・深夜2で計4人，1か月で延べ120人必要である．1か月看護婦1人あたりの夜勤回数を8回以下に抑えようとすれば120÷8＝15，それに婦長（原則として夜勤はしない）1を加えて1チーム16人となる．

このため，ようやく45床前後に落ち着き，将来さらにもう少し小さくなる方向に進むかと思われた1単位のベッド数が，一転して増大方向に変わってしまった。そして，その後は少なくとも50床といったあたりが設計側に与えられる絶対条件のようにもなっている。

3） 現　状　表3.1にあげた25病院（1980年代の初めから90年代の初めにかけて竣工）の一般的な看護単位について，その病床数をみたのが図4.1である。大半が50〜60床を占めている。

83床，93床と異常に大きな病床数を抱えた2病院は，いずれもサブユニットに分けた運営により大単位に伴う問題の積極的な解決を意図した新しい提案例である。

4） 今後の方向　1看護単位の病床数が50以上にもなると，動線などの面で，設計が著しく難しくなる。ことに療養環境の向上や個室率の増大などに伴う病棟面積の拡大は，やがて看護単位の運営そのものにも支障をきたすことになろう。なんとかして1単位の病床数をもっと減らす方向にもっていかなければならない。さしあたっての目標は30床台であろう。

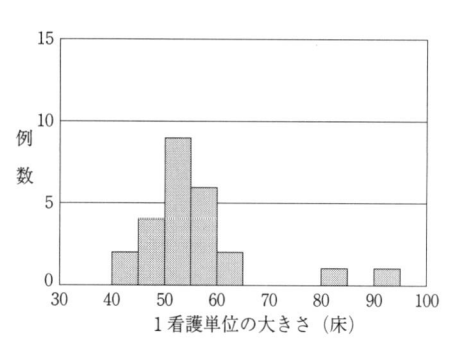

図4.1　看護単位の大きさの現状

二八勤務体制はほとんどの病院に一般化した。このあたりで看護システムになんらかの新しい発想が導入されない限り，問題の根本的な解決は望み得ない。いささかマンネリズムに陥っている日本の病棟平面を救うには，看護勤務体制の変革がまず第1の前提条件になるのである。

4.2　病棟の計画

4.2.1　基本条件

a. 高層か低層か

病棟の建築形態として高層か低層かの問題がある。日本では，高層とまではいかなくても，病棟は縦に積み重ねるのを一般的とする。しかしイギリスあたりでは，今日でも低層志向の姿勢が相当に根強い（図4.2）。**3.5 建築形態**で述べたことと少々重複する点もあるが，以下，両者を比較検討してみよう。

(1) 病棟は，すでに書いたように，看護単位の集合体である。各看護単位にはそれぞれ少しずつ内容の違いはあるが，巨視的にみれば互いに共通する点の方が多く，これらを縦に重ねることはごく自然である。積層化することによって，階を異にする単位どうしは相互にある程度関係を断つことになり，病棟に求められる療養環境の確保という点でそれなりの利点をもつ。また逆に，そこにエレベーターをはじめとする各種の搬送設備を導入することにより，他部門との結びつきを密にすることも可能である。

管理棟と宿舎以外はすべて平屋建である。
図4.2 イギリスの低層病院／ウェクサムパーク病院（設計：ポーウェル＋モイヤ）

(2) 病院は，各部門の有機的な連携があって，初めてその機能を発揮することができる。そのためには病院全体ができう限り集約化されていることが望ましい。その意味で病棟の積層化は高度の診療機能を備えようとする病院の必須条件とも考えられる。

(3) 積層化には当然用地面積への配慮があろう。わが国の現状では，ほとんどすべての場合，機能上の是非は別にしても，敷地の関係でとにかく建ぺい率の縮小が前提条件となる。

(4) 低層には，ことに病棟の場合，居住環境の面で利点が多い。地面に近いところの方が，本来，人間が生活する場として自然だからである。特に庭とのつながりが得られれば，病室の条件としては申し分ないだろう。

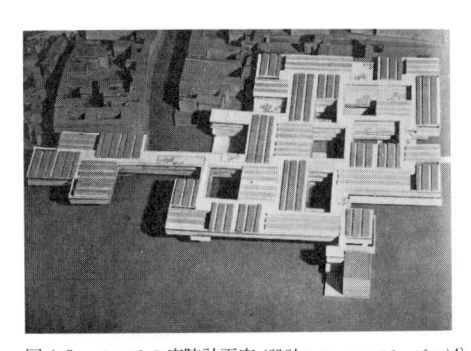

図4.3 ベニスの病院計画案（設計：ル・コルビュジエ）[4]

(5) 災害のことを考えると，どうみても低層の方が有利である。高層でもいろいろな対策はたてられるが，建設・維持ともその費用負担はかなりの額になるし，しかもいざというときの確実性は結局低層には及ばないだろう。

(6) 高低の選択には環境への配慮

---

[4] Boesiger, W.: Le Corbusier 1957〜1965, Artemis, 1965

も重要である。ル・コルビュジエは水の都ベニスの病院を計画するに際して，周辺の建物がもつ在来からの高さを超えないように心を配った。不幸にして，この案は実現をみることなく終わってしまったが，4階建てで水平に長く延びるこの病院が水面に落とす影はさぞ美しいものであったろう。

b. 看護単位の確立と通過交通の排除

病棟は入院患者に対する看護の場である。したがって，それ以外の諸室の介在は許されない（ただ，教育病院では，研修医勤務室・討議室のほか簡単な研究検査室などが病棟に含まれることもある）。

また，各看護単位に関係のない動線がそこを通過するような形は避けなければならない。各階1〜2単位の場合はそれも容易であるが，単位数がさらに増すとなんらかの工夫が必要になる。

いくつかの設計例についてこれをみよう。

図4.4はドイツの病院（病床数1020）であるが，病棟各階を二つの卍型の組合せで構成し，一方を内科系，他方を外科系にあてている。それぞれは20床ずつの看護単位四つから成り立つが，それら4単位をまとめて1管理単位とし，客用エレベーター前の受付（管理事務室）で見舞客の応対や院内他部門との連携処理にあたっている。送られてくる物品の受取りや返還物品の送出しのためには，左右各管理単位の中央に自動搬送センターをおいているから，通過交通の発生はほとんどないと思われる。

図4.5はイギリスのヨークに建つ地区中央病院であるが，その街の中心に古くからある大聖堂の高さを超さないように配慮したため，このような平面になったという。すなわち，1看護単位30床を"かぎの手"に配し，これら4単位で一つ

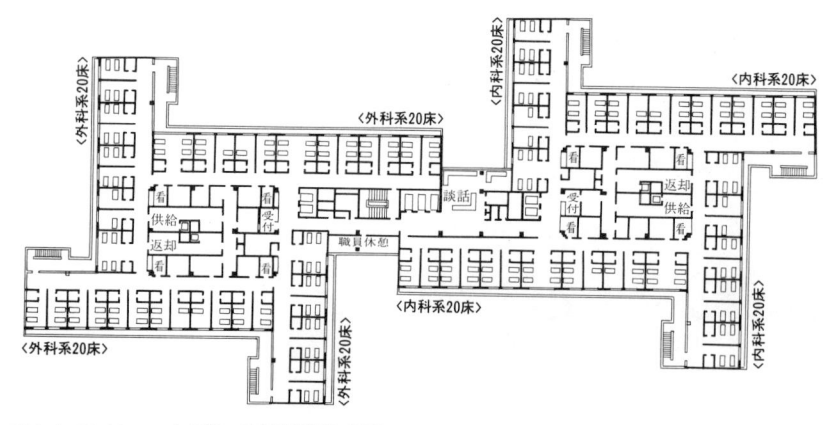

図4.4 アイヒァート病院・病棟基準階（設計：マーヒァルト＋メービウス）

78　病院の設計

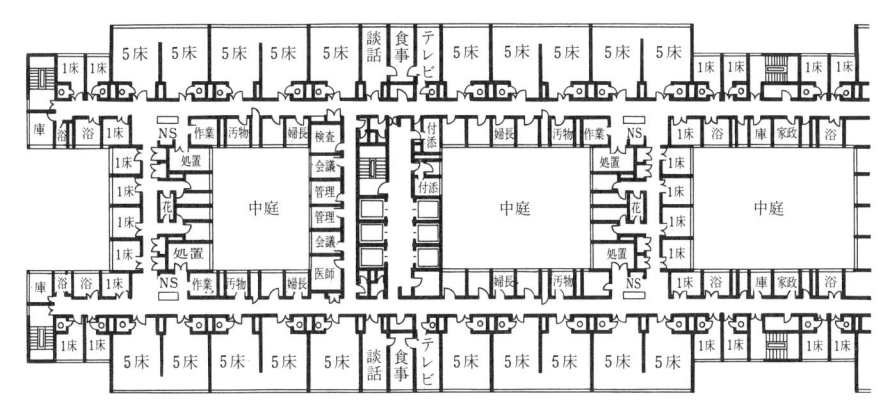

図4.5 ヨーク地区病院・病棟基準階（設計：R.L.デイヴィス＋J.ウィークス）

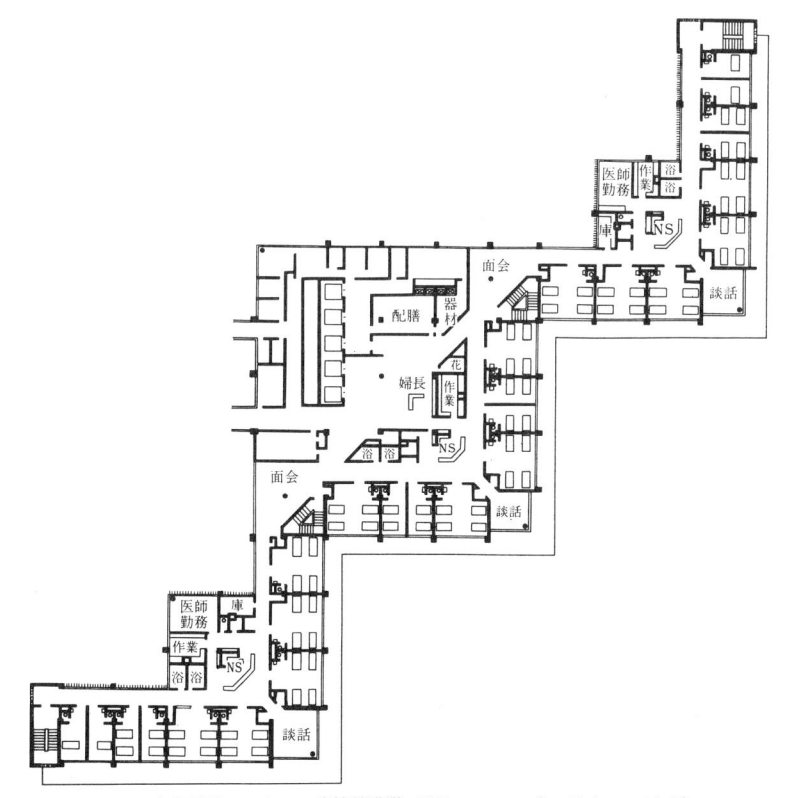

図4.6 アーカンソー大学医療センター・病棟基準階（設計：エルハート＋アイヘンバウム）

4 病棟　79

のエレベーター群を囲み，その2倍で1階あたり計8単位，240床にしている。この場合，ある一つの看護単位に行くのに，乗るべきエレベーターや廊下の方向さえ間違えなければほかの単位を通り抜けるようなことは起こらないはずであるが，実際にはどうであろうか。通過交通の排除という観点からは，多少問題のある平面のように思われる。

　一つの階に数看護単位をおいても，それら相互を結ぶバイパスを準備すれば各単位の通過交通は防止できるはずである。図4.6に掲げたアーカンソー大学メディカルセンターはその巧みな一例である。各看護単位は，看護婦ステーションを頂点にした看護諸室を，病室群がL型に囲むような形になっており，中央の単位の背後をバイパスが斜めに走っている。したがってどの単位にも通り抜けは起こらない。

　図4.7はイギリスの例であるが，ここでは方型平面の外周沿いに数看護単位を配列し，その内側に，看護単位の内部廊下とは別の廊下（これをイギリスではホスピタルストリートと呼ぶ）を回している。

　ホスピタルストリートはいわば部門間廊下で，各単位に対してバイパスの役目

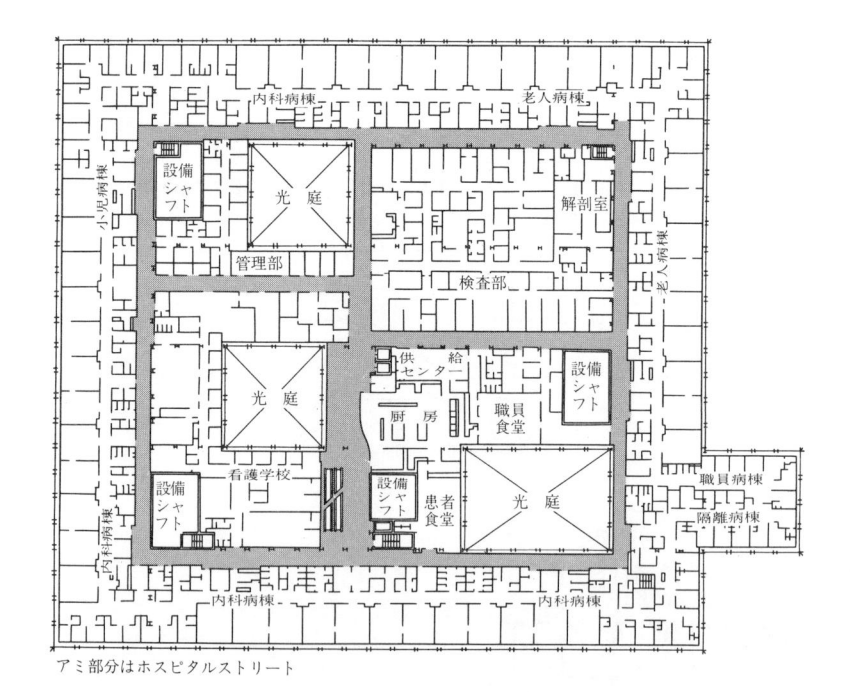

図4.7　グリニッジ地区病院・3階平面図（設計：イギリス厚生省建築部）

を果たすから，隣接単位相互の関係はきわめて密接でありながら内部に通過交通は発生しない。それだけでなく，リネンや看護材料の供給はホスピタルストリートから直接それぞれの保管室へ搬入されるし，また逆に汚れたリネンやごみなどの廃棄物は各汚染作業室から直接バイパスへ運び出される。通路面積がやや大きくなる点を除けば優れた平面である。

4.2.2 構成要素と面積配分
a. 病棟の構成要素
　病棟を構成する要素としてどのような部屋があるかを示すために，一つの設計例をあげる（図4.8）。この病院は地上7階（地下なし）で，2階以上に病棟を入れている。総病床数610床，各階2看護単位からなる。

　主体をなすのは，いうまでもなく病室である。病室は個室と4床室とからなり（すべて便所・洗面所つき），1単位を50床（うち個室10床）としている。

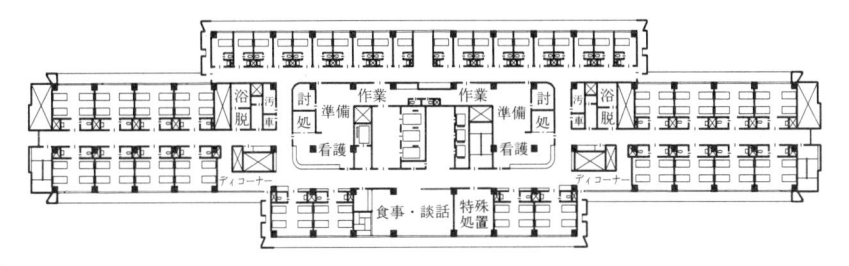

図4.8　八戸市立市民病院・病棟基準階（設計：久米設計）

　看護勤務室は看護単位の核になる部屋で，処置室・作業室・汚物処理室・討議室など看護関係の諸室を従えて病室群の重心に位置する。

　患者の生活的な施設としては，談話室・食堂・浴室などがある。

b. 面積配分の現状
　病棟の面積を，表3.1にあげた25病院についてみたのが表4.1である。

　1床あたりの病棟面積は，$20m^2$前後に散っている[5]。ただし，これは1980年代の病院が大半を占めているからで，90年代に入ると後で述べる分散型便所の普及などもあって一挙に$30m^2$を超える結果となった。

　病棟の中で"病室"が占める割合は40％前後とややばらつきがみられる。

　"通路など"には，廊下・階段のほかエレベーターシャフトなどの面積を含

---

[5] スウェーデンの保健福祉研究所SPRIの報告（1980年）によれば，同国の病院の病棟面積の建設年次別平均値は次のように推移している。1960〜1964：$25.5m^2$，1965〜1969：$30.0m^2$，1970〜1974：$37.7m^2$。

4　病　棟　81

表 4.1 看護単位内の面積配分

病院名		1階あたりの看護単位数	1床あたりの病棟面積 (m³)	面積比率 (%)		
				病室	その他の諸室	通路など
町立	A	1	15.9	43.7	26.4	30.0
市立	B	1	20.2	41.3	30.9	27.9
〃	C	2	18.9	41.7	20.5	37.8
〃	D	2	21.0	41.1	23.0	35.8
〃	E	1	24.6	35.6	30.5	33.9
〃	F	1	22.6	40.4	24.7	34.8
厚生	G	2	17.7	42.0	23.4	34.5
市立	H	2	19.0	43.1	23.7	33.2
県立	I	2	19.6	38.3	20.7	40.9
職域	J	2	20.2	39.6	27.1	33.3
市立	K	2	19.1	43.6	21.6	34.8
社保	L	2	23.6	40.5	23.2	36.3
日赤	M	2	22.6	38.1	29.0	32.9
〃	N	2	22.8	40.0	25.4	34.6
県立	O	3	24.2	39.2	25.5	35.3
市立	P	2	19.6	39.6	25.6	34.7
〃	Q	2	20.7	47.2	18.6	34.2
都立	R	3	22.8	30.6	27.5	41.8
職域	S	2	23.0	42.2	22.2	35.6
学法	T	2	22.5	41.3	22.3	36.4
農協	U	2	20.7	41.0	26.3	32.7
学法	V	3	24.8	37.3	24.0	38.7
市立	W	2	19.1	41.5	24.5	34.0
県立	X	2	21.5	38.9	25.4	35.6
府立	Y	2	26.0	40.4	28.3	31.3

む．また，ダクトや配管のためのスペースも便宜上ここに入れてある．その結果，これらの占める比率はかなり大きなものになっている．高層化によるエレベーター台数の増加，さらには非常用エレベーター設置の義務づけ，設備の高度化に伴うダクトや配管スペースの増大などによる．いずれにせよ"通路など"の割合が病棟基準階の 1/3 以上にもなるような平面は問題であろう．

4.2.3 動線計画
a. 看護婦の動線

多くの建築で動線の問題がいわれるが，病棟における看護婦の動線はまさに設計上の最大条件である．そのためか，看護婦の動線分析あるいはそれを前提にした病棟平面についての研究はその数がきわめて多い．以下に，それらのうちのいくつかを紹介しておこう．

1) **病棟看護婦に関するタイムスタディ** 1951年，吉武泰水らによって行われた研究[6]で，世界的にみても，この種の研究の中で最も早い時期に属するものである。

内容は，国立東京第一病院〈東一〉と武蔵野赤十字病院〈武蔵野〉の外科病棟で，日勤看護婦の動きを追跡したものである。調査は，両病院各1日ずつ（8：00～16：30および8：00～17：00）であったが，それまで全く知られていなかった看護活動の一端を定量的にとらえたものとして，病棟の設計に貴重な手がかりを与え，またその後の研究の発展に大きな影響を及ぼした。

結果の一部を示したのが表4.2である。当日の入院患者数は〈東一〉が63人，〈武蔵野〉が50人，日勤看護婦数は〈東一〉14人，〈武蔵野〉7人であった。

表4.2 日勤看護婦の各室出入回数と滞在時間（吉武・宮武）

〈東一〉	出入回数	滞在時間	〈武蔵野〉	出入回数	滞在時間
病 室	437回(30%)	1,318分(27%)	病 室	312回(40%)	957分(40%)
看護勤務室	393 (27)	1,501 (30)	看護勤務室	252 (32)	826 (35)
処 置 室	396 (27)	924 (19)	配 膳 室	86 (11)	108 (5)
配 膳 室	109 (7)	257 (5)	汚物処理室	66 (8)	69 (3)
倉 庫	47 (3)	105 (2)	湯 沸 室	27 (3)	48 (2)
そ の 他	6 (0)	74 (1)	そ の 他	17 (2)	153 (6)
病 棟 外	75 (5)	789 (16)	病 棟 外	23 (3)	227 (10)
計	1,463回(100%)	4,968分(100%)	計	783回(100%)	2,388分(100%)

2) **看護婦と医師の動きについての調査研究** 上記の研究が，外科病棟だけを取り上げ，また対象を看護婦のみに限っていることから，病棟の計画について普遍性のある考察を導くまでに至っていない点を補うべく，その後1958年から1959年にかけて伊藤・栗原らによる研究の展開があった[7]。すなわち，東京都内の3病院で，それぞれ内科系・外科系・産科・小児・結核の各看護単位を対象に，そこでの看護婦と医師の動きを調査したものである。1951年当時に比べれば，各病院の看護態勢も格段に充実し，それに応じて室の分化も進んでいた。結果の一端を示したのが表4.3である。

その後，さらに10年経った1969年に伊藤・矢代らは再び同じような調査[8]を行っている。目的は，①前回までの調査がすべて日勤時間帯だけに限られ，看護活動の面で重要な夜間をみていない，②病室をすべてひとまとめにした考察で，個々の病室間の動きを省いている，③動きの合計だけしかとらえずその時刻変動

---

6) 吉武泰水：建築計画の研究，鹿島出版会，1964
7) 伊藤誠・栗原嘉一郎・松本光平：病棟における看護諸室の性格，日本建築学会論文報告集67号，1961
8) 伊藤誠・矢代嘉郎：病棟における看護婦の動線調査，日本建築学会大会学術講演梗概集，1970

表4.3　各室間の看護婦の動き (6:00〜18:00)

		看⇄病室	看⇄他	病室⇄他	他⇄他	計
内科系	A病院	412 (50)	169 (21)	215 (26)	24 (3)	820 (100)
	B病院	382 (43)	184 (21)	266 (30)	55 (6)	887 (100)
外科系	A病院	343 (56)	156 (25)	94 (15)	22 (4)	615 (100)
	B病院	343 (38)	263 (29)	255 (28)	44 (5)	905 (100)

*1　各欄，上段は動きの実回数，下段（　）内はその百分率。
*2　これらは病棟内の動きのみに限り，病棟外との出入り関係は除いてある。病室⇄病室　の動きも除く。
*3　「看」は看護勤務室の略。「他」とは「看」および「病室」以外のすべての室。

をとっていない，などの点を補いつつ，併せて小病院の実態を知ることにあった。

　調査対象には千葉県立東金病院の内科系・外科系の2看護単位を選び，それぞれ1日24時間にわたる調査を行った。その結果，看護婦の動きについては日勤だけの考察でもさほど大きな誤りをおかすことにはならないことを明らかにした。

3) ナッフィールド財団による研究　海外での研究のうち比較的広く知られているのは，イギリスのナッフィールド財団による研究であろう。報告書[9]が公刊されたのは1955年である。この中の病棟に関する研究で，彼らもまた看護婦の動線調査を行っている。主な目的は"看護婦のなすべき仕事は何か"を明確にすることにあった。対象としてはロンドンにある三つの病院から合計五つの看護単位を選び，それぞれの病棟におけるすべての看護婦について，24時間にわたる動きを調べている（図4.9）。

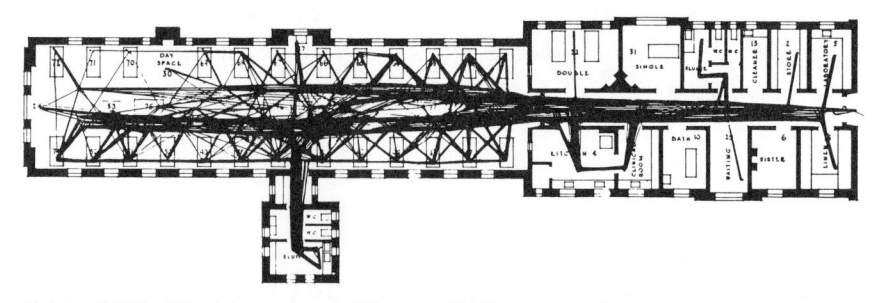

図4.9　看護婦の動き／ブラッドフォード病院における調査結果

　9) Nuffield Provincial Hospitals Trust: Studies in the Functions and Design of Hospitals, Oxford University Press, 1955

表 4.4 看護婦の動きの割合

	ウェストミンスター病院		ブラッドフォード病院		ナショナル病院
	内科病棟	外科病棟	内科病棟	外科病棟	神経外科病棟
病　床一病　　　床	45.9	48.6	58.0	53.8	41.1
病　床一看護諸室A	30.0	26.0	26.6	26.8	31.4
病　床一看護諸室B	5.7	7.1	3.3	4.0	7.8
看護諸室一看護諸室	18.4	18.3	12.1	15.4	19.7
計	100	100	100	100	100

「看護諸室A」とは，看護諸室のうち作業室・汚物処理室・配膳室の主要3室。
「看護諸室B」とは，上記以外の看護諸室。

結果の一部が表4.4である。3病院は建築的に異なった平面であるにもかかわらず，これらの値がよく似ている点が注目されよう。

4) エール・トラフィック・インデックス　アメリカでは1950年代の末にエール大学のJ. D. トンプソンらによるエール・トラフィック・インデックス[10]の提案がある。病棟の平面を看護側の立場で評価するための指標である。要点は——

(1) エール大学の病院で看護婦の動きを6か月間にわたって調査し，表4.5のような結果を得た。すなわち，各室間の移動回数の多いものから順次並べ，その比率を算出したのである。彼らはここである室とほかの室との間の往来をリンクと呼んだ。各リンクの比率をP_1, P_2, ……, P_{14}とする。なお，これら14種類のリンクで全体の動きの91.2%に達していることから，これ以外の移動は無視してもよいとしている。

(2) いまチェックしようとする病棟の平面について，各室間の距離を図上で測定する。この際，「病一病」は一群の病室を最短距離で一巡できる道筋を選び，

表4.5 室間移動回数の割合

順位	移動リンク	比率P_i(%)	累積比率(%)	順位	移動リンク	比率P_i(%)	累積比率(%)
1	病一病	19.1	19.1	8	病一エ	3.7	79.9
2	看一病	16.7	35.8	9	薬一病	3.2	83.1
3	作一病	14.1	49.9	10	作一エ	2.5	85.6
4	看一作	9.8	59.7	11	作一薬	1.8	87.4
5	看一エ	6.1	65.8	12	作一配	1.7	89.1
6	看一薬	5.8	71.6	13	作一掃	1.1	90.2
7	病一配	4.6	76.2	14	看一配	1.0	91.2

「病」は病室，「看」は看護勤務室，「作」は作業室，「エ」はエレベーターホール，「薬」は投薬準備室，「配」は配膳室，「掃」は掃除具庫の略。

[10] Thompson, J. D. & Goldin, G.: The Hospital—A Social and Architectural History, Yale University Press, 1975

その距離を病室数で割った平均値をもってし，これを d_1 とする。「看―病」は看護勤務室と各病室との距離の平均値で，これを d_2 とする。以下，同様に d_3, d_4, ……d_{14} を算出する。

(3) エール・トラフィック・インデックスとは $\sum_{i=1}^{14} d_i P_i$ をその病棟の病床数 n で割ったもので，結局，1床あたりの平均歩行距離とみてよい。この値が小さいほどよい平面だというわけである。ここで，P_i には表4.5の値を使用する。つまり，図上の距離に移動頻度の荷重をかけた指標によって平面の評価を行おうという提案である。

5) **人件費を加味した動線分析**　ジョージア工科大学とジョージア医科大学との共同研究でデロン，スマリーらは，単に動線の長さだけでなく，それぞれに人件費をかけた値をもって評価する方法[11]を提案している。

たとえば，給料の低い看護助手を多少歩かせても問題は小さいが，高給をとる看護婦の動きがあまり大きい平面は好ましくないとするのである。

アメリカには，このほかにも，類似の発想に基づく研究がいくつかある。そして条件をこのように割り切れば，電算機のためのプログラムも容易に組むことができるし，ひいては平面を電算機に描かせることも可能になるというのである。いかにもアメリカらしい考え方であるが，これを応用するにはいささか抵抗を感じる。

b. 平面型の発展

動線の短縮を意図して病棟平面にいろいろな提案がなされてきた。その発展の流れをみよう。

1) **複廊下型平面**　ナイチンゲール病棟までさかのぼるのでなければ，病棟平面の主要な型は，少なくとも1950年代の中頃までは中廊下もしくは片廊下型のものであった。ところが，その少し前から，事務所建築などにみられるようになったいわゆるコアプランが，やがて病院建築にも影響を及ぼすようになる。この型は別に "double corridor type"（複廊下型）または "race track plan" などとも呼ばれる。

狙いとするところは，桁行の長さを詰めて平面全体をできるだけ集約化する点にある。これは，おのずから動線の短縮につながるはずである。看護婦の動線を短くすることができるとなれば，多少不利な点を伴うとしても，これを取り上げる価値は大いにあるわけで，たちまち多くの病院で採用されるようになった。

2) **上下交通路の分離**　看護単位の中から看護に直接関係のない部分を排除

---

11) Bobrow, M. L.: The Evolution of Nursing Space Planning for Efficient Operation, Hospitals and Health Care Facilities, McGraw-Hill Book Company, 1978

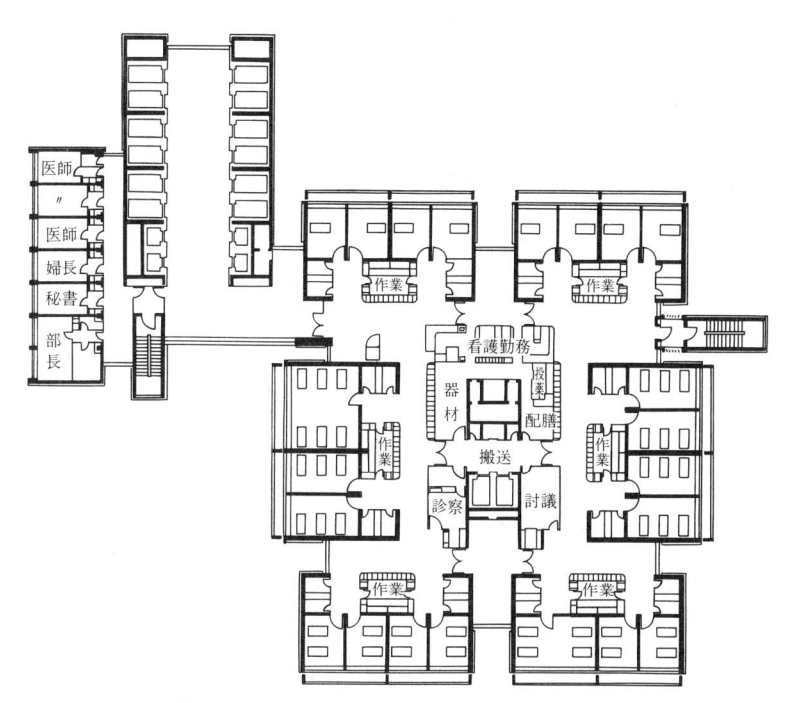

図4.10 コペンハーゲン州立ハーレヴ病院・病棟基準階（設計：G.ボルネブッシュほか）

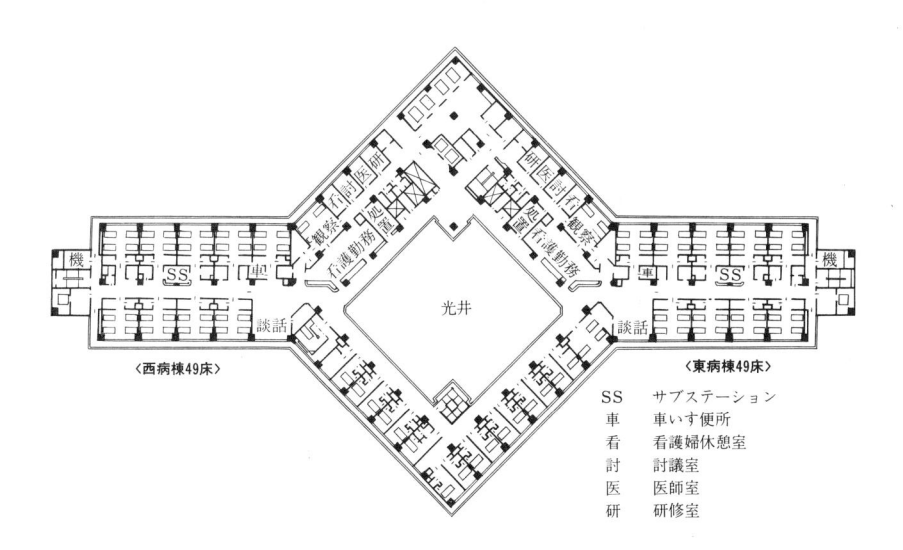

図4.11 日本医科大学付属千葉北総病院・病棟基準階（設計：伊藤誠＋千代田設計）

SS　サブステーション
車　車いす便所
看　看護婦休憩室
討　討議室
医　医師室
研　研修室

4　病　棟　87

することは，そのまま看護単位の確立と看護動線の短縮につながる。エレベーターと医師室とを病室群から分離させて独自の塔に仕立てたデンマークのハーレヴ病院の病棟平面（図4.10）にはそうした狙いが含まれているのである。

日本医科大学付属千葉北総病院（図4.11）では，ハーレヴのように別棟にはしていないが，エレベーターシャフトと教育研究関係の諸室を病棟の主体部分から外している。

3）円型病棟

円型平面が動線の長さという点で有利であろうことは，だれでもすぐに気づく。また監視・観察の面でも，円型が原理的に優れていることは明らかである。このため円型病棟の例は各国に数多くみられる。中でも特に有名なのはロサンゼルス近郊のバレー・プレスビテリアン病院であろう。ここには次々と増築された合計3棟の円型病棟があるが，そのつど実大模型をつくって入念に検討した上で実施設計をまとめている。無論，各段階ごとに改良が加えられ，平面も少しずつ変化してきているが，第3期病棟（1971年）が一応の結論のようである（図4.12）。

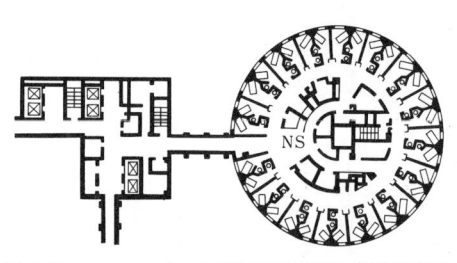

図4.12　バレー・プレスビテリアン病院・第3期病棟
（設計：チャールズ・ラックマン）

円型には，上に述べたような利点もあるが，他方，平面計画上は制約がきつくてむしろ不自由な形であることを知るべきである。つまり，外周におかれた病室と中心部分を占める看護関係諸室との面積がちょうど適正比率になったとき，初めて成り立つわけで，ここに示した例もいわば特殊解でしかない（この場合，個室ばかりで32床）。平面型としては普遍性に乏しい形である[12]。

4）三角形平面

コアプランの新しい型にカプランらの提唱した三角形平面がある。その後，病棟平面

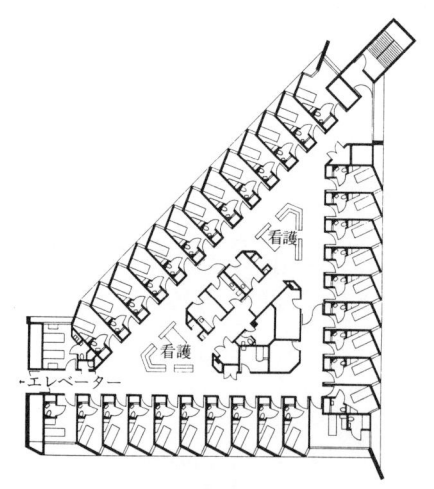

図4.13　セントマークス病院・病棟基準階
（設計：カプラン，マクローリン）

12）伊藤・大場・高野・西野・栗原ほか：円型病院の得失について，病院16巻1号，1957

の一典型として急速に普及した型であるが，オリジナルであるセントマークス病院（ユタ州ソルトレイク）の場合では，1単位35床弱しかないこともあって，看護婦ステーションから各病室への距離は明らかに相当短くなっている。

　この型の特徴として，設計者は，1本の上下交通ルートに4棟（8看護単位）まで連結でき，しかも棟数を増やしても各病室の居住条件を低下させることがない，という点をあげている。確かに新しい発想だといってよい。

4.2.4　他部門との関連

　各看護単位はそれぞれ婦長を中心に一応独自の運営をしている。そこには主治医をはじめ各種の職員の出入りがあり，また見舞客の来訪があるが，関係者以外の出入りはできるだけ抑えなければならない。しかし，病棟の運営は院内各部門からの支援があってはじめて成り立つわけで，そのための人や物の出入りはおのずから相当頻繁なものになる。それはただちに全体計画における病棟の建築的位置づけにも関係してくる。

　a．人の出入り

　1）　**出入りの頻度**　　伊藤らの調査報告[13]によれば，看護単位への人の出入りは1日1床あたり5〜10回程度であるという（ただし，この場合，出を数えず，病棟への1人1回の入りを1と数える）。

　このうち最も多いのは看護婦で，2.0〜3.0回であった。目的は他部門との連絡，書類や物品の運搬などのほか，勤務交代や食事のための出入りであった。このうち，連絡や運搬のための動きは，情報交換・物品搬送の方式が電算化・システム化されれば減少する性質のものである。

　次に多いのが見舞客で1.0〜2.5回である。ただし，これは病院の立地や病棟の性格によってある程度変わるであろう。

　医師は1.0〜2.0回，患者は1.0回以下であった。患者の出入りにはストレッチャーや車いすで診療部門に連れていかれるものと，ひとりで売店やポストなどに行くものなどがある。

　以上のほか，各部の職員による出入りが0.5〜1.0回程度あった。

　2）　**出入りの時刻変動**　　出入りを時刻別にみると，看護婦をはじめ病院職員の動きには朝のうちと正午過ぎと夕方の3回ゆるやかな山が認められるが，総体としては1日中ほぼ均等な分布になっている。

　これに対して，見舞客は時間を制限されているし，最近は特に見舞時間が守ら

13）　伊藤誠・栗原嘉一郎・野村東太：看護単位と他部門との結びつき，日本建築学会論文報告集60号，1958-10

れるようになったから，見舞時間開始時の集中は見過ごすことのできないものとなる。たとえば，エレベーター計画では，この集中が所要台数の決定条件になるのが普通である。

逆に，近頃は療養に重点をおく病棟で見舞時間の制限をはずす例が出てきた。病棟の性格に応じて考えるべき問題であろう。

b. 物の出入り

病棟の運営には，各部門からの多種多様な物の供給を必要とする。また，ごみや検体など，病棟から出ていくものもかなりの量になる。

1) **食　事**　入院患者の食事は，各自の病床までいちいち食膳を届けなければならないところに特殊性がある。いかにして温かい料理を温かいうちに，冷たい料理を冷たいまま届けるかが常に問題にされる。今日，一般化しているサービス方式は中央配膳である。すなわち，すべての患者の食膳を給食部でととのえ，それをそのまま配膳車に積んで病棟へ運ぶ。給食部の人手によって病棟まで運ばれた配膳車は，そこで看護婦の手に移される。

2) **薬　品**　薬には患者個々に処方される調剤のほか，注射や輸液などがある。ことに輸液用の薬剤はかさも重量も大きいから，その搬送は常に問題となる。

3) **医療器材**　滅菌された医療器機や使い捨ての注射器などは，材料滅菌室から（後者は最近は供給部から）供給される。病棟での毎日の使用量はほぼ一定しているから，定時に定量の材料が供給され，また決まった時刻に使用済みの器材を返却するようにしている病院が多い。

4) **リネン**　病棟で使用されるリネン類は，シーツや包布のように大きなものからガーゼ・包帯に至るまで多種多様で，その量も相当なものになる。ただし，シーツ交換の頻度により所要リネン量は大きく変わる（現状では，週1回と新入院時が一般的）。新生児・乳児ならびに一部の老人はおむつを必要とするが，その量がまた相当なものである（最近はディスポ製品の利用が普通）。

5) **消耗品・雑品**　内容はきわめて雑多であるが，供給はせいぜい週1回くらいで済む。今後は供給部を通じての一元的管理が推進されるであろう。

6) **検　体**　検査部へ検体が出される。その時間は，検体採取と検査のつごうで朝（日勤開始ごろ）が最も多く，次いで昼食前後となるのが一般的である。少量ながら，そのほかの時間に運ばなければならない検体が随時発生する。

7) **塵　芥**　1日に排出されるごみの量は大変なものである。その収集は，1日1回もしくは数回，清掃係の手によって行われ，塵芥集積場に運ばれる。

4.3 各室の設計

4.3.1 病　室
a. 個室と多床室

病室は個室（1床室）と相部屋（多床室）とからなる。患者の側からすれば，一般には，対人関係の面でわずらわしさのない個室の方が好ましいだろう。しかし，看護側からは，ある程度患者をまとめておいた方が，目も届きやすいし看護も容易だから，できれば相部屋が望まれる。

しかし，患者の中には，個室のもつ孤独感や疎外感を嫌って，むしろ相部屋をとりたいとするものもある。いずれを好むかは，その患者の社会階層とか性格，今までの居住環境，あるいは年齢・病種・在院期間などによって左右される。また，看護側からしても，重症や隔離など，個室を必要とすることが決して少なくはない。

結局のところは，それら相矛盾する要求の間に調和点を見出していかなければならないのである。

1) イギリスの場合　　イギリスにはナイチンゲール病棟の伝統がある。そして，100年以上も前に建てられたものを含み，ナイチンゲール型の病棟が各地にまだある程度残っている（図4.14）。しかもそれらがほとんど原型に近い形のまま現に使われているのである（無論，部分的な増築や模様替えはある）。これが患者の容態を監視するという点でつごうのよい平面であることはいうまでもない。

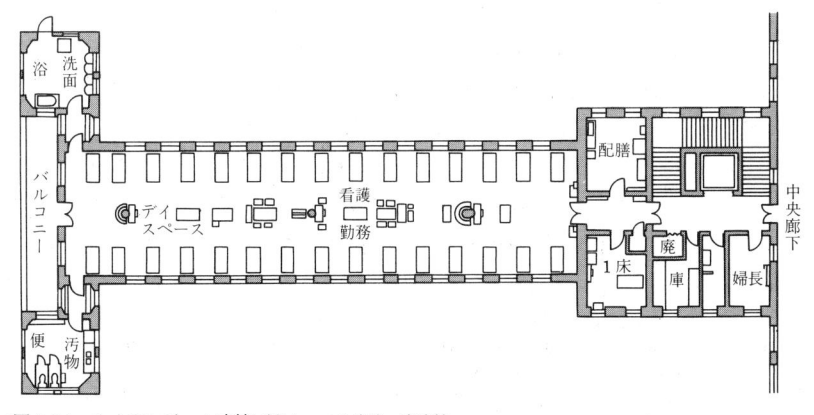

図4.14　ナイチンゲール病棟／聖トーマス病院・南病棟

他方，患者側もこの古い型の病棟をさほど嫌ってはいないという報告[14]がある。常に病室全体の様子を知ることができるという点で，患者の心理面に何かとよい効果を生んでいるようである。特にかいがいしく働く看護婦の姿を絶えず目のあたりにしていることは，大きな安心感につながるのであろう。大部屋でことに心配になる音の問題にしても，隔壁越しに聞こえる意味の分からない話し声などより，かえって気にならないという。

このような背景から，イギリスでは，最近でも病室を大部屋的に扱っている例が少なくない。4～6床室でも，廊下側の壁をガラス張りにして（あるいは壁をおかないで）中の様子を見やすくし，またしばしば入口にドアを設けない。したがって，たとえば6床室の場合，six-bed room とはいわず six-bed bay と呼んでいる。患者個々のプライバシーに関しては，必要に応じベッドまわりのカーテンを引くだけで十分と考えているようである。

2) アメリカの場合　アメリカでは，第二次大戦後，個室と4床室の組合せ（時に2床室を交える）で1看護単位を構成してきたが，病院建築の基準法ともいうべき建築家協会のガイドライン[15]が1992年の改訂で「病室は個室もしくは2床室」とした（1987年版までは「病室は4床以下」とされていた）。人々の個室志向への対応だといわれている。

個室をよしとする彼らの理由を整理してみると次のようになる。

① 患者個々のプライバシーが保証される。
② 在院している患者の病種とか性別に左右されることなく次の入院を決定できるから，病床利用率が高まる。
③ 感染性疾患の扱いが容易である。
④ 医師や看護婦にとって，診療上，看護上，都合がよい。ほかの患者がそばにいるため仕事がやりにくい，というようなことが事実時折あるらしい。

以上は患者の快適性と病院運営上の視点からみた諸条件であるが，看護の側にとってこれはどうなのか。いうまでもなく小部屋になるほど手間はかかる。にもかかわらず，このような行き方を可能にしているのは，裏づけとしてICUの充実があるからである。すなわち，一方に手のかかる患者を引き受けてくれるICUがあってこそ，一般病棟の個室化が許されるのであろう。ICUの病床数が全体の1割を超すような病院も少なくない。

---

14) Noble, Ann & Dixon, Roger: Ward Evaluation—St. Thomas' Hospital, Medical Architecture Research Unit, The Polytechnic of North London, 1977
15) The American Institute of Architects Committee on Architecture for Health with assistance from the U. S. Department of Health and Human Services: Guidelines for construction and equipment of hospital and medical facilities, The American Institute of Architects Press, 1993

3) **個　室**　　個室のもつ意義の第1は，ほかと一緒ではつごうが悪い患者の収容にある．具体的には，重症または危篤の患者，感染性の病気をもったもの，臭気・うめき声などで同室の患者にいちじるしく迷惑を及ぼすもの，感染を受けやすい病状などほかからの影響を嫌う場合，そのほか特別な注意を必要とする患者などが対象となる．

　プライバシーの確保は居住面での快適性につながり，日本の場合，それはただちに室料差額の問題に結びつく．それにもかかわらず，今後，人々が個室を求める傾向は確実に大きくなっていくに違いない．

　1人部屋ではさびしくて不安だとする患者も確かに少なくない．これに対して，ほとんど全室を個室にしているアメリカの病院の場合，平生は入口の扉を開放しておくのを原則にしている例もある．こうしておけば，部屋の前を絶えず行き来する看護婦の姿が見えて安心だし，また看護婦の方でも病室への出入りに手間が省ける．

4) **2床室**　　2床室には個室のもつ特性はなく，さりとて多床室のよさも認め難い．いささか中途半端な性格の病室で，その存在意義はやや薄い．しかし，その割に，現実にはよくみかける形の病室である．病院側からすれば，一応2床入れておき，必要に応じて個室にするといった融通性のある運営が期待できるし，また患者の側からも，特に室料差額を課される場合，大部屋では世間体がはばかられるし，さりとて個室では負担が重すぎるというようなことから"2床室程度で"といった要望として現れてくるからであろう．しかし，実際に入ってみると，隣の患者に気兼ねしなければならないことが多くて，大部屋の方がかえって気軽だという結果になっているのかもしれない．

　結論として，特に2床室の利点が積極的に見出せる場合以外，取り上げるべきではないと考える．

5) **総　室**　　多数のベッドを入れたいわゆる大部屋を総室と呼ぶが，ここではほかに対する気兼ねも，ほかから受ける影響も互いに相殺され薄められて，2床室などよりはむしろ居心地がよいとされている．また，適宜ついたてのような仕切りが設けられることもあるが，総じてのびやかな空間になる．この点に着目して，わが国でも，戦後，特に結核療養所などでこの形がよく採用された．同時に，看護上の利点が買われたことはいうまでもない．

　戦前の病院にも，ひとつの看護単位で，入口近くに個室を並べ奥の方に総室をとった例はいくつかあった（図4.15）．前にも書いたように，イギリスでは，総室の典型ともいうべきナイチンゲール病棟が，今日でもそのままの形で使われている．

しかし，十数人あるいは数十人の患者が1室に入れられていることによる問題もいろいろあるはずで，特に性別区分などに難がある。1960年代に入ると，わが国の病院の設計から総室はほとんど姿を消した。当然の成行きであったと思う。

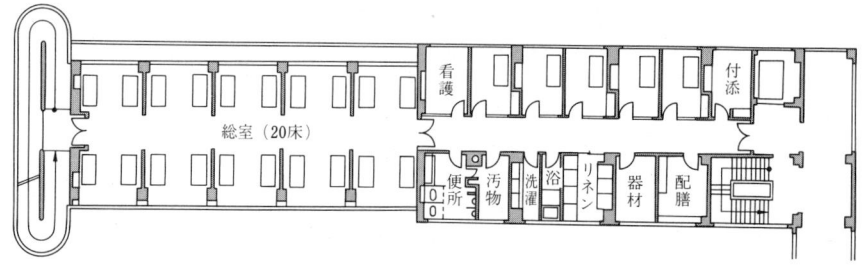

図4.15　総室のある病棟／東京逓信病院（設計：逓信省営繕課，山田守）

図4.16　総室のある病棟／東京都立府中療育センター（設計：千葉大学伊藤研究室十日建設計）

94　病院の設計

総室のもつ特性，ことに看護上有利な点が，ICU をはじめいくつかの特殊病棟で生かされてきた。観察・看護が何にも増して重要とされる重症心身障害児施設などがその代表的な例である（図4.16）。ただ，これにも院内感染，個々の生活重視などの視点からは批判があろう。

6) 4床室　ベッドの並べ方を歴史的にみると，まずナイチンゲール病棟では，枕を窓側にして，各ベッドを壁と直角に配列するのが一般的であった。これと大きく違った配列が初めて現れたのは，20世紀初頭に建て直されたコペンハーゲンの国立病院においてである。ここでは，すべてのベッドを外壁に平行におく配列をとった。当時としては目新しいパターンであったためか，この配列はコペンハーゲン式などと呼ばれた（図4.17）。

このような並べ方の狙いは，ベッドから随時窓の外をみることができ，またそれがまぶしく苦痛ならば逆を向いて避けることもできるという点にある。以後，1室に入れられるベッド数の多少を問わず，この配列が一般的となって今日に至っている。

ところで，4床室の利点は，各患者がそれぞれ自分のコーナーをもつことができる点にある。相部屋はもともと全体に共用の空間であるが，その中にあってなお各自の領域をもてることは重要である。6床室になると，中列のベッドは心理的に何となくよりどころのない席となる。このことは，実地に6床室をみれば，中列のベッドが嫌われている事実からただちに説明がつく。同様の理由で，3床室も好ましくない。

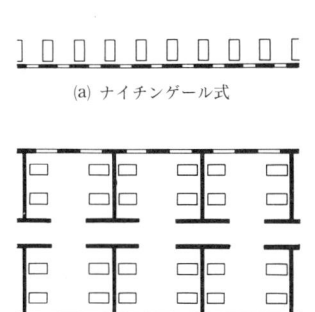

(a) ナイチンゲール式

(b) コペンハーゲン式

図4.17　ベッド配列

以上から，結論として，相部屋は4床室を基本としたい。

b. 病室の広さ

1) 医療法の規定　病室の広さについては，医療法施行規則第16条に次の規定がある。

すなわち，「病室の床面積は，内法による測定で，患者1人を収容するものにあっては，$6.3m^2$以上，患者2人以上を収容するものにあっては1人につき$4.3m^2$以上とすること」とし，小児病室ではさらに狭い面積でもよいとしていた。1992年の法改正に伴い新しく"療養型病床群"が設定されるにおよんで，ようやくその病室面積は1人あたり$6.4m^2$以上と規定されたが，療養型以外については（特定機能病院をも含んで）従前のままである。最低基準とはいえ，あまりにも低

い水準ではなかろうか。

2) アメリカの基準　前にあげた米国建築家協会のガイドライン[16]には，病室に関して次のような規定がある。

① 1室あたり病床数は2床以下であること。
② 便所やロッカーを除いた実面積を，個室にあっては120ft²（11.2m²）以上，2床室にあっては1床あたり100ft²（9.3m²）以上とすること。

わが国の医療法の規定する水準があまりに低いため，実質的に基準としての意味をほとんどもっていないのに対して，アメリカのこの最低基準はかなりきびしい。

3) 広さを規定する条件　ここで病室の広さを決める条件について少し考えておこう。

a) ベッドまわりでの作業　ベッドまわりには診察・処置・看護など寝ている患者に対してのいろいろな働きかけがある。これらの作業が支障なく行われることが病室の面積を規定する第1条件であろう。

これについてはイギリスのナッフィールド財団による研究[17]がある。ベッドまわりで行われる一般的な作業のうち，広さに関係する主要な行為7種目を選び，それぞれの動作がどれだけの広さを必要とするかを測定したものである。ベッド間隔は心々7フィートあればよいというのが彼らの結論である。

b) 担送患者の移動　寝たきりの患者を手術室や検査室に連れて行くには，ストレッチャーまたは車いすに乗せるか，あるいはベッドのまま運ぶことになる。ストレッチャーや車いすに乗せるためにはベッド間に，ベッド自体を移動させるにはその周辺に，相応の空きがなければならない。

c) 隣接ベッドとの関係　相部屋の場合，隣の患者から受ける影響の大小は，相互の距離に関係する。音や光の通則にしたがえば，その影響の度合いは距離の自乗に反比例するだろう。この意味からも，相部屋のよさを生かしつつ，なおその不利な面をできるだけ小さくするには，ベッド間隔をなるべく大きくとることが重要である。

ナイチンゲールは1床あたりの空間について，平面的には少なくとも9 m²，天井高を4.5mとして容積的には約40m³が必要だとしている[18]。この場合の根拠は，ベッドの周辺に病気のもとになる汚れた空気のよどみが生じないようにすることにあった。今日ではこの意味での気積にこだわる必要はまったくないが，

---

16) 前掲書 4-15)
17) 前掲書 4-9)
18) 湯槇ます・薄井坦子・小玉香津子ほか訳：病院覚え書（ナイチンゲール著作集第2巻），現代社，1974

ナイチンゲールのこの主張通りにつくられた聖トーマス病院の総室が，先にも記したように，患者から結構満足感をもって受け入れられているのは，まずベッド間の十分な空きから生じた相隣関係によるところが大きいのではないかと考える．

　d) 病室の家具　　病室の広さに関連して，そこにおかれるべき家具の数が検討されなければならない．必要とされる家具の種類は患者の容態によって違ってくるが，いずれにせよ，ベッドの周辺で1日の生活の大部分が送られるわけだから，病室ほど多目的な空間はないともいえる．

　基本的な家具や設備としては，床頭台[19]，オーバーベッドテーブル[20]，小いす（見舞客用），安楽いす（患者用），ロッカー，洗面台などがある．

c. 設計の要点

1) **天　井**　　1日の大半を寝て過ごす患者にとって視野の大きな部分を占めるのは天井である．その意味で天井の設計は重要である．病人の気分を和らげるためいろいろな工夫があってよい．

　また，設備の高度化に伴い，病室の天井面に取り付けられる端末器具の数が急に増えてきた．在来からの照明器具や改め口のほかに，空調の吹出口・吸込口，煙感知器，スプリンクラーヘッド，院内放送用の拡声機，点滴用のレール，病床ごとのカーテンレールなどである．これらができるだけ整理された形でレイアウトされなければならない．

2) **床**　　従来広く使われてきた厚さ2〜3mm程度のプラスチック系タイルまたはシートは，足ざわりが堅く滑りやすいなどの点で病室の床材としては必ずしも適当ではない．特に高齢者や小児の病棟では，もっと弾力性のある材料が望まれる．

　その点，じゅうたんは優れているが，しみや汚れに関連して清潔保持・院内感染などの問題が残されている．また，病棟ではストレッチャーをはじめ各種の運搬車の通行が多いから，じゅうたんには走行性の点で難がある．

3) **窓**　　病室の窓は，建築基準法施行令により床面積の1/7（そのほかの居室では1/10）以上の大きさがなければならない．ただし，このままだと患者には明る過ぎて苦痛になることもある．日照を随時調節できるようなんらかの工夫が必要であろう．

　また，病棟を高層化したとき，危険防止について考えておかねばならない．特

---

[19] 枕元におく物置台．通常下部は整理戸棚になっている．
[20] 患者がベッド上で食事をしたりする際に使用する幅の狭いテーブル．キャスターつきで，ベッドをまたぐような形につくられている．

に自殺企図の飛降りを防ぐための工夫が必要とされる。

4) 出入口　ベッドのまま，またはストレッチャーで患者を運ぶことが多いから，出入口の幅は 1.2m 以上ほしい。この場合，部屋の広さとの関連もあって，1枚扉か親子扉か，あるいは引戸など，慎重な選択を必要とする。

病室の入口に患者の氏名札をかけるのが日本の病院の慣習であった。看護婦や見舞客にとって便利だからであろう。しかし，外国の病院ではほとんどこのような例をみかけない。患者のプライバシー尊重という点で，今後検討しなければならない課題であろう（その後，日本でも氏名札をつけない病院が増えてきた）。

5) 床頭設備　寝たままの生活を支えるため，ベッドの頭側には各種の設備が設けられている。枕元灯，診察処置用の照明，病状観察用のモニター，ナースコール，酸素・吸引のアウトレット，テレビ共聴アンテナ端子，電話用差込み，コンセント，などである。その取つけとレイアウトにはしかるべき工夫がほしい。

4.3.2　看護関係の諸室

a. 看護勤務室

看護勤務室はアメリカにおける nurses' station または nursing station の訳である。イギリスでは staff base とか nurse base などと呼ぶ。どちらも看護活動の起点といった感じがよく出た名称だと思う。日本には昔から"看護婦詰所"という呼び方がある。語感がやや古風だがそれほど悪い名前でもない。

ここでは看護勤務室（時に看護婦ステーション）と呼ぶことにする。

1) 一つの特殊解　看護勤務室は看護関係の諸室をしたがえつつ病室群の重心に位置しなければならない。米国ヒューストンのM.D.アンダーソン病院ではこれを見事に解決している。すなわち，各階2看護単位であるが，階段・エレベーターのほか面会室・配膳室・討議室

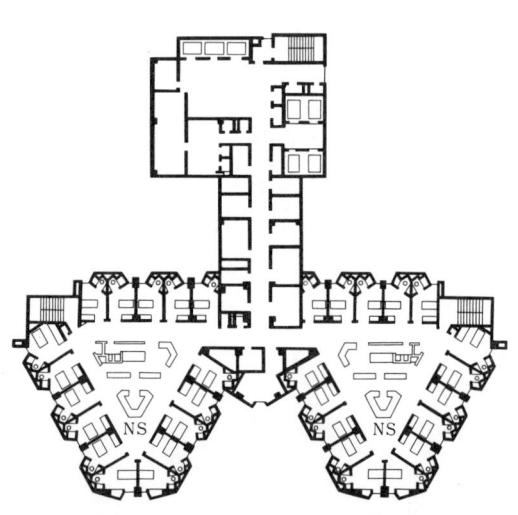

図 4.18　M.D. アンダーソン病院・病棟基準階
　　　　（設計：マッキー＋カムラス）

など，看護に直接関係ない部屋はすべて北側に突き出した方型の棟に収め，周辺に病室を配した三角形平面の中央に看護のための諸施設を集中している。この部分は高さ約 1.2 m 以下に統一されたオープンカウンターから構成され，その一部が記録机や流し，また薬品戸棚になっている。

リネン・器材・看護用品などはすべて運搬車のままカウンター下の決められた場所におかれている。塵芥や汚れたリネンなどについても同様である。端のカウンター下には汚物流しがおかれ，その隣は便器保管棚になっている。従来はそれぞれ別室にされていた諸機能をすべてこのオープンカウンターに集めてあるから，看護婦にとっては何をしているときでも常に全病室がみえているわけである。またどの場所からも病室への距離はきわめて近い。看護婦の立場からはまさに理想的な設計といってよい。

これは格納棚を兼ねた運搬車をすべて建築設計と関連づけながら統一的にデザインしてはじめて成立しうることである。

また，1看護単位16床，全部が個室という点も重要で，病床数がもっと大きくなるとこの形は成り立たなくなる。

その意味で，この例は，われわれにとってあくまで一つの特殊解にすぎないが，病棟設計の基本精神がよく表れた平面だと思う。冒頭にこの例をもち出したゆえんである。

2) 看護勤務室の働き　看護勤務室（看護婦ステーション）の機能を分析的に整理すると次のようになる。

a) **動きの起点**　まず，ここは看護婦の活動の起点である。医師の指示を受け，処置簿や作業割当表などをみて病室に向かう。あるいは，ナースコールを通じて呼ばれた場合は無論のこと，日課としての処置や患者の身の回りの世話のための動きもここが起点になる。

b) **記　録**　看護勤務は原則として3交代制である。したがって，相互の連携や情報交換のために，看護記録が次々に伝達されていかなければならない。ここはそのための記録の場である（最近記録に費される時間の大きさが問題にされ，これをもっと減らしてその分を実質的な看護に向けようとする工夫がみられる）。

c) **勤務交代の引継ぎ**　交代勤務の引継ぎが円滑に行われるためには，記録のほかに口頭での情報伝達も必要である。ここはそのような申送り・引継ぎの場にもなる。

d) **他部門との連絡**　病棟における看護の仕事は，院内各部門の協力があって初めて成り立つ。したがって，ほかの部門との間に各種の折衝連絡や物の受渡しが必要である。ここはいわば各単位の窓口である。

e）出入りの管理　病棟を療養の場としてふさわしい環境に保つには，無用の出入りを禁じなければならない。見舞客や来訪者もすべてチェックされる。ここはすべての出入りの関門でもある。

f）準備作業　看護勤務室が看護活動の起点であってみれば，そこでの仕事と作業室で行われる仕事との間にそうはっきりとした線を引けるものではない。ここにはどうしても看護のための準備作業に類する仕事が入り込んでくる。

3）看護勤務室の設計（図4.19）

看護勤務室を動きの起点としてとらえれば，M.D.アンダーソン病院ほどではないにせよ，形態としてはやはりオープンカウンター形式がふさわしいだろう。

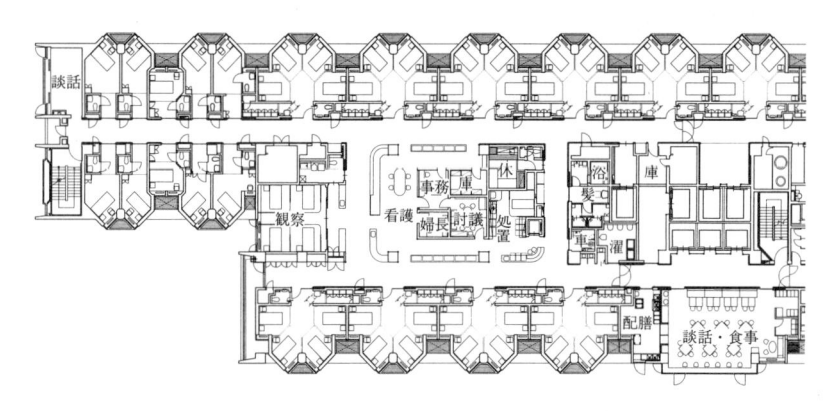

図4.19　看護勤務室を重心に置いた病棟構成／秋田赤十字病院（設計：日建設計）

日本の病院でもこの形式が一般化してきた。よく知られているように，オープンカウンターの最も徹底した形がイギリスの病院における看護婦ステーションである。多くは，カウンターというより廊下の一隅に机をおいただけのものである（図4.20）。まさに"ステーション"と呼ぶのにふさわしい。

前述のように，看護勤務室は勤務引継ぎの場でもある。ところで，申送り事項の中には，患者に聞かれたくないことも少なくないはずである。とすると，オープンカウンター形式の場だけではすまない。話し声のもれない閉じられた空間が必要であろう。

病棟への出入りを確実に把握するには，看護勤務室の位置が問題になる。出入りが容易に監視できる場所になければならない。しかしこれは前に述べた"病室群の重心"という条件とは矛盾することが多い。

たとえば，図4.21の(a)のように一つの階が一つの看護単位だけで占められているような場合には，おのずから病室群の中心になり，しかも病棟への出入りをチ

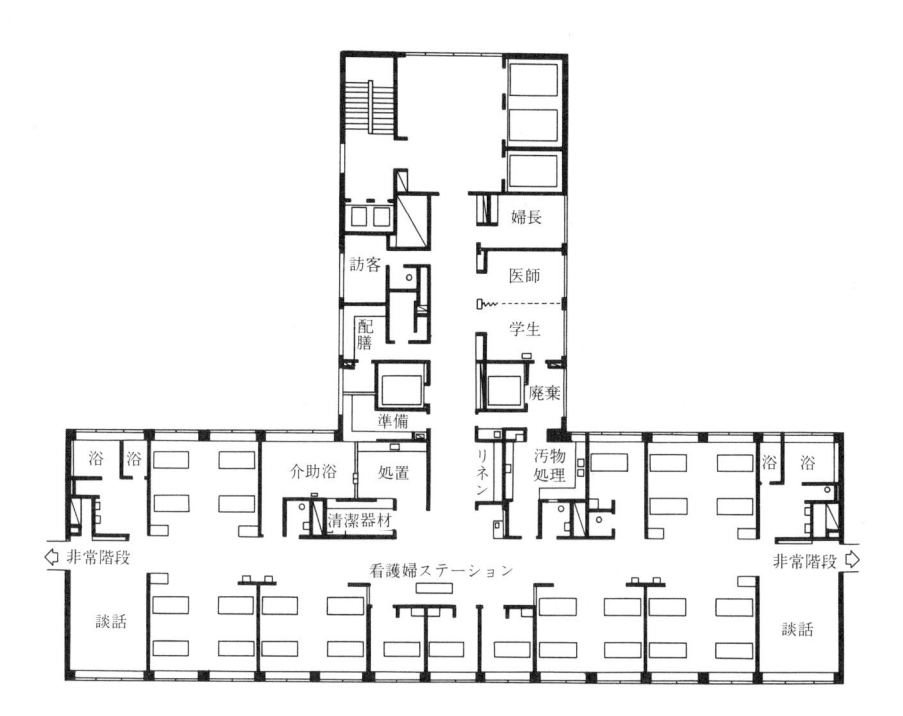

図4.20 イギリスの看護婦ステーション／聖トーマス病院　東病棟　(設計：W. F. ホウィット)

ェックできる。しかし(b)のように一つの階に2看護単位，あるいはそれ以上入ることになると，二つの条件を同時に満足することは難しい。いずれをとるべきか，選択を迫られることになろう。望ましい形は，病棟の出入口（エレベーターホール）に面して看護婦ステーションとは別に受付（病棟事務室）をおくことであろう（図4.22）。

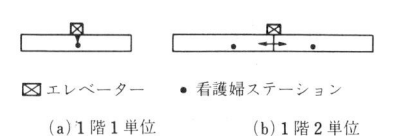

図4.21　看護婦ステーションの位置
(a) 1階1単位　　(b) 1階2単位
⊠エレベーター　●看護婦ステーション

b. 看護の準備と後始末

看護の準備と後始末を，アメリカでは，比較的きれいな作業と，便器洗浄とか清拭の後片づけとかいったあまりきれいでない仕事とに分け，前者を clean utility，後者を dirty utility と名づけている[21]。イギリスでは後者をさらに sluice と dirty utility とに分ける。sluice room とは便器や尿器を始末する部屋，これに対して dirty utility room は，そのほかもろもろの不潔作業を行い，かつ塵芥や廃棄物，汚れたリネンなどを集積しておく部屋である。塵芥や廃棄物の量が急

激に増えてきた最近の事情からすれば，作業室を三つに分けるイギリス流の方式が優れていると思う。以下，準備室（clean utility room），汚物処理室（sluice room），廃棄室（dirty utility room）について述べる。

1） 準備室　看護のための準備作業には，看護勤務室に直接続く場所をとりたい。看護用具や材料などを収納整理しておく棚と器具類を広げる小卓子のほか，与薬車・包帯交換車など処置や看護用の車を置く場所が必要である。

2） 汚物処理室　汚物流し・便器洗浄消毒器・2槽式流し（浅型と深型）・便器尿器保管棚（保温式）・汚物缶がおかれる。ややもすると不潔になりやすい部屋であるから，清掃しやすいように配慮する。

扱いの厄介なのが蓄尿[22]である。蓄尿件数が多いのは，わが国の病院の特徴であるが，とかく悪臭のもとになりやすいから，蓄尿棚まわりの排気には特に留意しなければならない。

3） 廃棄室　見舞品の包装や読み捨てられた雑誌など，毎日病棟から出るごみの量は膨大である。最近は専用のごみ置場を設けた例が増えているが，廃棄室はこれをさらに拡大して使用済みのリネンなどの置場をも兼ねようというものである。

c. 入浴・洗髪の介助

1） 介助浴室　1人で入浴できない患者のために一般とは別の浴室を準備する。日本の病院では，多くの場合，このような患者には清拭をもって代えてきたが最近では介助浴槽の要求も少なくない。

介助浴に関し，成人ではストレッチャーから浴槽への移し換えが問題にされる。対策として機械的な工夫を加えた各種の装置浴槽が採用されている。

2） 清拭・洗髪室　寝たままの患者の全身清拭は各病室のベッド上でも行われ，それに必要な湯やタオル類一式を積めるようにした清拭車が使われているが，できれば専用室で行った方がよい。清拭室の一隅には洗髪器を設けておく。

d. 物品の受入と保管

病棟での看護活動や患者の生活に必要な"もの"としては，食事，薬品，滅菌器材，衛生材料，物品，消耗品，リネンなどがある。

1） 配膳室　食事は今や大半が中央配膳方式になった。したがって，一般病棟の配膳室は，給湯室もしくは配膳車置場と考えてよい。ただし，検査のため定時に食事をとれない患者の食膳保管や1日の食事を5〜6回に分けて食べなけれ

---

21) U.S. Public Health Service: Design and Construction of General Hospitals, F.W. Dodge Corp., 1953
22) 尿量・比重・蛋白などの検査のために24時間分の尿をガラス瓶もしくは使い捨てのポリ袋にためておくこと。病室便所の分散化に伴って，蓄尿を廃止し検査の方法を変える病院が出てきた。

ばならない患者のための保温・加熱設備などに配慮を要する。

  2) **搬送室**　供給物品の搬送を機械化しようとした場合，まず起こる問題の一つに，それがどこまで届けられるかということがある。搬送が人手によって行われていたときには，それぞれしかるべき場所まで，物により必要によっては看護婦の手元まで届けられた。しかし機械にそれを求めるのは無理である。採用される搬送設備の種類や形式と同時に，受取りや送出しの場所についても十分な検討が必要とされる（図 4.22）。

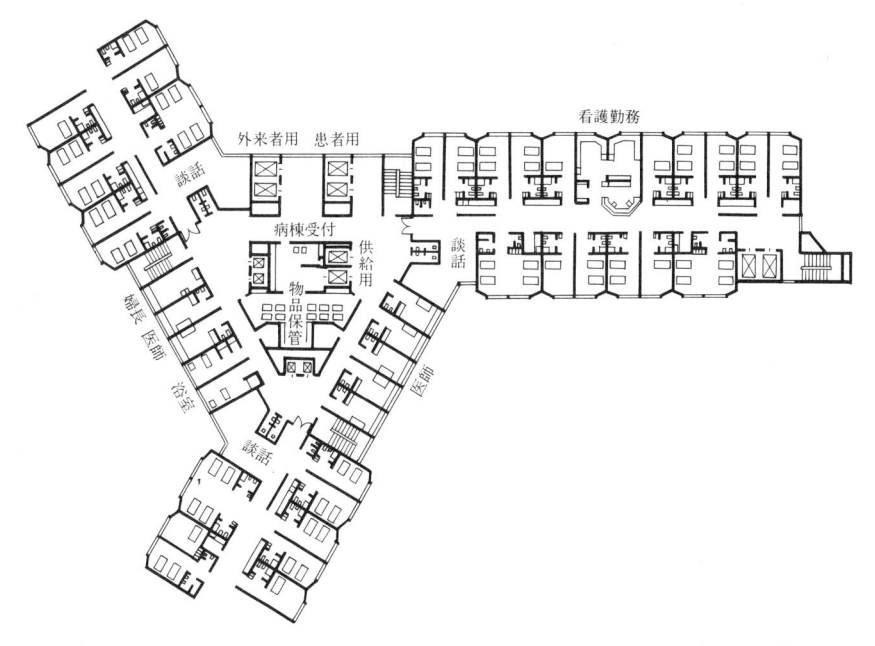

エレベーターを含む三角形の中核部分から三方に看護単位（各 32 床）がのびる。エレベーターホールに面した病棟受付では，物品の受渡しなど看護以外のすべての病棟業務をつかさどり，勤務は昼間各階 1 人，夜は 6 階分を 3 人でまかなっている。

図 4.22　病棟受付／クルップ病院（設計：ウェルナー，ツェラー）

  3) **リネン庫**　リネンにせよ，そのほかの看護材料にせよ，必要なときに必要な量が中央から供給される仕組みになっていれば，病棟側で予備の保管をすることはなくなる。逆に供給体制が円滑でない場合は，それだけ大きな蓄えを必要とする。すなわち，リネン庫や器材庫の規模は，供給体制とのかかわりにおいて決まる。

  4) **器材庫**　器材庫に格納されている器械類には，正常に働くかどうか常に

点検を必要とするものがある。この種の機器類は，病棟ごとに保管するより，病院全体で一括管理した方がよい，いわゆる機器センターで，相応の能力をもった技術者（たとえば臨床工学技士など）がこれを整備管理する。その分，病棟倉庫は狭くて済む。

　5）　**車置場**　　ストレッチャーや車いすの置場は，病棟の出入口もしくは看護勤務室に近くなければならない。最近の傾向として，ストレッチャーの利用は減り（ベッドのままの移動が増えた），逆に車いすの使用が増している。

　6）　**私物庫**　　患者の私物は，できるだけ家にもち帰ってもらうことが原則であるが，在院期間の長い患者の場合，どうしても持物が増える傾向にある。病床まわりの収納施設には限界があるから，長期病棟では私物預かり庫が必要になろう。

e．その他

　1）　**診察室**　　一般には必ずしも診察室を必要としない。ただし，たとえば，産婦人科では内診台を，耳鼻科では座位の診察台を必要とし，精神科では医師と患者が1対1で静かに話し合える部屋が求められる。

　2）　**処置室**　　処置も大半はベッドの上で済まされるが，人目をはばかる処置や周辺の患者に影響をおよぼす恐れのある処置は，病室以外の場所で行われる。たとえば手術前の剃毛とか胃洗浄とかいった種類の処置である。

　3）　**面談室**　　医師・看護婦と患者・家族との間の説明・相談などのために小部屋を設ける。インフォームド・コンセントがいわれるようになって，その重要性がいよいよ大きくなった。

　4）　**討議室**　　各看護単位ごとでなくてもよいが，せめて病棟各階ごとに討議室を設けたい。看護活動をより充実したものにするには，看護婦どうしによる話合いや打合せが，しばしば行われなければならないからである。教育病院では，研修医や看護学生の教育のために指導室がほしい。

　5）　**看護婦休憩室**　　各看護単位ごとに看護婦休憩室をおく。くつろいだ姿勢で休める安楽いすと茶器一式を並べられる小卓子があればよい。

　6）　**職員便所**　　化粧室を兼ねた看護婦用の便所を各単位ごとに設ける。なるべく患者の目に触れない場所を選びたい。

　7）　**仮眠室**　　病棟に，あるいは病棟に近い場所に，仮眠室を求められることがある。しかし，それは重症患者の家族用か直接診療看護に関係ある職員用にのみ限られるべきであって，夜勤前後の看護婦のための仮眠室などは，別の観点から別の場所に考えられなければならない。

4.3.3 患者の生活的施設
a. 談 話 室
　重症患者は別として，起きて歩ける患者にとって1日の生活のすべてがベッド周りだけに限られるのはいかにも窮屈であろう。時には気分転換の場がほしい。いわゆるデイルームである。
　(1) 談話・面会　　患者どうしの会話には慰め合い励まし合いの効果が大きい。その意味で，談話室は病棟における情報交換の場である。また見舞客との歓談のためにもここが利用される。
　(2) 休　息　　特定の同室者との関係から離れて，時に公共の場へ出てくることが心理的な休息になることもあろう。
　(3) 喫　煙　　かつては談話室を喫煙の場とした。しかし，最近の風潮からすると病棟での喫煙規制はさらに強められようとしているから，談話室とは別の喫煙コーナーを設けることになろう。

b. 食　堂
　病院の性格にもよるが，食堂があればそこへ行って食事ができるという患者の割合は意外に多い。可能なら，食事のときぐらいベッドを離れる方が気分もよいだろう。
　食堂のおき方については，看護単位ごと，各階ごと，病院全体で1か所にまとめる，などという形がある（急性病院か慢性病院かによって決まる。日本に比べ在院期間の短い欧米の一般病院で病棟に食堂を設けている例はほとんどない）。食堂を設ければ，食事運搬の労力が減る一方で，ベッドまで届ける患者と食堂に行く患者との区別を毎食正確に把握するといった仕事が増す。

c. 便　所
　用便は頻度からいっても，患者の労力や看護側の手間からみても，生活行為の中で大きな比重を占めるものの一つである。それだけ，便所の設計も重要な課題となる。
　(1) 便所の分散配置と集中配置　　歩行が不自由な患者の場合は無論のこと，自分で便所に行ける患者にとっても，便所までの距離は常に問題になる。
　ところで，日本の病院では，病棟の患者用便所は各看護単位ごとに1か所ずつまとめて設ける形が一般的とされてきた。便所を各病室ごとに設けるのは，大半が室料差額を徴収する特別病室などに限られていた。しかし，欧米ではかなり以前から各室ごとに便所を付設する形が一般的である（図4.23）。
　日本でも1980年頃から"便所を集中型から分散型へ"を繰返しいってきたが，今日ではようやくそれが認められたように思う。図4.24はその一例である。

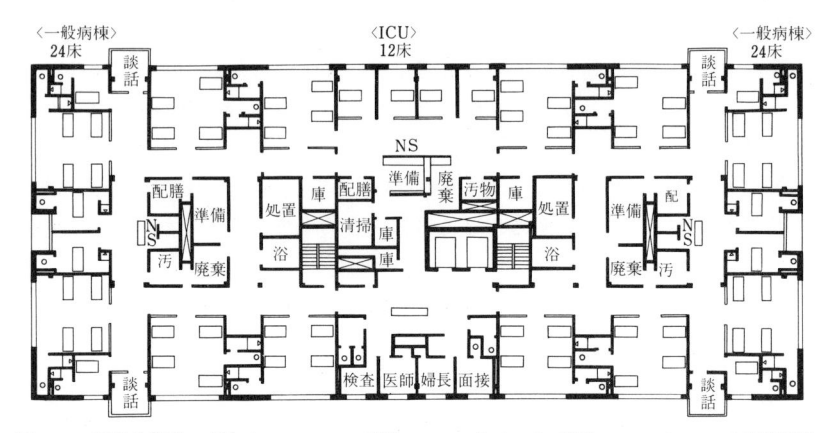

図4.23 便所分散型の病棟／フォルカーク病院, スコットランド（設計：スコットランド内務保健局）

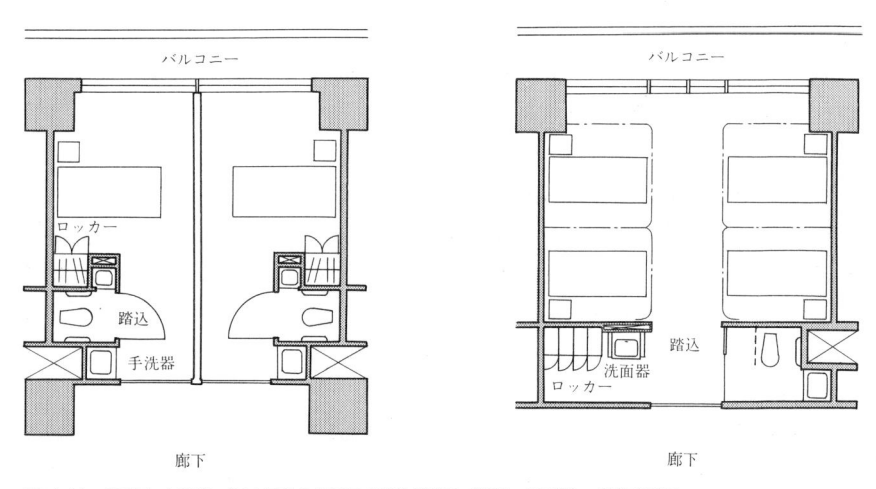

図4.24 個室と4床室／日本医科大学付属千葉北総病院（設計：伊藤誠＋千代田設計）

(2) **汚物処理室との関係**　集中型の場合, 便所の位置を規定する条件に蓄尿がある。蓄尿は測定後の処理から汚物処理室に近い位置を選びたい。とすると, わが国の現状では, 蓄尿に関し何か特別な方法を講じない限り, 便所と汚物処理室とは相互に切り離せない関係になっている（図4.24では, 個室・4床室とも便所内の流しの下を蓄尿棚にしている）。

(3) **設計の要点**　便所の扉は外開きとする。用を足している途中で気分が悪くなったり倒れたりした場合, 内開きでは救出が困難だからである。同時に, 錠は特定の操作により外側からも解錠できる型のものでなければならない。なお,

便所内にはそれぞれ緊急用のナースコールを設ける。

　標準寸法の便所では，広さや扉幅の点で時に不都合の生じることがある。整形外科や産科の場合である。松葉杖をついた患者の動作や妊婦の体形に合わせて便所の各部寸法をやや大きめにしておく。さらに，点滴スタンドを引いての便所使用にも配慮する。

　これとは別に，各看護単位ごとに車いす用の便所を設ける。

　便所にはすべてつかまり棒をつける。

　最近では洋風便器が選ばれるのが普通である。平生の慣習もあるが，それ以上に病人には腰掛け式の方が楽だからである。

　d. そ の 他
　(1) 入　浴　　浴室にも便所で述べたと同様の配慮が必要である。浴室は特に滑りやすいから，つかまり棒や浴槽の立上がりなどの設計に慎重な心配りが求められる。また，車いす使用者の利用にも配慮する。

　浴室を病院全体でひとまとめにして大浴場にした例がある。密室的な個人浴室をやめて，事故を未然に防ぐことが主眼である。入浴できるほどの患者なら少々離れた浴室まで行くのもそう大したことではないわけで，気分転換にもなるからか広い浴室がかえって喜ばれているという。

　前項で便所の分散配置について述べたが，療養環境の水準向上にかかわる次なる目標は各病室ごとにシャワーをおくことであろう。

　(2) 洗　面　　病室にはそれぞれ洗面器をつけるが，それとは別に病棟ごとに1か所共用の流しを設けることが望ましい。

　陶製洗面器の場合には，必ず混合水栓でなければならない。洗面・手洗いとも流し洗いが普通で，ため洗いは考えられないからである。

　(3) 洗　髪　　看護婦の介助なしにみずから洗髪できる患者のために，その設備が必要である。洗面流しの一部にフレキシブルホースのついたシャワーヘッドがあれば足りる。無論，混合水栓でなければならない。

　(4) 洗　濯　　患者が時に小物を洗えるような洗濯流しがあれば親切である。場合によっては洗濯機を備えることもある。ここには乾燥機または乾燥室を付設する。

4.3.4　廊　下

　病棟の廊下に関しては，医療法施行規則第16条に，患者が使用する廊下の幅は内法を1.2m以上，ただし，中廊下の幅は内法を1.6m以上としなければならない，と定められている。療養型病床群にあっては，これがそれぞれ1.8m，2.7m

と読みかえられる（近々，医療法の改正に伴い，一般病棟の廊下幅についての規定も大幅に改められると聞く）。

廊下の壁面には手摺を設ける。整形外科や眼科の患者，高齢者には特に必要である。

壁面を運搬車などから保護するために，車摺（ガードレール）をつけることが広く行われている。また，柱や壁の出隅の保護も忘れてはならない。

4.4 産科病棟

わが国の産科病棟の多くは病棟内に分娩関係の諸室をもっているが，それらに関しては **6.4 分娩部** にゆずり，ここでは分娩施設を除いた産科病棟の諸室について述べる。

4.4.1 産科の看護
a. 産科の特殊性

産科病棟の対象者の多くは病人ではなく健康な妊産婦であること，また新生児は感染に対する抵抗力が弱いことなどから，産科病棟にはほかの病棟とは異なった計画上の視点が求められる。イギリスには，一般病院の中で産科を独立した棟として扱っている例が多いが，わが国でそのような形をとっているのはごく少数の病院[23]にとどまる。

他方，最近ではなんらかの病気をもった妊婦の出産も少なくない。また，未熟児[24]や先天性疾患をもつ新生児の療育にも大きな成果をあげつつある。これらの妊産婦や新生児に関連して，妊娠から出産を含め新生児の医療までを一貫させて体系化した周産期医学が確立されつつある。大阪府立母子保健総合医療センターなどがその先駆である。

出産のための入院はほとんどすべて予約によるのが普通であるが，実際の入院患者数にある程度の波が生ずることは避けがたい。この変動を調節する手段としては診療上最も近縁にある婦人科[25]との混合単位にするのが一般的である。"病気"をもたない妊産婦だけを別にしようとする本来の趣旨とは矛盾するが，感染性疾患を除くなどの配慮によって一応支障のない運営は可能である。

産科病棟ならびに分娩部の職員としては，看護婦とともに助産婦が勤務する。

---

23) 日赤医療センター・筑波大学附属病院など。
24) 出生児体重2,500g以下の新生児をいう。1,500g以下の未熟児は特に高度の療育を必要とする。

b. 妊娠と出産

　妊娠した婦人は外来部で診察を受け，以後出産までの間，定期的に通院して指導を受ける。出産にあたっては，多くの場合，陣痛が始まった段階で，あらかじめ与えられている指示にしたがって入院する。分娩のための来院は日勤時間帯が多いが，夜間も決して少なくはない（図4.25）。したがって，産科病棟の側では24時間の待機態勢となる。

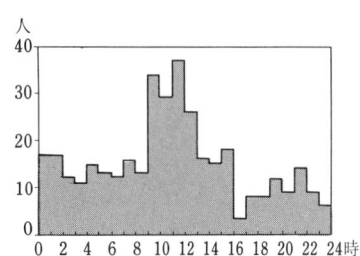

図4.25　出産のために来院する患者の時刻分布（国立医療センター，1978年1月1日～6月30日）

　病院に着いたならばただちに診察を受け，簡単な処置が施された後，陣痛室に導かれる。そこでの滞在時間は人によってかなり差があるが，いよいよ分娩が近づいた段階で分娩室に移される。分娩までに時間がかかるようなら病室で待機させられ，逆に切迫していれば直接分娩室に入れられる。

　分娩後，産婦は回復室を経て病室に入り，新生児は新生児室に入れられる。産婦は分娩後の数時間が重点観察の対象とされ，その間に主要な処置を受ける。わが国では出産のための入院は1週間が普通であるが[26]，この間に産婦は体力の回復をはかりながら新生児保育について指導を受ける。

　1980年代の半ば頃からか，アメリカやカナダの病院でLDRと呼ばれる部屋をみかけるようになった。陣痛（Labor）→分娩（Delivery）→回復（Recovery）と出産の過程に応じて産婦を移動させる従来の方式を改めて，それらのすべてを1室で済まそうという考え方である（LDRはその頭文字をとったもの）。産婦のアメニティーを重視したところから出た発想であろう。具体的には，まず，ベッドは一見家庭またはホテルで使われているようなデザインの（すくなくとも病院的ではない）ものとし，そこで陣痛を過ごす。時いたればボタン操作一つでこのベッドが分娩台に早変わりする。分娩時に使用する医療器械類は戸棚の中やカーテンの陰にあって，必要とあらばいつでも取り出せる。枕元の

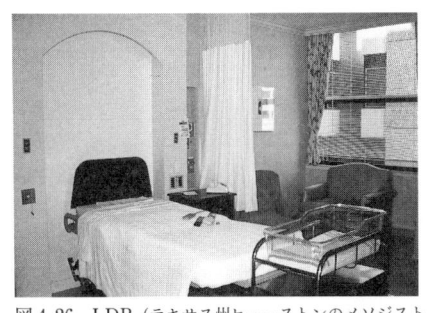

図4.26　LDR（テキサス州ヒューストンのメソジスト病院）

---

25)　従来は産婦人科として一体であったが，近時，産科と婦人科は分化しつつある。
26)　アメリカでの産科の平均入院期間は3日が普通であったが，今や2日に定着しつつあるという。

酸素や吸引のアウトレットなども平生は扉の陰に隠されている。そのほかの家具調度類もすべてホテルの客室並みである。要は病院臭のない部屋で出産してもらおうという趣旨である。無論，出産には夫が立ち合うということになるのだろう。

1990年代に入って日本でもLDRを採用する病院が増えつつある。

c. 新生児保育

1) 母子同室方式と新生児室方式　新生児は出生後ただちに新生児室に入れられるが，その後（約48時間後）の保育については母子同室方式（rooming-in system）と新生児室方式（nursery system）の二つに分かれる。

母子同室方式は産婦のベッドわきに新生児をおき，母親がすべての面倒をみる方式で，母と子の関係からしてもこれが自然だとされている。母親が入院期間中に新生児の扱いに慣れ，自信を得て家庭に帰ることができるのが利点である。他方，新生児への感染の機会が増す，産婦が十分に休養をとることができない，などが短所であろう（母親の休養を考えて夜間だけ子どもを新生児室に移すようにしている例もある）。異常分娩の場合，あるいは産婦が病気をもっている場合には同室方式をとらないことはいうまでもない。

新生児室方式は，新生児を退院まで新生児室に預かる方式で，その長短は母子同室方式の逆になる。母親も新生児室へ直接入ることを許されず（授乳時には新生児を新生児室から受け取って授乳室で行う），家族の面会もガラス窓を通して行われる。

どちらをとるかは病院の方針によるが，最近は母子同室方式を推奨する傾向が強い。

2) 未熟児・病児　生まれた子が未熟児の場合は未熟児室に入れられ，病児の場合は小児病棟へ移される。未熟児は母親が在院中は産科病棟におかれ，母親が退院した後小児病棟に移されるのが一般的である（このため未熟児保育器は産科病棟と小児病棟の両方におかれている）。

周産期病棟が確立されれば，このあたりの問題に関してより明快な平面が提案され，より円滑な運営が行われることが期待できる。

3) 新生児看護　母親による授乳は産後24時間ぐらいたってから始められるのが普通で，それまでの間はミルクが与えられる。授乳間隔は約3時間である。

新生児に対しては1日1回沐浴または清拭が行われる。退院間近の母親は沐浴の指導を受け，退院後に備える。

4.4.2 産科病棟の設計
a. 病床数
　産科病棟の計画にあたっては，まずその地域における分娩件数のうちどこまでをその病院が分担するかを決める。あとは **3.3.1** に示した計算式を応用すればよい。

　ここで平均在院日数を7日，病床利用率を85%とすれば，必要病床数は月間取扱い分娩数の約1/3と考えてよい。分娩の季節変動は10%以下であるから，その分は病床利用率で吸収できるし，妊婦の多くは妊娠期間中定期的に通院受診しているから，病院側としても病床運用についてのやりくりが容易である。

　新生児ベッド（コット）は母親のベッド数を若干上回る程度に準備する。未熟児の保育は個々の病院の問題としてではなく地域医療計画の中で解決されるべきものである。したがって，所要保育器数も地域ごとの未熟児センターとして計画されることになろう。ちなみに，1995年の未熟児出生率は7.4%である[27]。

b. 他部門との関係
(1) 分娩部　　図4.27に産科病棟と分娩部の建築的関係についての例を示した。要点は次の三つであろう。①分娩関係の諸室をまとめる，②分娩部と新生児室とを近接させる，③外部から分娩部への動線が病室群を通り抜けないようにする。

(2) 手術部　　帝王切開[28]など手術分娩をしなければならない場合には手術部で行うのが一般的である。緊急を要することもあるから手術部への距離はできるだけ短くしたい。いくつかある分娩室のうちの1室を手術ができるようにしている例もあるが，実際にそこを手術分娩に使用することはほとんどないというのが実情のようである。

(3) 小児病棟　　産科病棟にいる新生児の健康状態には小児科医が関与するし，未熟児や病気をもった新生児は小児病棟に移されることになるから，産科病棟と小児病棟はできるだけ近い方が便利である。周産期病棟がいわれるゆえんである。

c. 各室の設計
(1) 病室　　出産前の妊婦を病室に入れることはそれほど多くないが，入れる場合には分娩後の産婦と同室でもさしつかえない。

　一般に出産は健康保険の対象外ではあるが，入院期間など見通しがはっきりし

---

[27] 国民衛生の動向44巻9号，厚生統計協会，1997
[28] 開腹手術による出産。わが国では全出産の12.6%（1996年）という報告がある（厚生省統計情報部：平成8年医療施設調査）。

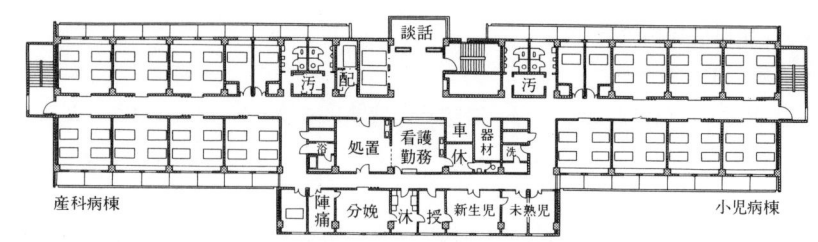

産婦人科と小児の混合病棟で，分娩室・新生児室を看護勤務室の裏側におき，動線を分離しながら階全体を一体的に運営している。
(a) 香川県立津田病院（設計：伊藤誠＋建築計画総合研究所）

この病院は早くから体外受精による不妊治療で知られており，産科のベッド数も多い。1992年の竣工時にはLDR2床で出発したが，その後の需要傾向をみて一般病室をLDRに改造の予定。
(b) 東京歯科大学市川総合病院（設計：KAJIMA DESIGN）

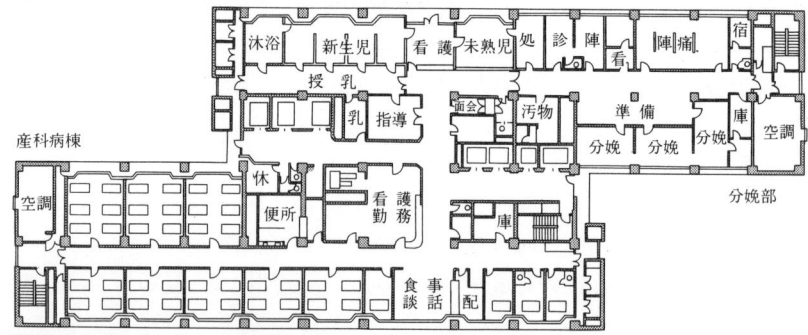

霞型平面の1翼を産科病棟，他翼を新生児室・未熟児室・分娩室にあて，それぞれに看護勤務室をおく。
(c) 鉄道中央病院（設計：国鉄東京建築工事局）

図4.27 産科病棟と分娩関係の諸室

112　病院の設計

ていることもあって個室に対する要求がほかの病棟より高い。看護面から個室に入れる必要があるのは，異常出産のため精神的に動揺をきたしている産婦や手術分娩のあと安静を必要とする産婦，または感染性疾患を有する患者などである。

(2) 新生児室　万一にも院内感染など起こさないよう空調設備そのほかに十分な配慮を必要とする。また，新生児室への出入りは関係職員のみとし，入室に際しては予防衣をつけ，履替えと手洗いを行う。家族の面会はガラス越しにするのが普通である。

(3) その他の諸室　新生児栄養は母乳を原則とするが，分娩直後の乳の出のよくない母親のためにはミルクが用意される。そのための調乳は栄養士の管理のもとに栄養部で行われ，産科病棟へは1日1～2回の割で供給される。病棟ではこれを冷蔵庫に保管し，時間ごとに温めて新生児に与えるのが普通である。新生児室方式の場合には授乳のための部屋が必要であるが，ここでは見舞客の視線に対して母親のプライバシーが考慮されなければならない。

沐浴室での沐浴と同時に身長・体重の計測やおむつ・衣類の交換も行われるので，沐浴槽のほかに体重計や着せかえ用の台が必要である。

4.5　小児病棟

4.5.1　小児病棟の意義
a.　小児病棟と小児科病棟

小児病棟は小児[29]の総合病棟であり，内科系疾患の小児だけを対象にした小児科病棟ではない。小児病棟の意義は，疾病のいかんを問わず子供だけをまとめることによって，精神的にも身体的にも発達途上にある子どもたちに対して，保育をも含めたそれにふさわしい療養の場をつくろうとするところにある。医学の分野では，従来の小児（内）科に対して小児外科の分化独立が進みつつあるが，これが病棟の分化につながることはあるまい。

小児病棟では，各科の医師と小児科医との協力診療のもとに，適切な看護が行われ，また必要に応じ保母や教員の参加をも得て保育と教育が行われる。

また，小児は動作寸法の点でも行動能力の点でも成人とは大きく異なるから，建築や設備面でも特別な配慮を必要とする。そのような意味でも，小児が各病棟に分散しているよりは1か所にまとまっている方が都合がよい。

---

[29]　医学的には15歳未満を小児とし，これをさらに新生児・乳児（1歳未満），幼児（1～5歳），学童，中学生に分けている。

b. 小児患者の特性

1) 患者数と入院期間　日本の病院における入院患者の年齢構成と入院期間をみたのが表4.6である。これから小児の入院患者は成人に比べて少ないことが分かる。また，その入院期間も大人よりは格段に短い。子どもの病気は良くも悪くも変化が早いといわれているが，この日数がその一端を示している。

表4.6　病院の入院患者数および退院患者の平均在院期間[*1]

年齢階級	1日断面推計患者数[*2]	退院患者平均在院日数[*3]
0〜14歳	46,100人	10.5日
15〜64歳	419,000人	24.5日
65歳〜	562,200人	61.8日
計	1,027,900人[*4]	34.7日

[*1] 厚生省統計情報部：平成5年患者調査（厚生統計協会）より算出。
[*2] 傷病大分類の精神障害者を除く。
[*3] 診療科の精神科を除く。
[*4] 100人単位の四捨五入なので計は一致していない。

2) 年齢による生活の違い

　a）乳　児　病状が急変しやすいから観察の目を離すことができない。食事は母乳か調乳（1日7回前後），または離乳食が与えられる。すべておむつを使用し，大半の時間をベッド上で過ごす。

　b）幼　児　1歳から5歳までを含むが，この間は成長の最も活発な段階で生活面にも多様な展開がみられる。すなわち，ベッドに寝たままの子から活発に動き回る子まで，食事ではミルクから普通食まで，食べさせてもらう子から自分で食べられる子まで，おむつやおまるを使用する子から便所で用を足せる子まで，いろいろである。病状が許せば，遊戯室で遊ばせ，食事やおやつもほかの子と一緒にさせる。

　c）学　童　食事・洗面・入浴・用便など生活のほぼすべてが成人に準ずる。また，教育についての配慮が必要になり，在院が長びけば学習用具をはじめ持物も多くなる。高学年児に対しては性別区分への配慮が必要である。

　d）中学生　生活万般において成人とほとんど同等に扱われる。

3) 付添いと教育

　多くの小児病棟では，原則として家族の付添いを認めていない。ただし，病状の思わしくない子や環境の変化による精神的動揺が治療に影響をおよぼすほどの子などの場合，医師の判断により親の付添いを求めることがある。このための病室については，その位置や各部の寸法などに親への配慮が必要になる。

　学齢期の児童・生徒には入院中も診療にさしつかえない範囲で学習を継続させなければならない。このためには，病棟の一隅に学習室をおき非常勤職員やボラ

ンティアをもって対応させたり，教育委員会と連携をとって正規の院内学級を運営したり，病院によりそれぞれの形がとられている。

4.5.2 小児病棟の計画
a. 看護単位と年齢構成
　小児看護単位の大きさは，小児の特殊性から成人病棟よりは小さくしなければならないとされており，現実にも20〜40床程度のところが多い。ただ，小児だけで独自の看護単位をつくれるのは，既述のように，入院を要する小児患者数からいって少なくとも300床以上の病院ということになろう。そこまでいかない病院では，ほかの看護単位の一角にサブユニットとして子供にふさわしい区画をつくる。

　各年齢ごとの患者数には当然大きな変動があるが，大まかには乳児（未熟児を含む）約30％，あとは各歳5％前後とみてよい[30]。

b. 各室の設計
1) 基本事項
　小児に対しては，病状のいかんを問わず常に観察の目を離すことができない，また年長児を除けばプライバシーを問題にするほどのことはない，逆に小児の側からは絶えず看護婦の姿がみえることで不安感が薄らぐ——ということで，病棟全体にわたって見通しのよいことが設計上の原則となろう。

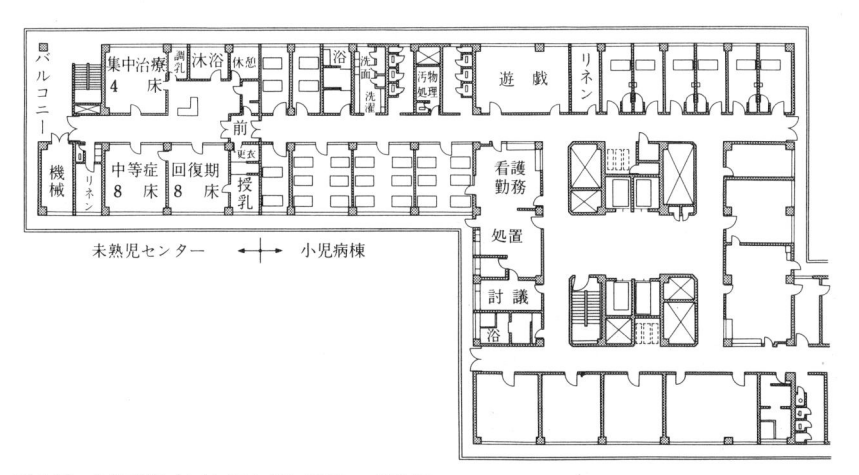

図4.28　小児病棟／市立四日市病院（設計：日建設計）

30）伊藤誠ほか：看護単位構成の再検討，日本建築学会論文報告集161号，1967-7

院内感染の防止は小児病棟の計画に際して特に重要な条件となる。このための対策としては，病室をできるだけ小割りにすることが第1である。また，感染性疾患を疑われる患児をいち早く隔離できるよう観察病室を準備する。

　窓台や流しの高さ，ドア幅，とっ手やつかまり棒の形状，衛生器具の大きさなど各部の寸法を十分に吟味する。幼児から中学生まで体格にも動作能力にも大きな違いがあるから，実際の寸法は段階的に選ぶことになろう。

　各部の詳細設計や材料の選択にあたっては，転倒・転落などによる事故のないよう注意が必要である。たとえば，ドアまわりに指を挟むことのないような工夫がほしい。また幼児が病棟からひとりで出て行くことのないよう出入口にドアまたは柵を設ける。

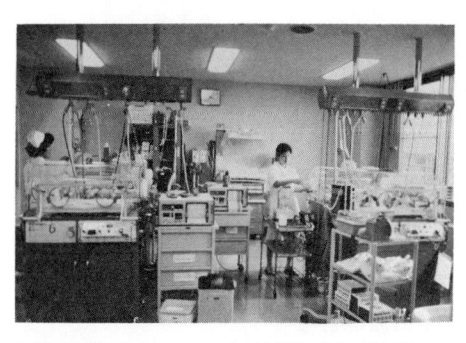

未熟児保育器（インキュベーター）は未熟児の保育に最も適した温湿度と酸素濃度を保つようになっている。また，フィルターを通して空気を供給することにより感染を防止している。ここでは保育器のための電気・酸素・吸引などの配管を天井吊りとし，保育器の周囲には各種監視装置や薬品・器材などをのせた台車が配置されている。

図4.29　未熟児センター／市立四日市病院

廊下から病室内を観察できるよう壁をガラス張りとし，ドアにものぞき窓をつけている。

図4.30　幼児病室／国立小児病院

　室内意匠は，折々みかけるような子どもにおもねった低俗安易なものであってはならない。明るく格調の高い空間とすべく，優れた専門家との協力が望まれる。

2) 病室

　病室は，母子同室・観察・隔離などのための部屋を除けば，年齢別に区分されるのが一般的である。病床の30％を乳児にあて，あと幼児30％，学童25％，中学生15％程度を一応の目安と考えてよい。これら病室の配列は看護勤務室近くに年少児室をおき，遠ざかるにしたがって年長におよぶようにする。

　未熟児室には前室を設け，出入りのつど予防衣を着用し手洗いと履替えをするのが普通である。室内にも要所に手洗器をおく（感染予防には手洗いの励行が第1だとされている）。未熟児は保育器で保育されたのちコットに移されるが，その両方に対し1床ごとに酸

素・吸引配管のほか各種機器用のコンセント10口程度を設ける。面会は原則としてガラス越しとする。

乳児・幼児・学童の病室では，廊下からと病室相互間の見通しのため隔壁をすべてガラス張りとする。ただし，この場合，医療ガスの配管や電気の配線ならびにアウトレットの取りつけをどうするかに工夫が求められる。

母子同室のための部屋は必ずしも個室とは限らないが，付添いのない子の病室とは離したい。付添病室では，カーテン・ブラインドなど親のプライバシーに配慮した設計とする。

感染症およびその疑いのある子どもを収容するために，1看護単位あたり2床程度の隔離（観察）病室を備える。これは個室とし，更衣・手洗いのためのスペース（前室とするにはおよばない）をおく。また専用の便所を設ける。

3） その他の諸室

遊戯室：看護婦の目が届く位置におく。遊具やテレビを備え，床はじゅうたん敷きとする。ここを食事室と兼ねることはしない。

配膳室：温乳室を兼ねる。

処置室：処置はほかの子供たちに無用の恐怖を与えないよう処置室で行う。看護勤務室に隣接する位置を選ぶ。

浴　室：乳児のための沐浴，幼児のための介助浴，年長児の入浴とそれぞれ別の設備を設けなければならない。

便　所：大人が一緒に入って用便をさせる，手を貸して用を足させる，ひとりでするなど，年齢に応じた段階的な設計が必要である。車いす用も設ける。

4.6　高齢者病棟（療養型病床群）

4.6.1　長期療養の場

a．療養型病床群

病院の中に高齢者のための病棟が求められている事情についてはすでに述べた。それとの関連で，1992年の医療法改正においては，施設の体系化の一環として"療養型病床群"が設定された。これは「長期にわたる療養を必要とする患者を対象にする」という趣旨のもので，高齢者病棟そのものを意味するわけではないが，現実に病床需要の大半を占めるのは高齢者であろう。

発足後の日も浅いので，まだそのイメージが固まっているわけではないが，おおよその姿を描けば次のようになる。

① 患者の多くは高齢者である。
② 主要な疾患は高血圧症・脳血管疾患・慢性関節リウマチ・慢性腎疾患などですでに病状が安定している。
③ 医療面で特に重きをおかれるのはリハビリテーションである。
④ 一般病院などに比べると医師や看護婦が少なく，かわりに看護補助者（介護者）が多い。

b. 介護保険

先にも述べたように，高齢者に対する医療費の大きさが医療経済の中で問題になってきた。とはいえ，高齢者が真に求めるところは医療よりも介護である場合が少なくない。この問題に対処すべくすでに介護保険法が成立し，2000年度から施行された。従前からの医療保険制度とは別建てで，国民に一定の保険料を義務づけて，病院や高齢者施設における介護費用をまかなおうとするものである。病院では，さしあたって療養型病床群がその対象になる（見方によっては，医療施設の福祉施設への転換に向けての誘導策ともとれる）。

さらにこの制度が在宅ケアまでをも含むことから，個々人に対する介護必要度の判定方法，各人に向けてのケアプランの作成，サービス提供の保証などまだ問題も多い。

4.6.2 計画の要点

a. 施設基準

医療法施行規則などに定められている基準を，前述したところをも含めて一覧にしたのが表 4.7 である（既存病棟を転換する場合については緩和規定があるが，転換型に対する診療報酬面での格差はかなり大きい）。

表 4.7 療養型病床群の施設基準

病室の定員	4 床以下
病室の面積	患者 1 人あたり 6.4 ㎡以上（内法）
廊下の幅	片廊下：1.8m 以上，中廊下：2.7m 以上（いずれも内法）
機能訓練室	40 ㎡以上
食堂	患者 1 人あたり 1 ㎡以上
談話室	必要（食堂などと兼ねてもよい）
浴室	身体の不自由なものの入浴に適するもの

b. 全体構成

看護単位の大きさについては一般病棟で述べたところと同じで，あまり大きくない方が望ましい。日常生活にかかわる豊かな環境づくりという観点からは，親しい付合いや楽しい会話が生まれやすい小グループの形成に配慮する。つまり，

①患者1人1人の個別性を重んじた病床まわり→②小集団のまとまりを意図した空間→③看護単位全体，といった「段階的な空間構成」としたい。その点，老人保健施設や特別養護老人ホームなどでいわれている考え方と共通である。

具体的には，一つの看護単位をいくつかのサブユニットに分け，各サブユニットごとに小談話室を核にした生活単位を構成する。

c. 病　室

個室はよいとして，4床室でも，各人のプライバシーができるだけ保証されるようなデザインが求められる。同時に，ベッドから車いすへの移乗やベッドわきでの看護に必要な面積の確保に努めなければならない。

病床まわりは，患者個々人の生活領域として，急性疾患を対象とする病室とは少々違った雰囲気になるだろう。たとえば，私物収納戸棚や飾棚の充実，いろいろな生活行為に対応した照明の工夫などである。

便所を各室ごとに設けることは当然であるが，車いすでの利用や介助を考慮すると2m角程度の広さになる。おむつやポータブル便器の使用はできれば避けたいが，看護力の制約のため使わざるを得ないこともあろうから，換気には十分な配慮が必要である。

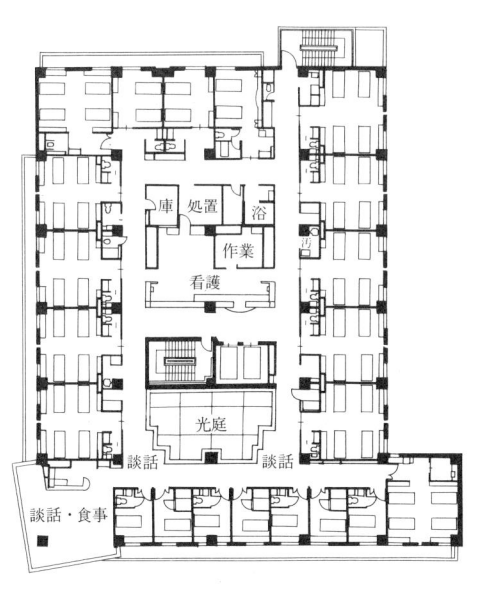

神戸市の国道沿いに建つ病院。阪神・淡路大震災の復興にあたって，以前からの200床病院を一般44床，療養型114床とし，ほかに老人保健施設を併設することにした。

図4.31　療養型病床群／宮地病院（設計：共同建築設計事務所）

ベッドはすべて高さや角度調節の可能な機構のものとする。
d. 共用施設
　談話室またはデイルームの分散については先に記したが，食堂では介助に相当人手がかかるから，これをいくつかに分けることには少々無理がある。

　入浴については，自力で入ることができるものから全面的に介助を要するものまで，能力に応じた多様な浴室が求められる。しかも，その能力は時間とともに変化することが予想されるから，対応はいっそう難しい。病棟と同じ階の，なるべく近い場所に，介助程度の異なる各種の浴室を集中的に設ける，というのが一応の結論である。

　なお，浴室とは別に失禁の後始末のためのシャワーを設ける。汚物処理室の一隅などでもよい。

4.7　精神科病棟

4.7.1　一般病院の精神科
a.　精神科の役割
　精神科の医療施設としては，一般病院精神科のほかに，精神科専門病院・精神科診療所およびいくつかの社会復帰施設がある。ここでは一般病院の精神科病棟の特徴について述べ，そのほかに関しては **9.5 精神病院** にゆずる。

　精神病院が重症患者や慢性患者などを対象にして比較的長期にわたる治療を主としているのに対し，一般病院精神科の役割は次のように考えてよいだろう。

　(1)　発病初期の患者や短期間の治療で効果が期待できる病気（ある種の神経症など）の患者を通院または入院させて治療する。

　(2)　慢性的な患者についても，しかるべき精神病院と連携をとりながら，通院させて診療を継続する。

　(3)　院内他科の患者の精神面について協力診療（リエゾン精神医療）を行う。

　(4)　身体的疾患をもっている精神病患者の診療を受けもつ。単科精神病院では精神科以外の疾病（合併症）についての診療が十分ではないことがある。

　(5)　近年，精神科救急の需要が増加してきた。

　一般市民にとって，精神病院よりは一般病院の方が心理的抵抗が少ない。気軽に病院に行き，早く病気をみつけてもらい，できるだけ初期のうちに治療を受けることが大切だとすれば，病院は常に人々にとって親しみやすい形のものでなければならない。さらに，精神科でも他科と同じように高齢患者の割合が増し，な

んらかの身体的疾患を併せもつ患者が増加している。逆に身体的疾患の患者の中に精神科の協力を必要とするものの割合が大きくなりつつある。これらの患者に対し，総合的な診療を行うことができるという点でも一般病院精神科の存在意義は大きい。

b. 専門型と併設型

表4.8は，精神病床をもつ病院の数を病床の規模別にみたものである。精神病床をもつといっても，それが全病床の80％を超す病院は精神病専門病院というべきで（これを仮に専門型と呼ぶ），一般病院に併設される精神科（これを併設型と呼ぶ）としては全病床の20％以下ぐらいが妥当であろう。20％以下でも1看護単位を構成できるのは，かなりの大病院ということになろう。事実，併設型の3/4は500床以上である。

表4.8 精神病床をもつ病院（1994年医療施設調査）

病床規模（床）		20〜99	100〜299	300〜499	500〜	計
全病院		4178	3962	1083	508	9731
精神病床をもつ病院		71	927	400	275	1673
内訳	病床の80％以上が精神病床によって占められている病院	62	822	296	78	1258
	病床の20％以上80％未満が精神病床である病院	6	92	73	39	210
	病床の20％未満が精神病床によって占められている病院	3	13	31	158	205

併設型は，重症または慢性患者を必要に応じて最寄りの専門病院に送ったり，社会復帰施設を利用することができるよう，周辺との連携がよく保たれている場合にのみ成立する。その地域の精神病床が総体に少なければ，併設精神科であってもその役割以上の働きをしなければならない。つまり，重症患者や慢性患者をも収容し，機能的には専門型に近くなる。

計画にあたっては，周辺の施設分布や地域条件を十分に検討した上で，病棟の型を想定すべきであろう。

4.7.2 精神科病棟の計画

a. 病棟の位置

精神科病棟の位置としては，一般とほぼ同じ形の看護単位にして病棟全体の中に組みこむ形（図4.32）と，一般病棟とは離して別棟にする形（図4.33）とがある。

前者は一般病棟に準じて運営しようとするもので，物品の供給でも診療部門と

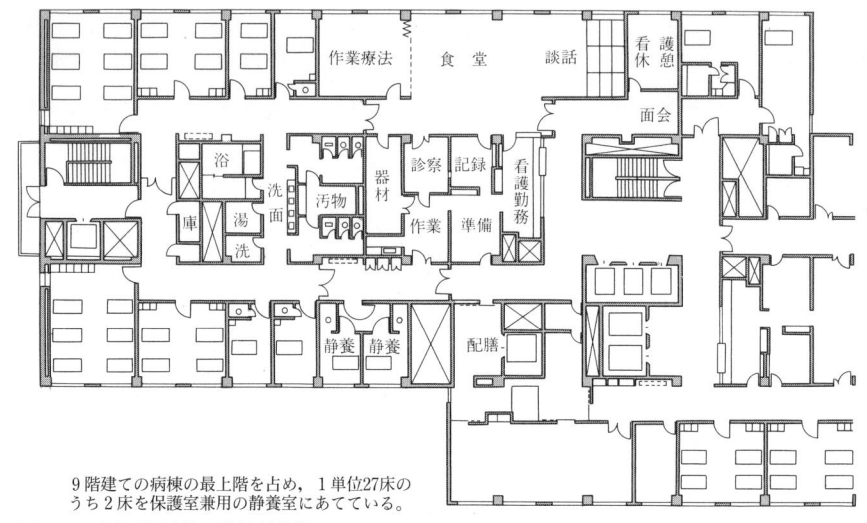

9階建ての病棟の最上階を占め，1単位27床のうち2床を保護室兼用の静養室にあてている。

図4.32　東京逓信病院・精神科病棟
　　　　（設計：郵政省建築部）

の連絡でも精神科を特別扱いにしたりはしない。患者にとっても特殊な病棟に入っているという感じが薄いだろう。不利な点は，精神科独自の平面がつくりにくいこと，病棟を中高層にする場合には事故の防止に特別の配慮を必要とすること，などである。

　別棟にする狙いは，一般病棟とは違った治療環境をつくろうとするところにあり，多くの場合リクリエーション療法や散歩のため直接屋外に出られるようにすることを求められる。

b.　設計の要点

　精神科病棟では，病棟の入口に施錠をして患者の出入りを制限するのが一般的である。同時に非常口やすべての窓も閉鎖的に管理しなければならない。非常扉は看護勤務室で開閉を遠隔操作できるようにし，窓には強化ガラスまたはポリカーボネイトなどを使用し，かつその開口幅を12cm以下に抑える。かつて精神病院の象徴でもあった鉄格子は，施設の更新とともに急速にその影をひそめつつある。

　受け入れるべき患者を制限すれば，この種の配慮を一切不要にすることも可能である。

　談話室のほかに，作業療法やレクリエーション療法のための部屋と食堂が必要である。これらはいずれも男女共用とし，昼間はできるだけ相互の交流を図るようにする。

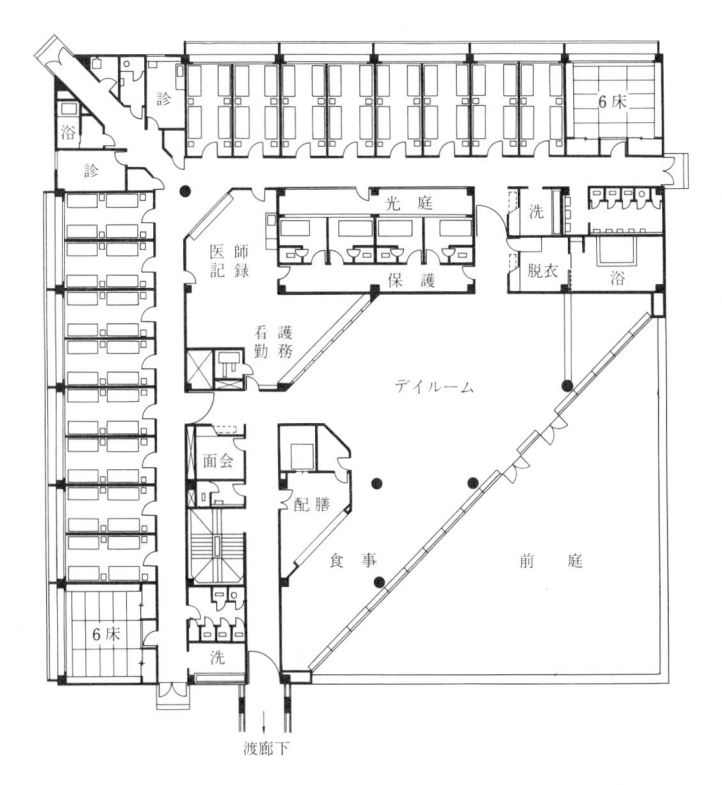

2階建ての独立棟とし，本館とは渡り廊下で結ばれている。40床ずつの2看護単位でデイルームなどを共用する。2階には心理療法室・討議室のほか医局関係の諸室がある。
図4.33 千葉大学医学部附属病院・精神科病棟（設計：日建設計）

4.8 感染症病棟

4.8.1 感染症への対応
a. 伝染病予防法から感染症予防医療法へ

　第二次大戦後の混乱期，さらには1960年頃まで日本人の健康を脅かし続けてきた伝染病は，その後の環境の変化によってその様相を大きく変えた。第1に，発生件数が激減した。第2に，抗生物質・ワクチンなど治療や予防の手段が次々と開発された。逆に，第1に，今まで知られていなかったO-157のような疾患があらわれた（1970年以降，世界的には少なくとも30種以上の新しい感染症が出現している）。第2に，近い将来克服されるであろうと考えられていたマラリアなどが，改めて人類に新たな脅威を与えはじめている。第3に，海外との交流の活発化に

伴ってわれわれには縁が薄いと思われていた感染症（ラッサ熱など）が輸入されてくるようになった。

　そして，隔離に重点をおいた対応策の不適切さが繰返し指摘されてきた。制定以来100年以上を経た「伝染病予防法」がその拠り所になっていたのだから当然であろう。その間における医学・医療の進歩，衛生水準の向上，人々の健康についての意識の変化に照らせば矛盾が目立つのも無理はない。そこで，感染症に対する予防策を総合的に見直して，時代の要請に応えることができるように，1998年，新しく「感染症予防医療法」が制定された。

b. 感染症予防医療法の概要

　従来の対応と異なる点は，まずほとんどすべての感染症を五つの類型に分け（ただし，結核だけは従前通り結核予防法に基づく），それぞれに対応すべき医療機関を定めた。類型と医療体制の概要をまとめたのが表4.9である。

　ここで"新感染症"とは，現在の医学では未知の疾患を指す。

　なお，対応すべき医療機関としては，表4.9に示した通り，"特定"は全国に2〜4か所，"1種"は各都道府県に1か所で施設数としては少なく，例数が比較的多いのは"2種"（2次医療圏ごとに1か所）だけに限られることが分かる。

　新法に基づく施設整備が軌道に乗るのは2000年代に入ってからのことかと予想

表4.9　感染症の類型と医療体制

感染症類型	対応	医療体制*	医療費
新感染症	原則として入院	特定感染症指定医療機関 厚生大臣が指定 全国に2〜4か所	全額公費負担 （医療保険の適用なし）
1類感染症 （エボラ出血熱，クリミヤ・コンゴ出血熱，ペスト，マールブルク病，ラッサ熱）		第1種感染症指定医療機関 都道府県知事が指定 都道府県ごとに1か所	医療保険適用 一部公費負担 （入院についてのみ）
2類感染症 （コレラ，細菌性赤痢，腸チフス，パラチフス，ポリオ，ジフテリア）	状況に応じて入院	第2種感染症指定医療機関 都道府県知事が指定 2次医療圏ごとに1か所 人口30万がめやす	
3類感染症 （O-157感染症）	特定業務への就業制限	一般の医療機関 特に指定なし	医療保険適用 （自己負担あり）
4類感染症 （インフルエンザ，HIV，C型肝炎，梅毒，マラリア，MRSA感染症など）	発生動向の把握		

*必要に応じ，"特定"に"1種・2種"の対象患者を，"1種"に"2種"の対象患者をいれることはありうる。

されるが，2種についても，従前からの伝染病棟が400棟以上もあり，その数が2次医療圏の数（約350）を上回ることから，既存施設の改修という例も少なくないのではないかと思われる。

いずれにせよ感染症への対応および院内感染対策の重要性からある水準以上の病院には感染管理を専門とする医師と看護婦の配置が必要であるとされている。

4.8.2 計画の要点

a. 看護単位の成立

推計によれば，特定・1種・2種とも所要病床数はさほどの数にはならない（2種の場合，多くはせいぜい4～6床程度）。したがって，ほとんどの場合，感染症だけで独立の看護単位を構成することは難しい。特に2類感染症（2種感染症病室で対応）は，現在の医療技術では特別視するにはおよばず，一連の感染症の一部として対応できるとされている。

また，感染症に対する医療は，かつての隔離病舎のように隔絶された環境で行われるべきではなく，可能な限り一般の病棟の一角において，一般医療の延長線上で行われるべきだとする考え方が支配的になった。

このようなことから，1種・2種とも，大部分は一般病棟の一隅に病室単位で設けられる形になるだろう。ただし，必要な感染拡大防御機能が確保されていなければならないことはいうまでもない。

b. 1種・2種感染症病室の設計

病室ごとに対応するとなると，まずは診療・看護のためのスペースが病室内に設けられなければならない。次いで，限定された空間の中で何日間かを送らねばならない患者のためできるだけ豊かな療養環境を考える必要がある。

図4.34は計画案の一例である。

病室は，1種ではすべてを個室とする。2種でも個室を原則とするが，同じ疾患の入室を前提として多床室などもありうる。いずれにせよ，診療・看護上からも，患者の療養環境面からも，十分な面積の確保が第1条件である。

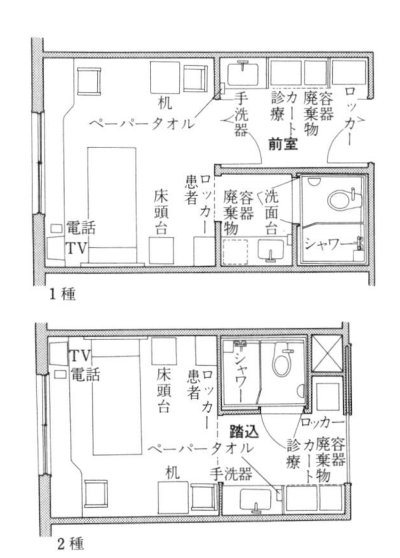

図4.34 感染症病室計画案

1) 診療・看護のためのスペース
 a) 1種では前室を設ける。
 ① ここには医師・看護婦・見舞客などが更衣を行うためのロッカーをおく。アイソレーションガウン・マスク・手袋などが準備される（いずれもディスポ製品となろう）。
 ② 手洗器は自動水栓式，蛇口はグースネック型とし，ペーパータオルを備える。
 ③ 聴診器・血圧計をはじめもっぱらその部屋の患者のために使われる診療器具一式を収めたカートをおく。
 ④ 廃棄物の一時保管容器も前室におかれる。
 b) 2種でも同様のスペースを設けるが，間にドアを設けることはしない。診療・看護活動にとってドアが煩わしいからである。つまり，1種での"前室"が，2種では単なる"踏込み"の形となる。なお，更衣に関し準備されるものは1種と同様。

2) 患者の療養スペース
 ① ベッドの周辺に，食事のための場（食卓といす），くつろぎの場（寝いすまたは安楽いす），書きものなどのための場（机またはカウンター）を設ける。
 ② 各病室ごとに用便・洗面・シャワーの設備を設ける。
 ③ テレビと電話は必需設備であろう。
 ④ 窓サッシはブラインド内蔵型とする。正しく洗濯が行われるならば，カーテンの使用も妨げない。

3) 設 備
上記の計画案に沿って検討された基準案の一部を記す。
 a) 空 調：1種では，空気感染にも配慮して，全外気方式または高性能のフィルター付き室内再循環方式（排気にも高性能のフィルター使用）とする。2種ではファンコイルユニットの使用も認めるが，排気は単独系統とする。
 病室の気圧は，1種では常に，2種ではできるだけ陰圧に保ちうるようにする（少なくとも陽圧にはしない）。
 b) 給水・給湯：1種では単独水槽が望ましいとしているが，2種では水道直結を禁じる程度である。ただし，いずれの場合にも逆流防止装置の設置を求め，1種給湯では特に汚染の起こらない構造とする。
 c) 排 水：病室および病棟汚物処理室からの排水は，いったん消毒槽に導いた上で一般排水系統へ放流する。

4) 病室以外について
　a) 患者の動線に関して，専用エレベーターを設けるとか，退院時に浴室・更衣室を通過するなど，従来行われてきた対応はやめる。
　b) 採取した検体は病室内で密封し，ただちに検査室に届けることとし，病棟内に保管場所をおくことはしない。
　c) 病棟の汚物処理室には熱水処理ディスインフェクターか小型高圧蒸気滅菌器をおき，使用済みの材料や廃棄物などを必要に応じて消毒・滅菌した上で病棟外に搬出する。
　d) 感染症病室の清掃にあたっては，モップの清拭面などをそのつど交換して適切に処理する。

c. 特定感染症病室の設計

対象とする新感染症は未知の疾患であるから，その設計について決定的な形を示すことはできないが，要は1種・2種に関して述べた対応策をさらに徹底して厳しく考えることであろう。1種・2種と異なる点をあげれば——
1) 前室を十分に広くとる。1種に記した以外の医療機器類がおかれることを想定してである。
2) 前室に隣接して小検査室をおき，病室との間には検体用のパスボックスを設ける。
3) 空調は空気感染への対応を前提とした設計とする。すなわち，各室ごとに単独系統の給排気とし，給気・排気の双方に高性能のフィルターをおく。また陰圧保持のため特段の配慮が必要である。すなわち，出入口は廊下—前室間と前室—病室間のドアが同時に開くことのないようにし，サッシは気密性の特に高いものとする。
4) 病室内に入ることなく面会できるように，専用の面会廊下とかテレビによる面会装置を備える。

d. 一般病院の感染症病室

O-157やHIV（エイズ），MRSAなど3・4類感染症は一般病院で対応することになる。ということは，ほとんどの病院が感染症病室を備えていなければならないことを意味する。
1) 各看護単位ごとに個室2室程度をこれにあてるべきであろう。位置としては看護婦ステーションに近い場所を選ぶ。
2) このための個室の設計はおおむね2種感染症病室に準じる。
3) 該当患者がいない場合，当然，一般患者を入れることになる。

4.9　集中治療病棟

4.9.1　集中治療病棟の機能
a.　ＩＣＵ

集中治療病棟は，4.1.2で述べたPPC方式による看護単位構成の一つで，ICU（Intensive Care Unit）の訳である。そのうち特に心筋梗塞や狭心症など心疾患の患者だけを扱うものをCCU[31]，極小未熟児や重篤な呼吸・循環障害をもった新生児を対象とするものをNICU[32]と呼んでいる。

ICUは，重症であってもある期間濃厚な治療・看護を集中的に施すことにより病状の改善が期待できるような患者を対象とする。したがって，建築的には治療・看護を優先した設計とし，看護婦も重点的に配置され，最新の医療機器が備えられている。患者は絶えず観察を続けなければならない重症者ばかりになるが，回復の見込みのないものや余命いくばくもない患者は入れないというのが運営上の原則である。日本の現状では，在室期間は3日程度である。

b.　病　床　数

ICUの所要病床数は全病床数の1～2％程度といわれているが，その病院の入院患者の性格や病院ごとのICU入室基準によってこの値は大きく変わってくる。運営上難しいのは，優秀な要員を多数かかえ高度の設備機器を備えているのだから，できるだけ利用率を高めなければならないとされる反面，必要に応じていつでも患者を引き受けられるよう常に空床を準備しておかねばならない，という相矛盾した条件をもっていることである。この問題を解決するために，ICUと一般病棟との間に緩衝ベッド（観察病棟，Step Down Care Unit）を設けている例もある（図4.35）。

日本の現状では，総病床数にかかわらずICUを6～8床ぐらいで運営している病院が多い。これは必要病床数という観点から算出されたものではなく，主に看護婦定員とその勤務体制上の制約からきているもののようである。

4.9.2　計画の要点
a.　占めるべき位置

ICUの配置については，他病棟との関係ならびに手術部との結びつきを考慮する。物品供給や動線計画，それに空調のゾーニングなどからすれば，ICUは

---

31)　Coronary Care Unitの略。冠状動脈疾患集中治療室。
32)　Neonatal Intensive Care Unitの略。周産期集中治療室。

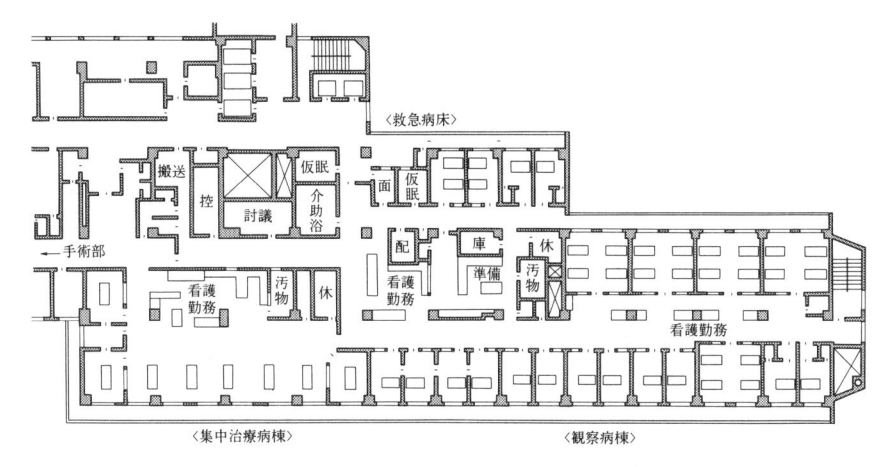

図4.35 集中治療病棟と観察病棟／武蔵野赤十字病院（設計：浦辺建築設計事務所）

建築的には病棟の一部として扱うべきであろう。そして，現状ではICU収容患者の大半が外科系の患者であり，かつその大部分が手術直後の患者であることを知れば，手術部に近いという条件も無視できない。手術部に隣接させれば清潔管

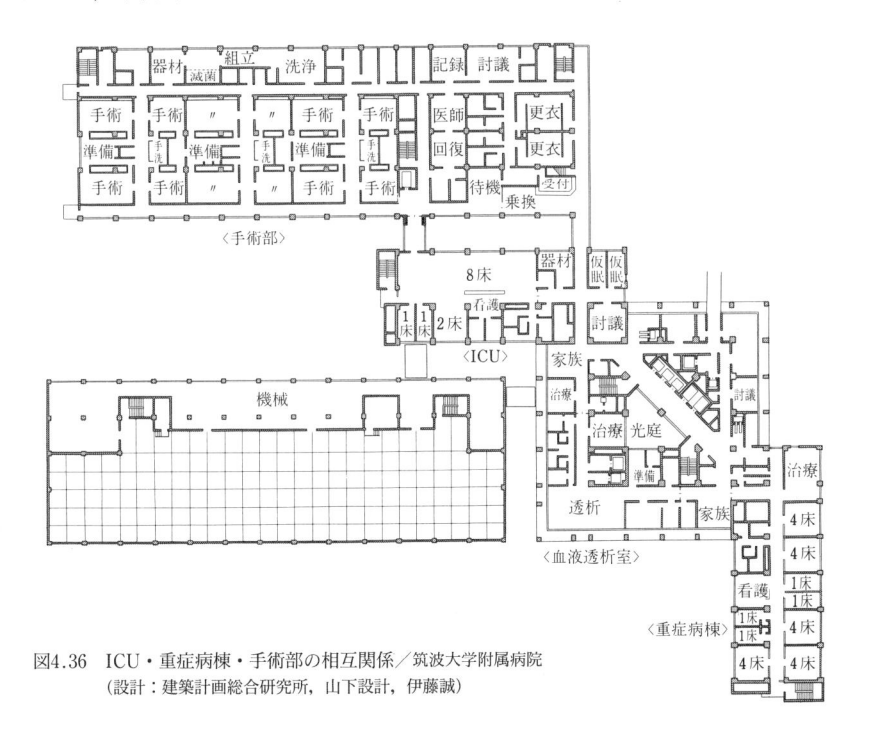

図4.36 ICU・重症病棟・手術部の相互関係／筑波大学附属病院
（設計：建築計画総合研究所，山下設計，伊藤誠）

4 病棟　129

理を一体的に計画することができ，また通常 ICU の責任者となる麻酔医の動きからしても好都合である．

結論的には，病棟の一部でありながら手術部に近い位置を選びたい（図4.36）．

b. 平面構成と各室の設計

1) 所要面積　計画の基本は，患者の容態観察が容易で，適切な処置がいつでもただちに行えることにある．当然，一般の病棟より特に病床まわりに面積的なゆとりが必要になろう．付属諸室・通路などを含めた ICU 全体で1床あたり 50～60m² 程度を一応の目安と考えたい．

2) 設計試案　図4.37は ICU の設計試案である．以下，これについて簡単に説明を加えておこう．

a) 病室　ここでは病床数を7床とし，主体をなす4床を看護婦ステーションの正面においた．ベッドまわりには必要に応じ各種の機器がおかれ，また緊急に気管切開や心臓マッサージなどが行われることもあるから，ベッド間隔を十分確保するようにつとめた．患者のプライバシーに対する配慮としては，相互をカーテンで仕切る程度でよいとされてきたが，アメリカでの最近の傾向をみると，すべてのベッドを個室または個室的な設計にした例が多くなりつつある．

個室3床はいずれも通路側がガラス張りで，必要なら随時カーテンを引けるようにする．3室のうち1室は空調による気圧を陽圧にして感染を恐れる患者用[33]，もう1室は陰圧にして感染源となる恐れのある患者用とする．ここには危篤状態の患者を収容することもあろう[34]．

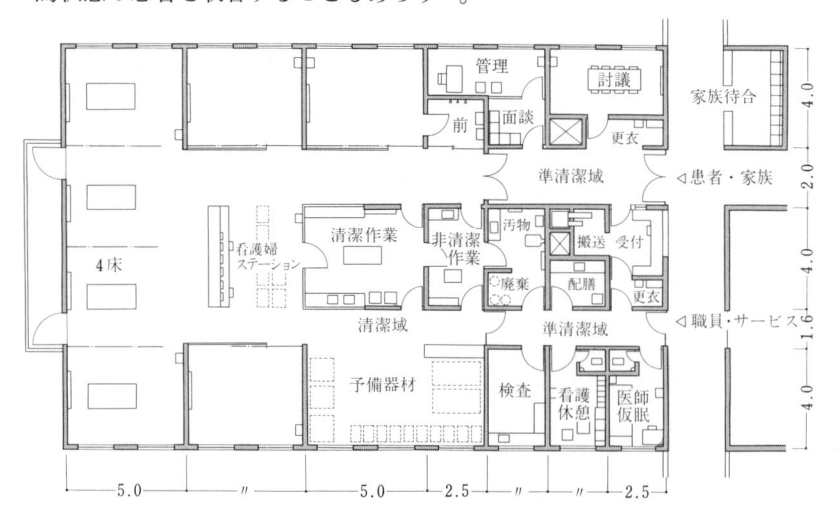

図4.37　集中治療病棟設計試案（設計：伊藤・河口・長澤）

130　病院の設計

病室の全般照明としては，500 lx 以上の照度が必要で，かつ調光可能とする。そのほか，各病床ごとに処置灯を設ける。また，処置や検査のための機器用に1床あたり10口程度のコンセントを備える。

　b）看護諸室　　看護婦ステーションは，病室の一隅にカウンターを据えただけの開放的な形とする。カウンターには監視用のモニターが組み込まれる。当座使用分の器材やリネンはすべてカートに収容してステーションまわりにおく。そのほかに予備の器材やリネン類の集積場所が準備される。処置用の特殊ベッドや火傷患者用の可搬浴槽などもここにおかれることになろう。

　清潔作業室はガラス張りにして，看護婦ステーションの背面においた。作業中も容体観察ができることと，勤務交代時の申送りに関して意識のある患者への防音上の配慮からである。非清潔作業のための部屋がこれに隣接し，さらに汚物処理室と廃棄物の一時置場が続く。ここからは清潔区域を通らずにごみ類を搬出できる経路が確保されている。

　c）その他の諸室　　ICU の出入口は二つに分け，一方を患者・家族用，他方を職員・サービス用としている。それぞれに更衣と履替えの場所を設け，両者の中間に受付をおいた。受付では出入りの管理，電話の取次ぎ，物品の受渡しなどが行われる。

　患者や家族の通路に面して主任医師の拠点である管理室と診療会議のための部屋を配置しているが，これらは家族との面談や職員の研修にも使われる。出入口からあまり遠くない位置に家族のための待合室が必要である。

　職員・サービス用の通路に面しては，緊急検査室，看護婦更衣室，医師仮眠室のほか，患者用の配膳室がおかれている。患者の栄養は，ほとんどが輸液（点滴）や鼻腔栄養によるのであろうが，中には流動食などをとれる患者もいるからである。

4.9.3　C C U

　CCU の目的は，先にも述べたように，心筋梗塞や狭心症の最も危険な時期の容態監視にある。しかし，ICU のように患者が意識不明であったりすることは少ない。大部分の患者は意識がはっきりしており，むしろ周辺の状況に普通より神経質でさえある。CCU を ICU と別にする理由の第1はこの点にある（しかし，前述のような ICU の個室化傾向によって，CCU と ICU との建築的な違いが小さ

33）たとえば，重度の火傷を負った患者や免疫抑制剤を投与中の患者など。
34）既述のように，回復の見込みがない患者は ICU の対象にはしないのが原則であるが，現実には入室患者の約1割前後の死亡がある。

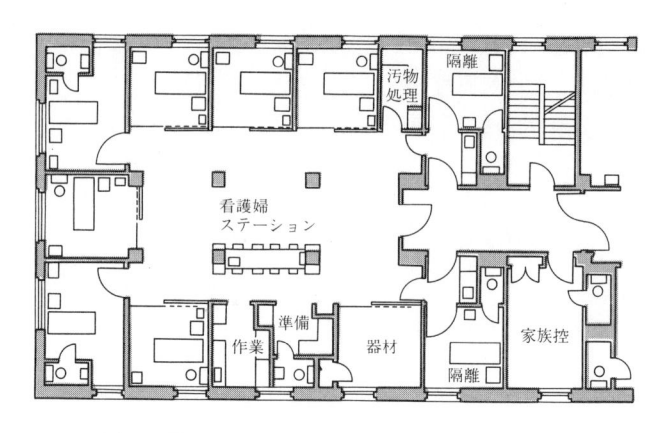

9つの病室が看護婦ステーションの周囲を取りまく。便所をもたない病室では、各ベッドわきに折畳み便器（囲いカーテンつき）が設けられている。

図4.38　CCU／ペラルタ病院（設計：SMP）

くなりつつある）。

　病室はすべて個室とし，看護婦側からの観察を容易にするとともに，必要に応じプライバシーを保てるようブラインド（またはカーテン）などに工夫が求められる。患者の多くは安静を第1とするが，便所が近ければ起きて用を足せるものもいるから，床頭まわりに折畳み便器が設けられていると都合がよい。使用時には，そこだけをカーテンで囲むようにする。

4.9.4　NICU

　NICUにおける治療・看護は，まずほとんどが未熟児保育器の中で行われる。保育器の周辺には，各種の処置に備えて十分な空きをとる。酸素・吸引・圧縮空気や電源のアウトレットを壁面に設けるか，天井からの吊下げ式にするかは一長一短で，一概には決められない。

　保育器への給気はそれぞれフィルターを通して行われているから，患児は相互に隔離されていることになるが，万一に備えて隔離室を設ける。

　患児は成育に応じて保育器からコットに移される。それに伴い，おのずから看護の手間も少なくて済むようになり，監視の必要度も軽くなる。したがって，室内の配列としては看護婦ステーションの近くに保育器を，遠い側にコットを並べるのが原則であろう。

　感染防止の最も重要な決め手は，そこで働く人たちがまめに手洗いを励行することにあるとされている。手近な場所に手洗器（自動水栓式）をおくことが重要

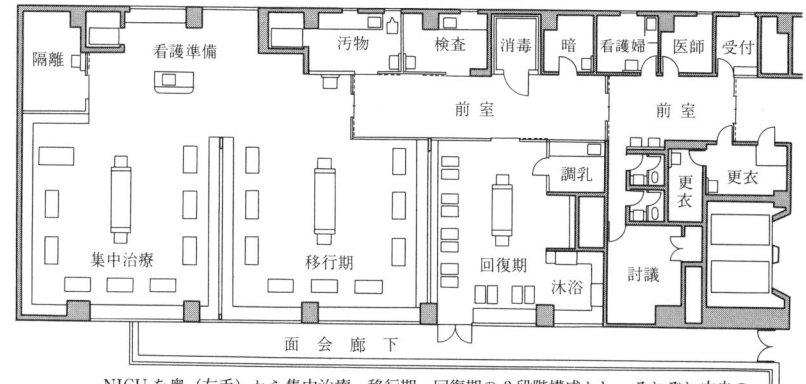

図4.39 NICU／群馬県立小児医療センター（設計：アルコム）

NICUを奥（左手）から集中治療・移行期・回復期の3段階構成とし，それぞれ中央の作業台を囲むように，集中治療・移行期では保育器，回復期ではコットがおかれている。

である。

　NICUへの出入りに際して，日本では，前室で更衣・履替え・手洗いをさせるのが一般的である。面会は大抵の場合，廊下からガラス越しとしているが，母親だけは直接中に入れて自分の手で授乳などさせた方がよいとする意見もある（この場合も重要なのは手洗いである）。

4.10 緩和ケア病棟

4.10.1 終末期医療のあり方

a. 緩和ケアとは

　近年，緩和ケアが人々の関心を呼び，緩和ケア病棟を新設する病院が増えつつある。これは，がんやエイズなどの疾患に対して，治療の進歩による成果とともに現時点での限界も明らかになってきたことによる。

　現代医学の力がおよばない疾病がいくつかある中で，問題の大きいのはがんであろう。がんは1981年，日本人の死因の第1位になってから，ずっと首位を保ち続けている。今や年々の死亡者の30％以上ががんによって占められているのである。そこには従来の医療ではこれ以上の治療効果は期待できないという段階がある。しかし，そこから先にもようやく目が向けられるようになってきた。患者のその後の生活をそれなりに充実したものとし，人生の意義を全うさせるべく，終末期医療のあり方について積極的に考えられるようになったのである。このよう

な医療とは，①末期がんなどにみられる痛みそのほかの身体的苦痛をやわらげ，②死に対する恐怖や心の動揺など患者の精神的苦痛を静め，③加えて家族をも心身両面から支える，などを目的とする。

b. 緩和ケア病棟あるいはホスピス

緩和ケア病棟とは Palliative Care Unit の訳である。緩和ケアの歴史が最も古いイギリスではホスピスと呼んでいる（ホスピスとは中世以来の語で幅広い意味をもつが，1967年ロンドン郊外に創設されたセント・クリストファー・ホスピスからこの名称が一般化したという）。

緩和ケアについての考え方は，程なくイギリスから欧米各国に広がっていった。日本でも1970年代に入った頃から終末期医療が論じられるようになったが，施設としての実際活動は聖隷三方原病院ホスピス（1981年，浜松市）が最初である。

その後1990年になって医療保険の診療報酬面にも緩和ケアが取り上げられるようになって，ようやく施設の数も増えてきた。しかし，2000年5月現在，全国でようやく70施設を超えたばかり，ベッド数でみてもやっと1000床を超えたところで，がんによる年間死亡者数30万に対してあまりにも少ない。

末期がんへの対応は入院患者に対してだけではない。先進諸国では在宅ケアや患者が死んだ後の遺族への支援にまで大きな力を注いでいる。日本では，この分野はまだその緒についたばかりであるが，遠からずそのための拠点づくり，チームづくりが活発化することになるだろう。

4.10.2 建築計画

a. 緩和ケア病棟の設置

推計では，日本におけるがんの入院患者は大病院に多い（70%近くが300床以上の病院に入っている）という。しかも，そのうち10～20%が末期がんだとされている。また，現にがんによる死亡の90%以上が施設内においてである。

このような事実から，地域の中心病院には，今後緩和ケア病棟の設置が望まれるであろう（ただ，緩和ケア病棟に入るについては，①がんの告知と緩和ケアの必要性について十分な説明があり，②患者がそれを理解し納得した上でみずから意志決定し，③家族もそれに同意する，ことが前提条件とされているから，需要をそう単純に算出できるものではないが）。

b. 計画の要点

1) 看護単位の大きさ

歩みはじめたばかりの日本の緩和ケア病棟は，先にも記したように，まだ例数

があまりにも少なく，経験を通じてあるべき姿を描き出すには至っていないが，現状では規模として10〜25床の範囲に散っている。いずれも1看護単位で運営されている。あまり大きな単位が好ましくないことはいうまでもあるまい。

2) 建築形態

日本では，今までのところ，西欧諸国にみられるような独立型のホスピスは少ない。ほとんどすべてが病院に併設された形になっている。医療の継続という点からすれば当然かもしれない。ただ，ホスピスについての人々の考え方が変われば，イギリスのように独立型が増えることもありうる。

併設された場合の形態として，これを別棟にする形と病棟全体の中に取り込む形とが考えられるが，現状では別棟は少なく（約1/4），大半は病棟の一部を構成している。

別棟にする利点としては，第1に緩和ケアに求められる条件を満たすべく自由度の高い設計が可能なこと，次に1番目とも関連しているが，地面に接した居住環境がつくれること，第3に病院のもつマイナス的な雰囲気からある程度隔離できること，などであろう。反面，問題として，①医療の継続過程の中で，終末期だけを別扱いにすることの是非（かつて，精神病・結核・伝染病への対応も別棟が主流であったことなどが参考になろう），②限られた敷地の使い方としてどの程度まで容認されるか，③食事・洗濯・エネルギーなど，供給システムをはじめ病院全体の運営からみたときどう評価されるか，などがあげられる。

3) 設計条件

"緩和ケア病棟のあり方"を原点に考えれば，建築設計の面で特に取り上げるほどのこともない（あえていえば，空間の中心となる礼拝堂をもたない日本の多くの施設の場合，デザインのポイントをどこにおくかといった難しさはある）。要は，思い

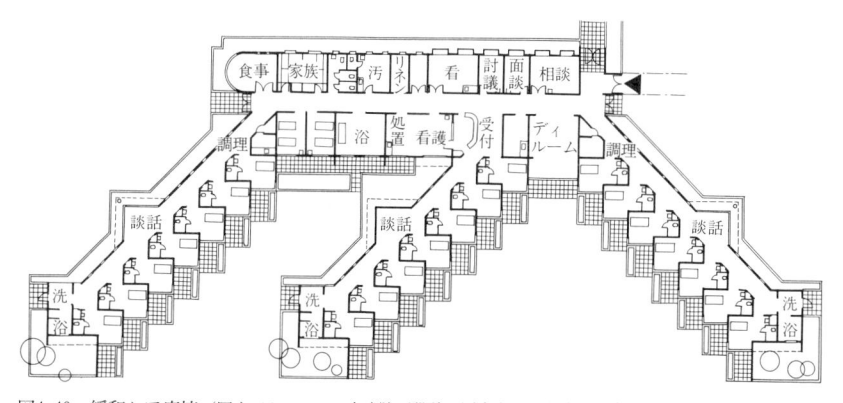

図4.40 緩和ケア病棟／国立がんセンター東病院（設計：厚生省＋石本建築事務所）

やりの行き届いた豊かな療養空間を，ということに尽きる。
　一般病棟で述べた点以外に，いくつか付け加えれば——
　　a）病室はすべて個室が原則であろう（臭気対策としての換気には十分な配慮が必要）。各室とも便所つきとすることは当然である（車いすでの利用にも配慮）。
　　b）自分の部屋以外にいろいろな形の共用スペース（談話室・遊戯室・音楽室・瞑想室など）が考えられる。
　　c）一隅に調理室を設けて，患者や家族の利用に供する。
　　d）そのほかに，家族の休養室，ボランティア室などをおく。
　　e）緩和ケアがさらに発展すれば，入院施設との関連において，デイケアのためのスペースや在宅ケアの拠点としての諸室もおかれることになるであろう。

4.11　特殊治療病室

　ここでは特殊治療のための病室として放射線治療病室と無菌病室を取り上げる。どちらも，①治療上の要求から特別なつくりを必要とする，②一つのまとまった看護単位を形成するほどの病床数にはならないのが普通である，③治療のための施設とはいえ患者が一定期間滞在する病室であるから，それなりに生活面への配慮が求められる，といった点が共通している。先にあげた感染症病室などと基本は同じである。

4.11.1　放射線治療病室
a.　放射線防護
　放射線治療病室は，放射性同位元素（radioisotope，略してRI）を用いてがんの治療を行うための病室である。治療を受ける患者はやむを得ないとしても，それ以外の人が放射線の被曝を受けないようにしなければならない。その対策は線源となる核種によって異なり，次に記すように遮へいと汚染防止の二通りがある。
　（1）　密封線源[35]を使用する場合は，患者の体内に入れられた線源からの放射線を患者以外に対して遮へいしなければならない。具体的には治療中の患者の病室を遮へい体で囲い込むことである。

---

35) 線源を直接病巣部に入れて治療を行う。かつてはラジウムを白金製の容器（その形に応じてチューブとかニードルなどと呼ばれる）に密封して，それを一定時間患部に埋没・刺入または挿入した。しかし，ラジウムは時にラドン漏出の危険を伴うし，また非常に高価であることから，最近は扱いがもっと簡単で線質も優れた核種（イリジウムなど）が使われるようになった。いずれにせよ線源自体は容器の中に密封されているから，周辺を汚染することはない。

(2) 非密封線源[36])を使用する場合は，患者から排泄されるRIの処理，RIが衣服・器材などに付着したときの処理をはじめ汚染防止が主眼となる。ただし，^{131}Iを使って甲状腺腫瘍の治療をしたり，^{198}Auによるがん性腹膜炎の治療を行う場合などには，投与量がかなり多くなることがあるから遮へい対策も必要になる。

b. 設 置 形 態

放射線治療病室は，がん専門病院かがん患者を比較的多く扱う大病院，または大学病院などにおかれ，それ以外の病院に設けられることはまれである。がん専門病院の場合でも病床数は数床からせいぜい10数床ほどで，しかも実際の入院患者はそれよりはるかに少ないのが通例であるから，それだけで独立の看護単位を形づくることはできない。とすると，どこかの病棟に併設するような形が最も現実的である。この治療法を適用するのは口腔外科・耳鼻科・皮膚科・婦人科などであったが婦人科からの利用はアフタローディング装置の普及により大きく減ってしまったから，結局は外科系混合病棟に併設することになろうか。図4.41は特別病室と合わせて1単位を構成している例である。時折みかける形として，放射線治療病室をリニアックなどを含む放射線治療部の近くにおいている例があるが，診療上・放射線管理上は利点があるにしても，看護あるいは患者サービスの面では不都合が多いようである[37])。

c. 計画の要点

1) **位 置**　病室と付属諸室をまとめて明確な形で放射線管理区域を設定する。

2) **病 室**　滞在日数は，普通1週間またはそれ以下で，一般病室ほど長くはない。しかし患者にとっては心身ともに負担の大きな治療であるから，少なくとも一般病室における基本的条件だけは満たされていてほしい。

放射線防護に関して考慮すべき点は以下の通りである。

(1) 患者本人以外の被曝を防ぐため，病室は個室を原則とし，その床・壁・天井スラブのコンクリートによって遮へいする。各室は壁厚分だけ内法が狭くな

---

36) 主として液体状のRIを患者に注射または服用させて治療する。
37) 放射線治療病室を主病棟から離すことによって，次のような問題が生ずる。——①看護面から／わずかな患者のために専属の看護婦をおいて3交代で勤務させることは現実には無理である。いずれ主病棟のどこかの看護単位のサブユニットとして運営されることになろうが，その場合看護が十分に行き届かないだろうことは疑いない。補助手段としてテレビカメラを使っている例もあるが，患者のプライバシーという点で論外である。②病室環境として／放射線治療部の隣というだけで周辺環境の程度が知れよう。まして離島のような場所だから，夜など寂しく心細いことになる。③病棟運営上／食事そのほかの供給についても，離れた少数ベッドの存在は厄介である。さらに空調などの設備に関しても，周辺すべて1日8時間帯の中に24時間帯が取り残されたような形だと問題を何かと複雑にする。

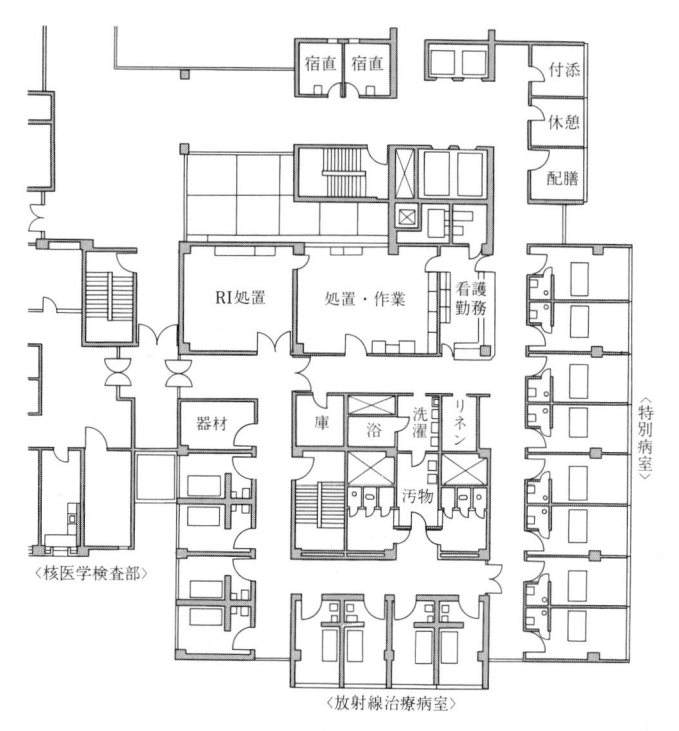

図 4.41　放射線治療病室／千葉県がんセンター（設計：吉武泰水・浦良一・西野範夫・伊藤誠）

り，その上ベッドまわりに移動式の遮へい体がおかれたりするから，一般の個室よりはその分ゆとりを見ておかねばならない．

(2)　ドアを開いたとき廊下側に一次線が出ないように，ベッドの中心点と入口の周縁を結ぶ範囲をコンクリートの袖壁によって遮るような工夫が必要である．さらに散乱線の漏洩を防ぐため入口のドアは鉄板製（鉛板挟みこみ）とする．

(3)　非密封線源を用いて治療する場合の汚染防止対策としては，気体の線源を使用しない限り，床仕上げを目地なしの工法とし，汚れを拭き取りやすくする程度のことで足りる．

3)　便所・汚物処理室　　非密封線源を使用した場合，患者の排泄物には放射性物質が含まれているから，汚水・雑排水とも一般の系統とは別にして RI 処理槽（減衰槽・希釈槽）に導き，放射性物質の濃度が許容値以下になったことを確認してから放流する．

4)　その他の諸室　　線源保管・準備・処置・廃棄物貯蔵などの諸室について

は 6.2.3 に準じて計画する。ただし，治療の方が検査よりはるかに線源の量が多いから，準備室（線源の小分け，ニードルやチューブの消毒などを行う）や処置室にも遮へいが求められる。

4.11.2 無菌病室
a. バイオクリーンルーム
　宇宙ロケットや宇宙船などの製作過程で，機器の中に故障の原因となる塵埃を混入させないため，無塵環境すなわち工業用クリーンルームの技術が開発され，1960年代アメリカ航空宇宙局（NASA）のもとで急速な発展を遂げた。これは同時に地球上の有害微生物を宇宙空間にもち出さないよう，逆に未知の微生物を地球にもち帰らないようにする技術でもあった。

　このような無塵無菌環境についての技術を医療分野に応用したのがバイオクリーンルームで，無菌病室や無菌手術室がそれである。すなわち，塵埃が病原微生物を伝搬するのを防ぐため，HEPAフィルターを通した清浄空気を0.3～0.5m/secの層流状態[38]で流すことによってクラス100程度の清浄度[39]をつくり出すことができる。

b. 無菌病室
　バイオクリーン技術の応用としては，白血病の治療，臓器移植手術直後の隔離，先天性免疫欠損児の保育，重度熱傷の開放治療[40]などがある。

　たとえば，白血病の治療に抗がん剤を使用すると，白血球や血小板が極度に減少し，外部からの病原菌の侵入に対して無防備状態となる。また，移植手術（白血病治療のための骨髄移植をも含む）のあとに免疫抑制剤が使われるが，この場合も同様のことが起こる。これに対応するためには感染源のない清浄な環境が必要である。すなわち，患者をバイオクリーン設備をそなえた個室に入れ，治療期間中外部との接触を一切遮断するのである。処置や看護は，手袋つきの透明カーテン越しか水平層流の風下側から行う。食事をはじめ病室内にもち込まれるものは，すべて完全に滅菌されたものに限られる。

　この種の病室は，設けたとしてもせいぜい数室であろうから，関連する病棟の一隅におく。

---

38) 層流方式には垂直方向に流すものと水平方向に流すものがあり，無菌病室では後者を採用することが多い。
39) NASAの規格では1ft³の空気中に含まれる0.5μ以上の微粒子の数によって清浄度を表す。たとえば，微粒子が100以下の場合をクラス100という。ちなみに従来の空調方式による手術室は，クラス数万～10数万程度である。
40) 熱傷の治療にはクリーンルームよりもクリーンベンチの方が実際的であるとする意見が多い。

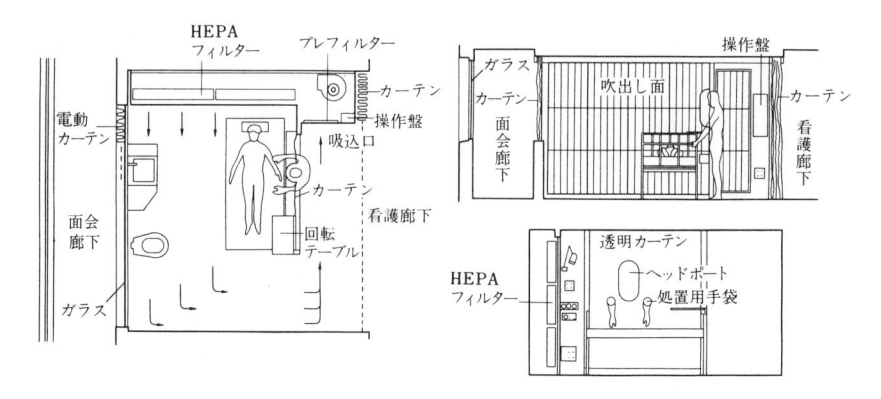

i ）清浄度：クラス100（プレフィルター＋HEPA フィルター）
ii）気流風速：0.15～0.3 m/s，強中弱3段切換＋比例制御
iii）温度：24±2 ℃，湿度：60％ 以下
iv）騒音：45 dB（A）程度
v ）室内備品：洗面流しおよび付属台，便器，カーテン，ヘッドボード，グローブボート，聴診器コネクター，電話コネクター，ナースコール，酸素・吸引配管

空気は床頭側の壁面全体から層流状態で吹き出し，足元側の開口部から廊下側に出て吸込み口を経て再循環する。処置はプラスチック製の透明カーテンの外側から行う。カーテンにはそのためのヘッドボートと手袋がついている。

図4.42　水平層流型無菌病室／大阪府立成人病センター（設計：建築計画総合研究所，伊藤誠）

c.　設計上の要点

無菌病室として工場生産されたユニットが普及しているから，これを建築躯体の枠組みの中に据えるように計画すればよい。

患者は入室すると一定期間病室外に出ることを許されないので，病気についての不安に加えて閉塞感や孤独感にさいなまれることになる。それを少しでも解消

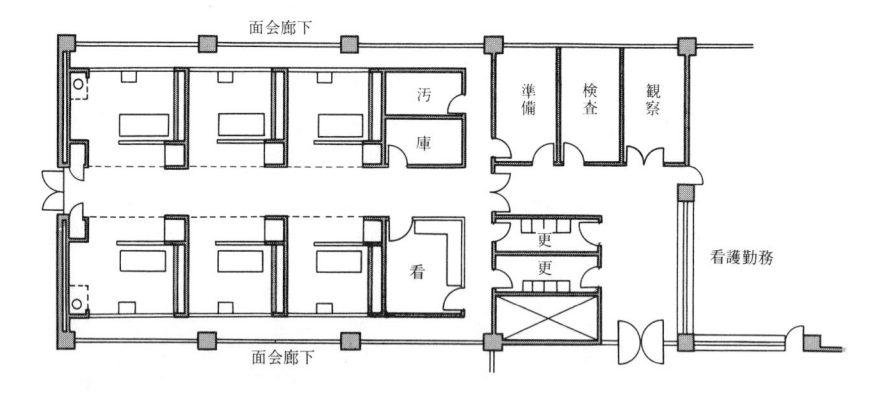

がん診療に重点をおく専門病院の血液科病棟のサブユニットとして6床の無菌病室が設けられている。中央廊下は医師・看護婦など職員の通路，家族や見舞客は更衣室を経て面会廊下に導かれる。病室内からは面会廊下越しに外の景色が見える。

図4.43　白血病治療ユニット／大阪府立成人病センター

すべく，屋外の景色が眺められるような窓を設け，廊下を通る看護婦の姿がみえるようにその側をガラス（またはプラスチック）の間仕切にし，さらに家族や見舞客とガラス越しにでも会話ができるような工夫がほしい。外からの視線を遮りたい場合には，随時，ベッドからの遠隔操作でカーテンを引けるようにしておく。

　換気回数は200〜500回／時が一般的である。層流の流速は，ドラフトを感じるようでは不快だから0.3m/sec以下に抑えるべきだとされている。また，かつては運転時の騒音が難点とされたが，これも急速に改良されつつある。

　洗面・用便・シャワーなどの設備はいずれも層流の風下側（ベッドの足元側）におく。給水・給湯とも蛇口近くにフィルターを設けて無菌に近い水や湯を供給する。排水についても，トラップからの汚染が生じないよう注意が必要である。

5　外　来　部

　外来部は，通院によって，つまり入院せずに診療を受ける患者を対象とする部門である。これらの患者は，入院（inpatient）に対して外来（outpatient）と呼ばれる。日本の場合，病院の外来部は診療所とともに大きな役割を果たしてきた。

　ただ，医療施設を病院と診療所に分けているのは，古くから，病院はそれが備えている高度の診療機能をもって高度の医療を行うべき場として，診療所などでは扱えないような疾病を対象とすべきだとする考え方があるからである。とすると，病院の任務はおのずから入院診療が主体となり，その外来部では通院診療でも専門医療もしくは総合的技術を必要とする分野のみを受け持つべきだということになる。ただ，現状は必ずしもあるべき姿にはなっていないので，建築計画の面にもいろいろと問題が多い。

5.1　通　院　診　療

5.1.1　外来部の意義
a．通院と入院
　1）　**日本の病院の外来部**　　外来部の抱える問題の第1は，患者が多すぎること，それによって生ずる混雑と長い待ち時間，必然的に伴う説明不足などである。病院ごとに改善の努力がなされ，それなりの成果をあげてはいるが，抜本的な解決には至っていない。ことは個々の施設のサービスの問題ではなく，医療施設全般の体系にかかわる問題だからである。

　診療所と病院の関係についてははじめに触れたが，病院の中にもそれぞれの役割があってよいはずだ。診療所と病院，病院と病院相互間の"機能分担と相互連携"については昔から繰り返しいわれてきた。しかし，現実にはなかなか実効があがっていない。それどころか，ある時期，診療所と病院，あるいは病院どうし

（特に私的病院と公的病院）の間に競合関係さえみられた。そのことによる矛盾がついに限界に達して，ようやく医療施設再編への取組みがはじまった。

1992年の医療法改正がその第一段である。その後の改正をも加えて，病院に対し特定機能病院・地域医療支援病院・一般病院・療養型病院というような性格づけの選択が迫られ，その上で，特定機能病院や地域医療支援病院の外来診療には一定割合以上の紹介率が求められている。さらには一般病院に対しても，外来紹介率の高い病院には診療報酬の面での優遇を考慮する，といった誘導策が図られつつある。つまり，患者は，原則として一次医療を担当している診療所などを経て（紹介状をもって）病院に行く，という構図である。こうすることによって，病院外来部の混雑は解消され，それに基づく諸問題も解決できるだろうというわけである。

2) **かかりつけ医と病院外来部**　以上のような，病院外来部患者数の制限につながる施策は，もともと医療の段階づけを狙いとしたところから出ている。すなわち，一次的な医療や総合的なスクリーニングは診療所に，平均的な水準の地域病院には二次医療を，高機能病院には三次医療を期待したいのである。

地域住民にとっては，いつでも気軽に相談に乗ってもらえる家庭医を身近にもつことは理想であろう。専門分化の進んだ大病院では，得てして体の部分しか診てもらえない。家族ぐるみで健康管理をゆだねることのできる"かかりつけ医"をもち，必要に応じて上級の医療施設を紹介してもらえるような体制が確立されれば，われわれにとっても幸いであるし，病院側にとっても望むところであろう。病院には専門医集団の力を結集した"集学的医療"をこそ期待したいのである。

ただ，われわれは従来医療に関して施設選択の自由を享受してきた。自身の判断により，時に診療所を，またある時は市立病院を，そして場合によっては大学病院をも選ぶことができた。そして施設の側から診療を拒まれることはかつてなかった。その自由に一定の制限が加えられようとしている。このこと一つを取ってみても，施策が図式通りに進むかどうか大変難しい。

しかし，変革はすでにはじまっている。

3) **通院診療の見直し**　欧米諸国でも通院医療に関するいろいろな角度からの見直しが盛んである。

たとえば，イギリスの病院における day ward がその一例である。「日帰り病棟」と訳すべきか。"揺りかごから墓場まで"のキャッチフレーズによって医療保障の模範とうたわれたイギリスの国営医療（National Health Service）も，その後の経済不振に伴い国家財政にとって重荷になりはじめた。この窮状を乗り越

えるための一手段として考え出されたのがこの日帰り病棟である．すなわち，従来は入院扱いにされていたやや複雑な検査や簡単な手術のうち，可能なものは通院で処理しようというのである．早朝に来院して検査や手術を受け，日帰り病棟のベッドで術後の経過観察が行われ，異状がなければ夕方家族に迎えられて帰宅する，といった方式である．入院せずにすませられれば国の医療費負担もそれだけ軽くなるというわけで，検査や処置のかなりの部分が日帰り病棟でまかなわれるようになった．

アメリカでも，20年ほど前から ambulatory care center（通院診療部）や day surgery unit（日帰り手術部）と呼ばれる部門の活動が目立つ．アメリカの病院は自由競争の基盤に立って施設面でも内容面でも世界最高の水準に達したが，当然の結果として医療費も高騰した．反面，原則として，イギリスのような国営医療制度も日本のような健康保険制度もないため，一般の人々は気軽に病院にかかることができなくなってしまった．これは人々にとって不幸なことであるし，また病院側としてもいかに高度の内容を備えていようと患者が来てくれないことにははじまらないということになって，入院よりは負担の少ない通院部門が生まれてきた．特に最近は相当に複雑な手術でも日帰りで行われているという[1]．イギリスとアメリカとでは名称こそ異なるが，いずれも経済的な理由から生まれてきた部門である．

このほか，医学的な観点からする通院治療の見直しも多くの分野で行われている．たとえば，老人医療や精神科領域における入院偏重の弊を排して，できるだけ早期に退院させたあと，いわゆるデイケアという形で通院させながら治療を継続していこうという考え方である．病室に閉じこもっているよりは，社会や家庭に生活の基盤をおく方が治療効果も大きいという．骨筋の障害，脳卒中後遺症，心臓病，ある種のがんの手術後，などのリハビリテーションについても同様のことがいわれている．

日本でもようやく最近日帰り手術が取り上げられるようになったが，それについては **6.3.5 日帰り手術部** に述べる．

b. 救急と時間外診療

多くの病院が，外来診療時間を週日の午前中に限っている．午後は病棟の回診や検査・手術などにあてられているからである．昼過ぎに外来部を開いているところでも，対象を特定の疾患（心臓病・高血圧・糖尿病など）のみに限定して，いわゆる専門診療を行うような形が大半である．ここに，診療時間以外の時間帯に

---

[1] アメリカ病院協会の統計によれば，community hospital における日帰り手術の件数は，1983年全手術例数の24%であったのに対して，1993年には55%にもなっている．

発生した医療需要にどう応えるべきかの問題が出てくる。

このような受診要求にはいくつか性格を異にするケースがある。

すなわち，①急病・事故・災害などによる文字通りの救急例，②結果的には必ずしも救急処置を要しない例であっても，患者や家族の立場からすれば心配で明日を待てない場合（小児の急な異状など），③患者側の生活上・勤務上などの都合から通常の外来診療時間以外（たとえば夕方もしくは夜間）の時間帯が求められる場合，などである。

対応策については後に述べる。

5.1.2 外来部の構成と患者の流れ

a. 診療科

病院外来部の意義は，多方面にわたる各分野の専門医による協力診療が期待できることにある。そこで，まず急速に専門分化しつつある診療科をひと通り紹介しておく必要があろう（表5.1）。ただ，ここに羅列した診療科名は，医療法が定める標ぼう診療科[2]とは異なり，医学の専門領域を示したものである。

表5.1 診療科

内科／一般内科・呼吸器科・消化器科・循環器科・血液科・内分泌代謝科・腎臓科・神経内科・アレルギー科・膠原病科・リウマチ科・心療内科
精神科・神経科
小児科／小児内科・小児外科
外科／一般外科・脳神経外科・呼吸器外科・胸部外科（心臓血管外科）・消化器外科・気管食道科・大腸肛門科
整形外科
婦人科・産科・周産期科
皮膚科
形成外科・美容外科
泌尿器科・性病科
耳鼻咽喉科
眼科
麻酔科・疼痛診療科（ペインクリニック）
放射線科
リハビリテーション科（理学診療科）
歯科・矯正歯科・小児歯科・口腔外科
総合診療科

---

2) 医療法第70条は広告を認める診療科名として次のように規定している。内科，心療内科，精神科，神経科（または神経内科），呼吸器科，消化器科（または胃腸科），循環器科，アレルギー科，リウマチ科，小児科，外科，整形外科，形成外科，美容外科，脳神経外科，呼吸器外科，心臓血管外科，小児外科，皮膚泌尿器科（または皮膚科，泌尿器科），性病科，肛門科，産婦人科（または産科，婦人科），眼科，耳鼻咽喉科，気管食道科，リハビリテーション科，放射線科，麻酔科，歯科，矯正歯科，小児歯科，歯科口腔外科。

b. 患者数と診療所要時間

外来部の設計にあたっては，まず次のような問題を明確にしておかなければならない。

① 1日平均何人ぐらいの患者を想定すべきか。
② この数は季節や曜日によってどのように変動するか。
③ 診療科別にみた患者数の割合は。
④ 患者以外で一緒に来院する人はどのくらいいるか，またその内訳は。
⑤ 患者の来院は何時ごろが多く，どのような波を描くか。
⑥ それによって混雑や待ちの程度はどうなるか。
⑦ これらの患者をさばくのに要する時間は，診察室・薬局などの各所で平均何分ぐらいかかるか。

なお，診療予約制[3]をとれば情況が大きく変わることはいうまでもない。

1) 1日平均患者数 先にも述べたように，日本の病院の外来患者数は欧米に比べてかなり多い。一例として公的病院における外来患者数を病床数との関係においてみたのが図5.1である。

一般に都市における小病院の外来率[4]は2.0〜3.0程度，中規模病院では特に活発なところで2.5程度，大病院になると1.5〜2.0ぐらいが普通といわれている。地理的に不便な場所に建つ病院や高齢者など慢性疾患を主とする病院では1.0を下回ることも少なくない。

図5.1にあげた病院について，月ごとの1日平均患者数をみたのが図5.2である。ある程度のばらつきは当然として，特

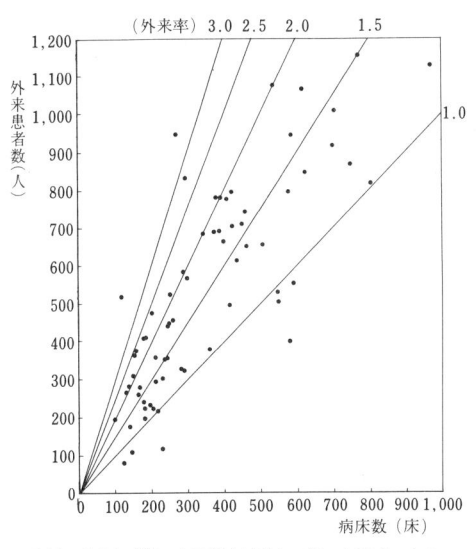

全国の公的な病院から70例を抽出して行った調査による。

図5.1 病床数との関係においてみた年間1日平均外来患者数

---

[3] 厚生省の「医療施設調査」によれば，1996年現在，診療予約制を採用している病院は40%近くあるが，全科にわたってこれを行っているところはまだ1割に満たない。ただ，規模の大きな病院ほど導入率が高くなっている。
[4] 年間1日平均外来患者数の病床数に対する比率を"外来率"と名付ける。

5 外来部

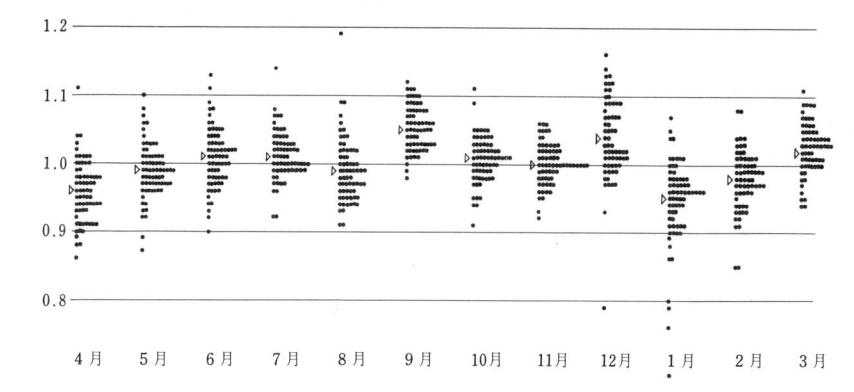

図 5.2　各病院の年間 1 日平均患者数に対する各月 1 日平均患者数の割合（▷印は平均値）

に患者数の多いのは 9 月と 12 月，少ないのは 1 月と 4 月になっている。かつては夏休み（8 月）になるとどこの病院でも患者が急増したものであるが，今や事態は一変した。夏，特に 8 月中旬には国全体が休業状態になる慣習がほぼ定着してきたことによるのである。正月についても同様のことがいえよう。4 月に患者が減る点については，確かなことは分からないが，医学関係の学会がこの時期に集中し，各科の医師がこれへの出席のため休診することも理由のひとつかと思われる。患者数が増える 9 月と 12 月についての理由づけとしては，夏休みと正月の前後への影響といった考え方もあり得ようが，実証されてはいない。

図 5.3 は首都圏の公立 3 病院における外来患者数の週日変動をみたものである。休みの翌日である月曜に多く，あとは交互に高低を繰り返す形になっている。しかし，これに関しては，病院側の事情からすべての診療科が毎日開かれているとは限らず，それがおのずと患者数を規制していることも多いから，普遍的な規則性を求めても意味がない。

患者数がある程度天候に左右されるのも周知のことである。

患者は，初診と再来とに分けられる[5]。初診患者の割合（初診率）が大きいほど回転率の高い活発な外来部ということになるのであるが，現状は図 5.4 に示したように

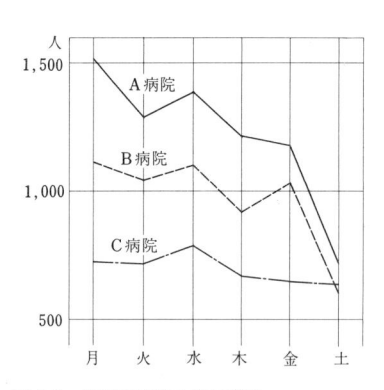

図 5.3　外来患者数の週日変動

---

5)「初診」とは，病院側の保険手続き上，初めて来院したもの，あるいは前回から一定期間（原則として 1 か月以上）をおいて来院したものを指し，「再来」とは継続して受診中のものをいう。

1～2割にとどまっている（ただし，初診の定義には病院によりわずかな違いがある）。診療科別には小児科・皮膚科・眼科・耳鼻科などで初診率が高く，内科・リハビリテーション科などで低いのが一般的である。前者には動きの早い（治癒率の高い）病気が多く，後者には慢性的な疾病が多いことによるのであろう。

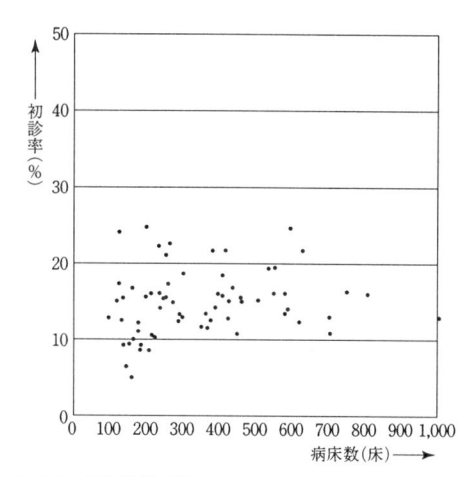

図5.4 初診患者の割合

2） 診療科別患者数　科別の患者数は設計の前提条件としてぜひ知りたいところである。しかし，この値は個々の医師によって大きく左右されるし，また近くの病院の診療科構成にもかなり影響されるから的確な予測を立てることは難しい。

表5.2 は首都圏の大病院における調査結果の一例である。大まかにいえば，内科が約20％あるいはそれ以上，外科（脳外科を含む）・整形外科・産婦人科などが

表5.2 診療科別患者数比

病院名	A	B	C	D	E
外来患者数 （外来率）	1,236 (1.9)	1,176 (2.4)	1,103 (2.6)	924 (1.9)	694 (1.7)
内　　　　科	19.7	20.4	22.7	24.4	22.5
小　児　科	8.9	14.3	8.3	8.1	8.6
産　婦　人　科	10.6	9.6	7.5	11.1	8.4
外　　　　科	5.1	5.6	4.7	6.4	10.4
整　形　外　科	8.0	9.8	6.7	10.1	10.3
脳　神　経　外　科	1.4	6.8	2.3	8.4	.
皮　膚　科	7.5	6.6	9.3	5.8	10.4
泌　尿　器　科	2.4	3.7	1.3	3.3	2.9
眼　　　　科	6.0	5.5	4.2	7.3	4.5
耳　鼻　科	5.3	4.1	5.1	6.1	8.8
精神・神経科	0.9	3.4	6.0	3.6	8.6
放　射　線　科	3.8	0.8	1.9	3.4	.
歯　　　　科	6.5	3.1	13.6	2.0	3.8
そ　の　他*	13.6	6.3	6.4	.	0.7
計	100.0	100.0	100.0	100.0	100.0

* 「その他」の診療科は次の通り。
　A：麻酔科・健康管理科・福祉医療科，B：リウマチ科，C：麻酔科・リハビリテーション科，E：理学療法科

約10％，といったところであろうか。

3） 患者の同伴者　患者と一緒に来院する同伴者（付添いまたは連れ）の数は無視できない。しかし，これを確実にとらえた調査はほとんどない。ごく古い報告によれば，付添いは患者数の約30％，連れ（その大半は患者もしくは付添いに連れられてきた子ども）は約10％であった。最近は高齢患者が増えていることもあって，付添いの割合はさらに大きくなっているようである。

同伴者の割合は，診療圏が広がるとそれにつれて高まることが予想される。ある調査では，これが約70％もあった。

いずれにせよ，これらの同伴者は，そうでなくても人の多い外来部の混雑を倍加させることになり，設計面でも各所に影響を及ぼすはずである。

4） 患者の来院・離院と院内滞在時間　図5.5はある病院における1日の外来患者の来院・離院状況を示したものである。この病院は，病床数630で，1日平均約1,000人の外来患者をさばいている。

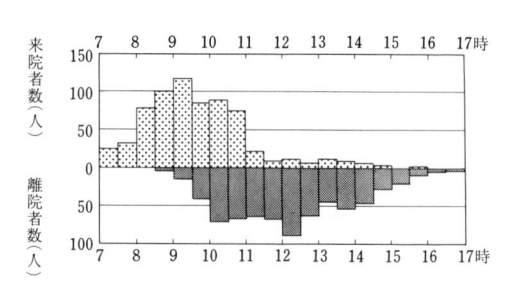

図5.5　来院患者数と離院患者数の時刻変動／香川県立中央病院

診療開始時刻9時からの30分間に来る患者が最も多いが，それ以前にもかなりの患者が来ている（診療予約制をとれば，7時～8時半の来院者の大半をなくすことができるはずである）。9時半を過ぎると来院者数は少し減るが，それでも受付窓口の閉まる11時まではほぼ平らで，それ以後急に少なくなる。11時以後に受けつけてもらえるのはごく特殊な場合だけであるから，これは当然であろう。

離院の山は10時から昼過ぎまでなだらかに続く。この場合，1人あたり平均在院時間は2時間半強であった。

これらの患者が，院内のどこにどれだけ滞在していたかを，30分ごとの断面で示したのが図5.6である。これから，滞留の多いのは終始診察室まわりであることが分かる。また，外来部全体の滞留人数の山が最も大きくなるのは10時半ごろで，この時に1日の外来患者総数の約6割に達している。薬局では，診察室より約2時間遅れて山を迎えるが，その後の減少傾向はやや鈍い。

5） 診療所要時間

a） 診　察　診察に要する時間は，病気の種類や程度，医師の個人差，一定時間内に医師1人で受け持たなければならない患者数，などによって大きく変わ

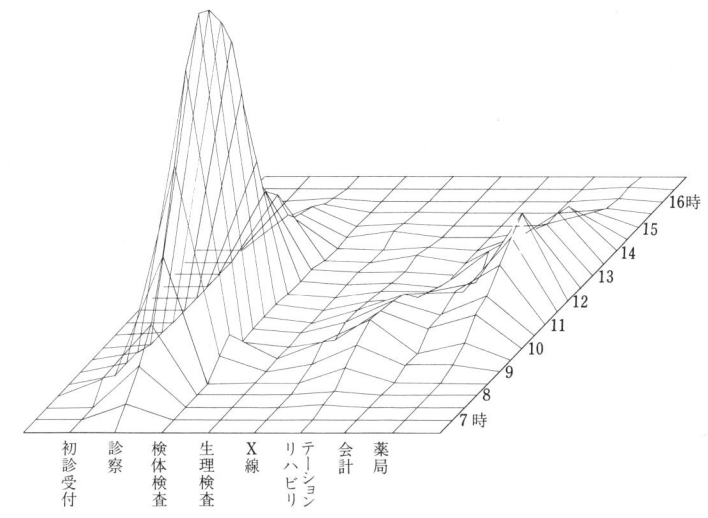

図5.6 場所別にみた滞留者数の時刻変動／香川県立中央病院

ってくるが，一例として横浜市民病院における調査結果を紹介しておこう。

図5.7は，患者が各科の診察室に入ってから出てくるまでに要した時間の度数分布，表5.3はその平均値である。当然のことながら，かなりのばらつきを示しており，またどの科でも，初診の方が再来よりも長くかかっていることが分かる。

b）処　置　　同時に，診察後の処置に要した時間をも調査し，その平均値を表5.4に示した。

c）中待ち　　日本の病院では，待合室で待たせた後，診察室の前室に呼び入れ，そこでふたたび待たせてから診察するのを一般的にしている。この後半の待ちを通常"中待ち"と呼んでいるが，その狙いとするところは，主として，待ちを二分することにより患者の心理的ないらだちを和らげることと，順番が迫った患者を確認して待機させ診察の能率を上げること，の二点にあるように思われる。

前記の調査における，中待ちの時間を表5.5に示す。なお，この時間を利用して行う準備行為としては，①内科・神経科で初診患者に予診票を記入させる，②小児科で患児に脱衣させる，③産婦人科における体重と血圧の測定および尿検査，④眼科での点眼・視力検査・眼鏡試用，などがあった。

6）薬局での待ち　　外来患者にとって薬局は，各室をめぐった後，最後に到達するところである。それまで各所でかなりの待ちを重ねてきたのであるから，

5　外来部

ここでの時間は極力短く切り上げてほしい。

ただ，外来患者に対しては院外処方箋を発行する病院が増えてきたから，今後は薬局待ちは外来部設計の問題ではなくなるだろう。

ところで，薬局での仕事は，個々の患者から処方箋を受け取ってはじめて調剤の作業が開始されるのであるから，どんなに能率よく働いても，最低限その患者のための調剤時間分だけは待たせることになる。この種の待ちを，吉武は"仕事待ち"と名付けている[6]。

その上，薬局へはある時刻以後各科から診察の終わった患者が集中するから，待ちに待ちが重なって，正午近くになるとどこの病院でも薬局前はかなりの混雑を呈する。図5.8は横浜市民病院における院外処方箋方式採用以前の調査結果であるが，9時台，10時台に到着した患者の待ち時間がせいぜい20〜30分程度なのに対して，11時過ぎに来た患者では1時間前後の待ちとなっている。

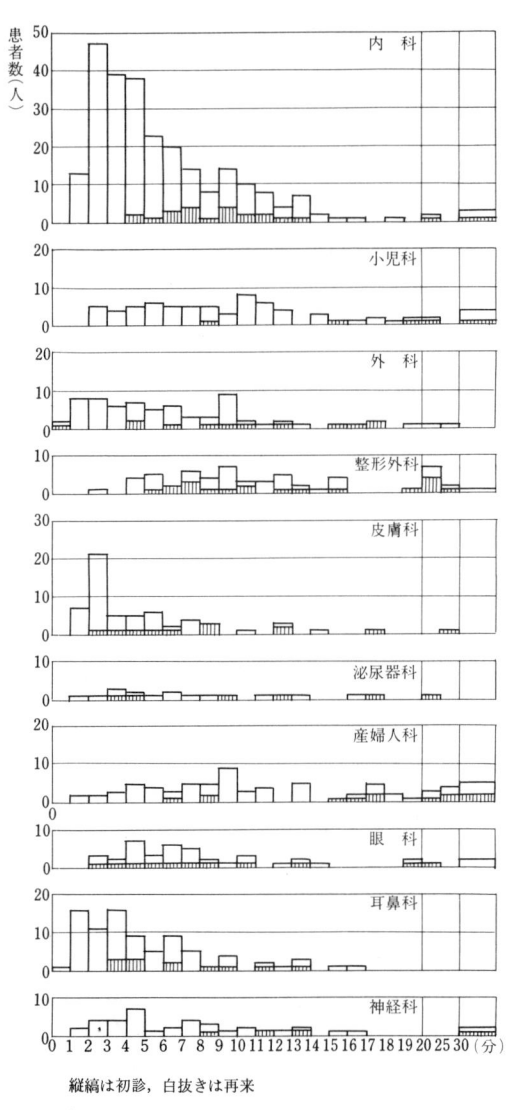

図5.7 診療科別診察時間の頻度分布／横浜市民病院

縦縞は初診，白抜きは再来

---

6) 吉武はこのほかに，受付窓口における患者の"順番待ち"，診療開始時刻以前に来た患者が診察の始まるのを待つ"出発待ち"，診療時間予約制度を採用した場合，予約時間より早く来た患者が待つ，患者が遅れて来れば医師側が待たされるといった"互い待ち"，のように待ちの性質を分類している。

表5.3 初診・再来別平均診察時間(分)／横浜市民病院

	内	小児	外	整外	皮膚	泌尿	産婦	眼	耳鼻	神経
初 診	9.2	19.6	10.3	11.5	9.3	11.3	19.9	9.5	6.2	16.6
再 来	5.0	9.5	5.9	11.5	3.5	6.5	9.8	8.5	4.2	7.6

表5.4 平均処置時間(分)／横浜市民病院

内	小児	外	皮膚	泌尿	産婦	耳鼻	神経
2.6	4.0	6.2	10.4	24.0	2.3	4.0	2.0

表5.5 中待ちでの平均待ち時間(分)／横浜市民病院

内	小児	外	整外	皮膚	泌尿	産婦	眼	耳鼻	神経
26.5	14.5	23.3	17.2	7.3	*	28.0	21.2	13.3	2.8

* 中待ちを設けていない。

　これへの対応策は，いうまでもなくオーダリングシステムである。すなわち医師は診察後ただちに処方をコンピューターに入力する。薬局側ではその時点から調剤を始めることができるわけで，診察を終え身仕舞をととのえた患者が薬局に到達する頃には薬は出来上がっており，待ちの問題はほとんど解消されるはずである。

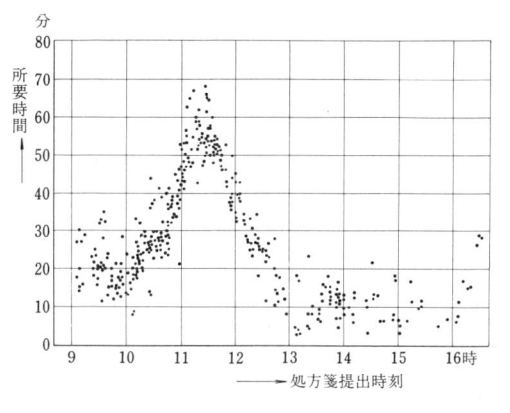

図5.8 処方箋提出から調剤出来上りまでの所要時間／横浜市民病院

c. 患者の動き

1） 検査・治療の中央化　図5.9は『建築設計資料集成』の初版から借りた内科診察室のモデルプランである。原案は，戦中，つまり新しい病院管理の理念がアメリカから入ってくる前につくられたものであるから，今日の外来診察室とはだいぶ趣を異にしている。最も大きな違いは，心電図をはじめとする診断のための諸検査や各種の治療の大半が，科内で完了するようになっている点であろう。これに対し，最近の病院では検査や治療のほとんどが中央化され，そのために患者はそのつど診療各部門へ行かされる。この種の移動はある程度やむをえないこととして，動きに伴う患者負担の軽減はもっぱら建築設計に期待されているのである。すなわち，設計にあたっては，患者にとって分かりやすい平面と動き

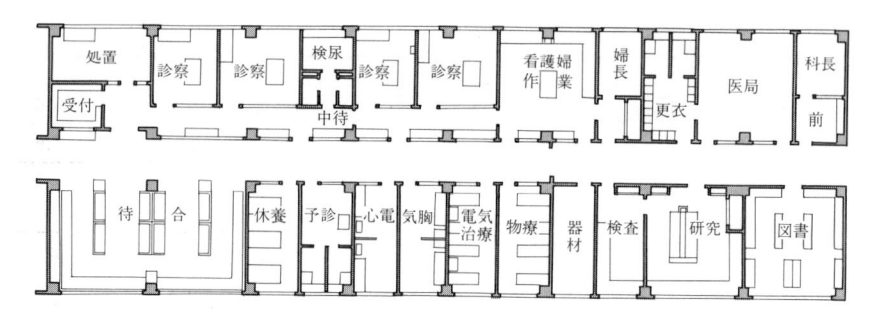

図5.9　内科診察室のモデルプラン[7]

のできるだけ少ない動線計画が重要であろう。

2） 動きの現況　　前にあげた横浜市民病院調査における1日の外来患者約600人の動きを図式化したのが図5.10である。矢印の太さはそれぞれ患者数に比例させてある。

動きの主体は，当然のことながら，各科で受診した後，会計の計算窓口と支払窓口を経て，薬局で薬を受け取って帰って行く流れである。ここで，生理検査を受けた患者は3％，放射線部にまわった患者は14％で，うち約1/4がフィルムの現象を待ってふたたび診察室に戻っている。また，当日薬をもらった患者は全体の55％であった。

香川県立中央病院における同様の調査では，患者の動きの型として最も多かったのは〔診察―会計―薬局〕で全体の35％，次が〔診察―会計〕で15％，3番目が〔診察―検査（X線を含む）―診察―会計―薬局〕で8％であった。また，生理検査を受けた患者は4％，放射線部にまわった患者は14％，薬をもらった患者

図中，①の往復は入院患者が外来部に来て受診したもの，②は外来患者が直接入院した例，③は職員などによる利用，④は検査やX線撮影の結果を待って再び受診する患者，⑤は薬をとるためだけにきた例，⑥は処方箋を出したまま薬を受け取らずに帰った例，調剤待ちを嫌ったもので後刻改めてとりに来るのであろう。

図5.10　外来患者の動き／横浜市民病院

---

7)　日本建築学会編：建築設計資料集成2，丸善，1951

は63％であった．

東京都周辺の5病院で行ったもう一つの調査では，生理検査部・放射線部・薬局にまわった患者の割合はそれぞれ表5.6のごとくであった．

3) 外来部の運営方式　患者の動きについて一般的な例を図5.10に示したが，これも病院側の運営方式によって変わってくる．以下に，そのいくつかの型を紹介しておこう．

a) 受付　受付の手続きには二つの型がある．すなわち，①初診・再来とも医事課で受付けているところと[8]，②初診は医事課で受付けるが再来は直接各科で受付けるようにしている病院とがある．初診は病歴（診療録）

表5.6　外来患者の検査部・放射線部・薬局利用割合(%)

	生理検査	X線診断	薬局
A 病 院	2.8	11.6	58.4
B 病 院	2.5	5.4	64.0
C 病 院	2.4	8.7	59.0
D 病 院	1.9	9.5	36.5
E 病 院	1.8	7.6	52.5

を新しくおこさなければならないから常に医事課で受付けるが，再来に関しては病歴管理方式の差によって違いが生じてくる．つまり，前者では病歴を一括して医事課で管理（この場合，多くは1患者1病歴制を採用）しているが，後者では各診療科ごとに管理（この場合，各科別病歴制を採用）しているのである．ただし，診療予約制をとれば，一括管理でも各科受付が可能になる．

b) 検体採取　診察の結果，生理検査やX線撮影が必要と認められた患者が検査部や放射線部に出向かなければならないのはやむを得ないとして，採血・採尿のために患者を遠くまで歩かせる方式はできるだけ避けたい．血液に例をとれば，現状では，①各科の処置室で採血する，②外来部全体で採血を中央化する，③患者を検査部に行かせる，の3方式がある．病院の大小にもよるが，特殊な場合を除き，②の方式をとるべきであろう．

c) 会計　診察や検査を終えた患者は会計の窓口で支払を行う．処方を院内の薬局で扱っている病院では，薬局の窓口で支払い済みを確認の上薬を渡す．

5.2　外来部の設計

外来部設計の主眼は，来院する多数の患者を，戸惑わせることなく，いたずら

---

[8] 最近は再来受付にカード式の機械（自動受付機）を導入している例が多い．

に歩かせることなく，いかに円滑にさばくかにある。

その面積は，すべに述べたように（表3.3），通常，病院全体の10〜15%を占めてきた。以下，この外来部を出入口まわり・診察室・待合室の三つに分けて考察する。

5.2.1 出入口まわり
a. 歩行者と車
玄関まわりで歩道と車道とを分離すべきこと，同時に院内外を通じて歩行の困難な患者や障害者への配慮（バリアフリー）が必要なことはいうまでもない。庇は病人の乗降に配慮して大きく張り出し，かつ大型車輌に対して十分な高さをとる。

工夫がほしいのは，車寄せ付近での不法駐車と2輪車の放置についての対策である。また，タクシーのたまり場についても考えておきたい。構内へのバスの乗入れがあれば，その停留所や待機場所への配慮も重要である。

b. 玄 関
外来部の玄関では自動扉が一般化しているが，動きの不自由な患者のことを考えると，開閉時間の調節が難しい。ドアの作動をあまり遅くすると，風除室があっても，風の吹込みで玄関ホールの空調が乱される。この点，北欧あたりによくみられる大型の自動回転ドアは具合がいいようである。

道路の舗装率が高まるにつれて，玄関での履替えを求める病院は少なくなった。しかし，雪の多い地方では，特に春先など泥の持込みに対応しかねるという理由で依然履替え方式をとっているところもある。この場合，患者ならびに同伴者の数に十分見合うだけの上下足整理棚が準備されなければならない。

なお，玄関わきにストレッチャーと車いすの置場を設ける。

c. 案 内
来院者に対して，受診の手続きやたどるべき道順を教えたり，診療科の選択について助言したり，案内係の役割は重要である。病院によっては外来婦長みずからがここに出ているところもある。入口に近く目立つ場所で，気軽に立ち寄れる形のオープンカウンターとする。

ところで，不特定多数の人々が訪れるところとして，外来部の空間構成はできるだけ分かりやすいものでありたい。たとえ案内がなくとも，玄関を入った途端におもむくべき方向や道筋がそれとなく感得できるような設計を期待したいのである。外来部が数層にわたるような場合，玄関ホールを上階まで吹抜けにする手法（アトリウム）など，その意味で有効であろう。

患者にとって分かりやすい建物であることがまず第1ではあるが，外来部もある程度以上の規模になるとそれは必ずしも容易なことではない。少なくとも歩く距離が増すことは避けられないだろう。そこで案内・誘導・説明などの目的で各種の表示が取り入れられることになる。このような表示については最近特に研究が進み，デザイン面でも優れた例を見かけることが多くなったが，もう一歩患者の立場に立ったサイン計画の検討が必要なように思う[9]。

　一部の病気は別として，患者自身どの科に行ったらよいのか迷うことも少なくない。特に，今日，内科など専門分化がいよいよ進んで，そのため時には不都合も生じかねないほどになっている。この問題を解決すべく，この種の初診患者に関しては経験豊かで視野の広い医師がまず総合的な診察を行った上で，必要があればそれぞれの科に振り分けるようにしている例（総合診療科の設置）がある。

d. 受付

　外来の総合受付は，オープンカウンター型式が一般的である。カウンターの長さは，患者の集中度に応じて係員の数を増減できるよう，ゆとりをもって設計すべきである。

　初診患者は，まず受診申込書を書かなければならない。このための記入台を受付カウンターのそばにおく。申込みに応じて新しい病歴がつくられる。

　再来については，病歴が各科ごとに保管されているか，中央の受付に一括しておかれているかによって患者の動きが違ってくる（自動再来受付機を置くことによってこの違いは解消できる。受付機がある場合には，患者は常に直接診療科に行く）。前者では中央の受付を必要とせず，患者は直接各診療科に行けばよい。後者では，患者は受付カウンターに診察券を出してから各自の診療科に行く（診療予約をとってあれば受付に寄る必要はない）。受付の側ではただちにその患者の病歴を探し出して各診療科へ送るのであるが，この搬送方式が常に問題になる[10]。

　搬送専門の係員をおけば問題ないが，近頃の事情ではできるだけ人手を減らしたい。とすると，機械搬送に頼らざるをえないが，これにも問題が多い。初期の頃かなり広く採用された気送管は，伝票類にはともかく病歴搬送には不適当とされるに至った。コンベヤーにはある程度実用に堪えるものもあるが，一般に規模の大きな外来部には向かないようである。最近，比較的多く使われているのが自走台車方式である。数冊の病歴をまとめて運べる，X線フィルムも運べるなどの点が便利であるが，かなり高価である。

---

9) 東京オリンピックと大阪万博を契機にピクトグラフが急速に普及した。しかし，中には判じ物めいたサインもみられる。一般には，無理に図案化するよりは文字で示した方が分かりやすいことを知るべきである。
10) 昔は病歴を患者自身に運ばせるのが普通であったが，最近そのような方式をとっている病院はない。

現在，電子カルテの開発が進められている。診療記録をはじめ医療情報すべての電算化である。これが一般化すれば，上に述べた病歴の問題は一切解消する。

e. 会計窓口

　最終的な支払いに先立ち，各患者が受けた診察・処置・検査・投薬などについて保険点数（料金）の計算が行われる。保険には料金の一部自己負担があり，かつ保険の種類や本人・家族の別などによってその負担率が変わるから，それぞれにその額を算出しなければならない。この窓口の前には，待ち行列のための面積的なゆとりを確保しておく必要がある（オーダリングシステムの導入によって，最近は料金計算もかなり迅速化された）。

　料金の支払い窓口を計算窓口とは別に設け，会計業務を市中銀行に委託している病院もある。また一部には料金自動支払機の導入もみられる。

f. 予約カウンター

　診療予約も規模のさほど大きくないところでは比較的簡単に行っているが，患者数が多く内視鏡やMRIなどの検査もからんでくると，コンピューターを導入し専門の係員を置いて処理することになる。患者個々のつごうをはかりながらの調整にはある程度の時間がかかるから，予約カウンターには相応のスペースを必要とする。場合によっては，このための待合にも配慮しなければならない。

g. 薬　局

　外来患者に渡す薬をすべて院外処方にしている病院では，以下の記述は関係ない。

　先にも述べたように，薬局での処方箋受付には料金前払い制を前提としている病院が多い。この場合，領収印の押された処方箋の会計係から薬局への移送に関して，①患者に運ばせる，②会計係と処方箋受付とを隣接させて直接手渡しできるようにする，③両者間をベルトコンベヤーなどで結ぶ，といった方法がある。小病院なら②，大病院では③の方式をとることになろう。

　投薬窓口では単に薬を手渡すだけでなく，1人1人に対して服用についての注意を与え，また患者の質問にも答えなければならないから，できればそのための相談窓口を準備しておくことが望ましい。

　調剤室は清潔管理の点で待合室とは明確に区画されなければならない。しかし，待っている患者に対して隔絶感を与えることは好ましくないから，処方箋受付と薬渡しの窓口，相談窓口だけをオープンカウンターとして張り出す形をとるべきであろう。

5.2.2 診察室
a. 診療科の配列
診療科の配列に関しては次のような条件を考慮したい。
(1) 患者数（同伴者数を含む）の多い科は，できるだけ出入口の近くにおく。これらを奥にもっていくことは，それだけ院内動線の総量を増すことになり，混雑度を高め，設計を難しくする。
(2) 歯科など，病気が患者の行動力にあまり影響しないところについては，その位置を比較的自由に考えてもよい。
(3) 逆に，体が不自由な患者や行動に制約のある患者の多い科，たとえば整形外科や産科などでは階段を避けたい。
(4) プライバシーを特に重視しなければならない科，たとえば精神科などの配置については特別に慎重な配慮を必要とする。
(5) 診療上のつながり，たとえばX線診断部や生理機能検査室，リハビリテーション部などとの結びつきを考える。

b. 診察室の設計
1) 従来型の見直し　図5.11は再び『建築設計資料集成』から借りた内科診察室のモデルプランである。

このモデルプランは，内科以外の各科をも含めて，その後の病院設計に大きな影響を与えた。事実，今日までの40年，日本の病院の外来診察室はほとんどがこの形を踏襲している。しかも，わが国の病院における外来部の位置づけやそこで

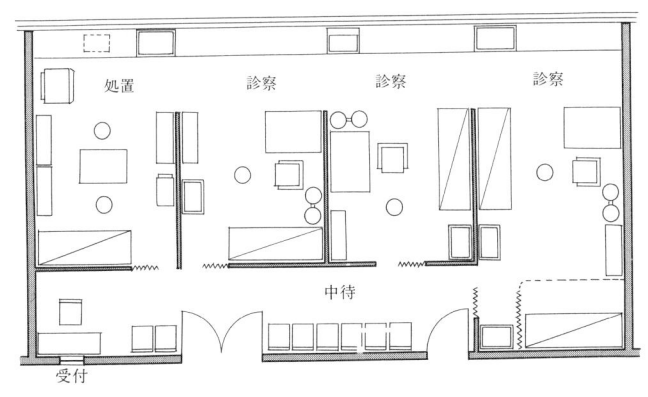

図5.11 内科診察室のモデルプラン[11]

---

11) 日本建築学会編：建築設計資料集成2，丸善，1960

の医師の診察の方法に特別大きな変化が起こらない限り，この平面型を根本的に改めなければならない理由は今のところないように思う。

　ただ一つ重要な問題点は，このモデルプランが，したがって日本の大半の病院における外来診察室が，患者のプライバシーを軽視していることである。それはこのモデルプランがつくられた1950年代の後半にも自覚されていたところで，そこに付記された「注意事項」にも「診察・処置室の間仕切りは一般に高さ2m程度の簡単な扱いとすることが多い。ただし，プライバシーを必要とする場合には十分仕切らなければならない」とされている。

　しかし，病気に関して個人のプライバシーは常に守られなければならないはずで，カーテンまたはついたて程度の軽い間仕切り越しに医師と患者の会話がすべて筒抜けになっている従来のような形は今後は許されない。各診察ユニットはそれぞれ壁によって確実に区画され，出入口にはドアが設けられるべきである。

2) 設計の要点

　a) 受付　　既述のように，診療各科の受付業務は病歴管理の方式によって異なる。しかし，いずれにせよ，提出された診察券なり届けられた病歴に従って書類を整え，その順序で各医師に取りつぎ，診察の進行に応じて次々に患者を呼び入れるのがその役目である。しかし，最近のようにここにコンピューターの端末機が置かれ，またここが搬送のステーションを兼ねるようになると，看護婦が診察の介助や処置の合間に受付業務をこなしていた昔の方式は通用しない。当然，専任の事務員がおかれることになろう。各科ごとに人を配することが難しければ，数科で共用の受付をおく形もある。

　b) 中待ち　　診察の能率からみて，中待ちの存在は簡単には否定できない。しかし，診察室との境は単に視線を遮るだけでなく，音響的にも確実に遮断できる壁でなければならない。

　c) 診察　　患者をいすに腰掛けさせ，あるいは診察台に寝かせて問診・視診・聴診・触診そのほかの診察を行う。診察机は，原則として，患者と向き合った医師の右手側に，診察台は寝た患者の右側から診察できるように配置する。

　内科など脱衣を必要とするところでは各診察室ごとに2室ずつの脱衣キュービクルを設ける。

　d) 処置　　診察後，注射・包帯交換などの処置が行われる。

　各科専用のこれらの処置室のほかに，外来部全体で処置の一部や検体採取，療養指導などをまとめて行っている病院もある。たとえば，①小手術室（外科系各科で共用），②中央処置室（注射や点滴などを行う），③採血・採尿室（病院によっては簡単な検査はここで済ましている例もある），④指導室（高血圧・糖尿病・ぜんそ

く・妊婦などに対する療養指導を集団的・定期的に実施する）などである。

　3）　診療各科の特殊性　　前項では，各科に共通する事柄を述べたが，診療科ごとにやや異なった条件がある。以下にそれらを列記しておこう（世界的に有名なアメリカのメイヨー・クリニックでは，本院と二つの分院を合わせて数百の外来診察室をもつが，それらはごく一部の特殊診察室を除けば，すべてまったく同一の規格いわゆるメイヨー・クリニック型によってつくられている）。

　a）　内　　科　　患者数が最も多い上にX線や検査との関連も大きいから，その占めるべき位置については十分な検討を必要とするが，診察室自体にはさほどの特殊条件は求められない。内科系全体でできるだけ効率のよい交代共用を図るべきであろう。

　b）　小児科　　乳幼児の泣き声などで騒がしくなりがちであるから，他科への影響を配慮しければならない。また，はしかやインフルエンザなどの感染性疾患に対して隔離待合室・隔離診察室など特別な対応が必要とされる。また，待合スペースの一隅をじゅうたん敷きとし，そこに遊具や絵本などを置く。

　c）　外　　科　　外科の主要な対象は手術を要する患者であるから，診察の主眼はその疾患が手術に適応しているか否かをみることと術後の継続治療にある。その意味では，実質的には内科の診察室と同様に考えてよい。ただ，通常は小さなけがや化膿など簡単な処置を必要とする患者も少なくない。先にあげた外科系共用の小手術室などはこのためのものである。

　d）　整形外科　　歩行そのほかの行動に不自由を伴う患者が多い。また，小児患者も比較的多い。しばしばギプスが使われるが，かつてのような汚れは出ないから，床仕上げや排水について特殊な配慮は不要である。なお，ギプス室と小手術室の兼用もあり得る。

　e）　産婦人科　　診察には，一般的な診察室と内診室との組合せが必要とされる。患者数が多くなれば，産科と婦人科の診察室は別になる（産科と婦人科については医師の専門分化も進みつつある）。処置後の回復室を求められることが多い。
　また，産科の場合，診察のつど尿検査が行われるのが普通で，診察室の一隅に専用の採尿室・検査室を設けている病院もある。

　f）　皮膚科　　診察室は内科に準じる。処置室には光線療法などの機器が置かれる。

　g）　泌尿器科　　泌尿器科ではX線室とのつながりを強く求められることがある。診察室のほかに膀胱鏡検査室をおくのが一般的である。検査のためには暗転装置を必要とする。また，この検査台を導尿のために利用することもある。この科でも，当然のことながら検尿の件数が多い。

h）耳鼻咽喉科　　診療用のいすと診療機器を組み込んだ装置の組合せ（耳鼻咽喉科ユニット）をもって診察室の1単位を構成し，ここで診察・処置と時に小手術までが行われる。
　このほかに，平衡機能検査のための場所と聴力検査のための防音室が求められるが，前者は生理機能検査部におかれることもある。
　i）眼　科　　最近の眼科の診察はほとんどが各種光学機器を用いて行われ，診察室自体を準暗室にしている例が多い。このほか検査のための完全な暗室，また時に高照度の明室が必要とされる。5 mの距離をおいて視力表を読ませる昔ながらの検査方式のための場所も求められる。
　j）精神科　　精神科の診察は医師と患者とが一対一で話し合うことが主になる。患者がくつろいだ気持ちで受診できるよう，診察室の遮音をはじめ室内設計には特に心配りがほしい。小児を対象とする場合，患者を遊戯室に入れて，隣の部屋から鏡ガラス越しに，またはテレビカメラでその行動を観察するような設備を求められることがある。
　k）歯　科　　歯科診療台とそれに付属した治療器セットで1単位を構成する。
　義歯製作そのほかの作業のために技工室を必要とするが，これらは外注が多い。専用のX線撮影室を一隅に設ける場合と，この装置を放射線部におく場合とがある[12]。

　c. 設　計　例
　以下，比較的規模の小さな外来部から大きなものにわたっていくつかの設計例を示す（図5.12〜15）。

5.2.3　待　合　室
a. 基本方針
1）待ちの解消　　病院における"待ち"は本来あってはならないものであろう。現実にある程度の待ちはやむえないとしても，できればこれを少しでも減らしたい。
　そのために試みられてきた方策の一つが，すでに述べた紹介制による患者数の制限である。もう一つの対策として，診療時間予約制がある。全面的にこれを採用している病院はそう多くはないが，部分的に取り入れる例はかなり増えてきた。患者側に必ずしも予約時間を守らないものがいること，診療が予定通りには

---

[12] パノラマ撮影装置は単に歯並みの撮影だけでなく上顎・下顎の撮影もできるから，当然中央の放射線部に置かれるべきであろう。

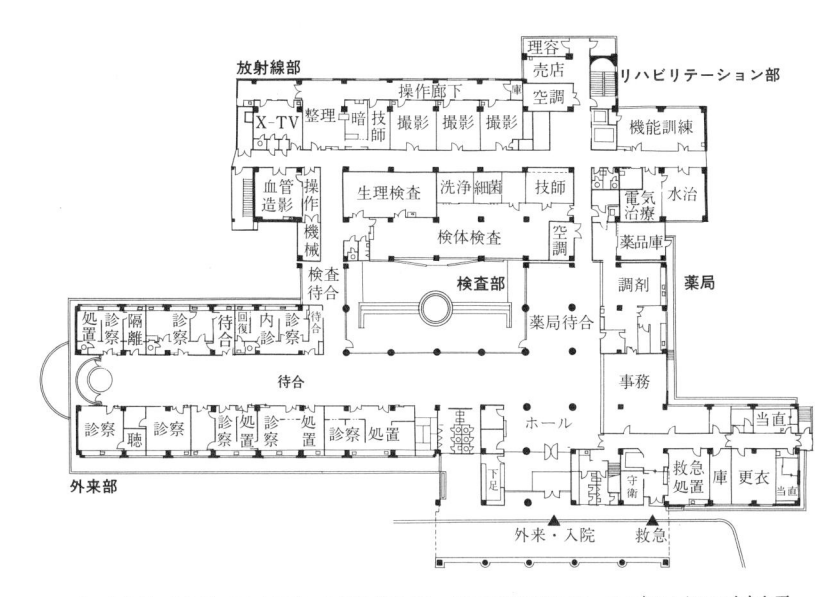

秋田県北部，米代川のほとりに建つ小病院（150床）。外来部は平家建てで，待合室の上部には大きな天窓が設けられている。

図 5.12 比内町立扇田病院・外来部（設計：日建設計）

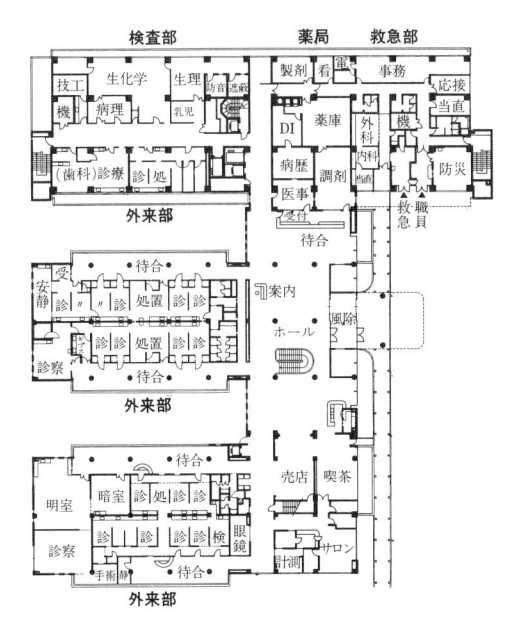

図 5.13 辰口芳珠記念病院・外来部（設計：竹中工務店）

5 外 来 部 163

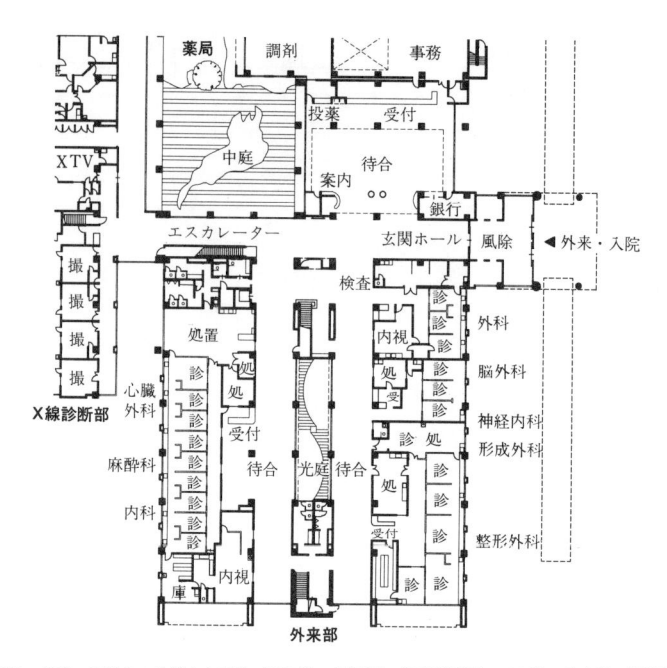

琵琶湖の東岸に位置する地域中心病院（520床）。低層棟は多翼型平面で，1階に外来部，放射線部，リハビリテーション部，2階に外来部，検査部が平行して張り出す。

図5.14　市立長浜病院・外来部（設計：石本建築事務所）

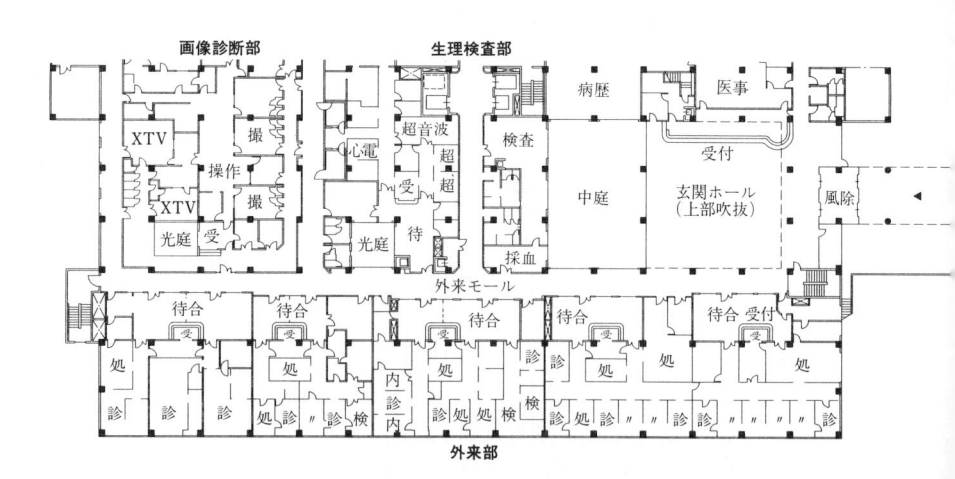

神戸市東部に建つ職域病院（325床）であるが，一般利用者が8割以上を占めている。1日の外来患者数1,000人。19診療科を5群に分けた受付室と待合室の形が特徴的である。

図5.15　神鋼病院・外来部（設計：梓設計）

進まない場合がままあること，などからいろいろ難点もあるようではあるが，一部の再来や検査では待ち時間の短縮に相応の成果をあげている。

2) **待合室の設計**　現状では，設計の主眼が，せいぜい待合空間の快適性といったあたりにある。ここではいろいろ具体的な手法を述べる必要はないと思う。

比内町立扇田病院（図5.12）では，待合室にソファと3畳敷きほどの畳台とを交互に配して高齢者の多い地域の特性に応えている。

また，辰口芳珠記念病院（図5.13）では，窓のある外まわりに待合室をおき，診察室を内側にとる特異な平面を採用している。患者によりよい環境をという配慮から出たものであるが，この場合，平屋の利点を生かして各診察室にはそれぞれ天窓が設けられている。

b. **設計上の留意点**

1) **休養室**　外来部全体としてできれば休養室を設けたい。気分の悪い患者が，待合室の長いすに横になっている姿はいかにも痛ましい。

2) **託児室・授乳室**　外来患者や来訪者が子供を同伴してくることを禁じている例が欧米には多い。やむをえず連れてきた子どもについては，玄関わきの託児室で預かるようにしている病院もある。見習うべきであろう。

これとは別に，乳児を連れた母親のために授乳室・おむつ交換台を準備したい。場所としては，小児科に近いところが望ましい。

3) **喫煙室**　院内は，特定の場所以外すべて禁煙が原則であろう。したがって外来部でも玄関ホールか待合室の一隅に喫煙のための場所を設けておく必要がある。

4) **電話室**　一角に公衆電話が置かれるのは当然として，そのうち少なくとも1台は閉じられた電話室とすべきであろう。他聞をはばかる電話をかけなければならないことも予想されるからである（車いす利用者にも配慮）。

5) **軽食・喫茶室**　単なる患者サービスのためだけではなく，たとえば食事抜きでの検査が終わった受診者のために食堂はぜひ必要である。また，これに関連して自動販売器コーナーもあらかじめ予定しておきたい。

6) **現金払出し機**　利用者は外来患者に限らないが，玄関ホールまわりに現金払出し機置場を設ける。

5.3 救急部

5.3.1 救急体制
わが国の救急医療体制は徐々に整備され，ようやく一応の形を整えるに至った。以下にその概要を述べよう。

a. 救急医療体制の推移
わが国の救急医療体制には二つの流れがあった。

一つは，1963年，消防に救急患者の搬送が義務づけられたことにより，その受入れ施設として救急病院（または診療所）が都道府県知事から告示された。これら救急告示病院（診療所）は，当初は交通事故などを対象に主として外科系中心であったが，その後社会的な状況の変化もあって，脳卒中・心筋梗塞といった内科系の疾患にも対応できるように変わってきた。

もう一つは，1970年代に入った頃から，休日や夜間の医療不在が問題にされるようになり，対応策として各地に休日夜間急患センターが開設された。その後，この休日夜間急患センターと在宅当番医制により，まずは初期医療を行い，入院を要するほどの2次救急については，24時間態勢の救急病院と病院群輪番制をもって対応し，さらに高次の医療（3次救急）は主要都市に配置された救命救急センターが受持つといった段階的な救急体制づくりが進められてきた。

以上のような施策によって，1990年頃までに一応量的な整備が達成されたけれども，これら二つの流れにかかわる施設間には連携などの面で必ずしも円滑でない部分があることが指摘されていた。そこで，すべての救急施設を医療法に基づく地域医療計画のもとで見直し，二次医療圏[13]内で初期・2次・3次の救急医療体制が完結するよう施設と救急搬送の一元化が図られることになった。

b. 救急医療施設
現在の施設大系を整理すると次のようになる。

1) 初期救急　在宅当番医と休日夜間急患センターが外来患者のみを受入れる。前者は，地区医師会に所属する診療所の医師が当番制で待機する。後者は，市町村が設立し，多くの場合，その運営を医師会に委託している（1996年現在の施設数約500）。

2) 2次救急　初期救急では，ただちに入院を必要とするような患者には対応できないから，これらの転送を受入れる施設として救急病院とともにいくつかの病院が輪番制で2次救急を担当している。当番病院では，通常の当直態勢以外

---

[13]　"二次医療圏"とは，医療法に基づく地域医療計画策定のための圏域で，救急医療における"初期・2次・3次"とは視点がまったく異なる。まぎらわしいので注意。

に救急担当の医師が待機することになる．この体制を敷いている地域の数は，1996年現在，全国で約380である．

3) **3次救急**　さらに高次の救急施設として，脳出血・心筋梗塞・頭部損傷など重篤な救急患者の転送を受入れるのが救命救急センターである．専門医が24時間態勢で勤務し，施設面でも高度の診療機器とICU・CCUなどの施設を備えている．1996年現在で約140施設あるが，二次医療圏（その数約350）ごとに救急体制を完結させるためには，今後の整備が急がれる．

c. 救急態勢の充実

施設の整備と同時に大切なのは運用態勢の充実である．施設設計とは直接関係ないが，めぼしい2，3の問題に触れておく．

1) **広域災害・救急医療情報システム**　救急搬送にあたっては，受入れ側の空床状況や手術が可能かどうかなどを的確に把握しておく必要がある．従来は都道府県単位にその整備が図られてきたが，1996年以来，これを全国的なネットワークにする計画が着々と進められている．

2) **救急救命士**　救急車による搬送途上での処置も重要である．これに対して，1991年以来救急救命士制度が施行され，救命率の向上に貢献している．今後さらなる充実によって国民の信頼をいっそう高めていくことが期待される．

3) **小児と精神科**　対応が十分でないとされている分野に小児と精神科の救急がある．すでに解決に向けて取組みが始まっているから，早晩改善がみられることであろう．

d. 一般病院の救急部

救急病院を表明せず，また輪番制に参加していなくても，ある水準以上の病院の場合，時間外に来院する患者に対応すべく，ほとんどが救急部を設けている．勤務体制としては当直者と自宅待機職員との連携で動いているところが多い．

そのほかの時間外診療，すなわち患者の便宜を考えて夕方の1〜2時間とか日曜・祝祭日のある時間帯に診療を行っている例が少数ながらみられる．いずれも病院側の自発的な方針によるもので，制度的なものとは関係ない．

5.3.2　各室の設計

救急部の施設設計は，その運営に比べれば問題としてはさして難しくない．運営に関しては，来院の予測が立たない患者のために病床を空け，高度の設備を整え，何人もの職員が待機していなければならないわけで，採算的には無論つじつまが合わない．この点の検討が不十分だと，せっかくの施設があまり有効に活用されずに終わるようなことになりかねない．

設計に際しては，運営条件を明確にし，それに合った形の施設にしなければならない。

a. 受入れ

北欧などでは救急車を屋内またはそれに準じた場所にまで導入するようにしている病院が多いが，日本でも寒い地方にはこのような配慮がほしい。少なくとも庇や風除けについては十分な検討がなされなければならない。

来院に際しては家族などの同伴が多く，事故の場合には救急隊員以外に警察官が待機する。

事故・災害などにより汚れた状態で搬入された患者に対して，まずシャワー洗浄そのほかの準備を必要とする場合がある。このため入口に続いて多目的な準備室を設ける。

b. 診察・処置

1) 診察処置室　数病院の救急部について行った調査によれば，救急患者の傷病の内訳は次のようになっていた。

① 内科的な急病が過半を占める。特に子どもの割合が大きい。
② 外傷事故（労働災害・暴力・転落・転倒などによるもの）と交通事故で3〜4割になる。
③ そのほか（熱傷・中毒・異物呑込みなど）はたかだか数パーセントに過ぎない。

以上から，診療・処置室の面積については内科系と外科系とをほぼ半々に考え

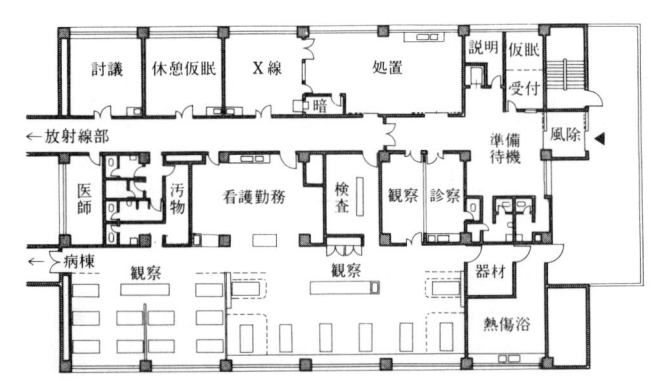

770床の総合病院に併設された救命救急センターで，18床の観察病床をもつ。このほかに，救急部専用の後方ベッドとICU・CCUを備えている。位置的には，X線診断部に隣接し，救急検査室もごく近い。

図5.16　大阪府立病院・救急部（設計：建築計画総合研究所＋伊藤　誠）

ておけばよい。ただし，両者をあまり画然と分けず，必要に応じ随時カーテンで区切る程度にした融通性の高い設計の方がつごうがよい。

2) **検査室**　医師がみずから操作できるような検査機器（血液ガス分析・電解質測定など）をおいた最小限の検査室を診察室に接して設ける。それ以上の検査を求めるならば，ICUやCCUからの要求にも応えうる緊急検査室を病院全体として検討すべきであろう。そこには専任の検査技師が24時間態勢で勤務することになる。

3) **X線室**　救急ではX線，ことに二次・三次の救急になるとCTを必要とすることが多い。しかし，運用面での現実からすると専用のX線室を設けることは一般に難しい。救急部と放射線部とをできるだけ近い関係におく，といったあたりが当面の解決策であろう。

4) **観察室**　実際には診察処置を受けた結果そのまま帰宅する患者が多いのではあるが，一部は入院ということになる。これらの患者を，特に夜間では，明朝病院全体が動き出すまで，容態を観察しながら静養させておく必要がある。このために何床のベッドを準備すべきかが問題ではあるが，形は大部屋とし，相互をカーテンで区切る程度でよい。

6 診療部門

　医療を大まかに分ければ診断と治療の2段階になる。診断とは，患者の病状を的確にとらえ体のどこがどう悪いのかを明らかにする，つまり病名を決定することである。診断の結果に基づいてその病気をよくするために最も適切な手段が選ばれ適用される，それが治療である。

　診断と治療，すなわち診療は医師の行う行為であるが，これにはいうまでもなくいろいろな角度からの協力がなければならない。病院におけるこれらの協力機関をまとめて診療部門と呼ぶ。

　6.1 検査部と**6.2 放射線部**は診断のための手がかりを提供する部門で，それぞれ専門の技師が主体となり，高度の器械設備を備えて診療補助機能を果たしている（ただし，検査部の中に内視鏡を使った治療，放射線部には，一部，放射線を利用した治療が含まれる）。

　6.3 手術部と**6.4 分娩部**とは，どちらも医師が行う手術や出産介助に対して必要な"場"を整えることを任務とする部門である。

　6.5 リハビリテーション部の存在は，急性疾患・慢性疾患の双方から重視され，ようやく診療部門の中に定着してきたといえる。今日では，さらに**6.6 血液透析室**が加わった。しかし，それらが占める面積比率をみると検査部・放射線部・手術部などに比べまだばらつきが大きい。

　最後の**6.7 特殊診療室**は，医学や医療の発展に伴って新しく生まれてくるであろう各種の診療機能を，大方の病院に広く定着するまでの間ひとまずまとめておこうという部門である。

　なお，3.3.1にあげた25病院について，以上の各部門の面積配分を示したのが表6.1である。

表6.1 診療部門の面積比率（％）

病院名(病床数)	検査部			放射線部				手術部	分娩部	リハビリテーション部	血液透析室	特殊診療室
	検体検査	生理検査	小計	X線診断	放射線治療	核医学検査	小計					
町立A (150)	5.0	1.1	6.1	6.3	―	―	6.3	4.6	0.8	3.6	―	―
市立B (200)	3.4	1.8	5.3	5.3	―	―	5.3	4.4	0.6	3.9	2.1	―
〃 C (201)	4.9	3.3	8.2	7.3	―	―	7.3	4.7	1.2	1.5	―	0.3
〃 D (290)	3.3	2.3	5.7	4.2	―	―	4.2	4.9	0.6	2.8	2.0	0.7
〃 E (304)	4.4	1.5	6.0	3.9	―	1.1	5.0	3.9	1.2	1.8	―	0.9
〃 F (330)	4.6	1.6	6.2	4.2	0.9	0.6	5.7	5.4	0.8	2.9	0.3	―
厚生G (333)	3.3	1.8	5.1	2.6	―	―	2.6	3.5	0.7	6.7	―	0.5
市立H (344)	3.8	1.6	5.4	5.3	―	―	5.3	4.6	0.6	2.6	1.6	0.2
県立I (349)	4.5	1.0	5.6	3.7	1.1	1.2	6.0	4.9	0.8	2.5	0.3	―
職域J (357)	3.8	2.1	6.0	4.6	1.4	1.3	7.3	3.3	0.6	1.0	0.9	0.3
市立K (411)	3.7	2.0	5.7	5.6	0.8	0.5	6.9	4.4	1.0	1.3	0.6	0.1
社保L (420)	5.3	0.8	6.0	4.0	1.0	1.0	6.0	5.2	0.4	1.8	2.6	―
日赤M (427)	3.4	2.2	5.7	2.8	―	―	2.8	3.0	0.5	0.2	―	0.1
〃 N (480)	4.4	0.9	5.3	4.1	1.4	1.5	7.0	4.3	2.2	2.1	0.2	―
県立O (493)	3.9	3.2	7.1	4.0	0.6	1.4	5.9	4.1	0.6	1.3	1.0	0.3
市立P (500)	3.9	1.3	5.2	4.0	1.0	0.9	5.9	4.2	0.5	2.3	0.9	―
〃 Q (502)	4.1	1.5	5.6	3.5	0.9	1.0	5.4	3.7	0.6	1.9	1.2	―
都立R (508)	3.5	1.1	4.7	4.1	0.6	1.1	5.7	4.8	1.6	4.2	0.4	―
職域S (510)	2.7	3.4	6.1	4.3	0.9	0.9	6.0	2.8	0.6	2.4	1.1	―
学法T (518)	2.8	1.7	4.5	4.3	―	1.0	5.3	2.8	1.0	1.5	1.1	―
農協U (567)	2.7	1.3	4.0	3.2	0.9	1.0	5.1	4.9	0.3	1.1	―	―
学法V (630)	3.2	1.4	4.6	4.4	0.9	0.8	6.1	4.2	0.3	0.6	0.6	―
市立W (700)	4.1	1.3	5.4	4.2	0.6	1.0	5.8	3.0	0.3	3.2	1.0	2.6
県立X (730)	3.2	2.9	6.1	4.4	0.8	1.0	6.3	4.0	0.6	0.9	0.1	―
府立Y (801)	5.1	1.3	6.5	4.2	1.1	1.0	6.4	4.0	0.3	0.9	0.8	0.4

6.1 検査部

検査部は，医師の要請に応じて診断に必要な検査を行う。検査業務の大半は検査技師によって行われるが，内視鏡のように医師自身が行う検査もある。その結果は常に正確でなければならず，また報告はできるだけ迅速でなければならない。

医学の進歩に伴って，必要とされる検査の種類も件数も急激に増加しつつある。同時に検査部の占める院内での比重も相応に大きくなってきた。それはそのまま建築的側面にも反映されることになろう。

6.1.1 検体検査と生理検査

検査はその内容によって二つに分けられる。

一つは人体から採取された検体（もの）についての検査で，血液・尿・便・痰・細胞・組織などが対象になる。これらの検査をまとめて検体検査と呼ぶ。

もう一つは被検者（ひと）を直接調べる検査で，心電図・心音図・脈波・脳波・筋電図・基礎代謝・呼吸機能など，いわゆる生理学的な検査である。遅れて発達した超音波・内視鏡などの検査は，生理学的検査とはいえないが，同じくひとを対象にする検査としてここに一括する。

どちらの検査でもME[1]機器が重要な働きをしている。

a. 検体検査とは

検体検査は，拠りどころになる基礎医学の領域にしたがってさらにいくつかに分けられる。

1) 一般検査 尿・便などについての簡単な，しかし件数の多い検査をまとめて通常"一般検査"と呼んでいる。各種の定性検査と沈渣[2]の鏡検[3]が主になるが，要は検査業務の能率化を意図したものである。

定性検査には簡易試薬やただちに結果が読める試験紙が用いられるから，少ない人手でも能率よくさばくことができる。多くの病院の現状では，尿検査の件数はかなり多いが，便の検査はそれほどでもない。

2) 血液検査 血液についての血液学的な検査を行う。項目としては，血球計算・血液像（顕微鏡使用）・血小板測定・血沈・止血時間・凝固時間の検査などがあるが，このうちかなりの部分が自動化されている。血液型や交差適合試験など輸血にかかわる検査は，輸血部があればそちらで行う。

3) 血清検査 血清[4]を使っての免疫学的な検査で，梅毒のような感染症や膠原病のような自己免疫疾患の血清反応検査のほか，ホルモンの定量などが行われる。件数はそう多くはない。

4) 生化学検査 生化学に基礎をおく検査で，種目も件数も格段に多い。扱う検体としては血液が主で，作業面では自動化・簡易化が急速に進みつつある。検査室内は自動分析装置が置かれる場所と用手検査の場とに分けられる。自動分析には，比較的短時間に多くの項目が検査できる装置が普及している。用手検査で使われる主要な機器には各種の光度計（光電・炎光・原子吸光など），ガスクロマトグラフ装置，電気泳動装置，デンシトメーターなどがある。

---

[1] Medical Electronics の略であったが，次第にその包括範囲が広がって現在では Medical Engineering の略とされるようになった。
[2] 遠心分離器によって分離された尿の沈でん成分。
[3] 顕微鏡を使用する検査。
[4] 血液は赤血球・白血球・血小板などの有形成分と血漿のような液体成分とからなるが，血清はこの血漿から線維素を除いたもので，遠心分離器によって分離される。

5）　**微生物検査**　　一般の病院では細菌と真菌[5]を対象にし，ウイルスはまだあまり扱われていない。作業としては，検体を直接ガラス板に塗抹・染色して鏡検（顕微鏡検査）するか，検体を培地に植えつけてから一定期間恒温培養した上で，同定するかである。例数はさほど多くない。

　6）　**寄生虫検査**　　体内に寄生虫がいるかどうかを調べる。検体には便が多く，通常，微生物検査と一緒に行われている。これも最近は件数が少ない。

　7）　**病理検査**　　手術・生検[6]・解剖を通じて得られた検体について組織学的な検査を行う。作業の一般的な手順は，切出し→包埋（パラフィンを使用する）→薄切（マイクロトームで切る）→伸展→染色→鏡検となるが，包埋や染色の過程には自動化が普及している。

　また手術中など緊急を要する場合には，時間のかかるパラフィン包埋の代わりに低温で凍結切片をつくって低温マイクロトームにかける。

　細胞診[7]では遠心分離→塗抹→固定→染色→鏡検といった順序になる。最近ではこの件数が急激に増加しつつある。

　なお大病院の場合，解剖（剖検）を含めた病理検査を検体検査部門から独立させている例もある。

　8）　**その他**　　このほか先天異常に関連した染色体検査，臓器移植に際して行われる組織適合検査など，医学の進歩に応じて検査の内容はますます増加しつつある。

　b．**生理検査とは**

　各種目のうち，多くの病院で比較的よく使われているのは心電図と脳波，そして最近では超音波と内視鏡が加わった。

　1）　**心電図**　　心臓の拍動によって生じる微小な電位差を，手・足・胸部などの体表に張った電極により誘導し，それを増幅した波形をみて心臓の働きを診断する。

　必要に応じ運動負荷を加えた検査（負荷心電図）[8]やさらに複雑な測定・解析によるベクトル心電図[9]の検査も行われる。

　2）　**心音図**　　心電図同様，心臓の診察に使われる。心拍に応じた胸壁の振動をとらえる装置で音（空気振動）を測定するわけではないが，振動や騒音を嫌う

---

[5]　かびのたぐいを一括して真菌と呼ぶ。
[6]　内視鏡などを使って臓器の一部の微小片を挟みとること。
[7]　顕微鏡を用いて膣液・胃液・胸水・腹水・そのほかの体液などからがん細胞を検出する検査。
[8]　運動負荷には，①マスター台と呼ばれる階段の昇降，②自転車エルゴメーター（据付け自転車で空こぎさせる装置），③トレッドミル（水平もしくは緩傾斜のベルトコンベヤー上を歩かせる装置）などがある。
[9]　心起電力は3次元的なものであるから，これをベクトルで表現し，診断情報とする。

から測定室は騒音レベル55ホン（C特性）以下にすべきだとされている。

　3）**脈　波**　指先など末梢血管の拍動を記録して循環器診断のための手がかりにする。

　4）**脳　波**　頭皮に電極を張り，脳の微弱な電位差を測定・増幅し，波形として記録する。脳腫瘍・てんかんの診断や乳児の聴力検査などに使われる。被検者を眠らせて測定したり光刺激を与えての変化を調べたりするので暗転装置（暗幕など）が必要とされる。外からの電気的な障害（電磁誘導・静電誘導）を防ぐため，かつては部屋のシールドが求められたが，最近ではシールド不要の器械が普及している。

　脳外科・精神科・小児科などからの利用が多い。

　5）**筋電図**　筋の収縮に伴って発生する活動電流の測定で，皮膚の表面から誘導することもあるが，多くは細針電極を筋内に刺してその電位変動を記録する。したがってほかの大部分の検査が技師の手によって実施されているのに対し，この検査は医師みずからが行う。電位差がきわめて小さいから測定室にはシールドが必要である。

　6）**基礎代謝**　安静時の酸素消費量（基礎代謝率）を測定し，甲状腺疾患などの診断に利用する。被検者をできるだけ安静状態におくために適温の静かな部屋が求められる。最近は一時期に比べ件数が目立って減ってきた。

　7）**呼吸機能**　呼吸器疾患についての診断のため多種目の機能検査[10]が行われる。

　8）**超音波**　体内の異常を発見するための手段として超音波の有用性が大きく評価されるようになった。初期の頃は胆石の検査や産科でX線に代わるものとして利用される程度であったが，最近では心疾患や肝臓の検査をはじめ各科の診断に欠くことのできない装置となった。

　9）**内視鏡**　気管支鏡・食道鏡・胃鏡（胃カメラ）・腹腔鏡・直腸鏡・ロマノスコープ[11]・膀胱鏡・子宮鏡・膣鏡など体内の状態を観察する内視鏡の種類はきわめて多い。検査を行うのはすべて医師であるが，技師や看護婦の助力を必要とする。

　これも患者を直接診る検査であることから，生理検査の一隅に加えているが，内視鏡の利用が増えるに伴いこれを独立させて"内視鏡センター"などとする病院も出てきた。他方，必要とする各科ごとに，たとえば膀胱鏡は泌尿器の，膣鏡は婦人科の診察室などで行っている例も少なくない。また，腹腔鏡のように清潔

10）　肺気量・肺換気・換気能力・吸気分布の検査などがある。
11）　S状結腸の検査に使われる。

管理を必要とする検査は手術室で行われるのが普通である。

10) その他　患者についての検査としては，以上のほかに聴力・平衡機能・眼振などまだ数多くの種目がある。それぞれ使われ方を検討した上で，その位置が決められるべきであろう。

6.1.2　検査部の構成

a.　組織機構

大病院では専任，小病院では兼任の部長（医師）のもとに検査技師をおく。検査技師には臨床検査技師と衛生検査技師とがあり，前者の資格は臨床検査技師学校（高卒後3年以上）を卒業して国家試験に合格した者に対し，後者のそれは大学の医学・歯学・獣医学または薬学の課程を卒業した者に対して無試験で与えられる。このほかの職員として助手（検査の手伝い），作業員（器具の洗浄・滅菌），事務員（諸連絡およびデータの整理など）がいる。

検査部は検体検査のための諸室と生理検査のための諸室とからなるが，前者のうち病理検査にかかわる解剖室だけは直接遺体を対象とすることから検査部とはやや離れて霊安室近くにおかれることになる。ただ，先にも述べたように，ある程度以上の病院では病理検査室が分離独立することもあるから，この場合は当然病理検査室自体が解剖室近くに位置を占める（あるいは病理検査部の中に解剖室を含む）ことになろう。

小病院や診療所では，ほとんどの検査を外部の検査専門施設に依頼するのが普通である。また，検査の中には，高度の設備と技術を必要としながらその割に例数のごく少ない種目がある。この種の検査は，大病院でも専門施設に依頼しているところが多い。ちなみに，アメリカでは検体検査を専業とする施設がその地域のほとんどすべての病院の検査を一手に引き受けている例もあるし，またイギリスでは大半の病院が公営であることもあって検査業務の地域中央化がかなり以前から一般化している。

b.　占めるべき位置

検査部を院内のどこにおくかは設計にあたっての第1課題である。その位置が適切でなければ，患者に余計な歩行を強い，検体搬送にむだな労力を費やし，ひいては診療機能を低下させることにもなる。

問題の大きさは病院の規模にも関係する。すなわち，病院が大きくなるほど，①検査の種目が増し，②検査業務がいくつにも分化し，さらには③病院全体の延べ面積も検査部の面積も大きくなって人や物の動線がおのずと長くかつ複雑になる，などの傾向がある。

1) 大病院の場合　　検体検査に関して，入院患者はそれほど問題にはならない。病棟で採取した検体が検査部に届けられればよいだけのことだからである。無論，特殊な採血など，必要に応じて検査部から技師が出向くこともある。

検体採取が問題になるのは外来患者であろう。大病院だと，距離的にいって検査部まで患者に来てもらうわけにはいかない。どうしても外来部に採取のための部屋（採尿室，採血・採液室）をおき，小検査室を付設することになろう。簡単な検査で結果をできるだけ早く知りたいという例は比較的多いので，その点からもこの外来検査室の果たす役割は重要だといってよい。採血・採液室の作業内容には次のようなものがある。①一般的な採血以外に凝固時間の測定（この場合の採血は耳たぶからで，取ったらただちに調べなければならない）。②胃液・十二指腸液[12]や髄液[13]の採取と採取後の回復（カーテンで区切られた処置用ベッドが必要）。③ある種の腎機能や血糖などの負荷検査[14]（待つための場所が必要）。

病理検査については，手術部や剖検室との関連を考慮に入れなければならない。手術部からは検体（摘出された組織切片）がなるべく迅速に届くような手段さえ講じられていればよいのであるが，必要に応じ病理専門医が手術室まで出向いて開創部を直視した上で判断を下すこともあるから，病理検査室と手術部の間の距離は短いに越したことはない。

生理検査関係の諸室は，検体検査室との関連においてその位置を定める。特に外来部との関係が重要である。いくつかの病院における現状の一端をみると，利用率の比較的高い心電図では外来の方が多めである。また件数が急速に伸びつつある超音波でも外来の方がやや多い。他方，患者の動きをみると，入院患者の多くは看護婦に送られてくるのに対して，外来患者は大部分が各科の診察室から1人で尋ねてこなければならない。道順の分かりやすさも含めて外来部に近くありたいゆえんである。

図6.1は800床の大学病院，図6.2は520床の県立病院の検査部である。いずれも，検体・病理・生理の3セクションが分離独立している例である。

2) 小病院の場合（図6.3）　　生理検査も，多くは心電図のみ，もしくはそのほかにせいぜい1，2の検査を加える程度が一般的であろうから，検体検査を含めすべての検査をまったく一体的に扱ってよい。

その場合の位置としては，外来部の端近く，各科の診療室と並列した場所が適当であろう。無論，採血・採尿などもすべて検査部内で処理することになる。

---

[12] 胃液や十二指腸液の採取は最近急激に少なくなった。
[13] 髄液の採取など穿刺を行う場合には医師みずからが行う。
[14] 薬物投与や注射などののち一定時間をおいて繰り返し採血もしくは採尿を行う。

c. 検体搬送

検体検査に関し繰り返し議論されてきたのが採取から検査に至る検体搬送の問題である。ある程度以上の病院では，1日何回か時間を決めて送るようにしているのが一般的であるが，新たに検査部を計画する場合，具体的な搬送手段の問題になると，従来通り人手に頼るか機械搬送に切り替えるかといった選択をめぐって意見が分かれる。さらには，定時搬送に乗せられなかった検体や特に緊急を要する場合の搬送については，人手の問題などがからんでくるから一律に解答を出すことはいっそう難しい。

1) 定時搬送　病棟では各看護単位ごとに，外来部では採取室もしくは各診療科ごとに検体をまとめ，それを随時または定時に検査部に運ぶ。検体の大半は

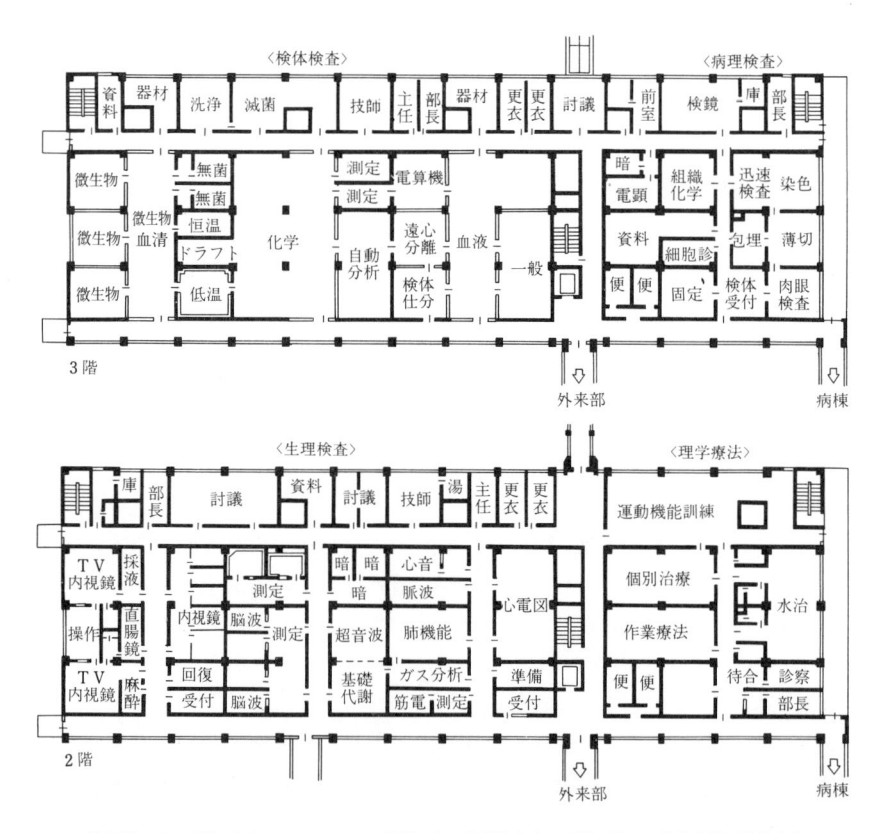

外来部が1，2階にわたっているので，患者の来る生理検査室を2階に置き，検体を扱う諸検査室は3階に置いた。なお病理検査室の直下にあたる地階に剖検室を配した。

図6.1　検査部／筑波大学附属病院（設計：建築計画総合研究所，山下設計，伊藤誠）

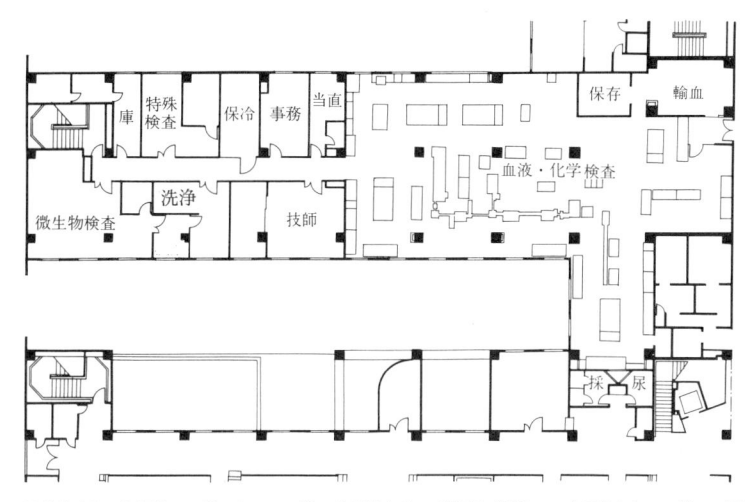

検体検査部は低層棟の2階にあり，1階の生理検査室，手術部に隣接する病理検査室とは離れて置かれている。搬送設備でつながれた自動分析装置が血液・化学検査室の中央を占める。

図6.2　検体検査部／新潟県立中央病院（設計：佐藤総合計画）

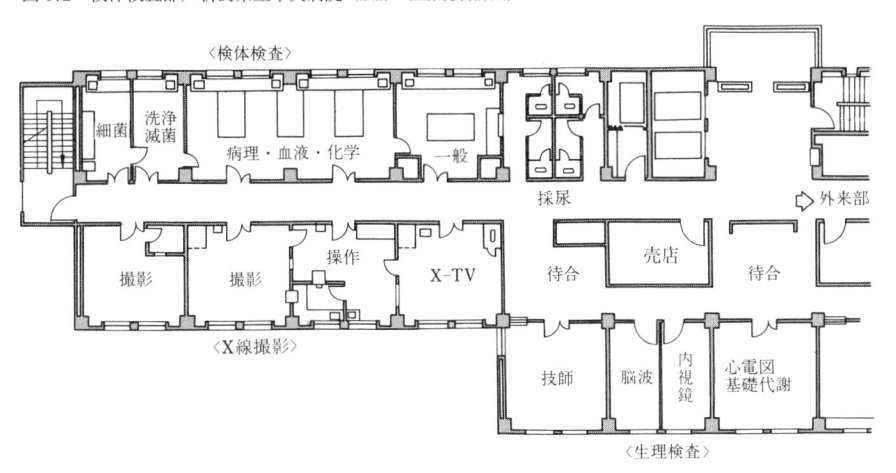

総ベッド数140床の小病院である。生理検査室は外来部と並列させ，検体検査室に隣接して採尿室を配した。

図6.3　検査部／香川県立津田病院（設計：建築計画総合研究所＋伊藤誠）

血液と尿によって占められるが，適当な集配車さえ準備すれば，かなりの大病院でも比較的少数のメッセンジャーで用は足りる。これを自動搬送設備に頼ろうとすると，搬送器への積込みの手間，途中での破損など，事は意外に厄介で成功例はあまり多くない。

　定時搬送に関して重要なのは，あらゆる検体について採取から検査までの間しかるべき条件のもとで保管されなければならないということである。無論，検査

6　診療部門　　179

の種目ごとに保存時間には限度がある。

 2) **臨時搬送** 定時搬送に間に合わなかった検体や日勤以外の時間帯に出された検体については，機械搬送に頼らざるをえないことになる。小型自走台車などいくつかの試みはあるが，いずれも設置費や運転・保守費の面で少々問題がある。

 3) **緊急検査** 救急部やICUでは，ことに夜間の緊急検査が問題になる。しかし，これも種目を血液ガス分析と電解質の定量程度に限れば，わざわざ検査技師の手を借りなくても医師自身で処理できるから解決は簡単である（操作の容易な自動機器が普及している）。一隅にこの機器をおく小さな場所を準備すればよい。

 より高度の検査を必要とするならば，別に緊急検査室を設け，常時専任の技師を配置する。場所としては，それを必要とする各部門からできるだけ便利な位置を選び，検体の運搬には自動設備を設けることになろう。

 d. 所要面積

 病院全体の中で検査部が占める面積比率については表6.1に示したが，ここにあげた各病院の検査部面積（検体検査と生理検査の合計）を1床あたりに換算してみると，大半が$3 \sim 5$ m^{2}の中におさまっている。

6.1.3 検査部の設計

 a. 検体検査関係の諸室

 1) **仕事の流れ** 検体検査のための平面計画の要点は，仕事の流れをどうレイアウトするかにある。流れの起点は，いうまでもなく検体の受付にある。オーダリングシステムが一般化すれば，検体が届いた時点で，すでに患者ごとの検査項目などに関する情報は伝わっているはずだから，ただちに分析・測定機器を使った作業が開始される（伝票照合，台帳記入などの必要性はなくなった）。ここで遠心分離を一括して行っている病院が多い。受付に直結したいのは，一般検査であろう。特に尿検の件数が多いことと，検査自体が比較的簡単なため，わざわざ奥まで持ち込むことなくさばいてしまおうという考え方による。

 血液検査のうち，採取後ただちに調べなければならない検査（止血時間測定など）については，採血の場所をやはり入口の近くにおかなければならない。

 作業の類似性という点で，上記2検査に続くのが生化学検査である。件数は最も多いが，大部分は自動分析器によって処理される。

 微生物検査（場合により血清検査を含む）は生化学検査とはだいぶ性格を異にするが，ガラス器具の洗浄滅菌を共用する点で共通性をもつ。すなわち，洗浄滅菌

室を介して両者が隣接する形が望ましい（ただし，検査の自動化に伴い検体容器も使い捨てが多くなった）。なお，一般病院でもウイルス検査の必要性が高まりつつある。しかし，そのためには相応の設備と専門の人手を必要とする。したがって，現状では，限られたウイルスだけを対象とすることになろう。器具の洗浄滅菌はほかと一緒でもよいが，検査にはそれ専用のコーナーを設けるべきである。

寄生虫の検査を，一般検査で扱うか微生物に含めるかは病院ごとの方針による。いずれにせよ，その件数はあまり多くはない。

病理検査は，検体の種類からいっても，作業の内容からしても，ほかとは性質を異にする。したがって，ほかの検査とは関連なく独自に位置を決めることができる。

2）　**間仕切り壁の扱い**　冷蔵庫・恒温槽をはじめ壁沿いに置きたい機器類が検査室には多い。その点で壁は独特な意味をもつ。しかし，かといって血液・化学・細菌など検査の種目に応じて部屋を壁で区切るべきだということにはならない。近頃の傾向では，微生物検査などを除いて，ほかはすべて大部屋扱いにする例が増えている。

狙いとするところは，空間の融通性にある。検査の内容にはいろいろと違いがあるのは確かであるが，もっと巨視的にみれば，各種の検査にはむしろ共通性の方が多い。これらをそれぞれ別室に区切って互いに壁で隔て合う形にしなくても一つの空間で十分用が足りるし，またその方が何かと都合がよい。具体的な利点としては，①検査部全体の管理が容易になる，②機器の共用ができる，③仕事量の波に応じた人手のやりくりが利く，④機器の更新に対応しやすい，⑤ドアなどが少なくなるからそれだけ面積が有効に使える，などといった点をあげることができよう。

機器を並べるのに必要な壁については別の形を考えるべきであろう。

3）　**副次的な諸室**　検査部の主体をなす検査室のほかに，副次的な役割の部屋がいくつか要る（これは検体検査に限らず，生理検査にも共通したことである）。資料を整理するための場所，職員の更衣や休憩のための部屋，討議や打合せのための部屋，器材や資料を収納しておくための倉庫，などである。

4）　**検査台の配列**　検査台の配列には島型と半島型があった。主として検査台まわりの配線・配管方法の違いによって出てきた問題である。しかし，今や微生物と病理を除けば，検体検査の大半が自動分析（あるいは測定）器によって処理され，しかも装置の大部分は床置き型であるから，検査台そのものは以前ほど問題にされなくなった。代わりに，装置に対する配線・配管の問題が生じてくるはずであるが，今のところ2重床による対応が一般的である。以上は，いずれに

せよ配線・配管の横引き問題であるが，縦方向についても当然相応の配慮が求められる．

5) 設備設計　以上のほか，設備に関し，冷蔵庫・恒温槽からの排熱，臭気対策としての換気，検体を介しての感染防止，排水処理，機器増設に備えての電気容量などに配慮する．

6) 剖検室

a) **位　置**　剖検室の設計で最も気をつかわなければならないのは，その位置である．それはまず目立たぬ場所でありたい．しかも，遺体の動線がほかの交通となるべく重ならないようにしなければならない．目立たぬ位置で，しかも病室からの距離があまり遠くないところとしては，病棟の地下階あたりがよく選ばれる．しかし，剖検本来の趣旨からすれば，病理検査室との結びつきが重要である．なお，当然のことながら，霊安室とは密接な関係におく（霊安室の設計については 8.1.6 に記す）．

b) **所要室**

更衣室：シャワー室，便所を含む．
準備室：器材置場を兼ねる．
解剖室：解剖台のほかに流しおよび手洗いを備え，必要ならば遺体冷蔵庫
　　　　をおく．
討議室：解剖後の診療検討会を行う．
標本室：あらかじめ標本増加についての対策を考えておく．

c) **設計の要点**　ほかからの視線に注意して窓のとり方などを決める．また解剖室のドアを開けたとき，廊下から室内が直接見えることのないよう特に配慮する．

解剖室自体の臭気はもとより，近くにおかれるであろう霊安室からの線香の煙には特に気をつかって換気の計画をする．また，剖検室における感染防止の問題も重要である．

d) **設計例**　図6.4 は病理検査室に隣接させた剖検室の一例である．ここは2階であるが，斜路によって直接車を着けることができるので，霊安室からの遺体搬出にも問題はない．また，検体検査部も同じ2階の比較的近い位置におかれている．

b. 生理検査関係の諸室

生理検査は，各種目が個々に独自の役割をもち，ほかの種目に従属したり，相互に依存し合ったりすることはあまりない．したがって，室配列においても，部内での人の流れなどを考慮する必要はほとんどない．せいぜい利用率の高い，す

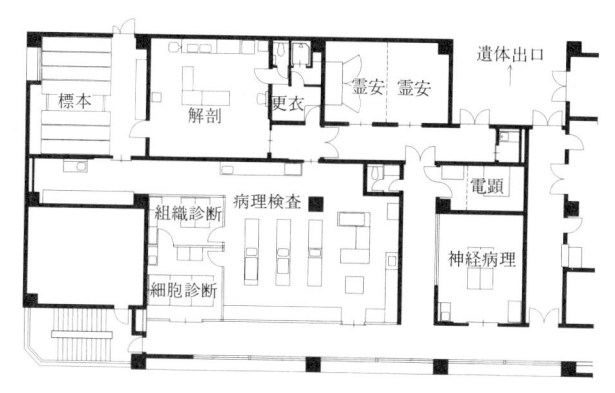

図6.4 剖検室／秋田赤十字病院（設計：日建設計）

なわち患者数の多い検査のための部屋（心電図や超音波など）を手前におくといった程度のことでよかろう。

　患者が直接出向いてくる部門であるから，案内標示・受付窓口・待合室や検査後回復のための場所などにそれなりの配慮がなければならない。筋電図のための電気的な遮へいや心音図のための遮音など，建築的な詳細にばかりこだわって，患者に対する心遣いがおろそかになるようなことがあってはならない。

　先にもふれたように，内視鏡や超音波の検査室をひとまとめにしてセンター化する例が増えてきた（図6.5）。呼吸器や消化管の内視鏡検査がX線透視下で行われることがある，消化管の上部と下部では清潔管理の程度が異なる，などの諸点に留意する。

　脳波や心電図の測定記録用紙は相当のかさになるから，これをどこに保管すべきかを設計の時点から明確にしておきたい（この問題もデータのデジタル化が進むにつれて変わりつつある）。

6.2　放射線部

　X線をはじめ電子線・ベータ線・ガンマ線・粒子線などの放射線は，診断・治療の両面にお

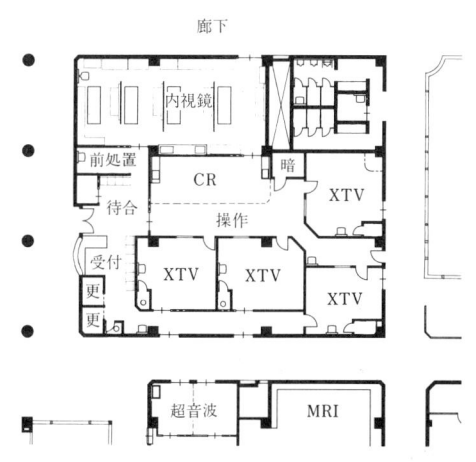

図6.5　内視鏡センター／豊橋市民病院（設計：日建設計）

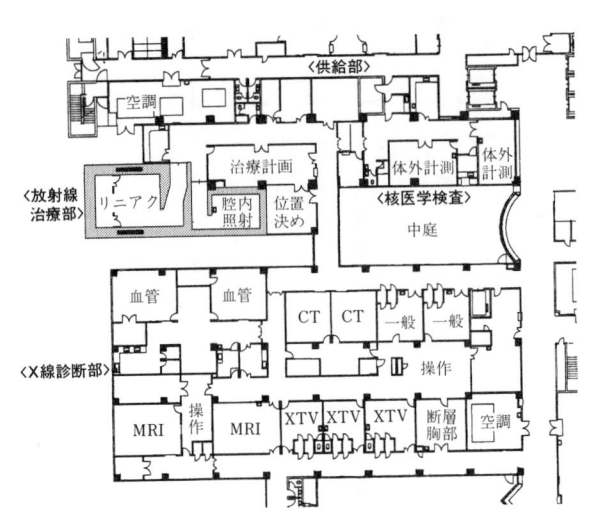

図6.6 放射線部／山形県立日本海病院（設計：久米設計）

いて現代医学に欠かせないものになっている。しかも，放射線を応用したより有力な診療機器が次々に開発され，目覚ましい勢いで普及しつつある。これらをその目的と使用する線の種類によって大別するとX線診断・核医学検査・放射線治療の三つになる。

小病院でもX線診断施設だけは備えているのが普通で，やや規模が大きな病院になると放射線治療装置をももつようになる。さらに核医学検査の機器を備えて3部門がそれぞれ機能するようになるのは，病床規模でいって300床を超すあたりからである。

三つの部門は，いずれも患者が直接そこに行かなければならないこと，放射線防護についての配慮が必要なこと，などの点で建築計画上の共通性をもつが，それらがひとまとまりである必要はない。

図6.6は，たまたま3部門が隣接して1階におかれている例であるが，これにより放射線部全体の概要をつかむことができるだろう。

6.2.1 放射線の利用

a. X 線 診 断

X線が生体を透過する性質を利用して体内の状態を写真フィルムに撮る方法（撮影）とX線像を蛍光板に映して観察する方法（透視）とがあるが，機器としては1台で撮影と透視の両方に使えるものが多く，また両者を同時に行うのが普通である。最近では画像を電子情報として処理するCR（Computed Radiography）方式＝画像のデジタル化が急速に進みつつある。

1）直接撮影と間接撮影 フィルムに直接X線を感光させるものを直接撮影，蛍光板に結ばれたX線像をカメラで撮影するものを間接撮影と呼ぶ。後者は操作が簡単で器械・フィルムとも安価なため胸部や胃の集団検診などに多く使われている。X線像をテレビカメラで撮影して受像管に映すいわゆるX線テレビ[15]

も間接撮影の一種といえよう。

　2）単純撮影と造影撮影・特殊撮影　消化器・循環器などの撮影・透視では，造影剤を使用しないと明瞭な像が得られない。これらを骨や胸部など特別な処置を必要としない単純撮影と区別して，造影撮影と呼ぶ。

　このほかに断層撮影[16]，拡大撮影[17]，脳・心臓・四肢の血管撮影[18]，CT[19]，パノラマ撮影[20]，などの特殊撮影がある。なお，特殊というほどではないが，撮影時の体位を考慮した婦人科・泌尿器科用，軟線を利用する乳房用，微妙な調節が可能な小児用，骨密度測定装置など，用途の特化された器械が数々ある。

　単純撮影の場合にはほとんど技師1人で処理できるが，特殊撮影の中には血管造影のように医師・技師・看護婦を含めた数人からなるチームによって行われるものもある。

　3）MRI　核磁気共鳴現象を応用したMRI装置[21]は，X線CTが形態学的な診断方法であるのに対して，体内の生化学的情報を組み立てて映像化する。いずれも画像診断という面においては目的を一にするから，建築的にはX線診断諸室に準じた扱いにしている例が多い。核磁気共鳴現象の発見は1946年，MRIが臨床的に利用されはじめたのは1980年代に入ってからであるが，たちまちのうちに高機能病院には欠くことのできない装置とされるに至った。

　MRI装置には，静磁場の発生方式により，①永久磁石，②常電導，③超伝導の3方式がある。

　①　永久磁石方式では，0.3テスラ以下程度の低磁場しかつくれないが，磁場が均一で安定しており，冷却装置などを必要としないため運転経費が安く，設置スペースも小さくて済む，などの利点がある。

---

15)　X線像をテレビ画像として映し出す装置。電子蛍光倍増管（イメージインテンシファイア）を補助的に用いる方式が一般的である。静止像のほか動画の撮影・透視が可能で，消化器・循環器の診断に広く用いられている。
16)　トモグラフィ：身体内の任意の断面を画像化する方式。診断の目的に応じたより適切な断層像を得る装置として多軌道断層がある。
17)　フィルムを被写体から離すことによるX線束の広がりを利用して拡大像を得る。細部の診断に使われる。
18)　アンギオグラフィ：細い管（カテーテル）を用いて血管の中に造影剤を注入し，血管の状態や血流の動態をみる。高速フィルムチェンジャーやシネカメラを使って血流の動きを連続撮影する装置，2方向から同時に撮影できる装置，さらには骨など不要な像を意図的に消去できる装置など多角的な開発が進んでいる。
19)　コンピューター断層撮影 computed tomography：X線が体内を通過する際の吸収量の相違を透過X線検出器で測定しながら頭部や胴体の周囲を数秒間で回転走査し，コンピューターが記憶した測定値に基づいて断層像を描かせる。さらにその位置を数ミリずつ移動させ，何枚もの断層像を重ねることで立体像を得ることができる。
20)　歯の全体像を曲面撮影する装置。歯科・口腔外科などで使われる。
21)　Magnetic Resonance Imaging System：磁気共鳴診断装置，単にMRとも。静磁場における被検者の体内水素原子核の挙動（核磁気共鳴）をとらえて，その測定値からコンピューター処理により人体断層像を得ることができる。頭部をはじめ全身について，縦・横・斜めなど任意方向の断層画像を描かせることができ，各種の診断に広く使われている。

② 常電導方式には，いくつか問題があって，現在ではほとんど使われていない。
③ 超電導方式は，電磁石のコイル全体を極低温に冷却し，その電気抵抗を0に近づけることで，安定した強力な磁場（0.5～1.5テスラ）をつくり出している。冷却には液体ヘリウムを用いる。

b. 核医学検査

放射性同位元素（Radioisotope, RI）を用いる核医学検査は核物理学の医学的応用で，手法上，体外計測と試料測定の二つに分けられる。いずれもRI線源を非密封の形で使用するから放射能汚染に対する配慮を必要とする。

1) 体外計測　体外計測はインビボ（in vivo）検査ともいわれる。被検者にRIで標識した化合物を投与し，それが発する放射線を追跡して摂取・蓄積・排泄の状況を知る。たとえば，^{201}Tl（タリウム）を静脈注射し，これが心筋に取り込まれて放射するガンマ線を検出することにより心筋の検査をすることができ，^{99m}Tc（テクネチウム）の化合物を静脈注射することにより血液の循環動態を調べることができる。これらの検出にはシンチスキャナー[22]やシンチカメラ[23]が使われるが，腎臓[24]や甲状腺[25]など特定臓器専用の検出器もある。

使われるRIには，半減期が数時間から数日程度のものが多く，しかもきわめて微量で，大半はその日のうちに排泄されてしまう。

2) 試料測定　試料測定はインビトロ（in vitro）検査とも呼ばれ，被検者から採取した試料（主として血液）にRIで標識した試薬を加えることにより，血液中のホルモンや酵素などを定量する[26]。測定にはウェル型自動測定器・液体シンチレーションカウンターなどが使用される。

c. 放射線治療

がんの治療に放射線照射が威力を発揮することはすでに広く知られている。その内容は，放射線の種類と照射の方法，ならびに発展過程によって次のように分けられる——①近接照射，②X線深部治療・表在治療，③コバルト遠隔照射，④高エネルギー放射線照射，⑤粒子線照射。

---

[22] 被検者の体表にそってシンチレーションカウンターを順次移動させ，各点から放射されるガンマ線を測定すれば，特定臓器に蓄積されたRIの分布状態を描き出すことができる。この像から腫瘍の存在など形態学的な診断が可能である。
[23] シンチスキャナーと同様体内におけるRIの分布状態を調べる装置であるが，こちらは走査なしで一度に像を描き出すことができるから，計測に要する時間が格別に短くてすむ。ガンマカメラとも呼ばれる。
[24] 左右別腎機能検査装置。得られた画像をレノグラムという。
[25] ^{123}I（沃素）を用いて甲状腺の摂取率を測定する。
[26] 抗原抗体反応を利用したradioimmunoassay（放射免疫測定法）が一般的である。

1) 近接照射

Ra（ラジウム）や^{60}Co（コバルト），^{137}Cs（セシウム）などの RI を白金製の筒管や針管[27]に密封し，それを一定時間直接患部に刺入（または挿入）してがんの治療を行う。これら密封小線源治療のための施設については，すでに 4.11.1 で述べた。

密封小線源治療とは違った形の近接照射に，かつて X 線体腔管治療があった。これは口腔・腟などに X 線管の陽極（管電圧 60〜70kV）を挿入し，喉頭がんや子宮がんの病巣を直接照射しようとするものである。

小線源治療では，針管などを直接患部に刺入する際，医師自身がかなりの線量を浴びることになる。これを防ぐために開発されたのが遠隔操作式のアフターローディング装置である。この方法では，線源の入っていない照射管をあらかじめ患部に挿入した後，遠隔操作によって線源（^{60}Co または^{137}Cs など）を送り込むもので，照射が終われば線源は再びもとの容器に回収される。1960年代中期頃から婦人科領域などのがん治療に使われるようになり，現在でもかなり活用されている。

2) X線深部治療と表在治療

体外から深部の腫瘍を狙って X 線を照射する。管電圧はせいぜい 200kV 程度であったから，皮膚の障害が大きい割には病巣にまで十分な線量が届かず，治療としては1960年代に消滅した。もっと軟らかい線を体表もしくはそれに近い患部の治療に利用するのを表在治療といい，皮膚科などで使われる。

3) コバルト遠隔照射

X 線深部治療よりは一段と強力な治療手段として，^{60}Co から放射されるガンマ線を利用した照射装置が一般に普及しはじめたのは1950年代の半ば頃からである。皮膚など体表の障害を軽減するため回転照射法[28]が開発された。

その後，コバルトはリニアックなどにとって代わられたが，スウェーデンで開発されたガンマナイフだけは高く評価されている。これは脳腫瘍などに対して定位脳手術の原理を応用した照射治療を行うもので，半球状のヘルメットのまわりに 200 個ほどの ^{60}Co 線源を配置し，各線源からのガンマ線がすべて 1 焦点に集中するようにした装置である。この焦点に患部をおけば病巣はたちまち消滅するという。

---

27) 医療法施行規則では診療用放射線照射器具と呼ぶ。
28) 放射線をがんの病巣部にのみ集中的に照射し周辺の正常組織にはできるだけ障害を及ぼさないようにするため，患者を中心に線源を回転させつつ円周上の各方向から病巣に放射線を集中させる方法。

4) 高エネルギー放射線照射　1960年代に入ると，わが国にもベータトロン[29]やリニアック[30]など医療用電子加速装置が輸入されるようになり，やがて国産の機器も開発されて広く普及した。これらの装置からはより高いエネルギーの電子線やX線（X線専用型とX線／電子線切替型とがあり，たとえば後者ではX線4～18MV，電子線4～20MeV）が得られるから，短時間の照射で大きな治療効果が期待できる。

40年近くにわたる多くの病院での治療実績から，いまや主力はリニアックに落ちついたようである（その後マイクロトロンなどが加わった）。照射の方法としても原体照射[31]など，より有効な手法が開発されている。

5) 粒子線照射　前項と同じ高エネルギー放射線ではあるが，電子線・X線よりもっと強力でしかも的確な照射技術として粒子線照射法がある。わが国でもすでに速中性子線や陽子線による治療が試みられており，さらに重粒子線照射がすぐれた成績をあげている。

6.2.2　X線診断部の計画
a.　配置と規模

1) 占めるべき位置　X線診断の利用割合を入院と外来とに分けてみると，外来が70～80％を占めるのが一般的であった。しかし今後，高機能病院における外来診療制限などが進んでいくとある程度の変化が起きるかもしれない。いずれにせよ，X線診断部は外来部に近く，また患者にとって分かりやすい位置におかれることが望ましい。外来各科のうちX線利用の比較的多いのは内科で，通常，外来全体の半分近くを占める。次いで多いのが整形外科である。

病棟からの利用は，あらかじめ予約した上で，たいていは看護婦が付添ってくるから，病棟とX線診断部との位置関係はそう大きな問題ではない。ただ，ストレッチャーや車いすの利用に留意すべきであろう。

救急活動の活発な病院では，救急部からのCT利用が比較的多い。いうまでもなく寸刻を争うから，できれば両者は相互に近い関係でありたい。

2) 規　模　最近の病院の例をみると，X線診断部の面積（待合室や廊下部

---

29) Betatron：円形軌道上で加速された電子線によって治療を行う。電子線は比較的浅い病巣に適しているので，手術により患部を開いてそこを直接照射するいわゆる開創照射が有効であるとされている。

30) 直線加速器。Linear Accelerator，略してLineacとかLinacとか呼ばれる。リニアックでは直線軌道上で加速した電子をターゲットに衝突させて得られる4～32MeVの高エネルギーX線が使われる（1 MeVは100万電子ボルト）。

31) 回転照射の場合，照射口のしぼりを連続的に変えることにより，立体的に広がっている病巣部に集中的に放射線を当てようとする手法。X線CTなどで病巣の範囲が正確にとらえられるようになったこと，コンピューター利用により病巣の形に応じた適切な自動しぼり機構が可能になったこと，などによる成果である。

分を含む）は病院全体の4％前後になっている。同様の例で，病床数と撮影室数との関係を示したのが図6.7である。これから大半の病院が30～50床に1室の割合でX線室を設けていることが分かる（1室に撮影装置が2台置かれているようなことも少なくないが，ここでは室数のみを数えている）。

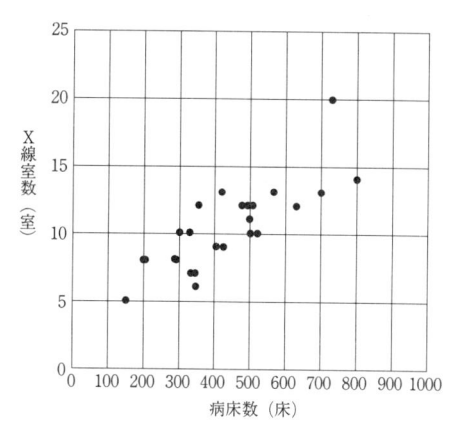

図6.7 病床数とX線室数

b. 平面構成

X線診断部は，①主体となる撮影・透視室のほか，②患者のための待合室・更衣室と，③技師の仕事のためのスペース，④そのほかの諸室，とからなる。

1） 患者と技師の動線分離　撮影室を中に挟んで，その片側に待合室をおき患者はそちら側から出入りする，反対側に操作室を置いてその背後に技師の作業スペースを配する，といった動線分離型の平面が広く行われている。両者を分けることで待合室の落ち着いた雰囲気と技師側の能率的な作業環境を確保しようというのである。

ただし，この型の長所はそのまま短所にもつながり，患者との接触が薄くなる点が技師にとって不便なばかりでなく，患者にも戸惑いと不安を感じさせる結果になっている。図6.8の(a)はそれを図式的に示したものであるが，これを(b)のようにすれば技師は比較的容易に待合室側の様子をうかがうことができ，したがって患者に対しても親切な平面となるであろう。(b)の難点は桁行が延びて全体的な面積増につながりかねない点にある。

2） 患者の動きとフィルムの流れ　X線診断部は，すでに述べたように，患者が直接出向いてくる部門であるから，その取付き部分に受付窓口をおく。患者は，そこから指示された撮影室の前に行って待つということになろう。その際，撮影用のガウンに着替えさせるようにすれば，あとの手順が能率的になる（この場合は，受付の近くに男女別のロッカー付き更衣室を準備する）。しかし，現状ではまだ各撮影室ごとに脱衣室を付設する方式が一般的である。

撮影には，体の一部を露出すれば足りるものと，造影剤を使用するもの，そのために無菌的な前処置を必要とするものなど多様であるが，それについては次項で述べる。

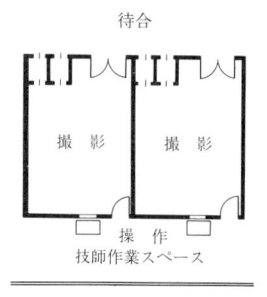

```
                    待合                                          待 合
    ┌──┐  ┌──┐                          ┌──────┐    ┌──────┐
    │撮影│  │撮影│                          │ 撮影 │    │ 撮影 │
    └──┘  └──┘                          │      │操作│      │
       操作                              └──────┘    └──────┘
    技師作業スペース                          技師作業スペース

 (a) 技師側に，患者の様子を知        (b) 桁行をできるだけ詰める
     る何らかの工夫が必要。              設計上の工夫が必要。
```

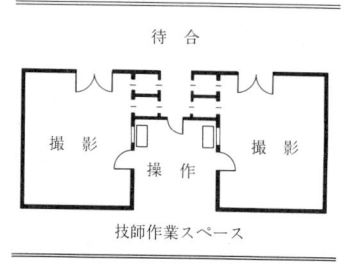

図6.8　X線撮影室における患者と技師の動線（領域）分離

　フィルムはカセット[32]に装填されてから各撮影室に運ばれる。撮影済みのフィルムはカセットから外されて現像機に入れられる。これら一連の作業は，かつてはもっぱら暗室で行われてきたが，今ではすべて器械によるから暗室は不要である。現像済みのフィルムは点検・仕分けの後，放射線科の医師によって読影され，またはそのまま病棟・外来部に送られる。

　最近では，画像をただちにデジタル信号に変えて光ディスクにおさめる方式なども出てきたし，X線撮影とは原理を全く異にするMRIの出現などは，暗室中心に動いていたX線診断における作業の流れを大きく変えることであろう。

　フィルムの保管については，病院全体の診療録管理方式との関連において決められることになろう。

　図6.9は小規模病院の，図6.10と図6.11はいずれも大規模病院のX線診断部の例である。なお，図6.12は全面的にCRシステム（computed radiology，つまりフィルムに頼らない方式）を採用している病院である。

c. 各室の設計

1) 撮影室共通　　各撮影室の広さは，すべてそこにおかれるべき機器の寸法と作動範囲とによって決まる。しかし，機器自体は急速に改良され，仕様が変更され，また新型が開発されるから，特定の機器にこだわりすぎた設計は避けたい。CTや血管撮影装置，MRIなど特殊な機器を除けば，平面的には5 m×5 m，天井高2.8m程度を標準と考えてよい（図6.13）。

　撮影台まわりにおけるベッドやストレッチャーの動き，撮影台上の患者と操作

---

[32] 蛍光スクリーンを内蔵し，X線に対する感光作用を増感する働きをもったフィルムケース。露光防止・散乱線防止・フィルム支持の機能をもっている。カセットを使用せずロールフィルムで撮影する装置（X線テレビなど）も増えてきた。

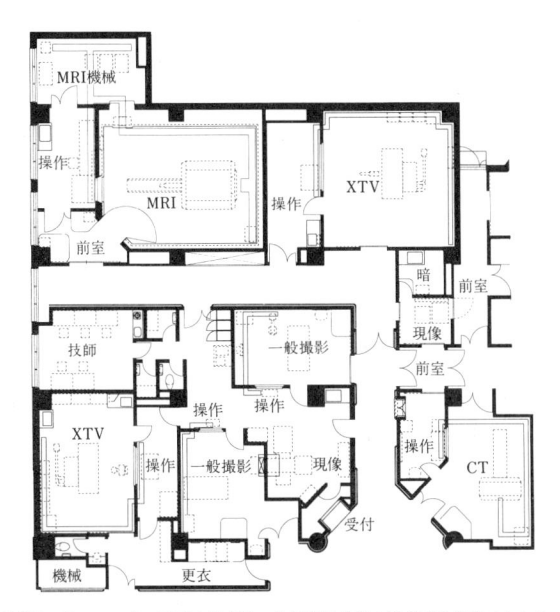

過疎地に建つ150床の地域中核病院。核医学検査部や放射線治療部はもたないがCTとMRIを備える。

図6.9 小病院のX線診断部／福島県立南会津病院（設計：共同建築事務所）

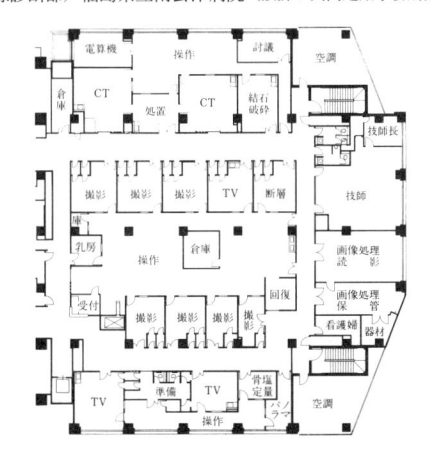

病床数580の大病院が，現地で診療活動を継続しながら全面改築を行った。2階にあるこのX線診断部では，撮影から画像出力までのすべてをオンラインで処理するデジタル方式をとっている。フィルムを基本とする従来方式と違って全く暗室を必要としない（中央の操作ホールの真中を占める倉庫は暗室の予定であったが，建設の途中でデジタル方式の採用が決まったため急きょ倉庫に変更された）。操作ホールには，画像の読取り・表示・記録などの各装置がレイアウトされている。

なお，このほかに血管造影装置（2台）が手術部に，MRI（2台）が1階に，CT（1台）が放射線治療部に置かれている。

図6.10 X線診断部／市立川崎病院（設計：日本設計）

6 診療部門 191

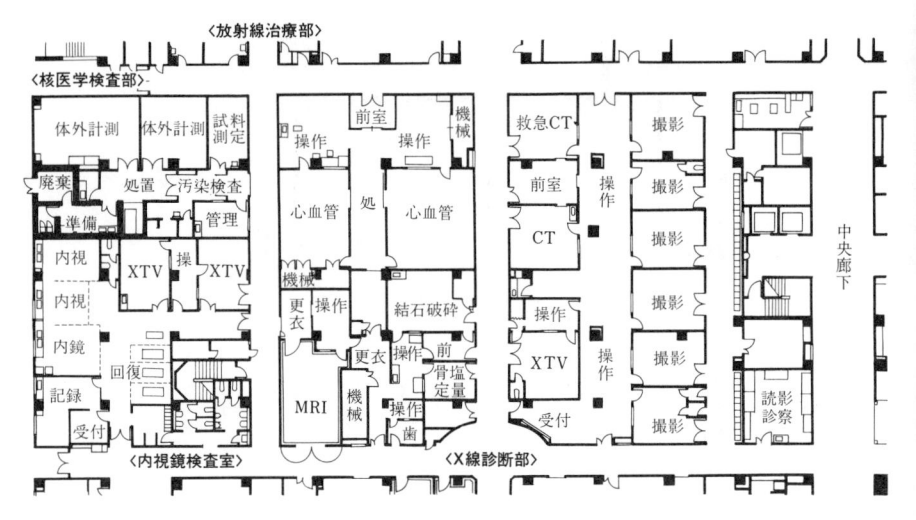

各種X線装置からMRIまで最新の設備を網羅しており、しかも核医学検査部や内視鏡センターをも取り込んで総合的な画像診断部を形づくっている。

図6.11 画像診断部／新潟県立中央病院（設計：佐藤総合計画）

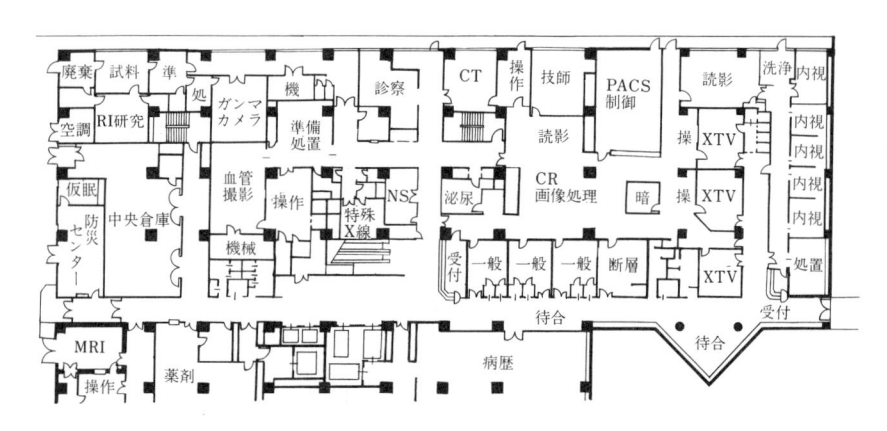

電気関係企業の経営する病院としてCRシステムやPACSなど最先端の技術を積極的に導入している。核医学検査部と内視鏡検査部を隣接させる。

図6.12 CRシステムを導入したX線診断部／東芝中央病院（設計：東芝建設部・大成建設＋長澤泰）

卓前の技師とを結ぶ適切な大きさの覗き窓などを勘案しながら装置の向きや部屋の形と寸法が決められる。

　管球の支持形式には床置き型と天井走行型とがある。いずれの場合にも電源―操作卓―高電圧発生器―撮影装置を結ぶ配線用トレンチを設ける（ただし，天井

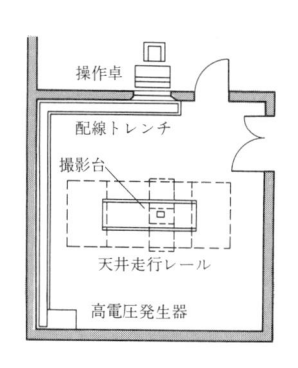

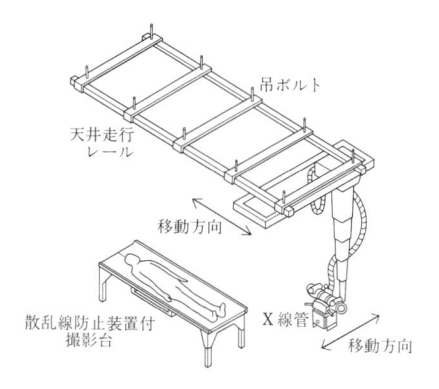

図6.13 一般撮影室

走行型では発生器から先の配線は立ち上がって天井に導かれる)。また，天井走行型ではあらかじめ天井スラブに取付け用のボルトを準備しておかなければならない。

造影剤を使用する撮影では，近くにその準備のための作業台（流し付き）を置く。使用頻度の最も高いのは消化管用X線テレビであろう。

下部消化管の撮影室には便所を付設する。

X線防護については，床・壁・天井スラブともコンクリート厚150mmあればたいていは足りる（画壁の外側における1cm線量当量が1ミリシーベルト／週以下）。ドアは1.5mm厚鉛板張り，覗き窓には1.5mm当量の鉛ガラス（または含鉛アクリル樹脂板）を入れる。ドア枠や窓枠まわりにも鉛板を挟んでX線の漏洩を防ぐ。また，入口外側には使用中を示す標示灯を設ける。

2） X線テレビ室　X線テレビ装置には，部屋の中央におくアイランド型と操作卓に接して配置するリングスタンド型とがある。後者では装置自体に覗き窓がつけられ，またX線防護も施されているから，これを直接操作室との境壁にはめ込むことにより撮影室の面積をいくぶん節約することができる（図6.14）。主流は依然としてアイランド型である。

3） 血管造影撮影室　室寸法はほぼ6m×10m，天井高3m程度（図6.15）。カテーテル[33]を使用し血管内に造影剤を注入するため，手術室に準じた清潔管理

---

33) Katheter（独），catheter（英）：体腔液を採取または排出する場合に使用するゴムまたはプラスチック製の管で使用目的に応じいろいろな太さや長さのものがある。血管・気管・胃・食道などの内容物を採取する，腹膜腔・胸膜腔などにたまった液を排出する，膀胱から尿を導く，など検査・治療面で用途が広い。

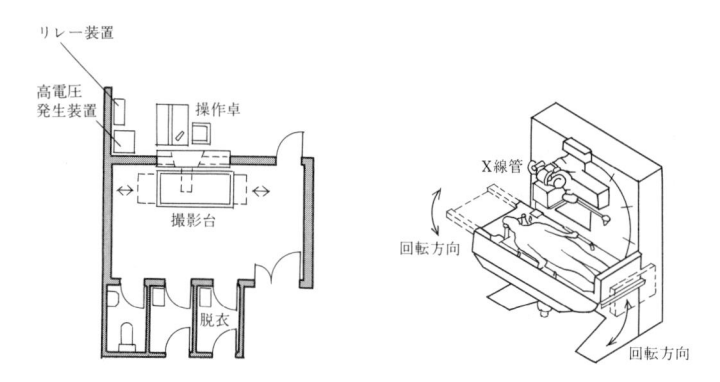

図 6.14 X線テレビ（リングスタンド型）

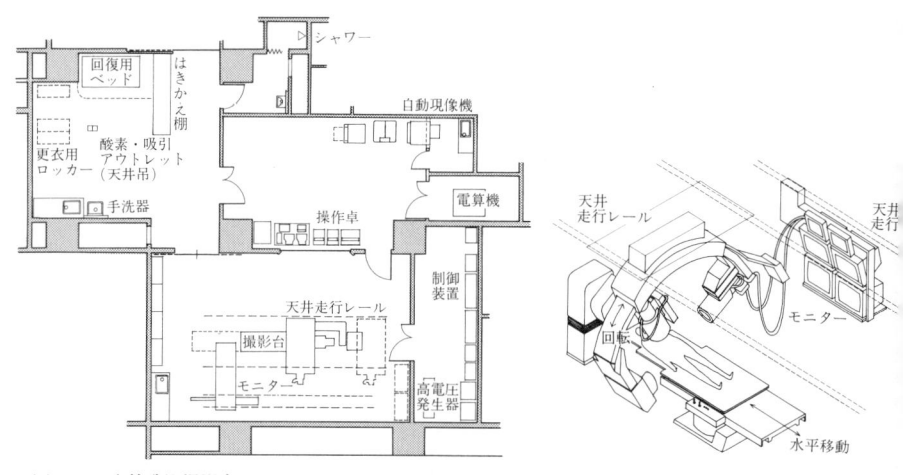

図 6.15 血管造影撮影室

が求められる。空調方式にも相応の配慮がほしい。また，医師の更衣や手洗いの場所，器材準備のためのスペース，検査後の患者の回復室などを付設する。撮影室に酸素・笑気・吸引，回復室に酸素・吸引の配管が必要とされる。

　4）　X線CT室　　X線CT（コンピューター断層撮影）の本体をおく部屋は 5 m×6 m あれば十分であるが，操作室側に操作卓のほか画像処理のための機器一式・専用空調機などをおかなければならないから，全体では主体室の2倍近くの広さになる（図6.16）。

　5）　MRI室　　超電導方式のMRIの場合，撮影室と，それに関連して操作室・機械室などが求められる。撮影室では，強い磁場の外部への影響を防ぐとともに磁場の安定性を確保するため，外部からの電磁波の遮へいに留意する。装置

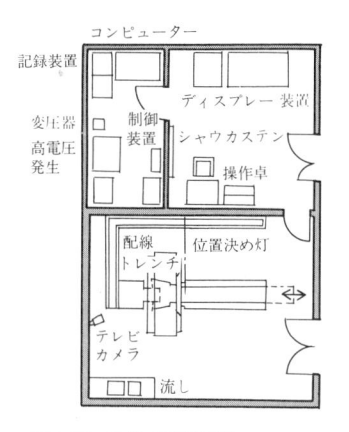

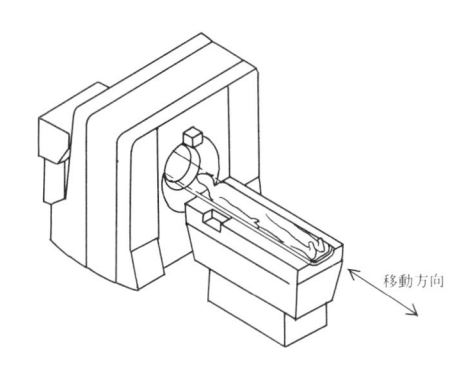

図6.16　X線CT撮影室

自体かなりの重量がある。

　MRIは，すでに画像診断の分野で確固たる地位を獲得したが，他方，急速に進歩しつつある装置でもあるから，対応すべき建築条件も今後さらに大きく変わることが予想される（図6.17）。

　6）**暗　室**　前述したように，フィルムはほとんどすべて暗室なしで処理できるようになったが，時に特殊な作業のために暗室を必要とすることがある。

　7）**読影室**　現像したフィルムをシャウカステン[34]にかけて，またはCRによる画像をモニター上に表示して，所見を記録する部屋である。場合によりここでリポートを作成する。放射線科医や主治医が集まって検討できるだけの面積的なゆとりがほしい。

6.2.3　核医学検査部の計画
a.　平面構成と汚染防止

　1）**平面構成**　核医学検査部の計画にあたっての第1条件は，汚染防止上，院内の他部門とは区画された管理区域を設定しなければならないことである。すなわち，通常の出入口は1か所に絞り，ここを出るときには必要に応じ汚染検査ができる

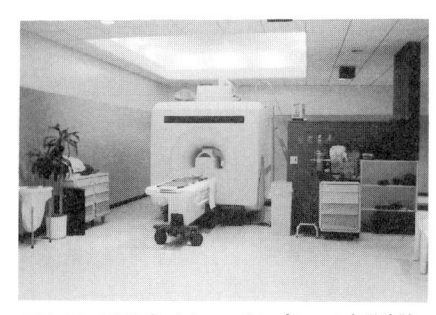

図6.17　MRI室／ジョンズホプキンス大学病院

---

34) Schaukasten（独），Viewing Box（英）：乳白色透明板の裏側に蛍光灯を入れ，透過光によってフィルムを検査する。持ち運びのできるもの，壁面に造り付けたもの，などがある。

6　診療部門　　195

ようにモニターをおく。同じ趣旨から，使用済み器材の汚染除去や廃棄物の処理，排水・排気についても適切な対応策が求められる。

内部は，患者を対象とするインビボ検査と検体を扱うインビトロ検査とに分けられるが，両者の領域区分を考えるほどのことはなかろう（図6.11，図6.12参照）。

2) 汚染防止　　計画に際しては，使用核種の種類と量などを届け出，それに見合った防止策を講じる。核医学検査部で使用するRIはきわめて微量[35]であるから，貯蔵室・廃棄物保管庫以外は放射線遮へいの必要はない。線源による汚染に備えて，各室の床・壁を表面の平滑な浸透性のない材料で仕上げておけばよいだけのことである。

b. 各室の設計

1) 出入口まわり　　管理区域の出入りには履きかえを行い，予防衣の着用が一般的である。また，ここに手足や衣服の汚染検査に必要な測定装置（モニター），汚染除去に必要な洗浄設備などを設ける。

出入口に接して管理室を置き，線源の入手・使用・廃棄の記録，管理区域内の汚染の監視，排水・排気中のRI濃度の遠隔監視，および出入りのチェックなどを行う。

入口まわりの目立つ位置にRI使用室であることを示す標識をつける。

2) 体外計測室　　シンチスキャナー，シンチカメラなどを置く体外計測室は，個々の器械ごとに部屋を小さく区切ることなく，1室に数台を設置し融通性をもたせた方がよいとされている（検査は医師の指示のもとに主として放射線技師が行う）。

患者にRIを経口投与したり静脈注射したりするための処置室を準備室もしくは計測室に隣接させておく。小規模な場合には，体外計測室の一隅で投与することもある。

投与したRIの体内における経時変化を追跡するため，患者を一定時間滞在させておくこともあるので，近くに待機を兼ねた休養室を設ける。

3) 試料検査室　　血液を主な試料とする生化学検査室と考えてよい。中央に化学実験台がおかれ，一方の壁沿いに作業台・流しなどが配され，他方に攪拌器・遠心器・自動分注器・恒温槽・オートウェルカウンターなどが並べられる。

4) 貯蔵室・準備室　　線源貯蔵室は耐火構造で，出入口の扉は甲種防火戸とする。ただし，耐火性の貯蔵容器があればこの限りでない。線源の中には冷蔵庫

---

[35] たとえば，体外計測で患者が受ける放射線被ばく量は胸部X線撮影1枚分程度であるという。

に保管されるものもある。

　貯蔵室に直結して準備室をおく。ここでは線源の小分け・調剤・ミルキング[36]などが行われる。場合によりオークリッジ型フードやグローブボックスなども置かれる。

　5）　**廃棄物保管室・排水処理施設**　　処置室に接して，使用された器具類を洗浄（汚染除去）するための流しを設ける。シャワーは線源を直接浴びるなど大量被ばくに対する備えである。

　処置や検査に使われた汚染廃棄物は専用の缶に分別保管され，日本アイソトープ協会による定期回収を待つ。

　RIによって汚染された排水は，原則としてすべてRI貯留槽に導き，ある程度までの減衰を待ってから希釈槽に移し，一般排水を加えて許容濃度以下にうすめた後放流する。

　処理槽は排液の漏れにくい構造とし，排液が浸透しにくく，かつ腐食しにくい材料でつくられなければならない。槽自体，六面点検が可能であるよう求められる。また，RIの濃度測定が容易にできる構造とし，流出量の調整装置を必要とする。

　気体状のRIを使用する場合には，排気についてフィルター処理が求められる。

6.2.4　放射線治療部の計画

a.　規模と配置

　わが国の現状では，一般病院で放射線治療部をおいているのはおおむね300床以上の病院であるが，その設置率は500床以上でほぼ100％になる。

　その面積（グロス）にはかなりのばらつきはあるが，大まかにいって病院全体の1％前後である。

　放射線治療部の利用は主として入院患者によって占められていたが，最近は通院患者も増えている。しかし，その位置は利用上の便よりは放射線防護についての配慮から決められることが多い。結果としては，1階の翼端部もしくは地階が選ばれる。

b.　各室の設計

　1）　**リニアック照射室**　　照射室の広さは発生装置自体の寸法によって決まり，壁厚と床・天井のスラブ厚は放射線防護の条件によって決まる。防護条件

---

[36]　ある程度半減期の長いRIをイオン交換樹脂などのカラムに吸着させておき，そこから必要に応じ半減期のより短い核種を取り出す作業。

は，画壁の外側における 1 cm 線量当量が 1 ミリシーベルト／週以下になるようにする（医療法施行規則）。リニアックの場合，室の広さとしては入口の迷路部分を除き内法で 6 m×8 m，画壁のコンクリート厚さは利用線錐方向で 2 m 前後[37]，そのほかで1.0～1.5m 程度が一般的である。いずれにせよ，機種が決定してからでないと具体的な設計は進められない。

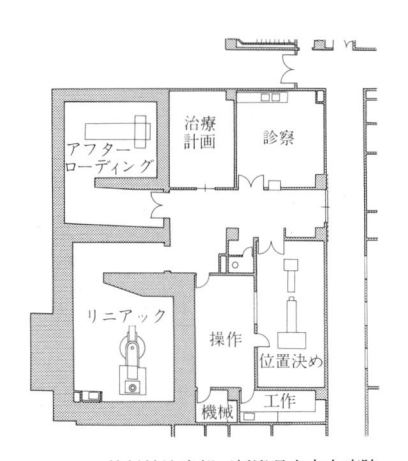

図 6.18 放射線治療部／新潟県立中央病院
（設計：佐藤総合計画）

照射室への出入口は 1 か所とし，散乱線の漏洩を防ぐため迷路状にするのが普通である。かつ，扉[38]は放射線発生装置と連動させて，開いているときには装置が作動しないようにする。

大型の照射装置は患者に威圧感を与えるから，部屋の仕上げや色彩には暖かみのある工夫がほしい。また，器械の発する音をできるだけ抑えるため吸音性の高い内装を選ぶ。換気回数はやや多めにとる。

治療装置の操作は遠隔で行われる。照射中の監視はテレビ，患者への指示はインターホンによる。

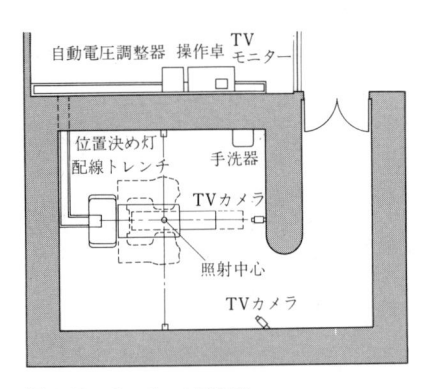

図 6.19 リニアック照射室

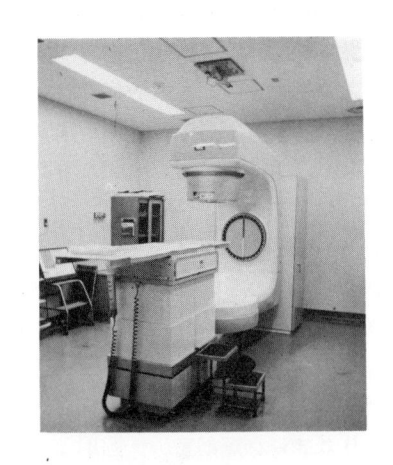

---

37) 場合により鉄板などで防護厚を補う方法がとられている。
38) 照射に伴って発生する中性子線を遮へいするため，扉には5mm 厚前後の鉛板と50mm 厚程度のほう素樹脂板を挟み込む手法が一般化している。

2) **マイクロトロン照射室**　マイクロトロンは，リニアック同様電子線・X線による遠隔照射装置であるが，電子の加速機構を全く異にする（リニアックの線型加速に対して，マイクロトロンは円軌道加速）。ただ，その建築設計はおおむねリニアックに準じて考えればよい。

3) **陽子線照射室など**　以上のほか，さらに強力なエネルギーをもつ放射線を利用した治療が試みられている。陽子線照射装置は，その一つである（図6.20）。陽子加速器（サイクロトロン）も照射装置も相当大がかりなものになり，おのずから防護壁も膨大な厚さ（この場合2 m）になる。

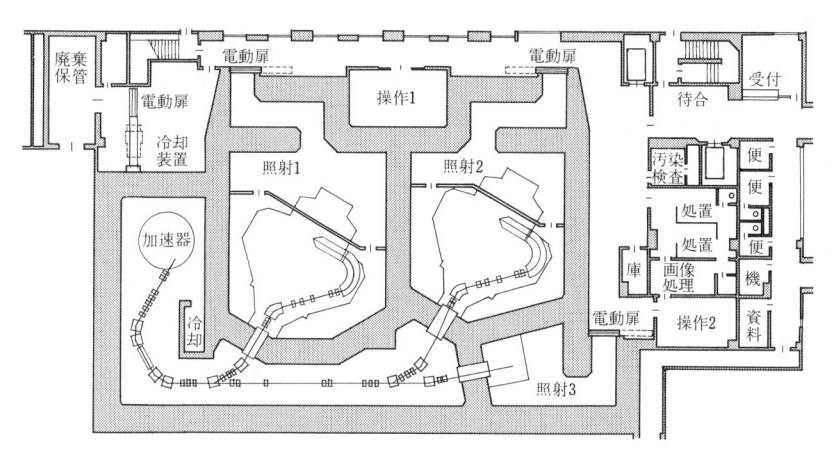

図6.20　陽子線治療棟／国立がんセンター東病院（設計：厚生省国立病院部＋石本建築事務所）

放射線医学総合研究所の重粒子線治療センターの装置（ヘリウムイオンや炭素イオンなどの重粒子線を光速の約84％までに加速して人体に照射する）は，世界最初の医療専用重粒子線照射装置であるが，2台の治療台のための発生機構は，平面で約100m×60m，断面が地下20m近くに達する建屋に入れられている。その上に制御関係の諸室（地上2階建て）が載る。

4) **附属諸室**　治療室以外には，受付事務室，診察室，位置決め室，治療計画室，工作室，器材室のほか，職員の休憩室，討議室などが必要とされる。

治療の手順としては，あらかじめMRIやX線CTによって病巣の位置・大きさ・形状を正確に把握し，これをコンピューターで解析して照射線束の中心・照射野・照射角度・照射時間などを割り出す（治療計画）。結果を患者の患部に位置づけるために位置決め装置（シミュレーター）が使われる。

6.2.5 画像診断
a. 新たな診断装置の出現

前項までに述べたように，診断のために放射線が果たしている役割はきわめて大きい。最近ではそのほかにも体内の状況を映像化できる装置が次々に開発されているので，それらを総合してより的確な診断を目指そうという考え方が生まれてきた。いわゆる"画像診断"と呼ばれる分野がそれで，内容としては，①X線（透視，フィルム画像および映画を含む），②X線 CT，③ MRI，④核医学体外計測（ガンマカメラなど），⑤ PET[39]，⑥超音波，⑦内視鏡，⑧サーモグラフィー[40]，などによる画像すべてが包含される。これらの大半はコンピューターによって画像処理が行われている。つまり，診断のためのデータはいまやアナログからデジタルに移行しつつあるのである。

これらはそれぞれ診断上異なった特徴をもっているから，場合に応じ最も適切な方法が選択されることになるのであるが，短所を補い合う意味で2種以上の種目が併用されることも少なくない。

b. 今後の方向

画像診断の進歩の速さからすると，従来からのX線診断部・核医学検査部・生理検査部などのあり方に再編が迫られ，新たに"画像診断部"が誕生するのもそう遠い将来ではない。

それに他方 PACS（Picture Archiving and Communication System）の提唱がある。これはすべての医用画像をデジタル化してデータベースに記録し，随時必要箇所で活用できるようにしようとする方式である。従来繰り返し議論されてきたフィルムなどの保存整理の問題ともからんで，建築的にも新しい形が求められることになろう。放射線部の設計にあたっては，今後常にこのことを念頭においておかなければならないだろう。

---

[39] Positron Emission Tomography：陽電子線を利用したコンピューター断層装置。小型サイクロトロンで寿命の極端に短い RI（^{11}C, ^{13}N, ^{15}O など）をつくり，それを用いて PET カメラにより映像を得る。半減期が短い（2〜20分）から，ガンマカメラなどより患者の浴びる放射線量はさらに少なくて済む。単に欠陥箇所を発見するだけでなく，脳の血流量や酸素代謝などを定量的に測定できる。

[40] Thermography：体表面の温度を測定して熱画像を描かせ，それによって疾患の診断や生理機能の評価を行う。

6.3 手術部

6.3.1 手術部の機能
a. 手術の進歩

手術は遠く紀元前から行われていたというが，今日われわれが知る形での手術は，前世紀後半からの無菌法の確立[41]，麻酔の発達[42]，輸血の普及[43]などに裏づけられてようやく現在の姿に至ったのである。

第二次世界大戦中から戦後にかけて抗生物質の発見[44]，麻酔専門医の誕生[45]，周辺技術の開発[46]などにより，手術はさらに飛躍的な発展を遂げた。今後は，手術そのものの進歩，人口の高齢化に伴う適応症例[47]の増加などによって手術例数がさらに増していくだろうという予測がある反面，内視鏡やカテーテルによる治療，薬物療法の開発などにより手術そのものはむしろ少なくなるかもしれないという見方もある。

---

41) 1865年フランスのパストゥールが腐敗と発酵に関する論文を発表して感染の概念を明らかにし，次いで1867年イギリスのリスターが石炭酸による創傷の制腐法を考案した。さらにドイツのコッホが化膿の原因として重要なぶどう球菌と連鎖球菌を確認するに至って感染の機構はいよいよ明確になった。ドイツのシンメルブッシュによって煮沸消毒器が発明され，同じドイツのフュールブリンガーが術前の手指消毒法を提案したのが1887年である。続いて1890年ハルステッドによりゴム手袋着用の有効性が主張され，無菌法はほぼ今日の手順に近いものとなった（林四郎：手術，日本放送出版協会，1974）。

42) 紀州の藩医華岡青洲が曼陀羅華（まんだらげ）を使った世界最初の全身麻酔によって乳がんの手術に成功したのは1805年のことであった。それから40年たった1846年，ボストンのマサチューセッツ総合病院で行われたエーテル麻酔による手術の公開実験は輝かしい成功をもって終わったが，その後これにかかわるオリジナリティをめぐって当事者の間に醜い争いが起こり，果ては悲劇的な結末をたどるに至った。しかし，麻酔法そのものはこれを機に急速な勢いで世界中に広まっていった（山村秀夫：痛みの征服，日本経済新聞社，1966）。

43) 前世紀にもいくつか輸血の試みはみられたが，いずれも失敗に終わっている。今日のような輸血が広く行われるようになったのはウィーン大学の病理学者ランドスタイナーによるABO式血液型の発見（1901年），ヒュースティンによる抗凝固剤の発見（1914年）以後のことである。第一次世界大戦（1914～18年）時には負傷兵の治療に輸血が大きな成果をあげた。日本に輸血が導入されたのは1919年で，九大・東大などでほとんど同時に成功をみた。有名なのは1930年，時の首相浜口雄幸が東京駅で遭難した折，塩田広重東大教授によって輸血が行われ無事一命をとりとめた事件である。以来，一般にも輸血の効果が知られるようになったが，これが本格化したのはやはり第二次世界大戦後「血液銀行」の制度が敷かれてからである（古畑種基：血液型の話，岩波書店，1962）。

44) イギリスのフレミングによってペニシリンが発見されたのに続いて各種の抗生物質が次々に開発され，生体内に侵入した病原菌の撲滅がきわめて容易になった。これにより従来から大きな問題であった術後の化膿防止が大きく前進した（林四郎：上掲書41）。

45) 麻酔医は単に手術の痛みを感じさせないだけでなく，術前の恐怖を除き，術中の生命の安全を保証し，術後も患者の一般的生理状態が平常に近く回復するまで責任をもつ。したがって執刀者は術中の患者の容体を気にすることなく，手術そのものに専念できるようになった。このような麻酔専門医の誕生があって初めて，かつては不可能とされた手術にも挑戦できるようになったのである。

46) 各種の人工臓器や人工関節，レーザー光を利用したメス，眼科用の光凝固装置，マイクロサージャリーの進歩を促した手術用顕微鏡，コンピューターを組み込んだ各種モニター，いわゆるバイオクリーン環境を可能にした高性能フィルターなど周辺技術の開発は特にめざましい。

47) たとえば，白内障・前立腺肥大など。

b. 手術部の役割

手術部の任務は，検査部や放射線部のように医師の仕事の一部を代行するのではなく，医師に対して仕事の場を提供することにある．具体的には，①外科系各医師からの手術申込みの受付け，②手術予定表の作成と手術室割あての決定，③手術室をはじめとする各室の清掃・消毒，④空調そのほか設備機械の整備・運転，⑤術式に応じた器械材料の滅菌・準備，⑥患者の受入れと送返し，ならびに⑦直接・間接の手術介助などが主な仕事となる．

6.3.2 規模と所要室

a. 手術室数

手術部にいくつ手術室を設ければよいかについては，年間手術例数や病床数との関連において2, 3の算定法が提案されてきた．しかし，医療の変化が急速で，医療体制も大きく変わりつつある今日，過去の実績に基づいた算定法にはやや不安が残る．一応の目安として，最近建設された病院について，病床数と手術室数との関係をみたのが図6.21である．これから，500床以下の病院では60床前後に一室，500床以上になると80床前後に1室の割で手術室を設けていることが分かる．しかし，今後は，高機能病院ではもっと割多めに，他方療養型病院では割少なめにといったことになるかもしれない．ただ，後に述べる日帰り手術のことなどもあって予測は難しい．

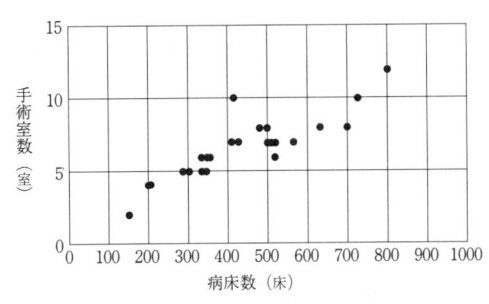

図6.21 病床数と手術室数

b. 手術部の面積

病院全体の面積のうちで手術部が占める割合は，これまた前項に述べたところと関連するが，表6.1からみると大半が3～5％以内におさまっている．言い方をかえれば2～3 m²/床である．

c. 所要室

手術部に必要とされる諸室を一覧にしたのが表6.2である．ここでは全体を大きく非清潔帯・準清潔帯・清潔帯の三つに分けた．非清潔帯は手術部の外であるから後の二つとは明確に区画されなければならない．

表6.2 手術部所要室一覧

	室　名	機　　能
非清潔帯	家族控室 面接室 患者移送車置場	家族に対して病状あるいは手術結果の説明を行う。
準清潔帯	受付 乗せ換えスペース 管理事務室 　手術部長室 　婦長室 患者待機室 更衣室 浴室 便所 回復室 　看護婦ステーション 　作業室 下洗室 汚物処理室 乾燥室 手術材料室 　洗浄室 　組立室 　滅菌室 　保管室 麻酔医勤務室 麻酔器材室 記録室 休憩室 討議室 検査室 　検体搬送室 　写真撮影室 掃除具庫	出入りのチェック，物品や情報の中継を行う。 患者を病棟からのベッドまたはストレッチャーから手術部専用移送車に移す。 男女別。 シャワー室でもよい。 使用済みの器械・リネン類の一時集積ならびに下洗いを行う。 手術用器械の洗浄滅菌を行う（いわゆるTSSU）。 高圧蒸気滅菌，ＥＯガス滅菌など。 手術経過を記録する。 術前・術後の打合せまたは手術に関する討議を行う。 血液ガス分析など術中緊急検査を行う。 病理検査室へ検体を送り出す。 摘出臓器などの撮影を行う。 準清潔帯専用。
清潔帯	手術器械保管室 配盤室 器材室 手洗場 準備室 一般手術室 特殊手術室 掃除具庫	滅菌済みの手術器械を保管しておく。 手術に備えて手術器械を器械盤の上に広げて並べる。 手術に直接使用する器材・備品類を収納保管しておく。 手指消毒および手術衣着用。 手術に必要な器械装置類（たとえば人工心肺・低体温装置など）の準備ならびに後始末をする。 X線手術室（X線操作室），放射線治療手術室，バイオクリーン手術室，緊急手術室，見学用手術室など。 清潔帯専用。

6.3.3 全体計画
a. 占めるべき位置

手術部の位置を規定する条件を整理すると次のようになる。

(1) **通過交通の排除** 手術部に関係のない人や物の進入や通過交通は絶対に許されない。ある階全部を占有するか翼端部を占める形が望ましい。

(2) **外科系病棟との結びつき** 関連を最も重視しなければならないのは外科系の病棟である。外科系病棟との距離が短く，かつその間でほかの動線との交錯が少ないような位置が望ましい。とはいっても，すべての外科系病棟を手術部と同じ階にとることはできないだろう。問題は，手術部と，病棟からのエレベーターとの関係にある。手術部階のエレベーターホールや廊下で，患者移送車とほかの動線とができるだけ重ならないようにしたい。

(3) **ICU ならびに材料滅菌室との関係** 次に考慮すべきは ICU および材料滅菌室との関係であろう。まず，ICU が設置されるとすれば，手術部と同じ階で，しかも相互にできるだけ近い位置を選びたい。理由の第 1 は，日本の実状では，ICU のベッドの多くが手術後の患者によって占められているからである。第 2 には，手術部と ICU の双方にかかわりの深い麻酔医の動線をできるだけ短くしたいということがある。

材料滅菌室からのサービス対象としては病棟・外来部・手術部・分娩部などがある。しかし，量の点でも，供給頻度の点でも，結びつきの最も強いのは手術部である。また手術用器械類の滅菌作業には，手術の内容にある程度通じていなければできないといった性質の仕事もある。これらのことから，ある規模（300床前後）以上の病院では，手術部のための作業と，それ以外の部門のための作業とを分離した方がよいという考え方もある。材料滅菌室を二分するのである。こうすれば位置についての解決は容易になる[48]。

(4) **その他の部門との関連** 外科系病棟・ICU・材料滅菌室などのほかに，手術部とある程度の結びつきが考えられる部門としては，病理検査室・輸血部などがあり，さらに，場合によっては放射線照射治療室との関係をいわれることもある。このほかにも外来手術・救急手術・手術分娩の扱いがしばしば問題にされるが，これらについては後で取り上げる。

(5) **設計の自由度** 病院の主体をなす棟の一部に手術部を取り込むような形

---

48) ちなみにイギリスでは，中央の材料滅菌室 Central Sterile and Supply Department（通常 CSSD と略す）に対して，手術部専用の材料滅菌室を Theatre Sterile Supply Unit（通常 TSSU と略す）と呼んで，分化がごく普通に行われている。一本化を原則とするアメリカとは，この点に大きな違いがみられる。

は，一般的にいってあまり好ましくない。平面の基本型や柱間・階高などが，手術部の都合に関係なく，主体部門に従属させられることがあるからである。また，上階の設備配管に妨げられて，手術部の平面が制約されるといったこともある。手術部としては，階高や柱間を独自に決定でき，つまり設計の自由度の高い，また将来の拡張が可能な場所を選びたい。

b. 人と物の流れ

手術部の全体計画にあたっては，まず部の内外にわたる人と物の動きを的確に把握しておかなければならない。

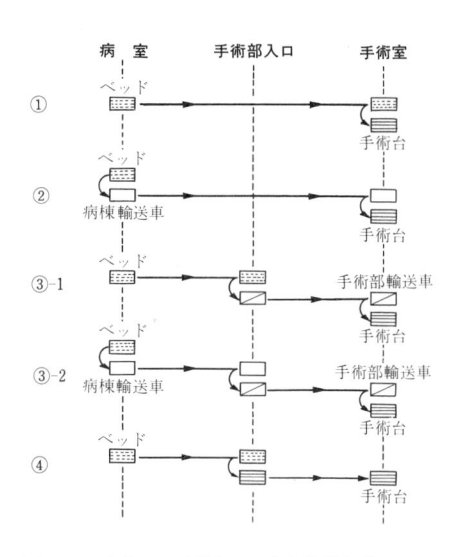

図6.22 病室から手術室への患者移送方式

1) 人の動線

a) 患　者　　手術を受ける患者は病棟看護婦によって手術部の受付まで運ばれ，ここで手術部看護婦に引き継がれる。問題はこの場合の移送車にある。病棟からの移送車をそのまま手術部の中に入れるのは，清潔管理上好ましくない。受付の位置（乗せ換えゾーン）で必ず車の交換が行われなければならない。しかし，一方，患者の苦痛からしても，職員の労力からしても，乗せ換えの回数はなるべく減らしたい。このような観点から，従来行われてきたいくつかの方式を検討してみる（図6.22）。

①乗せ換えの回数を減らすという点では，病室から患者をベッドのまま手術室まで運んできて直接手術台に移すやり方が最も手間が省ける。しかし，清潔管理という点では問題であろう。②病室で患者をストレッチャーに移し，そのまま手術室まで運ぶ方法で，乗せ換えは片道2回となる。1960年代末頃まではごく一般的に行われていた方式であるが，これも前項と同じ理由で今日では問題である。③手術部の入口で手術部専用の車に移さなければならないとすると，ベッドのまま運んで来ても乗せ換えは片道2回，ストレッチャーを使えば3回となる。しかし，手術部の入口にベルトコンベア方式の乗せ換え装置を導入することで人力と患者の苦痛とを軽減する方式が普及した。④さらには，手術台そのものを手軽に移動できる型とし，これを手術部の入口までもってくる方式か，あるいは手術台

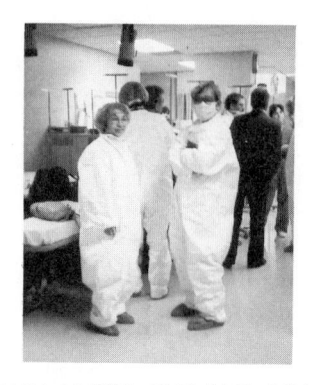

アメリカでは見学者に更衣を求めず、全身を覆うガウン（不織布製）を着用させている病院が多い。この場合にも、帽子・マスク・靴カバーは必要。

図6.23　見学者の服装／シカゴのラッシュ・プレスビテリアン病院

の天板だけをはずせるようにしておき、それを専用の運搬車に乗せて部内搬送に使う方式によって問題の解決が図られた。前者は、手術台の移動が容易でありながらいかなる術式や体位にも安定したものでなければならないという点でやや難しさが伴うためかあまり普及していないが、後者はかなり広く行われている。

アメリカのCDCから「手術部位感染防止指針1999」が出されたことで、にわかに乗せ換えの必要性を否定する意見が出てきた。建築設計側の対応もしばらくは動揺せざるをえないだろう。

　b）職　　員　　医師・看護婦をはじめ手術部に勤務するすべての職員は、常に更衣室を経て出入りする。更衣室では平常の衣服をすべて脱ぎ、手術部用の上衣・ズボン・靴下に替え、かつ帽子とマスクをつけ、手術部専用の履物をはく。執刀医・介助医[49]・直接介助看護婦[50]は、手洗い（手指消毒）をした後ガウン（手術衣）を着用し手袋をはめる。

　c）見学者　　教育・研修病院では、来訪者のほかに学生と研修医とが加わって、見学者の数は相当なものになる。見学は上階（手術部外）からのぞかせる、手術部内の廊下に入れる、さらには手術室の中にまで入れるなどによって、求めるべき更衣や履替えの程度も異なってくる（図6.23）[51]。

　2）物の流れ　　手術部で求められるいろいろな"もの"のうち特に重要なのは、直接手術に使われる手術器械（メスや鉗子など）とリネン類（ガーゼ、手術衣、患者を覆う布など）である。その流れを具体的にみると次のようになる（物の流れは滅菌業務が、CSSDに一元化されている場合とTSSUをおく場合とで異なるが、ここでは前者の場合について述べる）。

　a）手術器械　　使用済みの器械は一定の場所に集積され、ここで簡単な下洗いをすませた上で、大半は材料滅菌室に回される（最近は熱水によるディスインフェクターの使用が推奨されている）。使い捨て製品のように廃棄されるものもある。

---

49)　介助医は、通常、患者を挟んで執刀医の前に立つから"前立ち"などといわれている。
50)　"器械出し"とも呼ばれる。これに対し"外まわり"の仕事を担当する看護婦を間接介助看護婦という。
51)　アメリカでは、履替えの代わりに靴カバーを用いる例が一般的であったが、最近の報告によれば靴カバーの有無による感染率の差はないという。

ただし，吸引瓶・キックバケットなどは手術部内の下洗い室で洗浄・消毒・乾燥まで行っているところが多い。

問題は感染性の手術に使用された器械の扱いである。多くはただちにビニール袋に密閉した後，感染性であることを明示して材料滅菌室に送る。材料滅菌室では，これを感染症専用の洗浄消毒器（ウォッシャー・ディスインフェクター）で処理するのが普通である。

材料滅菌室で洗浄・組立・滅菌された器械は，手術部の滅菌器材置場に保管され，手術予定にしたがって前日の夕方または当日の朝，各手術室ごとにリネン類などほかの材料と一緒に準備される。

器械は，手術の直前にセット[52]の包布が開かれ，手術の手順にしたがって器械台の上に並べられる。これを配盤と呼ぶが，この過程で器械が汚染されることのないよう十分な注意が払われる。配盤の場所は，手術室，配盤室，供給ホールなど病院によって異なる。

b）リネン　　リネン類には滅菌を必要とするものとしないものがある。滅菌を必要とするリネン類には手術衣・手術用リネン・ガーゼなどがある。これらは使用後まとめて洗濯室に送られ，洗濯・乾燥の後材料滅菌室に戻され，一定の方式に畳まれて滅菌缶に詰められる。滅菌は器械同様オートクレーブで行われ，そのまま手術部に送られる。

滅菌を必要としないリネン類の主要なものに，術者用の下着，患者用の手術衣がある。使用後はリネンハンパーに投入され，随時まとめて洗濯室に運ばれる。

c）その他　　以上のほか，手術部で使われるものに血液・輸液・薬品・縫合糸・包帯・使い捨て製品などがある。血液は輸血部から，そのほかは供給部から届けられ，品目によって保管室もしくは各手術室内の戸棚に収められる。

c. 平面型

手術部で重要なのは，できるだけ無菌に近い清潔な環境を保つことである。字義通りの無菌状態は不可能だとしても，手術室を中心とする清潔帯と手術部外の非清潔帯（場合によってはそれらの中間領域としての準清潔帯）の境界線をどこに引き，また人や物の動きをその間でどう処理するかが，設計の第1課題となる。具体的には，①まず，手術部の出入口は1か所にしぼる（ただし非常用は別）。②次に，人や物の出入りの管理が厳格に行われるように配慮する。つまり，あらゆる種類の出入りが必ずチェックされなければならない。③そして，清潔を必要とする度合いの低いものから高いものへと順次奥に向けて配室を決める。④清

---

[52] 手術器械は，開頭・開心・胃切除など術式に応じ必要とされる器械がセット組みされ，それらが包布に包まれた形で滅菌されている。

潔なものと汚染されたものとの接触を避ける，などの条件が守られなければならない。

難しさは清潔度に対応したゾーニングと人や物の流れとが必ずしも一致しない点にある。たとえば，最も清潔度の高かるべき手術室から，手術の結果，時にひどい汚染源が発生する。また動線の交錯を避けるといっても，実際に何が清潔で何が汚染されているかを明確にすることはそう容易ではない。この点については，後で改めて取り上げる。

1) ヨーロッパ型とアメリカ型　手術部の平面の発展を振り返ってみると，そこには大きく二つの流れがあったことが認められる。図6.24と図6.25とがそれぞれの代表的な例である。前者はイギリスのナッフィールド財団による研究チームの成果をそのまま実地の設計に移したもの，後者はアメリカの公衆衛生局が提示したモデルプランである。

両者の大きな違いは，イギリスのプランが手術室の出入りに必ず麻酔室・回復

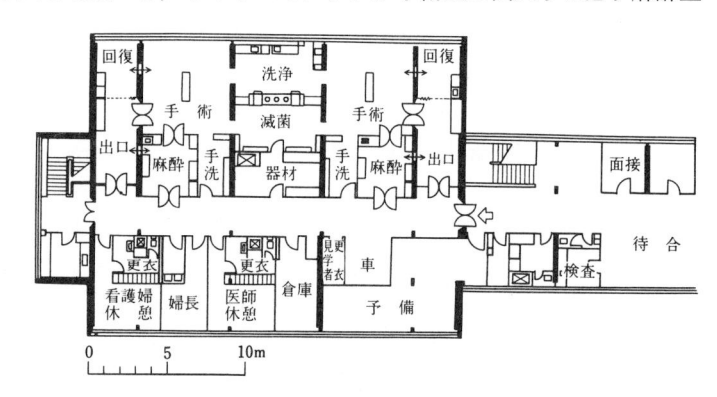

図6.24　マスグレイブパーク病院の手術部（イギリス）

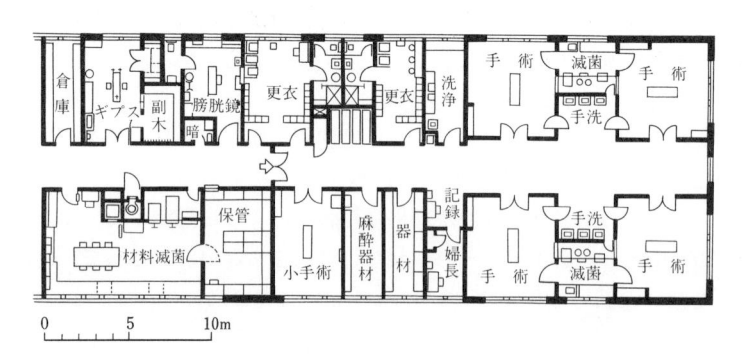

図6.25　200床病院の手術部（アメリカ）

室といった副室を通るようにしているのに対して，アメリカでは廊下から直接出入りできるようになっている点にある。イギリスの場合，医師は廊下から手洗室を通って手術室に入り，他方，患者はまず麻酔室に入れられ，ここで麻酔の導入が行われた後手術室に導かれる。終わると，回復室に移され覚醒するのを待って，はじめとは別のドアから出ていく。この型は，イギリスだけでなく，ドイツ，フランス，スイス，スウェーデンなどヨーロッパの各国でみられる。このように手術室に前室を設ける平面を"ヨーロッパ型"，アメリカのように前室を持たない平面を"アメリカ型"と名づけておこう。ちなみに，日本の手術部は従来ほとんどがアメリカ型であった[53]。

その後，手術部の平面にはヨーロッパ，アメリカともかなりの変化がみられたが，手術室まわりの扱いに関して，大筋では今日でもそれぞれの型を踏襲している。手術における習慣の違いが手術室平面に固有の様式をつくり出しているのである。

2) 物の流れと手術部の型

前項は手術室まわりの平面についてのことであるが，それとは別に最近手術部の全体構成に一つの傾向がみえてきた。

a) その背景　手術部の型がいわれるようになったのは，以前にも増して清潔管理が厳しく求められるようになったからである。外科学の進歩により手術対象が急速に拡大し，かつては触れられることのなかった臓器にまでメスがおよぶようになったこと，したがって侵襲度の高い手術が多くなったこと，所要時間の長い手術が増えたこと（これは手術部位露出時間の延長につながる），そのほか新たな感染源の出現や免疫抑制剤の使用など，清潔管理の重要性は高まるばかりである。

対応策として，患者については乗せ換え線の設定，職員などの出入りに関しては更衣室を関門とすること，が方式として一般化した。残るは物の流れである。

b) 供給ホール型と回収廊下型　手術部内における人と物の動線整理にかかわる平面型についてはいろいろな提案があった。しかし，実際の運用を通じてそれらの長短が検証され，いまや"供給ホール型"と"回収廊下型"の二つに収れんしつつあるようだ。このほかに，入口から入った患者も職員も器材もすべて一方向に流れるようにし手術後は別の出口から出る"一方通行型"，手術室の外側に清潔廊下をめぐらしこれを器材供給の専用廊下とする"供給廊下型"などが提案されたが，いずれも例数としてはそれほど伸びをみせていない。

---

53) 図6.24，6.25はいずれも40年以上前の平面であるから，手術部の入口で患者を乗せ換えたり，職員の更衣室を通り抜け式にして，清潔域と非清潔域の区画を厳格に管理しようといった意図はまだみられない。

a. 供給ホール型

b. 回収廊下型

供：供給用ダムウェイター　　返：返却用ダムウェイター
⟶ 滅菌器材　　　　　　　　　⟶ 使用済器材

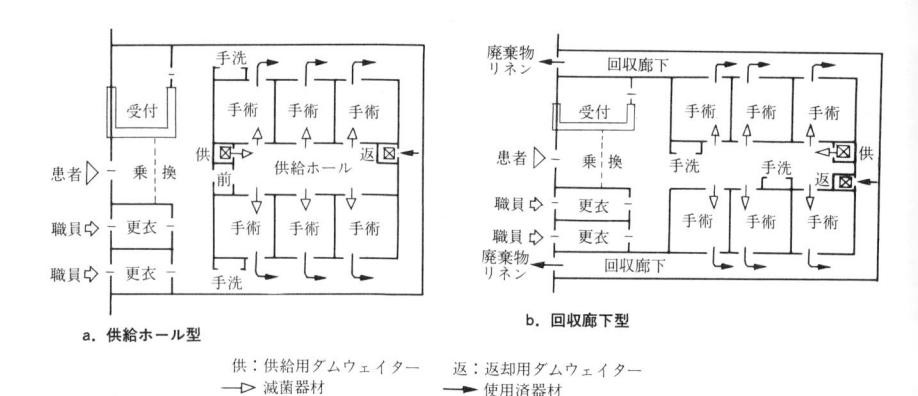

図 6.26　手術部の型

　(1)　**供給ホール型（図6.26a）**　　患者は乗せ換え線を経て外周廊下側から手術室に入れられ，術後は同じ経路を戻って手術部外へ出される。職員は更衣室を通った後，患者と同じ動線をたどる。
　主題は物の動線で，供給専用のダムウェイターで送られてきた滅菌器材は，いったん中央の供給ホールに集積され，ここで配盤を行った上で各手術室に配られる。使用後の器材は外周廊下側に出され，返却専用のダムウェイターで材料滅菌室に返される。供給ホールに勤務する看護婦は，前室で手洗いをし（場合によっては履き物を替えてから）ホールに入る。使用前の滅菌器材の清潔管理に重点をおいたシステムである。
　(2)　**回収廊下型（図6.26b）**　　患者も職員も中廊下側から手術室に入り，術後は同じ道を戻る。
　滅菌器材が専用ダムウェイターで送られてくる点は前項の方式と同様であるが，そのまま各手術室に配られ，配盤は手術室内で行われる。大きく異なるのは術後の器材や廃棄物の動線で，それぞれ密封された上で外側の回収廊下に出される。汚れた器材類は回収専用のダムウェイターで材料滅菌室に返却され，使用済みのリネンや廃棄物は回収廊下から直接手術部外へ出される。使用後の材料の汚染管理に重点をおいたシステムである。
　(3)　**両者の比較**　　二つの型の具体例を図6.27〜図6.30に示す。
　供給ホール型は最近のアメリカの病院で主流をなしている型で，シアトルのスウェディッシュ病院（設計：NBBJ）が創始した方式だという。日本の場合，病院によって供給ホールの清潔管理の厳格さに差があり，供給業務に携わる看護婦以外の立入りを禁じている病院から，各手術室の外まわり看護婦が必要に応じて出入りすることを認めている病院まで，運用の実態は多様である。

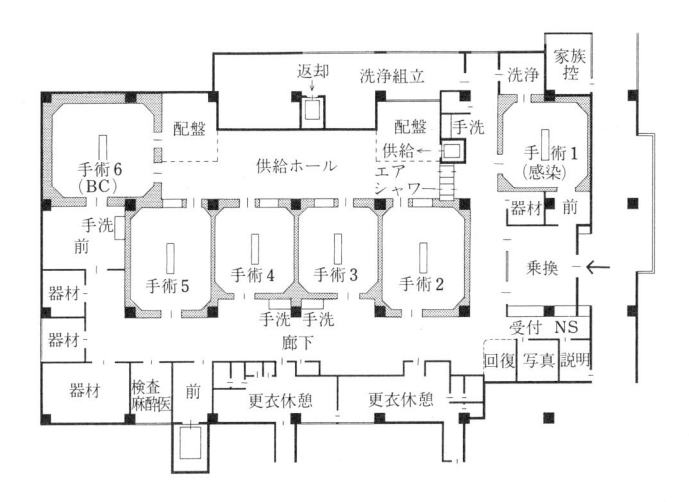

滅菌器材は供給用ダムウェイターで供給ホールに搬入され，使用後は廊下を経て洗浄組立室に返される。CSSDへの返却は返却用エレベーターによる。供給ホール勤務者はエアシャワーを浴びてから入室し，手術室から入ることは許されない。図面下側に置かれたエレベーターは，開創照射のために患者を放射線部に運ぶためのもの。

図6.27 供給ホール型手術部1／碧南市民病院（設計：久米設計＋柳澤研究室）

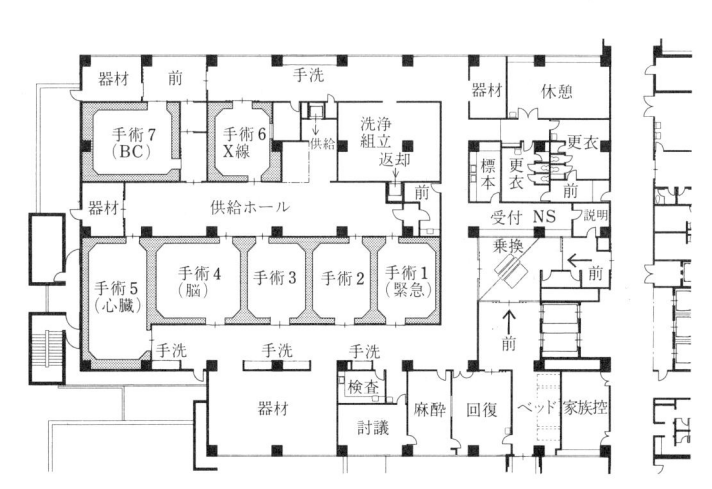

動線は図6.26aの通り，つまり典型的な供給ホール型である。

図6.28 供給ホール型手術部2／山形県立日本海病院（設計：久米設計）

6 診療部門　211

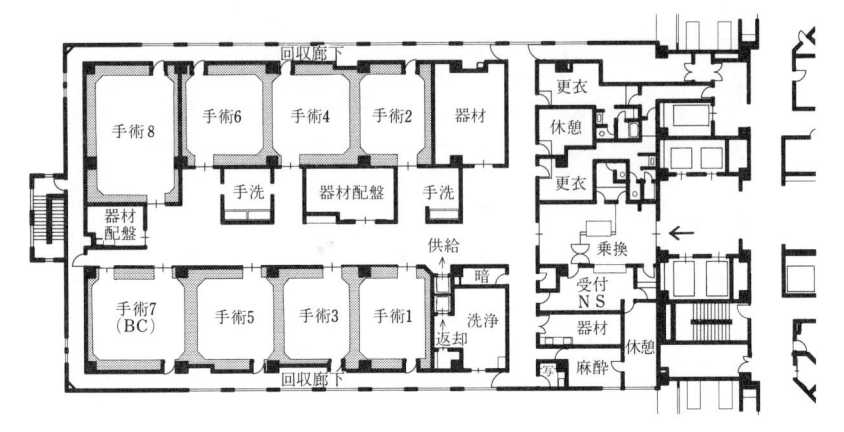

動線は図6.26bの通りで典型的な回収廊下型といってよい。配盤のためのスペースを設けている。

図6.29　回収廊下型手術部1／市立長浜病院（設計：石本建築事務所）

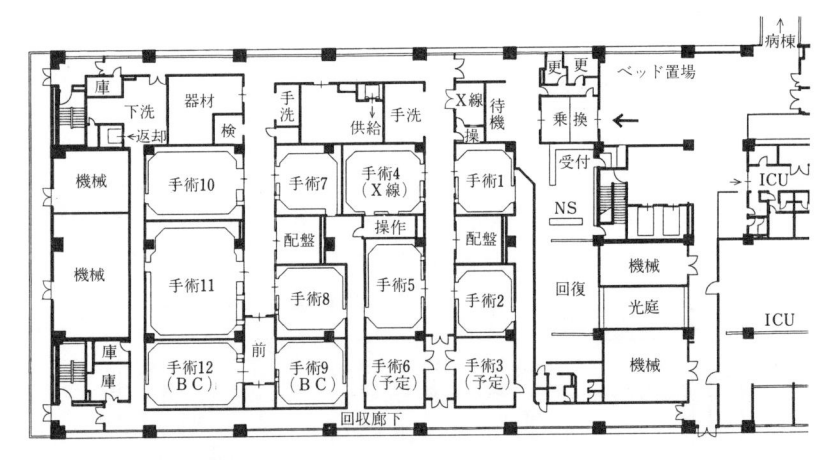

　清潔廊下と回収廊下は櫛の歯をかみ合わせたような形になっている。職員の更衣室は上階にあり，右手（エレベーターわき）の階段で看護ステーション前に降りてくる。

図6.30　回収廊下型手術部2／日本医科大学付属千葉北総病院（設計：千代田設計）

　ただ，限られた人数でいくつもの手術を担当しなければならない麻酔医の立場からすると，別の手術室からの呼びに対して，いちいち外廊下を回って行くというのは迂遠だ（図6.28のような場合）。当然，供給ホールを横切って行くのが最短ルートである（現実にはそうしている病院が多いようだ）。さらに，手術室数が増

えてくると患者や職員の動線が長くなることなども問題である。しかし，滅菌器材の管理がきちんとできること，配盤作業の場所がはっきりした形で確保されていること，などの利点からこの型は急速に普及した。

他方，回収廊下型は，第二次大戦後のイギリスで広く行われている平面である。厚生省の指導もあって，ほとんどがこの型を（手術部専用の材料滅菌室 TSSU との組合せで）採用している。日本では，院内感染の問題が大きくなるにつれ，手術部でも以前に増して使用済み器材や廃棄物の扱いが重視されるようになり，おのずとこの型の比重が高まってきた。

ここで，回収廊下自体，清潔とか汚染に関しては手術部外と同様にみなしてよいから，回収業務に従事する担当者の服装そのほか勤務上の自由度も大きい。業務そのものは単純だから，一部の病院（東大・京大など）のように，回収をロボットに代行させることも可能である。

以上から，あえて両者の問題点をあげれば，供給ホール型では術後廃棄物の処理動線が，回収廊下型では供給器材の一時集積の形が曖昧なことであろう。しかし，これらはいずれもそれぞれの型に必然的な欠点ではない。供給ホール型でも廃棄物保管場所を別に設ければ，回収廊下型でも滅菌器材置場が確保されるならば，問題は容易に解決する。

現状では両者がほぼ半々を占めている。そのいずれを採るべきかは病院側の選択にゆだねるとして，従来型（つまり，特に供給ホールとか回収廊下といったスペースを設けない平面）でも，管理面で着実な感染防止対策をたて，適切な運営をしている例が数々あることを知るべきである。要はその病院に合った実質的な平面をとればよいのだと思う。

6.3.4　各室の設計

a．入口まわり

清潔域としての手術部には，関係者以外の出入りを許さないのが原則で，入口まわりの設計はそれなりに閉鎖的なものとなる。

1）受付・看護婦ステーション　手術部の入口には受付をおき，患者・職員をはじめすべての出入りをチェックするとともに，手術部内外にわたる情報の中継，物品の受渡しなどを任務とする。

受付はまた手術部の看護婦ステーションに続く。手術部婦長はここに席を占めるのが一般的である。

2）乗せ換えスペース　受付に面して，病棟から送られてきた患者を手術部内の輸送車に移すための場を設ける。ここに清潔域と非清潔域の境界線が引かれ

る。乗せ換えの労力を軽減するために機械的な装置を導入している例が多い（図6.31）。

3） 更衣室　ここでは入口で平常の靴を脱ぎ，素足のまま更衣をし，手術部側に入る際，部内専用の履物[54]を履く。出るときはこの逆で，つまり更衣室は常に出入りにあたっての関門となる。

更衣室には便所と浴室（またはシャワー室）を併設する。空調の完備した今日の手術部では，昔のように術中の汗を流す意味での浴室の利用は減った[55]。

図6.31　乗せ換え台

病棟からのベッドまたはストレッチャーを台の手前に横付けして患者を台上に移し，さらに台の向う側（清潔帯）の台車に乗せる。移動はすべてベルトコンベヤーによる（開発初期の頃のハッチウェイ型は今ではほとんど使われていない）。

b.　手　洗　場

1） 手洗いとガウン着用　執刀医・介助医および直接介助看護婦は，手術室に入るにあたって，一定の順序に従って手洗いを行いガウンを着用しゴム手袋をつけることはすでに述べた。ところでガウンの着用には手助けを必要とするが，だれが介助するかは病院によって異なる。

まず，手洗場をできるだけまとめ，そこに看護婦を配置してガウンテクニックの介助をさせる方式がある。それとは別に，手洗いが終わったら各手術室の傍（または中）まで行って，それぞれの間接介助看護婦の手を借りる方式がある。この場合，手洗場は集中配置・分散配置のいずれでもよい。

2） 手洗器の数　手術に際しては，まず直接介助看護婦が，次いで医師が手を洗う。普通の手術なら医師は2名，やや複雑な術式のときにはほかにもう1～2名が手洗いをする。したがって1手術室あたりの同時手洗い人数は2～3名と考えればよい（通常，麻酔医と間接介助看護婦は手洗いをしない）。同時刻に何例もの手術が開始されるとしても，実際にはわずかずつのずれがあるから，過度の集中を想定するには及ばない。その上手洗い時間そのものがかなり短縮されてきたこともあって，手洗器の数は一時代前ほど多くなくてもよくなった。経験的に，一応の目安を提案しておく。

54）履物にはビニール製のサンダルが広く用いられているが，1度履くごとにこれを洗浄消毒する病院が多くなった。他方，履きかえによる感染防止効果を否定する意見もある。
55）浴室の目的を術前に体を清潔にするためと解している向きもあるようだが，これは誤りである。入浴すると，浴後の肌からの発塵量は急激に増して，入浴前の状態に戻るには約2時間程度を要することが実証されている。

手術室1室のとき……………………2個
手術室2〜3室のとき…………………4個
手術室4〜6室のとき…………………5〜6個

3) 手洗器まわりの設計　手洗いは左右交互にブラシをもって指先から肘の上まで洗い，かつ，指先から肘の方向へゆすぎ流す。手洗器は，このような流し洗いに対する水受けである。したがって，水が周辺に飛び散ることなく，はね返りが少なく，底に落ちた水がなるべく速やかに流れ去るような形のものを選ぶ。水栓は自動式が一般的である。その間隔は1m以上とする。

手洗器まわりに置かれる備品には，滅菌ブラシ缶・石けん液容器・使用済みブラシ受け・消毒液容器・滅菌ガーゼ缶などがある。

4) 手洗用水　手洗いのための水はなるべく清浄でなければならない。このための装置としては，蒸溜式，逆浸透圧を利用したもの，フィルターによる濾過法，紫外線の殺菌力を利用したもの，などいろいろ試みられているが，いまだ決定的といわれるほどのものは見あたらない。

c. 手術室

1) 手術室の機能　手術は一般の人々にとってなじみの薄い作業であり，しかもそれは直接人命にかかわる行為であるため，とかく難しく考えられがちである。しかし実際には，手術台上の患者を囲んで執刀医・介助医・直接介助看護婦および麻酔医がそれぞれ術式に応じて決められた位置を占め，外まわりの看護婦以外はほとんどその場を動くことなく作業が進められるという点で，機能的にはむしろとらえやすいといえる。手術台を中心にした人と器械類の広がりを考えれば，それらを包む空間としておのずから建築的な形態も決まってくる。

問題の焦点は，手術野の清潔管理にある。これについての建築的な対応策は，室内のあらゆる部分に埃のたまり場を少なくし，かつ掃除しやすくすることに尽きる。次いで適切な空調方式である。

2) 手術室の大きさと形　心臓の手術などでは，前に述べた職員のほかに人工心肺やモニターを操作する医師が加わるから，手術台まわりにはそれだけ器械と人とが増す。手術室もその分広くなければならない（図6.32）。

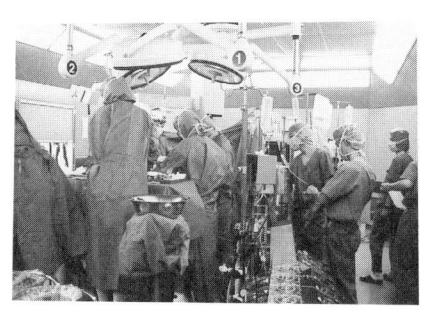

中央左寄りが執刀グループ。右手前に置かれているのは人工心肺，その前に立つのが操作担当医。

図6.32　心臓手術／日本医科大病院

6　診療部門

一般的な手術に対してはほぼ6 m角，心臓のように数多くの人手と器械とを要する手術に対しては7 m×8 m程度の広さが適当であるとされている。いずれも経験的な値である。

　アメリカの「指針」[56]では，手術室の最低面積を次のように定めている。
　　①一般外科　　　　　　　：　400ft² （37.2m²）
　　②心臓血管・脳神経外科　：　600ft² （55.8m²）
　　③整形外科　　　　　　　：　600ft² （55.8m²）
　　④内視鏡手術　　　　　　：　350ft² （32.6m²）

　なお，各室の短辺方向の内法寸法は，①〜③で20ft（6.1m）以上，④では15ft（4.8m）以上としている。

　手術台をはじめとする器械の形態からして，手術室の平面は長方形が基本となろう。八角形，あるいは円形・卵形なども試みられてきたが，使い勝手からすれば，隅に柱型などの出ないなるべくきれいな長方形がやはり最も優れている。そのためには壁を二重にして柱型を隠すような工夫も必要である。この二重壁部分はダクトの立上がりや戸棚・シャウカステンなどを埋め込むスペースとして活用される。

　手術部位や術式によって患者の体位も術者の位置も変わってくるから，手術室の方向（窓や出入口との関係における手術台の向き）を一概に規定することは困難である。しかし，手術台の向き（患者の頭の位置）によって麻酔器のおかれる場所が決まり，そこから酸素・笑気のアウトレットや時計の位置が導かれ，また術者の立つ位置との関係においてコンセントの配置やシャウカステンの見やすい場所が決まるから，手術台の方向の問題は重要である。

　3）　一般手術室　　一般的な手術室について，床・壁・天井の順に設計にかかわる問題を略述する。

　a）床　　手術室の床に求められる性能としては，清掃が容易なこと，滑りにくいこと，車付きの各種機器の移動に耐えること，消毒薬などにおかされにくいこと，色の選択が自由なこと，などの諸条件があげられる。

　かつては床に水をまき湿度を高く保つことによって埃を押さえ，空中浮遊菌をできるだけ少なくしようとした。しかし，空調技術の進んだ今日，その必要は全くない。したがって，床排水孔は設けない[57]。

　エーテルやサイクロプロペンなど可燃性の麻酔ガスが使われた頃，漏れたガス

---

56) 前掲書 4-16)
57) 泌尿器科で膀胱内を洗浄しながら行う手術（TUR）がある。この排液のためにかつては床排水孔を求められることがあったが，容器に受けて，後で処理する方法が一般的になった。

が静電帯電による火花放電で爆発することを防ぐため，床を導電性にすることが求められた。最近では，使用される麻酔ガスの種類も変わったから導電床の必要性もなくなった。

　b）壁　　昔の手術室では壁はタイル張りが一般的であったが，今日では大型の金属板や表面処理をした珪酸カルシウム板などが多く採用されている。汚れの溜まり場になりやすい目地をできるだけ減らしたいということであろう。

　壁には以下にあげるような数多くの設備が設けられる。①コンセント：各壁面に２か所くらいずつ，いずれも２口用・アース付きとし，うちいくつかを無停電回路とする。また，時に 200 ボルト用が必要とされる。②各種配管のアウトレット：酸素・笑気（亜酸化窒素）・圧縮空気（または合成空気）・吸引・窒素などのアウトレットを最低２組ほど設ける。酸素・笑気・圧縮空気は麻酔用，吸引は術中の出血などを除くため，窒素は手術器械の動力源として用いられる。これらには壁付きのほかに，天井吊り型のものや天井付きカラム型のものなどがある。③スイッチ：全般照明用・無影灯用・シャウカステン用などがある。最近ではリモコンスイッチが一般化している。④電話またはインターホン：これを使用するのは外まわりの看護婦が主だから特別の配慮は必要としない。⑤コンピューターネットワーク用接続端子：手術情報に関するコンピューター利用が進みつつある。そのための対応が求められる。⑥シャウカステン：二重壁の中に埋込み式とし，できるだけ埃のたまり場をつくらないようにする。⑦時計：麻酔医にとって不可欠である。これも埋込み式とする。⑧戸棚：ある程度の器具・薬品などを常備しておく。物品管理上は品目も数量もなるべく少なく抑えたいが，他方，常備品目が多ければそれだけ足りないものを取りに行くことがなくて済む。どれだけの品目を置いておくか，手術部運営上の検討項目である。⑨記録台：折畳み式とし，壁面に埋め込む。⑩その他：保温庫（リネン・薬液などを保管する）・冷蔵庫・冷凍庫（血液成分などを保管する）などの造り付け，出血量測定用の秤を収める箱の埋込み，BGM 設備などがある。

　手術室の壁面には，一時期，血の色の補色あるいは目の疲労を癒やす色として画一的に青緑色が推奨されたが，その後その理論的根拠にさほど確固たるものがないことが分かり，最近では多様な色彩が認められるようになった。高明度・低彩度で手術部関係者の多くが好ましいとする色なら，どんな色でもよいと思う。

　c）窓と出入口　　空調の効率などを考慮してか手術室を無窓にしている例が多い。しかし，そこで働く職員の心理面からすればやはり窓がある方が好ましい。無論，これを優位条件とするほどのことはないが，平面上それが可能な手術室には窓を設けるべきであろう。この場合，サッシはブラインド内蔵型の二重ガ

ラスとする。

患者移送車や手洗いをした職員は手術室の出入りに自動ドアを必要とする。ただし，患者を運ぶ場合と看護婦が急いで物を取りに行く場合とでは，動きの性質が異なるから開閉時間の調整が難しい。また，前者ではドア幅1.2m程度を必要とし，後者では70～80cmあれば十分である。以上から，出入口には相応の工夫が望まれる。

d) 天井　手術室の天井高は，多くの場合，無影灯[58]によって決められる。無影灯にも各種の形式があるが，吊下げ型の多くは天井高3m前後を必要とする。

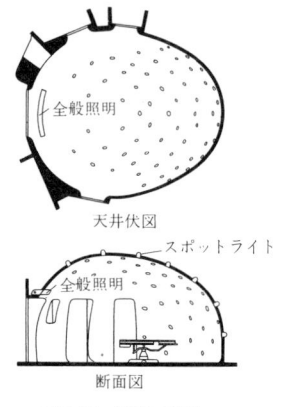

図6.36　卵型手術室
（サン・ロー病院）

天井の仕上げ材では，埃がつきにくいことと音が反響しないことという二つの相矛盾する条件があって，意見が分かれがちである。しかし，実際には大半が空調の吹出し面と照明器具によって占められ，残された天井面はごく一部といった例が多い。

無影灯は手術野の真上にあり，しかも埃のたまり場になりやすい。この欠点を克服すべく創案されたのが卵型の手術室である。フランスのサン・ロー病院やコペンハーゲン（デンマーク）のグローストラップ病院などで試みられた（図6.33）。これは手術室全体を卵の殻を伏せたような形にし，その天井面に約70灯のスポットライトを埋め込んだもので，患者の体位や術式に応じてこのうちのいくつかを点灯し術野（手術部位）に焦点を結ばせるようにしている。試みとしては画期的であったが欠点も多くあまり普及せずに終わった。

天井埋込みで比較的広く採用されている方式に図6.34のような型がある。照射方向や焦点は遠隔操作によって変えられる。

4) 特殊手術室

a) X線手術室　的確な治療を行うため術中にX線撮影を必要とすることがある。単純な

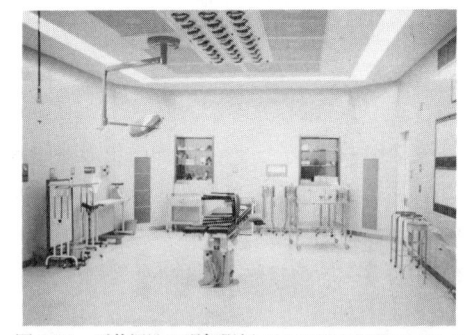

図6.34　天井埋込み型無影灯（吊下げ型も併用されている）

---

58) 手術野を照らす局部照明。多灯型・反射型の吊下げ式や多灯埋込み式などがある。

撮影ならポータブル装置でも処理できるが，さらに精密な写真や特殊な撮影が求められる場合には，それだけの性能をもった装置をおかなければならない。

X線装置は，天井からの1点吊下げ型で，配線類をすべて自在アームの中に収めた埃だまりの少ない形のものを選ぶべきである。

X線手術室には，操作室を付属させる。操作室は手術室を通り抜けることなく直接廊下から入れるような位置におく。また，ここに現像機をおくべきか否かはX線の使用頻度による。

　b）放射線治療手術室　　がんの治療に開創照射がある程度の成績をあげている。手術の途中で，開創のまま放射線を照射するのである。このため，手術部と放射線治療部とを隣接させたり，放射線治療部の中に手術室を設けたりしている例がある。

　c）バイオクリーン手術室　　清潔管理は手術部運営の基本であるから，空調には特に深い関心がはらわれてきた。しかし，最近はさらに高度のバイオクリーン手術室が求められている。HEPAフィルターの開発によって空気清浄技術が一段と進み，外科でもこれが応用されるようになったのである。現在では，クラス1万程度の清浄度は容易に達成できるし，さらにはクラス100を切る清浄度も可能になった。

バイオクリーン手術室では，壁のうちの1面または天井全面にHEPAフィルターを取りつけて吹出し面とし，そこから換気回数200〜300回／時で層流空気を吹き出す。壁面から横向きに吹く方式を水平層流，天井面から下向きに吹く方式を垂直層流と呼ぶが，いずれも吹出し面ではクラス100前後の清浄度が得られる（図6.35）。

どちらの場合でも，無影灯などが層流を乱すことのないよう，また術者ができるだけ術野の風上に立たないような工夫が必要とされる。術者がフード，マスク付きのガウンで全身を覆い，呼気をホースで室外に導く方式をとっているところもある。

　d）救急手術室　　救急手術は救急部で行うのが原則であろう。しかし，多様な症例に対して必要とされる器械類をす

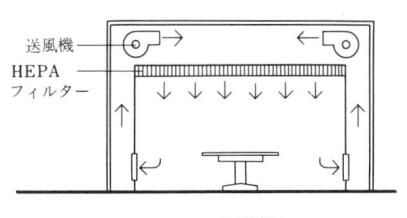

a．垂直層流

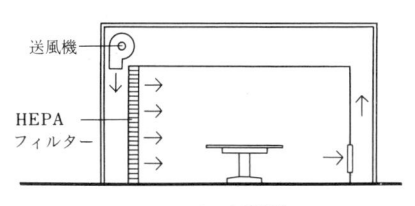

b．水平層流

図6.35　垂直層流と水平層流

べて整えておくことは困難だとして，救急患者も手術となると手術部に移している病院が多い。

　患者は，事故・災害などによってはなはだしく汚れた状態になっていることが多く，また感染性疾患の有無についての検査が済んでいないこともあって，救急手術室を手術部内におく場合には感染性手術室と兼ねるのが普通である。ここへの患者動線を一般とは別にしている病院もあるが，要は術後の清掃消毒や使用済み器材の適切な処理にある。

d. 器　材　室

　(1)　器材室の必要性　　特殊な手術器械や各種測定機器をはじめ，手術に必要な器材の数はますます多くなりつつある。したがって，これらを格納保管しておくべき倉庫にはかなりの面積が割かれねばならない。現状では，多くの病院でこの種のスペースが不足し，主要室の一つを器材室にあてている例が意外に多い。要求を出す側も設計する側も，建設時には手術室にばかり関心がとられ，結果として器材置場のような付属諸室が不十分といったことになっているのである。

　(2)　器材室の配置　　器材室は，各手術室ごとに手近な位置にほしいとする意見がある。しかし，それは器材の分散につながり，必要な機器がどこにしまわれているか探しにいくということにもなる。どちらかといえば，まとめて大きな倉庫をとる方が有利である。

　結局は各手術室の性格と収納されるべき機器の共用度にかかわる問題であろう。用途が特定された手術室があって，しかもその手術にしか使わない機器ならば，その部屋においておいてもよいが，多くの手術に共通して使用される機器なら中央の器材室においた方が便利である。

　麻酔関係の器材類は，麻酔医室の近くにそれだけ一括して収納する。

　(3)　配盤スペース　　供給ホール型の場合には供給ホールで，回収廊下型の場合には各手術室で配盤を行っているが，後者の場合，できれば配盤スペースを別に確保すべきだとする意見もある。

　(4)　下洗い室　　使用済みの機器や手術の過程を通じて発生した汚物の集積ならびに処理のための部屋も重要である。下洗い室に集まってくる器材類には次のような流れがある。①汚物を捨て，洗浄，薬液消毒の上，器材室または手術室に戻すもの：吸引瓶・膿盆・キックバケットなど。②下洗いのあとCSSDもしくはTSSUへ返すもの：手術器械類の大部分。③まとめて袋に入れ洗濯室に送るもの：手術用敷布・覆布・手術衣・帽子・マスクなど。これらは徐々に使い捨て製品に切り替えられつつある。④塵芥集積室へ運ぶもの：使い捨て製品，汚染されたガーゼ・脱脂綿・そのほかのごみ類。

e. 回復室

回復室は，術後の患者を呼吸・脈拍・血圧など一般的な生理状態が安定し意識が回復するまで収容しておくための場である。その意義は，①覚醒期の患者を専任の医師・看護婦の管理下におくことによって，よりよい術後経過が期待できる，②手術終了後，患者をただちに回復室に移すことにより手術室の利用率が高まる，③容体の不安定な患者をじかに病棟に帰すことをしないから，病棟の看護活動が乱されずに済む，などにある[59]。

回復室は手術部の出口に近く，受付もしくは看護勤務室のそばにおく。

f. その他

(1) 麻酔医室　麻酔医は，ICUや外来部のペインクリニックにも仕事の場をもつが，主体は手術部にある。麻酔医室はその拠点である。ただし，ここがあまりに生活色の濃い居室になることは，清潔管理上好ましくない。その位置などについて十分な検討を要する。

(2) 検査室　術中，患者の容体を診るために緊急検査を必要とすることがある。血液ガス・電解質など項目は比較的限られており，しかも操作の容易な検査機器が開発されているから，たいていは麻酔医や研修医がみずから行っている。10m² 前後の小部屋があれば足りる。

これとは別に，患者の組織や細胞を病理学的に調べるため，検体を病

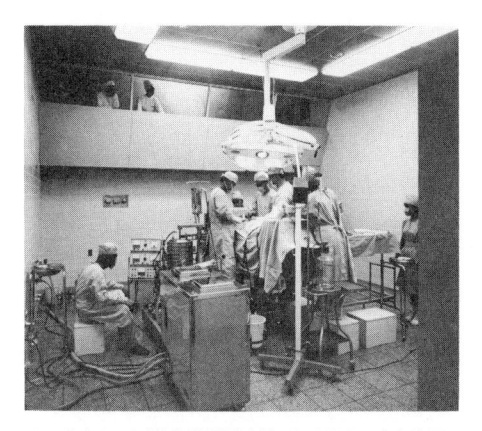

(a) 東京女子医科大学附属病院（写真提供：鹿島建設）

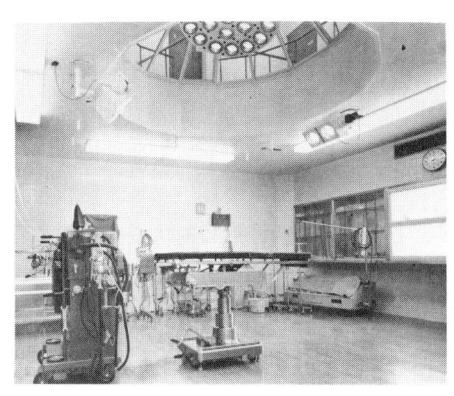

(b) 日本大学医学部附属板橋病院（写真提供：清水建設）

図 6.36　見学室を設けた手術室

---

[59] わが国では，回復室があっても，これをほとんど使っていない病院が多い。麻酔薬と麻酔法の進歩により覚醒が早くなったこと，引続き観察を要する患者は直接ICUに移す例が多くなったこと，などがこの傾向にいっそう拍車をかけている。

理検査室に送る必要がある。手段としては気送管程度で十分である。

さらに摘出臓器の写真撮影のための部屋をおくこともあるが，フォトセンターが完備されていればそちらに依頼することになろう。

(3) 手術見学室　教育研究病院では，しばしば手術見学室の設置が求められる。ただ，中2階からのぞくにせよ，上階から見おろすにせよ，しょせんは雰囲気しか分からないから効用には限度があるとされてきたが，テレビの併用によってかなり効果をあげている例もある。

(4) 家族控室・面接室　手術に際して家族や関係者が来るのを認めないわけにはいくまい。その控室を手術部の入口近くに設けている病院も多いが，手術部の清潔管理からすれば，もっと離れた場所の方が望ましい。

また，最近は手術の結果を家族に説明するための面接室が求められる。位置としては，手術部の出入境界線付近が適当であろう。

6.3.5　日帰り手術部

a.　日帰り手術の意義

日帰り手術はイギリスではじめられ，アメリカで普及した（それについては5.1 **通院診療**で触れた）。その狙いとするところは，患者や家族の時間的・経済的負担を軽減することにある。同時に，国としては医療費抑制につながる。しかし，日本でこれを行うにはいくつか問題がある。

その第1は，現在の医療保険制度のもとでは，ある種の手術を日帰りに切り替えても，病院にとっても患者にとってもたいしてメリットはないというところにある。アメリカのようなDRG/PPSを前提にすれば，病院側が手術をできるだけ日帰りで済まそうとするのは当然で，そのメリットも明白であるが，事情の異なるわが国ではこれを採用すべき必然性に乏しい。

第2は，術後の経過に対する不安である。これは病院側にも患者側にもある。だから，アメリカでも，一歩一歩確かめながら手術対象を拡大してきたわけだし，また遠隔地に住む患者のために，病院みずからがホテル経営を手がけたりしている（隣接地にホテルを建て，連絡路で病院と結んでいる例などよく見かける）。日本では，まだ経験が少ないこと，ホテル宿泊は患者にとって経済的な負担がかえって大きくなること，などがあってすぐには踏み切れない。

第3には，不足がちな麻酔医の人手配分など，運営上問題もある。

しかし，小児のそけい部ヘルニアや高齢者の白内障などに関し，特に家族負担の点で一般の評価が徐々に高まってきた。厚生省もまた，医療費節減の立場から，制度を誘導的に変更しつつある。建築設計の立場からも，日帰り手術部につ

いて考えておく必要がありそうに思う。

　b．建築計画
　1）占めるべき位置　　日帰り手術部は，滞在時間が若干長くなることがあるかもしれないが，日本ではやはり外来部の一隅におかれることになる。この場合，出入口は，外来玄関と並列しながらも，一応別にした方がよいのではなかろうか。
　前にあげた麻酔医との関連などからすれば，手術部に隣接させる形も考えられるが，清潔管理の視点から手術部周辺への人の出入りはできるだけ少なくしたい，日帰り患者が手術部のものものしい雰囲気に接することは好ましくない，などの問題がある。

　2）各室の設計
　a）待合室　　待合室（控室）はできるだけ明るく暖かい雰囲気にする。手術の種類にもよるが，一角に更衣室を設けることになろう。
　b）手術室　　裏側に職員のための更衣室・手洗室や器材準備室などが続く。
　c）回復室　　患者個々の状態に対応できるよう，ベッドと安楽いすを準備する（図6.37）。

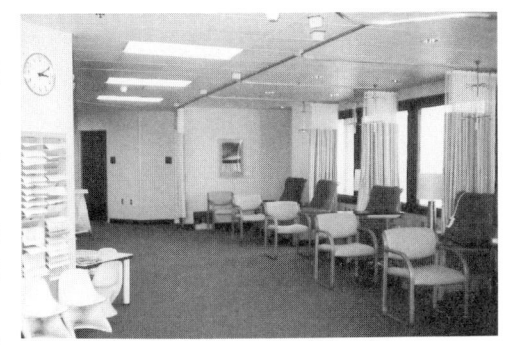

右手の安楽いすは随時カーテンで仕切ることができる。左側の壁のかげに回復用のベッドが並ぶ
図6.37　日帰り手術部の回復室／アイオワ大学病院

6.4　分　娩　部

6.4.1　分娩部の機能と位置づけ

　a．分娩部の機能
　最近の出産は大部分が病院または診療所で行われ（施設分娩），かつてごく一般的であった自宅分娩はほとんどみられなくなった。しかし，一方では出産の絶対数が徐々に減少しつつあるから，各施設における分娩数も頭打ちか減少傾向にある（地域によっては小規模病院や産婦人科診療所で出産は扱わないという例も出てきた）。
　妊婦は妊娠期間中一定間隔で通院しながら診察を受けているが，分娩のために

来院するのは多くは陣痛が始まってからである。つまり，それは救急的であり，来院・出産は時を選ばない。この点が，予定にしたがって計画的に事を運ぶ手術部と大きく異なるところである。

分娩の経過を略述すると次のようになる。①入院した産婦は，陣痛の間隔が短縮してくると陣痛室に移される。②いよいよ破水が近づいた段階で分娩室に入れられ，分娩台にのせられる。③胎児は娩出すると臍帯処置・沐浴（または清拭）・身長体重測定・点眼などの後新生児室に移される。④産婦は産後の診察と処置を受けてから回復室を経て病室に戻る。

なお，上記①～④をすべて1室で済まそうという LDR 方式については **4.4 産科病棟**で述べた。

b. 所要分娩台数

分娩台の数は，わが国の場合，産科ベッド数20床あたり1台が適当であるとさ

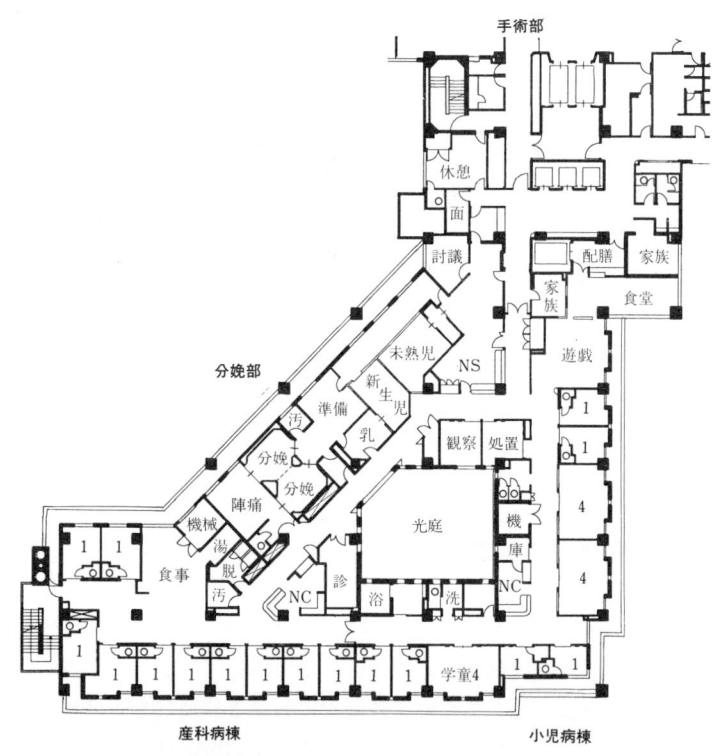

図6.38 分娩部／大牟田市立総合病院（設計：共同建築設計事務所）

産科と小児の混合病棟に分娩部を併設している。NS は看護婦ステーション，NC は看護婦コーナー。

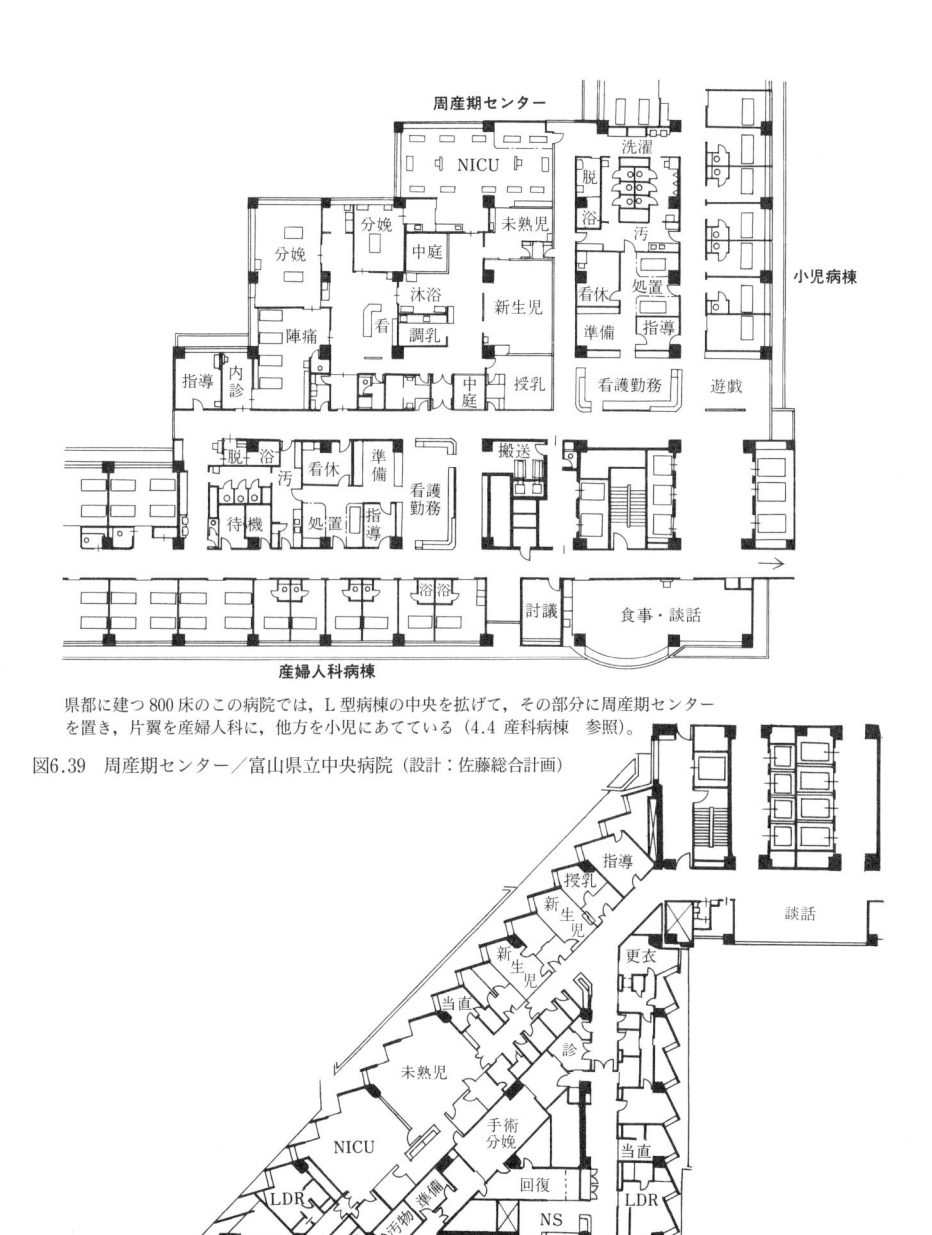

県都に建つ800床のこの病院では，L型病棟の中央を拡げて，その部分に周産期センターを置き，片翼を産婦人科に，他方を小児にあてている（4.4 産科病棟　参照）。

図6.39　周産期センター／富山県立中央病院（設計：佐藤総合計画）

LDR 7室のほかに手術分娩（帝王切開）のための部屋を備え，NICUに隣接する。

図6.40　LDR／聖路加国際病院（設計：日建設計）

6　診療部門　225

れている。多くの実例からみると10～20床あたり1台程度になっている。これは，いうまでもなく，出産のための入院1週間という従前からの慣例にしたがってのことで，期間が短縮されればおのずと異なってくる。

c. 占めるべき位置

分娩部は，病院の入口との関連において，夜間でも外来者に分かりやすい位置になければならない。

分娩部が独立した一部門として成り立つのは，相当多くの分娩を取り扱う大病院や産院に限られる。普通には産科病棟の一部に陣痛室や分娩室をおく。

ごくまれではあるが，産婦を急いで手術室に運ばなければならないことが起こるから，手術部との関連も一応念頭においておく必要があろう。

6.4.2 建築構成

a. 面積配分

前にあげた表6.1で，産科に特に力を入れている1，2の病院を除けば，大半は1％以下にとどまっている。

b. 各室の設計

1) 入口まわり　受付，更衣室（職員用・産婦用），診察室，小検査室などがおかれる。

2) 陣痛室　陣痛用のベッドは分娩台と同数もしくはそれよりやや多めであればよい（ドイツなどでは陣痛室をもたない例が多い。産婦を直接分娩台へ導くようである）。産婦どうしの連帯感，経過観察の便などから，陣痛室は相部屋の方がよいとする意見があったが，出産に夫が立ち合う方式を前提とすれば，やはり個室が原則であろう。

各ベッドごとに医療ガス・ナースコール・調光などの設備を設ける。また近くに便所・シャワー室・汚物処理室をおく。

3) 分娩室　分娩台は1室1台とする。分娩室の仕上げや設備は，原則として手術室に準じるが，異なる点はできるだけ暖かみのある柔らかい感じが求められることである。付属室として準備室（手洗い設備を設ける）・沐浴室・計測記録室・作業室（血液や胎盤の処理を行う）・回復室をおく。必要に応じ分娩室で手術ができるようにしている例もあるが，麻酔医との関係などもあって，実際には手術部へ患者を運んでいる病院がほとんどである。

4) 当直室　夜間の分娩に備えて助産婦が仮眠・休憩をとる。近くに便所・シャワー室をおく。なお，教育・研修病院では学生実習のためにも仮眠室が必要とされる。

6.5 リハビリテーション部

6.5.1 一般病院におけるリハビリテーション
a. 早期リハビリテーションの意義
　リハビリテーションは心身に障害をもつ人をできるだけ早く普通もしくはそれに近い生活状態に復帰させるための治療訓練過程である。

　一般病院はリハビリテーションの出発点ともいえる。発病後の早い時期からリハビリテーションに配慮した治療・看護が行われるか否かが，その後の回復に大きく影響するからである。たとえば，脳卒中の場合，発作で倒れた直後から寝かせ方に注意して随時体位の変換を行うことが重要視されるし，事故で手または足を切断せざるを得ない場合，切断後の機能回復を考慮に入れた手術が必要とされる。従来，リハビリテーションは原疾患の治療後に続く後療法のように考えられてきたきらいがあるが，原疾患の治療と同時に併行して始められなければならないものなのである。今日では病院だけでなく，診療所や高齢者施設・福祉施設でもリハビリテーションに積極的な取組みをみせている。

　しかし，医学的リハビリテーションの範囲に限ってみても，一般病院だけで治療が完結できるものではなく，一定の段階から先になるとリハビリテーション専門病院に頼らざるをえないのが実情である。一般病院では専門職員や施設設備の充実に限界があり，また病床利用効率の上からも療養環境の面からも完全な対応は難しいからである。専門病院では障害の種別に応じた治療計画を立てることが可能だし，職業的リハビリテーションへのつながりも比較的円滑である。

b. 医学的リハビリテーション
　医学的リハビリテーションは，理学療法・作業療法・日常生活動作訓練・言語治療・心理療法などからなる。

　理学療法：①温水・気泡・渦流などによる刺激，および水の浮力や抵抗を利用した水中での運動によって筋や関節の機能回復をはかる水治療法，②同様の目的で各種の手段により患部に温熱刺激を与える温熱電気療法，③徒手による四肢の訓練や変形矯正，機械器具を用いた運動を通じ筋機能の回復や関節可動域の改善をはかり，また座位・立位・歩行など基本動作の訓練を行う運動療法，の三つに分けられる。いずれも理学療法士が担当する。

　作業療法：絵画・織物・木工・金工・陶芸・手芸などさまざまな作業を通じて筋や関節の機能回復を目指すとともに，ものをつくる楽しさを生かしながら心理面の回復をも意図している。これらの治療は作業療法士が担当する。

　日常生活動作[60]訓練：医学的リハビリテーションの目標の一つは日常生活にお

ける諸動作が自分でできるようになることである。ADLは理学療法や作業療法の成果を，さらに一歩進めて，着脱衣・食事・入浴・用便などの生活動作に応用する訓練である。そのほかドアノブ・引出し・蛇口・スイッチの操作など多様な動作が含まれる。理学療法士と作業療法士が協力して訓練にあたる。

言語治療：脳卒中のあと言語障害が出た場合や聴覚障害による言語障害などの場合に，言語治療が必要とされる。患者1人1人に対する個別訓練，数人の患者を集めてのグループ治療，器械を使っての自習などの方法がとられる。言語聴覚士が指導する。

心理療法：障害に伴う心理上の諸問題に対して分析と指導を行う。リハビリテーションでは重要な役割を果たすはずの分野であるが，臨床心理士の職能が確立されていない現状では，ごく一部の病院で行われているに過ぎない。

なお，リハビリテーションに関連して義肢装具の製作が必要とされるが，多くはこれを外部の専門業者に委託している。

6.5.2　設計の要点

a.　位置・面積・所要室

リハビリテーション部の利用は，病院の性格にもよるが，入院患者より外来患者の方がやや多いのがふつうだから，その位置としては外来部に近いところを選びたい。また，リハビリテーションでは患者自身の回復意欲が特に重視されるので，明るく開放的な雰囲気をつくるためにも，自然採光の得られる場所としたい。

面積的には病院全体の1～5％とかなり幅があるのが実状である。

所要室と主要設備機器を一覧にしたのが表6.3である。これらのうち，運動療法や作業療法には活気のある雰囲気が望まれ，逆に言語治療や心理療法には落着きのある環境が求められるから，両者の領域はある程度分けた方がよい。

b.　各室の設計

1)　理学療法──水治療法室　　温泉地にある病院などを別にすれば，水治療法の評価はやや低くなっている。これを設けるとすれば，当然ほかとは明確に区分する。また，床が濡れかつ更衣を必要とする訓練用プールなどと，それほど濡れることのない部分浴室とは別にする方がよい。

訓練用プールは経費がかかる割に利用率が低いので，これを設けるか否かについては慎重に検討する必要がある。水槽への出入りのための昇降装置と階段（ま

---

60)　Activities of Daily Living，通常ADLと略称される。

表6.3 リハビリテーション部の所要室

区　　分		室　　名	主な器械・器具
理学療法	水治療法	全身浴室 部分浴室 更衣室	運動浴槽（プール）および入浴用リフト 気泡浴槽，渦流浴槽 四肢浴槽（上肢用・下肢用） 更衣用ベンチ
	温熱電気 光線療法	個別治療室	ホットパック加温装置，パラフィン浴槽 高周波（超短波・極超短波）治療器，低周波治療器 超音波治療器，赤外線灯 治療ベッド
	運動療法	運動療法室	治療ベッド，マット，傾斜台，平行棒 姿勢矯正用鏡，ろく木，訓練用階段 亜鈴架，滑車式抵抗運動器 前腕回内回外運動器，手首輪転運動器
作　業　療　法		作業療法室	作業机，織機 工作台，糸のこ機，ろくろ，せっこう用流し
日常生活動作訓練		台所，和室，浴室， 便所など	台所セット，便器，浴槽，水栓，スイッチ，ハンドル
言　語　治　療		治療室(個別・集団) 自習室 遮音室 準備室	検査機器，録音機器
心　理　療　法		治療室(個別・集団) 観察室	応接セット ハーフミラー
義肢装具製作		工作室 仮合せ室	作業台，工作機械
管　理・診　察		職員室 会議室 診察室 受付，職員便所	
そ　の　他		待合室，車いす置場，便所，倉庫など	

たはスロープ）を備える。プール内にも手摺を引き回す。

　かつてリハビリテーション部の象徴のようにみえたハバードタンクは，最近ではあまり使われなくなった。

　部分浴室では，上肢用・下肢用・四肢用などの浴槽を並べて，間をカーテンなどで仕切る。近くの壁面に防水型アース付きコンセントを設ける。

　2）　理学療法──個別治療室　　ここでは，パラフィン浴・ホットパックなどの温熱療法，低周波[61]・超音波[62]などの電気療法機器と各治療ベッドの組合せを単位として，相互をパネルかカーテンで仕切る。

個別治療室は水治療法室と運動療法室の中間に位置するのがよい。理由は，理学療法士の仕事分担が融通しやすい，運動療法の前段階として温熱電気療法を行うことが多い，水治療法後の休養に治療用ベッドの一部が利用できる，などにある。小規模なリハビリテーション部では運動療法室の一画を仕切る程度でもよい。

　3） 理学療法——運動療法室　運動療法は理学療法の中心をなすもので，室面積もかなりの大きさを占める。天井高もそれなりに必要である。ここでは，マットや治療用ベッドの上での徒手訓練，平行棒を用いた歩行訓練，階段の昇降をはじめとして，各種の器械器具（表6.3）を利用した訓練が行われる。器械器具のなかには壁や床に固定されるものも少なくないので，そのための壁面の確保とほどよい採光面の配置について検討しておく。床には弾力性のある材料を選ぶ。

　4） 作業療法室　作業療法室には，静的な作業（絵画・モザイク・組ひも・紙細工など）の部分と騒音や埃の出る作業（木工・金工・陶芸など）の部分とがある。それぞれに各種の道具や制作途中の作品を収納する戸棚が必要である。場合により，患者の上体や上肢を支えるためのバンドを上から下げられるよう金網状支持装置を天井面近くに取りつけておく。

　5） 日常生活動作訓練室　ADL訓練室は，訓練用の便所・浴室・台所・寝室・和室などからなり，日常生活動作についての自立訓練を行う。それぞれに車

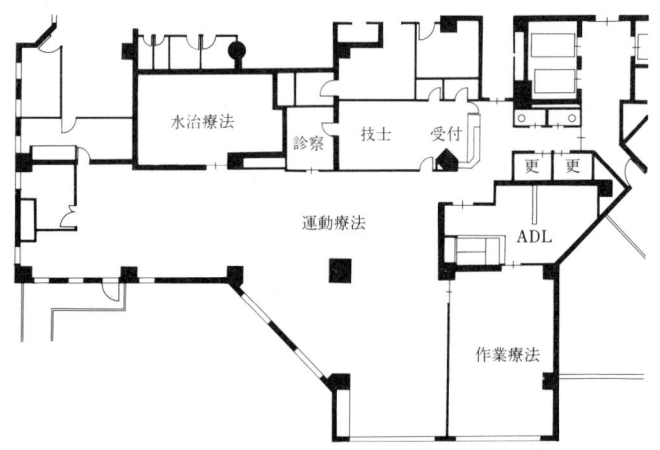

290床の地域中核病院で，リハビリテーション科を含む18診療科を標ぼうしている。リハビリテーション部は地下1階・地上6階建ての2階に位置する。外来部は1・2階におかれ，病棟は4～6階を占める。

図6.41　リハビリテーション部／稲城市立病院（設計：共同建築設計事務所）

61）　10kHz以下の交流または同程度の断続平流を利用し，通電時・断流時の刺激により運動麻痺などの治療を行う。
62）　波長6～8mの電磁波を用いた深部温熱療法。リウマチ・神経痛などの治療に使われる。

いす用・立位用といった高さの異なる設備を設けることが望ましいが，高さを自在に変えられる可動装置にすれば，さらに都合がよい。このような装置を利用して，退院後の患者の住宅の改造を検討することもできる。

6）言語治療室　言語治療室は，いくつかの小部屋で構成されるが，言語聴覚士と患者が1対1で行う個別治療が基本になる。患者数人で対話訓練をするやや広めのグループ治療室，機器を用いての自習室などがそれに加わる。遮音室は聴能検査や教材の録音などをする部屋である。

7）各室共通　患者には車いすや松葉杖などを使う人が多く，しかもまだ不慣れで行動能力が低い。したがって，通路・待合室などをはじめ便所・更衣室・各種キュービクルなどの小部屋も車いすや介助者を考慮して広めにとる。運動療法室や作業療法室の器具配置についても同様の配慮がいる。通路にはすべて手すりをつける。

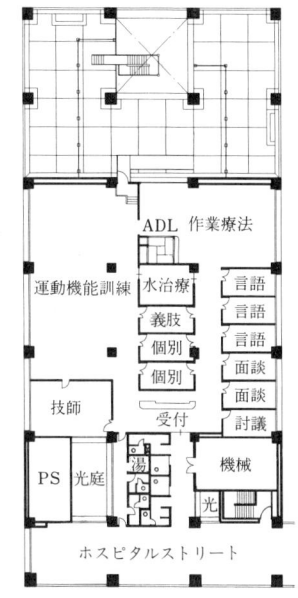

600床の地域中核病院兼教育病院のリハビリテーション部で，診療棟の3階に置かれている。外来棟は2階建て，病棟は7階建てで，それぞれホスピタルストリートによって結ばれている。

図6.42　リハビリテーション部／日本医科大学付属千葉北総病院
　　　　（設計：千代田設計）

6.6 血液透析室

6.6.1 人工腎臓

腎臓は血液によって運ばれてきた体内の老廃物を濾過し，これを尿の形で体外に排出する機能をもつ。この機能が衰えると，やがて尿毒症になり死に至る。こうした腎障害をもち，しかも回復の見込みがない患者に対しては，人工腎臓によって定期的に血液を浄化するか，健全な腎臓を移植する治療法がある。

わが国では1970年代，人工腎臓による血液透析[63]が急速に伸び，大半の病院がこのための施設をもつようになった。一部に透析専門の病院も出現している。急成長の要因としては，人工腎臓（血液透析装置）が大きく改良されたこと，それに

---

63) 患者の腕もしくは足首に設けたシャント（血管側路）から血液を体外に導き，浸透膜を利用した透析装置の中を通すことによって血中の老廃物を除去し，浄化された血液を再び体内へ戻す方式。

通院透析とともに CAPD 患者の診察・処置も行っている。

図 6.43 血液透析室／厚生連高岡病院（設計：日建設計）

より透析技術が飛躍的に進歩したこと，保険制度自体に普及を促進する側面があったこと，移植腎の提供者が容易には得られないこと，などがあげられている。

6.6.2 血液透析室の設計

現状では透析を受ける患者の大部分が通院者であるから，血液透析室の位置としては外来部の近くが適当であろう。ただし，夜間透析[64]を行う場合には，むしろ病棟に近くありたい。

入口まわりの受付近くに患者の更衣室を設ける。

患者はベッドもしくは寝いすで透析を受ける。看護婦ステーションからすべての患者に目が届くようにベッド（いす）の配列を考える。なお，感染症をもった患者や急性患者のために一部を個室とする。

透析中の食事・テレビ・BGM などについて相応の配慮が求められる。

透析液の供給方式には，中央配管方式と個別式の二つがある。中央配管の場合には，各ベッドを結ぶ透析液供給と廃液回収のための配管スペースが必要とされる。透析装置は，年々小型化・軽量化され操作も簡単になってきている。同時に使用する器材には使い捨てが多くなり，そのため，かつて準備や後始末（洗浄）

---

64) 透析が夜間に行われれば，患者は就職・通勤などの面で普通並みの社会生活を送ることができる。

に必要とされた面積が資材保管のために当てられるようになった。

　受療のための通院は患者にとって重荷であろう。しかも，大部分の患者がこれを生涯にわたって続けなければならない。こうした負担から患者を解放すべく，透析装置を自宅に置いて各自で行わせる方法，腹膜灌流を基本にした別の血液浄化法（CAPD）などさまざまな試みが進められている。これらが本格化すれば各病院の血液透析室は縮小の方向に傾くかもしれない。

6.7　特殊診療室

　検査・放射線・手術・分娩・リハビリテーションの各部は，診療上欠くことのできない部門として今日の病院に定着している。それに近年血液透析室が加わった。医学の進歩は，さらに次々と新しい診断・治療の技術を生む。これら新しく開発された診療技術の中には，やがて病院の中で重要な地位を占める部門に育っていくものもあれば，いつとはなく消滅してしまうものもあろう。このように有用性の基盤がまだ固まっていない過渡的な診療諸室で，既成の部門には入れにくいものをまとめて特殊診療室と呼ぶことにする。

　以下に，その2,3を例示しておこう。

6.7.1　高気圧治療
a.　高気圧の医学的意義

　高気圧治療には二つの目的がある。一つは潜水病などの減圧症に対する再圧治療，もう一つは低酸素状態からくる症状に対してより多くの酸素を吸収させるための高圧酸素治療である。

　高気圧室は，従来から潜水病（潜函病）の治療などに使われていたが，最近では一酸化炭素や薬物中毒による神経障害の治療，脱疽による四肢切断の回避，血管への混入空気除去，破傷風など嫌気性菌による感染症の治療など広範な利用が試みられてきた。

　ただし，使用にあたっては高度の知識と経験を必要とするから，どこの病院にも設置されるといった性質の施設ではない。

　圧力は対象とする疾患によって異なるが通常は数気圧程度，1回の収容時間は加圧・減圧の時間を含めて1時間あまり，長くて2～3時間である。

b.　高気圧治療室の設計

　高気圧室には，患者1名のみ寝たままの姿勢で収容する小型の密封容器と患者

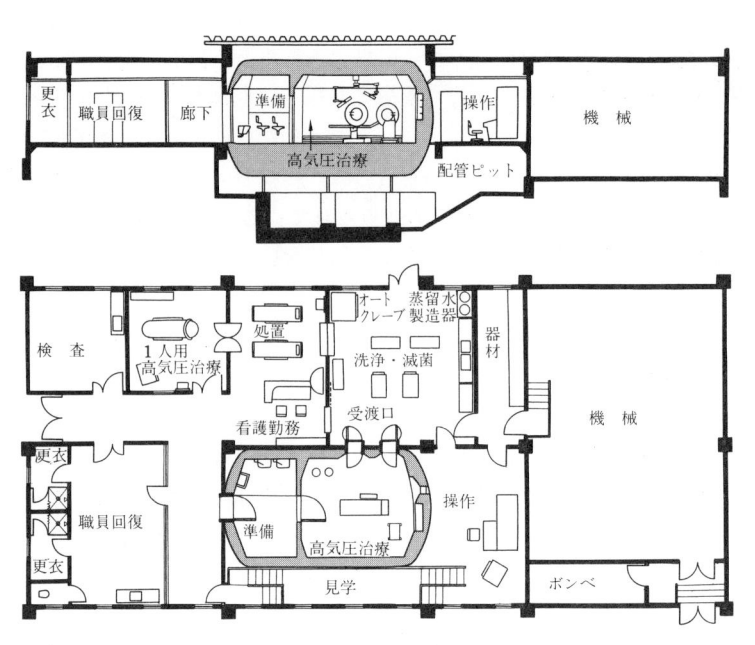

図 6.44　高気圧治療室／名古屋大学医学部附属病院（設計：名古屋大学施設部）

のほか，医師・看護婦など数名が入って処置や手術のできる大型のもの（室と呼べるほどの広さをもったもの）とがある。

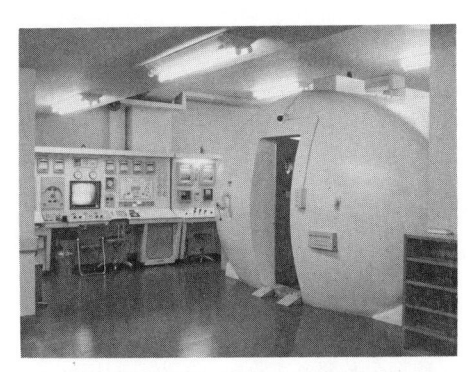

中央右寄りのドアが円筒形高圧治療室への入口。
左手奥が操作盤。

図 6.45　高気圧治療室／大阪大学医学部附属病院

適応患者には救急を要する症例が多いから，占めるべき位置としては救急部内またはその近くというのが一般的な考え方のようである。あるいは，ほとんどが重症で絶え間ない監視を必要とするということから，これを ICU の中においている例もある。いずれにせよ，多人数を収容できる大型のものになれば，設置条件や安全基準が厳しくなるし，所要階高や床面のおさまり[65]の点で別棟にしなければならないことも起こってくる。

---

65) 大型円筒形の高気圧室の場合，室内の床面と建物の床高を合わせるためには据付け面を落し込みにしなければならない。

操作盤は，高気圧室の外側で，しかもこれに接した場所におかれることになろう。加圧・減圧・空調のための機械室は別室とする。

6.7.2 温熱療法

ある種のがんの治療に，放射線照射や化学療法と併用して顕著な効果が認められるとして温熱療法（ハイパーサーミア）が注目されている。これはがん細胞が熱に弱いことを利用して電磁波や超音波で病巣部に熱を発生させる治療法で，現在試みられている方法では週1～2回，1回約30分～1時間ほどである。

治療室の広さは，ゆとりを見ても 4.5m×6.0m 程度あれば十分である。

おかれるべき位置としては，治療の原理は異なるが，さしあたって放射線治療部の一画あたりが適当であろう。

6.7.3 体外衝撃波結石破砕術

患者になんらの苦痛を与えることなく，尿路結石などを体外からの衝撃波によって破砕しようという治療装置（ESWL）が開発され，急速に普及した。

開発当初の衝撃波発生法は水中放電式であったが，今や電磁音響式・圧電式などにとって代わられた（図6.46）。

メスをもってする手術とは全く異質なものであるが，現状では手術部内の一室や放射線部の一隅など置き場所はさまざまある。日帰り手術部が定着すれば，そこにおくということも考えられる。

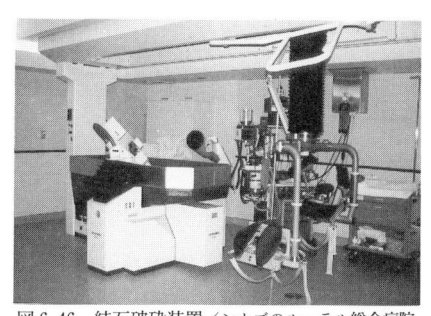

図6.46 結石破砕装置／シカゴのルーテル総合病院

7 供給部門

　病棟・外来部・診療部門のいずれにおいても，日々の診療活動を展開していくにあたって，いろいろな"もの"を必要とする。それらは大きく次の三つに分けられる。
　① 薬品・滅菌材料・輸血用血液をはじめとする医療関係の"もの"。
　② 食事・リネンなど患者の生活にかかわる"もの"。
　③ 冷熱源・電気・ガスなどのエネルギー源。
　エネルギー源までをも含める点については異論もあろうが，要はあらゆる種類の供給を一括して考えようというところにある。その上で，院内各部の求めに応じて必要なものを必要なときに円滑に供給できるシステムを目指したいのである。
　ところで，供給には多くの場合，使用後の処理や廃棄の問題が伴ってくる。処理や廃棄の業務は，考えようによっては負の供給ともみなせるから，以下，正の供給と併せて包括的に考えることにする。

7.1 供給の体系化

7.1.1 体系化の意味

　物品の供給は従来からいろいろな形で扱われてきた。前述の医療関係の供給は直接診療につながるところから，それらの担当部門は「中央診療施設」に組み込まれ，生活・エネルギー関係の供給を受けもつ部門はいずれも診療活動を支える裏方として「サービス部」に入れられていた。しかし，供給物品の種類と量が急激に増え，逆にそれらを運ぶ人手についての制約が厳しくなるにつれ，あらためて供給体制の見直しが迫られるようになった。薬局・材料滅菌室などを「中央診療施設」から外し，「サービス部」を解体して新たに供給部門を形づくることを提唱するゆえんである。これには次のような意図がある。

(1) 物品管理をより徹底させる。つまり，何をどれだけ購入し，何のために（あるいはどの患者のために），どれだけ使ったかを明確にすることである。今や従来のままの手法では品目と量の増大に応じきれなくなっている。病院運営の立場からも新たな管理方式が求められているのである[1]。

(2) 従来は，品目ごとに各部門間でそれぞれ物品搬送の問題が処理され，全体を通してこれをみようとする視点が欠けていた。供給物品には量の多いもの，頻度の高いもの，緊急を要するものなどいろいろあるが，特に対象が患者である以上，その容態によっては予期しない需要が発生することもしばしばで，搬送の問題はそう単純ではない。供給部門を提案する理由としては，単に物をととのえるだけでなく，それらを院内各部へ過不足や遅滞なく届ける，つまり搬送の体系化を図ろうというものである。

(3) 院内全般の動線を整理する。患者には入院と外来のほか見舞いや付添いが随伴し，職員にも多様な職種があって，院内動線の処理については"ひと"だけでもかなり複雑である。これに"もの"が加わるのであるから，それぞれを個別に考えていたのでは明快な解決を望むのは難しい。動線の面でも供給全般にわたる総合的な発想がぜひとも必要とされる。

供給関係の諸機能を一つにまとめ，それらを体系化することの意味は以上の通りであるが，結果として生まれてきたのが供給センター[2]である。

7.1.2 供給部門の構成要素

供給にかかわる諸機能を既存の部門から拾い出してみると，薬局，材料滅菌室，輸血部，栄養部，洗濯室，ベッドセンター，中央倉庫，機械室（電気室を含む），廃棄物処理施設などがある。

これらが占める面積を既存病院についてみたのが表7.1である。いずれも廊下や周辺部分を含めたグロスの値である。

以下，まず在来の供給関係諸部門について各論的に述べ（7.2〜7.9），最後にそれらの業務をシステム化した供給センターについて触れる（7.10）。

---

[1] 多くの病院で，支出の約半分は人件費，約1/3が材料費によって占められているという。したがって，物品管理は経営的にも重要な問題なのである。

[2] 物品供給の一元化・システム化をはじめて提唱したのはアメリカの病院コンサルタント，ゴードン・フリーセンである。彼は供給センターをSPD（supply, processing and distribution）という形で，単に物品補給的な業務だけでなく，各部署への搬送までをも担当する部門として位置づけた。

表7.1 供給関係諸室の面積比率（％）

病院名	薬局	材料滅菌室	輸血部	栄養部	洗濯室	保管搬送室	機械室
町立A	3.2	1.9	−	4.5	0.5	−	8.2
市立B	2.9	2.1	−	4.1	0.3	1.3	5.7
〃 C	4.2	3.6	−	2.6	0.4	0.9	11.1
〃 D	1.6	1.4	0.3	3.2	0.1	1.6	6.8
〃 E	2.3	1.8	−	2.7	0.3	2.3	10.2
〃 F	2.1	1.9	−	3.1	0.4	2.0	10.3
厚生G	2.2	1.5	−	3.7	0.5	0.5	10.1
市立H	3.2	1.6	−	2.3	0.2	1.3	7.6
県立I	1.7	2.0	−	4.0	0.5	0.7	7.9
職域J	2.7	0.9	−	2.3	0.7	0.7	12.2
市立K	1.9	1.0	−	3.1	0.8	0.5	7.4
社保L	2.7	2.5	−	2.6	0.5	0.7	15.8
日赤M	1.7	1.9	−	2.7	0.2	0.8	8.5
〃 N	1.9	2.1	−	2.9	−	0.6	5.2
県立O	1.3	1.2	−	2.7	0.5	1.6	9.8
市立P	2.5	1.8	0.2	1.6	1.2	2.1	10.7
〃 Q	1.8	1.6	−	2.5	0.5	0.9	4.7
都立R	1.4	3.2	0.3	2.3	0.1	0.6	12.9
職域S	2.5	1.9	−	2.7	0.7	1.1	7.1
学法T	2.7	2.6	0.5	2.6	1.0	0.3	9.4
農協U	2.4	2.1	0.1	2.7	0.2	1.5	6.4
学法V	2.1	1.7	0.3	2.1	0.0	1.5	5.6
市立W	2.7	1.6	0.1	3.2	0.3	1.3	6.7
県立X	2.2	3.7	0.2	3.0	0.4	1.5	12.0
府立Y	2.3	1.3	0.2	2.6	0.8	2.4	10.0

7.2 薬 局

7.2.1 薬局の機能

薬局[3]の役割は薬品の供給にあるが，単に外部から購入した薬品を各部に配るだけでなく，医師の処方にしたがった調剤やある種の薬品の製剤，さらには薬品についての試験や情報提供なども行う。薬局は薬剤師を中心に運営される。

a. 供給品目と供給対象

薬局からの薬品の種類と供給対象は次のように整理できる。

外来患者に対する投薬は各人にそのつど調剤して手渡さなければならない点が特異である。一般には外来患者の約半数，場合によってはそれ以上が投薬を受ける。院外処方への切り替えにつれ現に大きく変貌しつつある業務である。

---

3) 病院によっては薬剤部と名付けているところもある。

入院患者に対する投薬や注射薬・輸液は，各看護単位ごとにまとめて供給するのを原則とする。ただし，臨時処方に対しては随時供給が行われる。

　個々の患者への投薬とは別に，病棟の各看護単位，外来部の各診療科，手術部，分娩部などへ処置薬・消毒薬をはじめ各種の薬品が送られる。

　検査部で使われる試薬類や放射線部で使われる造影剤なども手続上薬局を通して供給している病院が多い。

　そのほかに，現状では，輸血用の血液を薬局や検査部で保管・供給している例がみられる。輸血部があれば当然そちらに譲られることになろう。

　治療用の酸素，麻酔用の笑気なども広義には薬剤に含まれるが，これらについては配管による供給が一般化しているから機械室の項で述べることにする。

b. 薬品の流れ

　供給薬品の流れは，当然のことながら供給対象によって異なる。

1） 外来患者

　a） 医薬分業　　周知のように欧米では医薬分業が普通である。したがって，外来部をおいている病院でも患者は処方箋をもらうだけで，薬は原則として院外の薬局で求める。病院側にとっては供給対象のうち外来患者分がないわけで，それだけわが国の病院より負担が軽くなっている。

　日本でも，1990年代に入って，ようやく医薬分業が軌道に乗りはじめた。

　b） 投薬の手順　　在来方式でいうと，患者は診察後医師から渡された処方箋を薬局に出し，一方会計伝票を会計の窓口に出して，料金計算・支払を済ませた上で薬局の窓口で薬を受けとる。

　薬局側では，処方箋の内容を確認し，患者ごとに薬袋を作成して，これを調剤係に渡す。出来上がった薬は，内容に間違いがないか監査された上で順に交付される。

　c） 待ちの問題　　外来患者のための調剤は，処方箋を出されてから作業にかかるわけで，患者の側ではどんなに短くても最低各自の薬がつくられる時間だけは待たなければならない。処方箋を出す患者が集中すれば，待ちに待ちが重なって相当長時間になることもある。図7.1はある病院における待ち時間の分布を薬

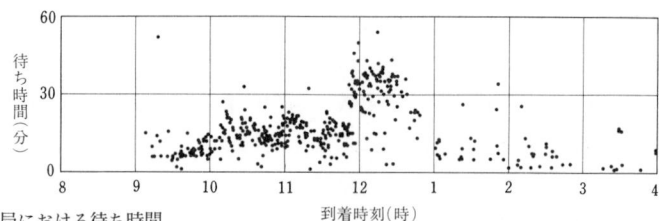

図7.1　薬局における待ち時間

局への到着時刻別に示したものであるが，この程度の待ちはかつてはどこの病院でもごく普通にみられたものである。

これを解消すべく，医師は診察が終わったならば処方を直接コンピューターに打ち込み，薬局側ではこれを受けてただちに調剤を開始する方式（オーダリングシステム）が一般化してきた。患者が身仕度を整え薬局に到着するころにはすでに薬が出来上がっており，待合室でのたまりは大きく減少する。

2） **入院患者**　入院患者の処方箋は，各看護単位ごとに一括して届けられ，まとめて調剤される。供給という観点からは，調剤された薬の搬送と患者の容体変化に応じた臨時処方への対応が問題になる。

3） **各部への供給**　患者個々に対する投薬以外の薬品（たとえば処置薬・消毒薬など）の供給については，定数配置が一般化しつつある[4]。すなわち，各部・各科・各単位ごとに常置すべき薬品の量を決めておき，一定期間ごとに（週に数回あるいは毎日1回）消費した分を補給していくのである。減った分の点検や請求，それに対する補給にはいくつかの方式がある[5]。

各部の中では病棟への供給が最も多く，量的にみて全体の約半分を占めるのが普通である。なお，最近，特に病棟において輸液（たとえば高カロリー栄養輸液など）の使用が目立って増加したが，これらはかさが張り重量も大きいから搬送に関して特別の配慮を必要とする。

7.2.2　計画の要点

a.　所　要　室

薬局で必要とされる諸室は，次の4群に分けられる。

調剤関係：調剤室，薬剤相談室

製剤関係：乾性製剤室，湿性製剤室，無菌製剤室，洗浄室，滅菌室，蒸留水製造室

補給関係：補給事務室，薬品庫

管理関係：局長室（応接室を兼ねる），局員室（会議室を兼ねる），薬品情報室[6]，試験室（薬品の純度や変質の有無を調べ，また薬物の血中濃度測定などを行う），倉庫（各種用箋や容器類を収納するほか使用済み処方箋を一定期間保存する），更

---

[4]　定数配置のほかに，注射薬などについては1本渡し（ごく高価なもの）や箱渡し（比較的廉価で使用量の多いもの）を併用している例もある。

[5]　たとえば，①運搬車に薬品を積んで，各室ごとに消費分をチェックしながら補充していく方式，②一定量の薬品をおさめた分類棚を各室に配置し，ある周期ごとに新しい棚と取り替える方式などがある。

[6]　薬品情報室では，薬の成分・効能・用法・副作用などに関する資料を収集整理して，医師および薬剤師自身の参考に供している。通常 Drug Information を略して DI と呼ぶ。

衣室，宿直室
b. 平面型
　すでに述べたように，薬局の供給対象には外来患者個々人が含まれるから，調剤室は外来部に面して窓口を開かなければならない。しかし，外来部，特にその玄関ホールまわりは，場所的にいろいろな要求の重なるところで，一般的に言って薬局全体がまとまってここに座を占めることは難しい。一部を分割して，それをほかの階に持っていかなければならないようなこともあろう。実地にみられる平面としては図7.2のような型が多い。

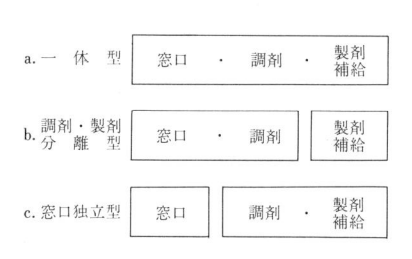

a．一休型　　窓口・調剤・製剤補給
b．調剤・製剤分離型　　窓口・調剤　　製剤補給
c．窓口独立型　　窓口　　調剤　　製剤補給

図7.2　薬局の平面型

　このうち調剤・製剤分離型は，最もよくみる例で，調剤関係の諸室と製剤・補給関係の諸室とを上下に重ね，両者を階段・ダムウェイターなどで結べば比較的難も少ないが，窓口独立型になると人手の面に問題が残る。つまり，薬について用法や用量を説明し，患者からの質問や相談に応じるには，知識・経験とも豊富な薬剤師を窓口に配さなければならず，それは患者数が少なくなった時間帯でも変わらないから，その点不経済な人員配置になるというのである。しかし，玄関まわりの設計についての総合的な配慮から，往々にしてこの型をとらなければならないことも少なくない。外来患者に対する投薬を院外処方に切りかえれば，図7.2の「窓口」がなくなるわけだから，平面型の問題は完全に消滅する。

c. 各室の設計
　1）　**調剤関係**　　ここでは処方箋にしたがって薬を計量・調合する。作業台の配列は，仕事の流れに応じ，処方箋受付窓口→書記台→調剤台（剤形別）→監査台→渡し口，となる。投薬の対象には前述のように外来患者と入院患者とがあるが，一部の病院では同じ場所で時間帯によって作業を分けている（たとえば，午前から昼過ぎまでを外来用にあて，午後の後段を入院調剤にあてるといったように）。大病院になると外来用・入院用にそれぞれ別の調剤室を設けているところもある。

　剤形には錠剤（カプセルを含む），散剤，軟膏，点眼薬，座薬，水剤などがあるが，取扱い量としては錠剤と散剤が大半（80～90％）を占める。したがって，調剤台の配列では，まず錠剤台が，次いで散剤台（分包機を含む）が主流になり，軟膏台や水剤台は一隅に置かれるのが一般的である。これらの配列にしたがって必要な電気や給排水の準備をする。なお，調剤台間をベルトコンベヤーで結び，

処方箋や薬袋の流れの円滑化を図ろうとしている例もあるが，ベルトが人の動きを妨げる結果になったりして必ずしも成功していない。

入院調剤については，多くの病院が週に何回かまとめて定期供給している。その搬送は供給部全体のシステムに組み込みやすい。臨時処方に対しては，ボックスコンベヤーなど機械搬送の採用もみられる。搬送問題を総合的に再編しようとしたとき，第一に取り上げられるべき部分であろう。

外来患者用の窓口は処方箋受付と薬渡しの2か所になる。薬局の場合は，医事関係の受付などと違って全面的な開放化は許されない。さりとて壁面に小さな窓口があいているだけというのはいかにも冷たいから，多くは窓口まわりを前面的にガラス張りにするか，患者と接する部分だけをオープンカウンターの張出しにするなどの手法がとられている。窓口に近く薬事相談室を設けて，それを求める患者に対応している病院が増えてきた。

調剤の出来上がりを知らせる方法としては電光表示板による整理番号の表示が一般的である。

病床数405床，1日平均外来患者数約900人。薬品庫の上部（中2階）に倉庫があり，蒸留水製造装置は滅菌室の一隅に置かれている。当直室は他部門の当直とまとめて更衣室の近くにある。各部への搬送はボックスコンベヤーによる。

図7.3　薬局／市立伊丹病院(設計：昭和設計)

2) 製剤関係　市販の薬品が豊富になった今日，自家製剤の範囲はごく小さくなったが，一部の病院ではまだ製剤の必要性を残している。市販品では得られない特殊薬や約束処方の予製剤などが主要な対象となる。

仕事の内容としては乾性製剤，湿性製剤，無菌製剤があり，それぞれ条件を異にするから，部屋を別にしなければならない。

乾性製剤室では散剤や錠剤がつくられるが，その過程で発生する粉塵の処理に留意する。おかれる器械には粉砕器，混合器，分包器，造粒器，打錠器などがある。

湿性製剤室では消毒薬など外用液剤の予製，軟膏の製造などが行われる。無菌室では注射薬や点眼薬の製造のほか高カロリー輸液剤の調整も行う。ここには前

室をおき，出入りのつど更衣・履替え・手洗いが義務づけられ，空調にも厳密な配慮が求められる。

洗浄室には薬瓶や製剤用具の洗浄のための流しを設け，滅菌室にはオートクレーブ[7]と乾熱滅菌器を置く。蒸溜水製造室とともに熱と湿気の除去に注意を要することはいうまでもない。

3）補給関係　　在庫量の決定は病院経営上重要な問題で，薬品庫の面積はそれにしたがって決まる。

薬品には，一般薬のほか4℃以下あるいは15℃以下で保管しなければならないもの，毒薬・劇薬・可燃物などがある。これに対し薬品庫の一隅に冷蔵庫，場合により危険薬品庫を設ける。なお，麻薬は専用の保管庫におさめ，薬局長もしくはそれに代わる責任者が管理する。

外部からの搬入・検収・出納管理のためのスペースについては，そのほかの資材・物品との関連をも考慮しつつ供給部全体で計画する。

7.3 材料滅菌室

7.3.1 材料滅菌の意義
a. 材料滅菌室の役割

材料滅菌室は，診療に必要な器材の滅菌を担当する部門である。仮にメスなど手術器械の滅菌が不完全であれば恐ろしい結果を招くわけで，材料滅菌室の仕事にはそれだけ重大な責任を負わされているといってよい。

ここでは，滅菌器材を各部に供給し，使用後返却されてきたものを洗浄・滅菌して再び各部に送る，といった循環を繰り返している。ただ，かつて業務量の大きな部分を占めていた注射器などは最近すべて使い捨てに切り替えられ，作業内容は相当に変わりつつある。

b. CSSD と TSSU

材料滅菌室からの供給先として，通常最も量が多いのは手術部，次が病棟，続いて外来部であろう。したがって，その占めるべき位置としては手術部との関連を最も重視しなければならない。

しかしながら，材料滅菌室を手術部の近くにおくと，とかく手術部まわりの動線を輻輳させることになりやすく，結果は必ずしも好ましくない。

---

[7] 高圧蒸気滅菌器。130〜135℃，2.2〜2.5kg/cm²，10〜20分で滅菌できる。

これを避ける手法として，材料滅菌室を手術部の上階または下階に置き，両者を2基（供給用と返却用）のダムウェイターまたはエレベーターで結ぶ形があり，かなり広く行われている．
　また，手術部の節で述べたように，病院全体としての材料滅菌室（CSSD）とは別に手術部専用の滅菌室（TSSU）を置く方法もある．この場合，TSSUは手術部内の一機構となり，CSSDだけが供給部に包含されることになろう．

7.3.2　材料滅菌室の設計
a. 作業の流れ
　設計の要点は，作業の流れに逆戻りや交錯が生じないようにすることである．主な手順は以下の通りであるが，これらはCSSDでもTSSUでも大筋においてはほとんど変わらない．
① 使用済み器材の回収
② 点検（器材の数量および破損・故障の有無など）
③ 種類別仕分けならびに分解（はさみなど一部の器材）
④ 洗浄・乾燥（大半は自動洗浄機によるが，チューブ類など別の装置を用いるものや少数ながら手で洗わなければならないものもある）
⑤ 器械の組立ておよびセット作り（滅菌のための形態には，布で包む，紙袋に入れる，金属缶に詰める，などがある）
⑥ リネンの折畳みと缶詰め（洗濯室から送られてきた手術用のガウンなどを一定の方式にしたがって折り畳み，滅菌缶に詰める）[8]
⑦ 滅菌（大半はオートクレーブに入れるが，ゴムやプラスチックなど高熱に耐えない材料を含む器械類は酸化エチレンによるガス滅菌器[9]を用いる）
⑧ 整理・保管
⑨ 発送（払出し）

b. 設　計　例
　1)　**中規模病院の場合**（図7.4）　　総病床数350床の地域中核病院である．材料滅菌室は2階の手術部に隣接しておかれ（手術部と滅菌室の職員は共通），中央に並ぶ滅菌装置の列によって，右側の未滅菌ゾーンと左側の既滅菌ゾーンに分けられている．滅菌装置はエアシャワー1基を挟んでオートクレーブ3台とガス滅

---

8) リネンの折畳みにはほこりの発生が伴うから，この作業を材料滅菌室で行うのはあまり好ましいことではない．それにもかかわらず，多くの病院は現在のところ習慣を変えようとはしていない．ガウン・テクニックのため畳み方に一定の取決めを必要とするから，洗濯室にはまかせにくいというのがその理由である．
9) ガス滅菌した器材は一定時間ガス抜き装置を通し，毒性を抜いてからでないと使用できない．

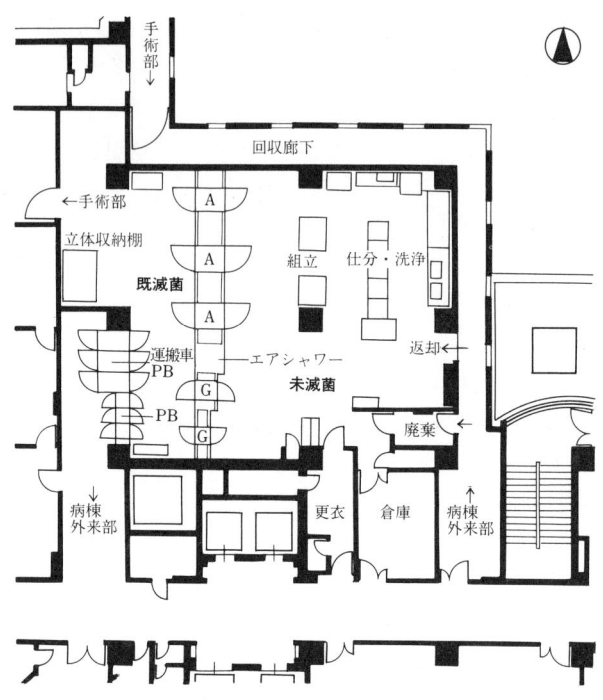

図7.4　材料滅菌室／岩手県立胆沢病院（設計：日建設計）

菌器2台であるが，いずれも両面扉タイプである。

　使用済みの器材は，手術部の回収廊下[10]を経て，あるいは院内各部から返却室に集められる。未滅菌ゾーンでは，仕分け→洗浄→組立て→セット作り，の順に作業が流れ，オートクレーブまたはガス滅菌器に入れられる。

　滅菌された器材類は既滅菌ゾーン側に出されて，北側の手術部へ，または南側の病棟・外来部の分類棚におさめられる。手術器材の保管には固定棚と回転式立体収納棚が使われる。病棟・外来部用には，パスボックス（3列×2段）と搬送車用パスボックス3基を備えている。

　薬局や中央倉庫は1階に位置しているから，供給部門における材料滅菌室のあり方は在来型とみてよいだろう。

　2） 大規模病院の場合（図7.5）　　大都市に建つ733床の病院である。供給・

---

[10]　手術部の回収にはロボット（自動搬送車）を使用している。回収廊下を通ってのリネンや廃棄物の動線も明快である。

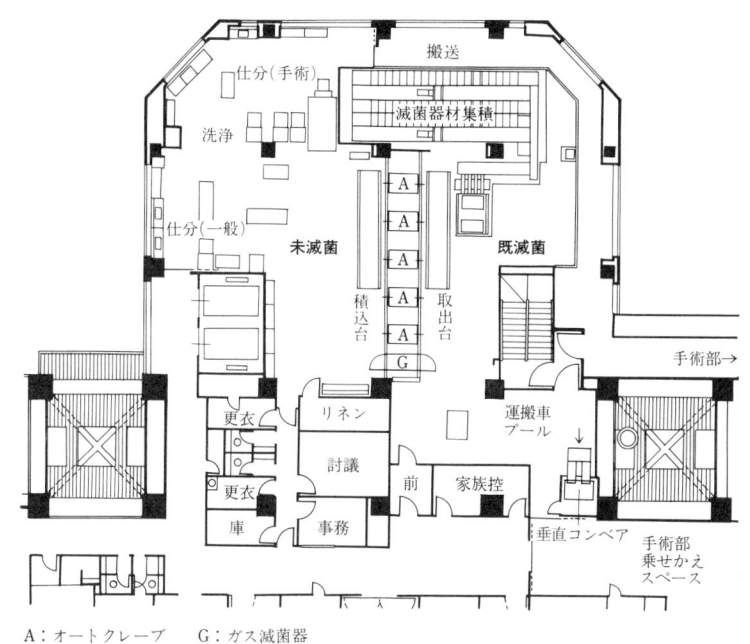

図7.5 材料滅菌室／市立川崎病院（設計：日本設計）

A：オートクレーブ　G：ガス滅菌器

返却のための搬送にも，滅菌室内の作業の流れにも，大幅に機械化を導入している。すなわち，

① 術式に応じてセット化された手術器械一式をいれた容器は，滅菌が完了するとオートクレーブから取り出され，順次立体集積棚に収納される。次いであらかじめ組まれた手術予定にしたがってコンベアによりそれぞれの手術室に運ばれる（各手術室にはクリーンベンチ型の配盤ユニットが準備されている）。使用後の器械は運搬車（回収ロボット）によって材料滅菌室に戻される。以上の流れはすべて自動方式で大きく省力化が図られている。

② 手術部との間の搬送廊下は，天井側を供給コンベヤー用に，床面を回収ロボット用にあてている。廃棄物は回収の途中で人手によりリフトに積み替えて，処理室に送られる。

③ 返却されてきた手術器材の仕分けや洗浄後のセット組み，容器詰めなども人手によっている。

④ セットを詰めた容器は，数個ずつ棚に載せてオートクレーブ前に並べておけば，順次自動的に棚ごとオートクレーブに入れられ滅菌される。

7　供給部門　247

⑤ 病棟・外来部などへの供給には垂直コンベアを使用し、回収は人力によっている。

7.4 輸 血 部

輸血用の血液はほかの"もの"とはその性格を全く異にする。したがって、その供給体制を供給センターのシステムに組み込んだりすることはありえないが、便宜上この章に入れた。

7.4.1 血液の供給
a. 血液センター

手術をはじめ医療の各分野で輸血の重要性はますます大きくなっている。このための血液の調達について、かつては病院個々の努力や売血に依存していた時期もあったが、今や日本赤十字社が中心になって、献血を基盤にした全国的な供給体制を整え、24時間、すべての医療機関の需要にこたえている。各病院は、必要に応じ都道府県ごとに数か所ずつある血液センターに申し込めば、全血製剤（保存血[11]・新鮮血）であれ成分製剤[12]であれただちに届けてもらえるようになった。

b. 輸血部の役割

輸血部の任務は血液の調達とその検査である。血液調達には、院内の需要をまとめて赤十字血液センターから必要な血液を取り寄せ適時に各部へ供給することと、特に求められた場合、供血者を集めてみずから新鮮血の採取や成分採血[13]を行い、それを当該部門に供給することの二つがある[14]。また、逆に、各病棟や手術部で使われなかった血液の回収も含まれる。検査としては、血液型判定（ABO式・Rh式）、特殊血液型に対する抗体の検出、交差適合試験[15]、肝炎ウイルス検査、肝機能検査などがある。大病院を除けば、一般には輸血部をおかず、血液セ

---

11) 供血者から採った血液に抗凝固剤を加えたもので、低温（4℃）で保存されている。新鮮血が求められる場合には、献血登録者の協力によって必要量が集められる。
12) たとえば貧血であっても、血液成分のすべてが不足しているわけではなく、赤血球だけとか血小板だけとかの不足が多い。このような例に対しては、血液を遠心分離により赤血球・白血球・血小板・血漿の各成分に分け、必要な成分のみを供給する。これを血液成分製剤と呼ぶ。最近では、ほとんどが成分輸血である。
13) 供血者から全血を採取するのではなく、連続成分採血装置により目的とする成分のみを分離抽出して、他の成分を供血者の体内に戻す方法。
14) 最近、他人の血液を用いることによる不都合を避けるため、自分の血液による輸血が行われるようになってきた。手術前に患者自身の血液を何回かに分けて採取し、それを保管しておいて手術時に使用するのである。
15) 輸血用血液と受血者の血液型とが合っているかどうかを調べる検査。

ンターに対する発注，受付，保管などの業務を，検査部か薬局に担当させている病院が多い．

7.4.2 輸血部の設計
a. 採血の手順
院内での採血を前提に，その手順を記せば次のようになる．
① 受付：供血者の待ちを伴う．
② 診察：血液の比重測定，血液型の判定，問診，血圧測定など．必要に応じ聴打診も行う．
③ 採血：最近では供血者をガラスで隔て，開口部から腕だけ出させて採血するようなやり方はせず，いわゆるオープン採血法が一般的になった．成分採血はある程度時間がかかるから（現在では3時間程度），別室またはカーテンで仕切られた一角で，専用の寝いす（採血ベッド）を使って行われる．病院で自家採血をするのは大部分新鮮血が求められるときであるから，保存に回されることは少ない（自己血輸血のための採血は別）．
④ 検査：先に述べたような検査を行った後，異常がなければただちに請求部門に送られる．検査のための設備を輸血部内に置かず，検査一式を検査部に依頼している病院もある．
⑤ 観察：採血後，供血者の状態を観察し，飲物などを提供する．

b. 設計例（図7.6）
総病床数300床の一般病院の輸血部である．受付事務室は血液保管室を兼ね，一隅に自記温度計つきの冷蔵庫（4～6℃，非常電源回路に接続）をおいている．採血室には採血用のいすをおく．検査室には，流し，遠心分離器台，顕微鏡台を設けている．

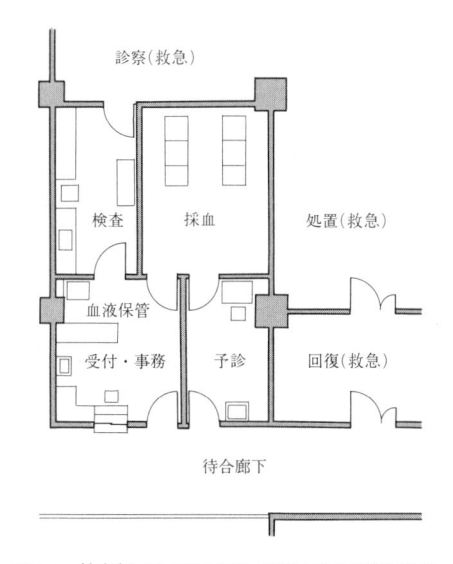

図7.6 輸血部／県立奈良病院（設計：内藤建築事務所）

7.5 栄養部

7.5.1 入院患者の食事
a. 病院給食の特殊性
　病院給食は，ホテルの食事や学校給食とは大きく性格を異にしている。その特異点をあげれば，以下の通りである。

　(1)　原則として，患者ひとりひとりの枕元まで毎度食事を届けなければならない。ホテルにもルームサービスがあるが，それを頼むのはごく一部の客だけで，大半は食堂に出向いてくる。ここから，病院では食事の運搬や保温についての問題が発生する。

　(2)　病人は一般に食欲が衰える。そうでなくても入院していれば運動不足になる。それにもかかわらず，回復のためにはできるだけ栄養をとらなければならない。食欲のない病人にもなんとか食べさせなければならないところに病院給食の難しさがある。

　(3)　治療上の理由から食事にいろいろな制限[16]が加えられることは当然だろう。もともと濃い味つけを好んだ人に減塩食は物足りないに違いない。油っこいものが好きな人がそれを禁じられれば不満だろう。こうした意味での患者給食を，好きなものが自由に注文できるホテルの食事と比較すること自体に無理がある。

　(4)　現行保険制度の下では，給食費は一定額に，しかもかなり低く抑えられてきた。多くの人々にとって，それは平生の食費を下回るものだった（しかし，この点は徐々に改善されつつある）。

b. 病院給食の変遷と問題点
　1)　病院給食　　昔は，食事をはじめ入院患者の生活万般の世話は家族がみるといった形が普通だった。第二次大戦後，占領軍の指導もあって，1948年の医療法施行に伴い患者に対する食事の提供が病院に義務づけられた。以来，栄養部の業務内容や組織体制にはいくたの変遷があって今日にいたった。

　まずは，提供する食事だけで必要な栄養価を保証すべく"完全給食"がうたわれた。次いで，これが医療保険制度に組み込まれ，呼び名も"基準給食"と改められる。"完全"はいかにもおこがましいという反省が当事者の頭にあったのかもしれない。そんな憶測は別として，要は診療報酬の点数を決めるにあたって内容の基準化が必要だったのであろう。ほどなく，特別食に対する加算が認められ

---

16)　ここでいう食事の制限には，より積極的な意味合いにおける食事療法をも含んでいる。

るようになる。

1950年代の中頃から，給食サービスの重要性に着眼した一部の建築研究者によって，厨房の建築計画に関する研究が精力的に展開された。その結果，具体的な設計に関しても数々の提案がなされている。たとえば，床に水をまかないドライ・システムなどが提唱されたが，長い間の因習と古い型式の調理器具に妨げられて普及の速度は遅々たるものであった。病院建築の研究はその後も着実に発展し，今日かなり分厚い層の研究者・設計者を生むにいたっているが，どちらかというとやや地味な栄養部への取組みは少々手薄な感じである。

その後，国の方針も急速に変わりつつある。所要熱量2,000kcal/日の規定がはずされたのは豊かさに伴う現実直視からであろう。適時適温サービスや献立選択方式，さらには患者食堂の設置などへの診療報酬を通じての誘導策は，人々の要求に応えるべき当然の措置であった。基準給食を廃止し食事の一部自己負担が導入されたのは，いよいよ苦しくなってきた保険財政の枠内では，求められている質の高いサービスには応えられまいといった判断からであろう。栄養サービスが保険から完全に切り離される日もそう遠くはないであろうという声もある。

そして，前々からいわれていたことであるが，昨今，院外調理（給食の外注化）への移行があちこちで話題になっている。1996年，法がこれを公に認めたことで議論はいっそう活発になった。

2) 今後の課題　給食を外部に委託するとなれば厨房の建築規模も変わってくることであろう。どう変わるかは外注の範囲による。これに関連して，クックフリーズとかクックチルといった調理方式が導入されれば，当然厨房内の面積配分も変化する。

しかし，外注も現時点ではまだ試行の域を出ず，その得失も十分には整理されていない。したがって，建築設計における対応についても，確定的な指針を示すことは難しい。調理法に関しても，各システムの長短は必ずしも明確にされておらず，現実の採用までにはまだだいぶ距離があるように思われる。

要するに，栄養部のあり方は，今のところきわめて流動的であり，設計に際して，そのつど検討するしかない。ただ，常に"どのような形が患者にとっていちばんよいのか"という原点を見失ってはならない。病院経営上の都合や給食産業のためから出た発想ではないことを改めて確認しておくことが大切だろう。

7.5.2　栄養部の設計

a.　全体計画

1) 所要面積　図7.7は，表3.1にあげた病院について，栄養部の面積（調

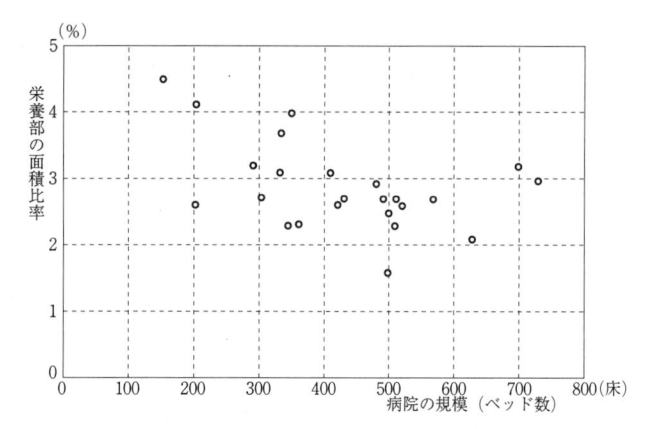

図7.7 栄養部の面積が病院全体の面積に占める比率

理室や栄養事務室は無論のこと，職員のための更衣室・休憩室などをも含んだいわゆるグロス面積）が病院全体の何％になっているかをみたものである．2％から4％にわたってかなり大幅なばらつきを示しているが，大まかにいえば，病院の規模（ベッド数）が増えるにつれて比率の方は小さくなっていく傾向がうかがわれる．栄養部の性格として当然のことであろう．実面積にすると1床あたり1.3～2.3 m^2 である．

2) 占めるべき位置 栄養部の位置としては，食事運搬の点で病棟になるべく近いことが望まれる．しかし，病棟の真下に置いた場合，臭いが問題になることがある．排気設備など十分な技術的対応が望まれる．

配膳と同時に問題になるのが食材の搬入や厨芥の搬出である．この点からすれば，また作業環境の点でも，栄養部としては1階を望みたい．しかし，病院全体の構成からみて，これは必ずしも常に満たされる条件ではない．結果的に多くは地階が選ばれるが，この場合でも十分な広さのドライエリアを確保するなど，できるだけ"地下室"的でない環境づくりを心がけるべきであろう．

3) 給食の方式

a）**直営・院内委託** 一般に広く行われているのは直営方式で，病院の職員が素材から調理し，そのつど病棟へ届ける．これに対し場所的には病院の厨房が使われるが業務自体は外部の企業に委託しているところ（院内委託）もある．

b）**クックフリーズ・クックチル** ベルリン自由大学の冷凍食方式が広く知られていた．調理された食事を冷凍保存し（クックフリーズ），毎食メニューにしたがってそれらを組み合わせ解凍した上で病棟に送る．病棟の小調理室ではこれを温めて各患者に供する．しかし，この方式には過大な設備投資やエネルギー浪

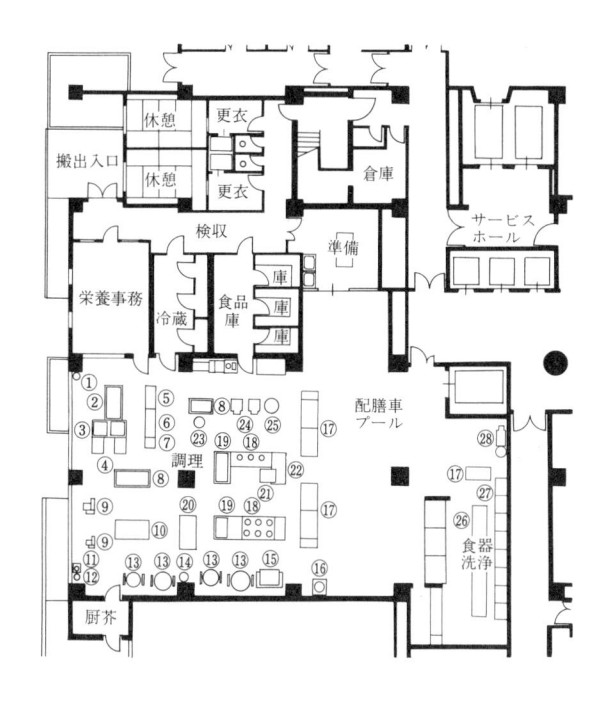

①ポテトピーラー　⑧一槽流し　⑮ティルティングパン　㉒コールドテーブル
②舟形流し　⑨スライサー　⑯フライヤー　㉓スープケトル
③二槽流し　⑩切込み台　⑰台　㉔自動炊飯器
④水切り台　⑪りんご割り器　⑱ガステーブル　㉕かゆ調理器
⑤棚　⑫ミキサー　⑲流しつき台　㉖食器洗浄機
⑥調理台　⑬回転釜　⑳パススルー冷蔵庫　㉗ポータブルシンク
⑦まな板殺菌庫　⑭脱水機　㉑オーブン　㉘塵芥処理機

敷地の傾斜を利用して地階でありながら1階同様の環境条件を確保している。なお，栄養部専用のエレベーターが設けられている。

図7.8　栄養部／大牟田市立総合病院（設計：共同建築設計事務所）

費などの点で批判があり，それほど普及していない。

　その後1970年代末に開発された方式として，調理されたものを急速冷却し，0〜3℃で保存する方式（クックチル）がある（ただし期間は5日程度）。欧米の病院給食方式として普及しつつあるという。

　いずれも，調理作業における1日3度の繁忙ピーク解消や週休2日制の導入など，労働生産性に配慮した方式である。

　c）地域共同化・外部委託　　北欧あたりにみられる方式として，地域のある病院に調理工場をおき，そこからいくつもの医療関係施設に食事を送っている例がある。ここでは品目ごとにまとめて調理し，クックフリーズの方式がとられて

7　供給部門　253

いる。受けた側では，これを冷凍庫におさめておき，あとはそのつど温めさえすればよいわけで，個々の病院の厨房は小さく人手も少なくて済む。ベルリン自由大学が一施設内だけの方式であるのに対して，こちらは同じ原理を広く地域の多数施設に適用した例である。

　経営形態としては異なるが，企業に給食業務を委託するのも広い意味で地域共同化の一種とみてよいだろう。こちらではクックフリーズ方式が主流となる。

　4) 作業の流れ　　栄養部計画の主眼は，材料の搬入から調理過程を経て各病室に食膳が届けられるまでの流れをいかによどみなくさばくかにある。この流れはもちろん単一ではない。たとえば，下ごしらえでは野菜と魚肉とを分け，調理でも普通食と特別食とは流れが別になる。材料搬入に始まる数多くの支流が盛付けにいたって1本に合流するのである（外部委託によってクックチル方式が採用されれば，図7.9の「下ごしらえ」「調理」の過程が「再加熱」に変わる）。

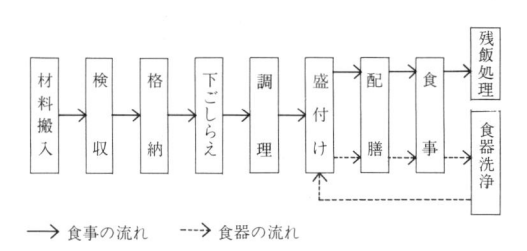

図7.9　給食作業の流れ

　設計の要点は，それぞれの作業スペースを，流れに逆戻りや交錯を生じさせないように配列することにある。

　5) 作業環境と衛生管理　　作業環境に関してはすでに触れたが，具体的には，①十分な天井高の確保，②床の乾式管理への配慮（作業エリアごとに排水孔または限定的な排水溝を設け，広範囲に排水溝を引きまわすことはしない），③適切な空調設備，などがある。

　衛生管理はすべての調理施設において常に周到な気配りがなされているところである。ことにO-157感染症の集団発生は人々に衛生管理の重要性を再認識させた。アメリカでの衛生管理基準HACCP方式[17]の導入が叫ばれているのも当然である。HACCPは食品加工すべてを対象にしたものであるが，病院の栄養部でも取り上げるに値するだろう。

　b. 各室の設計
　1) 検収室・倉庫　　注文にしたがって業者から届けられた材料は，検収（品

---

17)　HACCPはHazard Analysis & Critical Control Point Inspectionの略で，1960年代の宇宙開発に伴って，宇宙食の衛生的安全を確保するために策定された衛生管理技法である。要は，最終製品の点検より，材料の搬入から盛付・配膳までの全過程にわたって，起こりうる危険性をあらかじめ予測・分析して，安全確保のために対処する点に重きをおく方式である。

目・数量・品質などの点検)を受けた上で,それぞれの倉庫におさめられる。ここで,搬入口には直接外部からの車がつけられること,検収室は栄養部事務室からできるだけ近いこと,などが求められる。

倉庫は米,乾物,調味料,冷蔵,冷凍,器材など品目や収納条件によって分けられる。

米の倉庫にはサイロがおかれ,サイロの出口は炊飯コーナーに直結する。

冷蔵庫の利用度は一時代前よりかなり高くなっているので,その容量もそれなりに大きくなければならない。なお,一般的な保存のための冷蔵庫のほかに下ごしらえ室専用の冷蔵庫が求められる。下処理の済んだ材料を調理に移すまでの間保管しておくためである。さらに,クックチル方式が採用されれば,冷蔵庫が栄養部の主体をなすことになる。

器材庫には予備の食器や消耗品・諸雑品が収納される。

2) **下ごしらえ室**　野菜や肉・魚などを下処理する。洗ったり切ったりはもっぱら人手による作業であったが,今やほとんど各種の器械[18]による。さらに,最近は,野菜なら切りきざんだもの,魚なら切身にしたもの,など半加工材料が増えてきた。

作業の流れは,下ごしらえ→一時保管(必要なら冷蔵庫へ)→加熱調理または直接盛付け,という順序になるが,いずれにせよ水を多く使う場所であるから,乾いた部分との境の床面に区切りが必要である。これとは別の観点になるが,調理部分をより清潔な場とみて,そこから下ごしらえ室を区画するよう求められることもある。

3) **加熱調理スペース**　調理の中心を占める部分で,一般調理と特別調理に分けられる。いずれも煮る,焼く,蒸す,炒める,揚げるなど熱を使う作業であるから,煙や臭気の処理や熱の始末が重要である。

　a) **一般調理**　汁物にせよ,そのほかの料理にせよ,調理器具(釜・レンジ・フライヤー・オーブンなど)は大型になる。

　b) **特別調理**　特別食(治療食)の割合は病院によっても異なるが,最近はかなり多くなっている(通常,約40%)。病気に応じて多様な条件が出されるから,必然的に少量多種生産になる。特別調理に最もよく使われる設備はガステーブルである。

4) **炊飯コーナー**　主食(という言葉は今日ではもう適当ではないが)は,常食とかゆに分けられ,これに乳児用の調乳が加わる。

---

[18] たとえば,皮むき機(ピーラー),切りきざみ器(カッター),薄切り器(スライサー),りんご割り器などのほか,より多目的な合成調理器がある。

a）常食　　炊飯は次の手順による。①サイロから自動計量器により一定量の米を取り出す，②洗米機でとぐ，③水を切って一定時間ねかせておく，④容器に分配・水加減ののち炊飯器に入れて炊く，⑤炊き上がったらしばらく蒸らす。
　b）かゆ　　かゆにも重湯・5分がゆ・全がゆなどの別があるが，それらは全体で成人の食数の30％程度を占めている。かゆ釜を使用するが，それ以前の手順は常食と変わらない。
　c）調乳　　調乳は半日分もしくは1日分を一度につくって小児病棟や産科病棟に送る。病棟ではこれを冷蔵庫に保管し，1日6〜8回，時間ごとに温めて乳児に与える。
　調乳作業は次の2段階からなる。①哺乳瓶の洗浄・滅菌（所要器械にはブラシ洗浄機・すすぎ洗い機・オートクレーブがある）。②粉乳を適量の湯で溶いて，冷却したのち哺乳瓶に分注する。
　大規模な調乳室では洗浄の場と調乳の場とを区切り，境に両面扉のオートクレーブを挟んで哺乳瓶の一方通行を図っている。清潔域としての調乳側へは，手洗いを経て出入りする。
　規模が小さい場合には，部屋の片面を洗浄・滅菌，反対側を調乳にあてるような形で，両者をあまり画然と区切らない方が実際的であろう。
　5) 盛付け・配膳スペース　　盛付けと配膳（食事運搬）は適温給食に最も大きく関係する。いろいろな方策が試みられてきたが，現在一応の評価を得ているのは，コンベヤー方式と保温トレイ・保温保冷配膳車である。
　a）コンベヤー方式　　ベルトコンベヤーの両側に保温・保冷食缶カート（惣菜用・汁用・飯用・かゆ用など）を並べ，流れてくるトレイの上の食札をみながら分業で手早く盛り付け，出来た食膳を末端にひかえた配膳車に直接積み込む。一度に集中して人手を要するが，盛付けはごく短時間に済んでしまうから適温を保つのが容易だし，広い場所をとる盛付け台も不要になる，など利点が多い。この方式は1回あたりの食数が300食ぐらいから成立するといわれている。
　b）保温トレイ　　保温性能の優れたトレイが普及しつつある。蓋つきの容器で全体に断熱材を入れてある。内部は飯・汁・惣菜用などいくつかに区切られており，相互にも断熱されている。
　c）保温保冷配膳車　　温かい料理と冷たい料理とをそれぞれ同時に保温・保冷しながら運搬できる電動配膳車が開発され，かなり広く採用されている。
　6) 食器洗浄室
　a）作業過程　　食器洗浄の在来からの手順は次の通りである。
　①　目立った汚れを落とす：残飯受け，排水孔つきテーブル

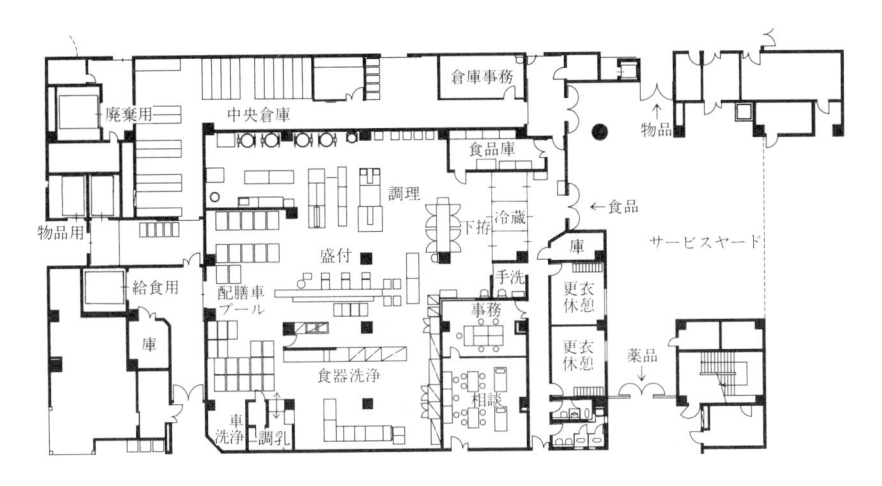

520床病院の1階に位置し（地階はない），西側に接して病院の中央を南北に貫く中央廊下が走っている。
　食材は東側のサービスヤードから搬入され，保管→下ごしらえ→調理→盛付けコンベヤーと西に向かって流れ，給食専用エレベーターにいたる。
　北側にある中央倉庫・材料滅菌室・洗濯室・廃棄物処理室，南側に隣接する薬局などからの搬送をも含め総合的に計画されている。
　栄養事務室の隣は，患者や家族に対する栄養相談・指導室。

図 7.10　栄養部／新潟県立中央病院（設計：佐藤総合計画）

② 温水につけておく：水槽
③ 温水（50～55℃）で洗う：洗浄槽
④ すすぐ：オーバーフロー型水槽
⑤ 薬液に浸して消毒する：消毒槽
⑥ 乾燥する：乾燥保温棚

b） **自動洗浄機**　自動洗浄機でも作業内容は変わらないが，装置に入れる前に食器の仕分けとかご詰めを必要とする。また洗浄機への送り込みと出てきたかごの移動に，スライドテーブルやローラーテーブルが設置される。

なお，自動洗浄機では熱水洗浄と同時に消毒も行われるから，それ以上特別の処置は必要としない。

多くの病院では洗浄済みの食器を保温消毒棚に移しているが，手間を省く意味では直接食器用のカートに入れる方が有利である。特にコンベヤー盛付け方式の場合には，そのまま盛付けラインに据えればよいからである。

c） **残飯処理**　集めた残飯は，粉砕・脱水・圧縮して（あるいはそのまま）冷蔵保管し，随時処理する。

7） その他　以上のほか，直接作業の流れには乗らない部屋として，給食事

務室,更衣室,休憩室(浴室・便所)などがある.

7.6 洗濯室・ベッドセンター

7.6.1 洗濯室
a. 洗濯業務の動向
1) **リネンの種類**　院内で使用される布類(リネン)には,入院患者の寝具類,診療・看護用のリネン,職員の被服などがある.具体的には,①寝具類／敷布団・掛布団・毛布・敷布・枕など[19],②処置用／三角布など,③滅菌材料用／四角布(包布)など,④手術用／手術衣・帽子・患者覆布など,⑤タオル類／タオルケット・清拭用タオル・手拭いなど,⑥おむつ／大人用・子供用,⑦家具・内装／診察台覆布,カーテンなど,⑧職員用被服／診療衣・看護衣・作業衣など,⑨その他／患者の私物など.

最近は処置用・手術用・おむつなどに使い捨て製品が増えてきた.

2) **洗濯の手順**　作業の流れは以下のようになる.

① 検収・仕分け／各部門から回収されてきたリネン類を点検しながら,種類,汚れの程度,色物などにより仕分ける:仕分け容器

② 洗濯・脱水／洗濯機で洗ったのち脱水機に移す.洗濯と脱水を兼ねる機械を採用すれば,移す手間が省け,また床を濡らさずに済む:洗濯・脱水機

③ 乾燥・のりづけ／乾燥機に入れて乾燥させる.一部,シーツ・白衣など乾燥させずのりづけにまわされるものもある:乾燥機,糊煮器

④ 仕上げ／機械または手作業のアイロンによって仕上げる:プレス(白衣,そのほかの制服),アイロナー(シーツ類),アイロン台(小物や形の複雑なもの)

⑤ 補修／仕上げの過程でリネンを点検し,傷みが見つかれば補修にまわす:ミシン

⑥ 折畳み／リネンは種類別に一定の形に折畳む:折畳み機,整理台

⑦ 保管・供給／清潔なリネンを整理保管し,各部の求めに応じて供給する:整理棚

なお,感染症患者に使用したリネン類は,それが使用されたそれぞれの場所(感染症病棟・手術部など)でただちにビニール袋に密封して洗濯室に送る.洗濯

---

19) 一定の基準を満たす寝具を提供した場合,それに見合う額が保険から支払われる(基準寝具).

室では，80℃の湯で10分間の洗濯を行う。

3) **運営方式**　洗濯の運営には次のような方式がある。
① 直営：すべての洗濯を院内の施設で病院の職員が行う。
② 業務委託：院内の施設を提供し，洗濯業務を外部の業者に委託する。
③ 全面外注：洗濯業務の一切を外部の洗濯業者に委託する。
④ リース：専門業者から寝具・リネン・被服などを借りる。洗濯はむろん業者側が自身の工場で行う。

かつては大部分の病院が直営方式をとっていたが，現状では，ごく一部のリネン（たとえば上記の感染症関係リネンなど）以外は外注かリースに頼っている病院が多い。採算的にその方が有利だからである。

4) **地域共同化・外部委託**　一病院単位での洗濯は，かなり大規模な病院の場合でも，設備投資に見合うだけの需要がない。したがって，外注ということになるのが一般的である。

ヨーロッパ各国やアメリカにみられるような，地域ごとの医療用共同洗濯工場を設けるべきであろう。作業を集約し，機械化・自動化を導入することによって採算は十分とれるはずである。

b. **リネン供給室の設計**

以上から，リネン供給のための部屋としては，汚れたリネンの集積・仕分け室，感染症関係リネン消毒室，清潔リネンの保管室，各部への供給準備室と事務室があればよく，実質的な洗濯室はごく小規模なもので足りる。

7.6.2　ベッドセンター

患者が退院すると，そのベッド（マットレスや布団・毛布とも）をベッドセンターに移し，清拭・消毒した上で新たにベッドメイキングをして次の入院患者に備える，といった方式がドイツや北欧の諸国で行われている。かつてはこの作業を病院全体で中央化した形が一般的であったが（だからセンターと呼ばれた），その後消毒室を病棟各階に分散する方式も見受けられ

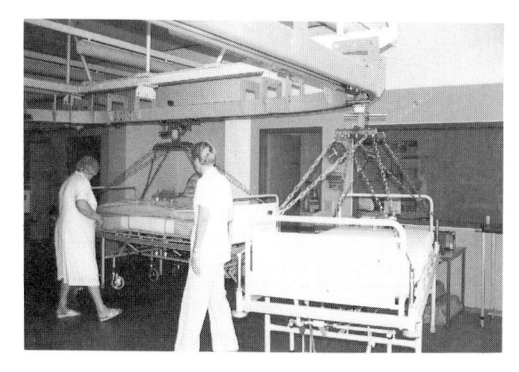

ベルトコンベヤーで運ばれてきたベッドは，洗浄→乾燥→ベッドメイキングの工程を経て保管室で待機する。

図7.11　ベッドセンター／コペンハーゲン市立ハーレブ病院

るようになった。

　わが国では，通常，患者が代わってもベッドやマットレスはそのままである。ベッド清拭についていま一度検討してみる必要があるように思う。

7.7　中央倉庫・ME機器センター

7.7.1　中央倉庫

　従来片隅に押しやられていた倉庫が，物品管理の一元化と供給の体系化が重視されるようになって，改めて見直されている。各部で使われる諸材料・諸物品の購入と保管とをまとめて扱うことによってむだな重複や死蔵をなくし，供給体制をととのえることによってあらゆる請求に円滑に対応するには，中央倉庫の確立がまず不可欠の前提条件となる。

　倉庫には相応の面積が割かれなければならないが，その規模についてはまだ模索の段階である。収容能力は，各部への供給頻度によって変わるはずだ。

7.7.2　ME機器センター

　院内の各部門ではME（medical electronicsまたはmedical engineering）機器をはじめ各種の機器類が多数使われている。その数はますます増えるばかりである。それぞれに専門家が関与している診療部門は別として，問題は病棟にある。これらME機器を，必要とする各看護単位に分散配置したのでは，その使用効率が落ちる，保守管理が行き届かないためいざというときに故障していて使えない，などの問題点が指摘されていた。これを解決するために考えられたのが機器類の一括管理である。

　ME機器センターは臨床工学技士の管理下におかれ，平生から機器の点検・補修にあたるほか，使用に際しての指導・助力も行う。

7.8　電気室・機械室

7.8.1　電気室・機械室の特性

　院内全般に対するエネルギーの供給源として電気室・機械室を供給部の一環と見なすことにはさほど無理はないと思うが，逆に機械室がすべて供給にかかわるとは限らない点で部門の分類としては少々不都合もある。たとえば，エレベータ

ー機械室などがそれである[20]。しかし，これらはさほど大きな要素ではないから一応無視することにし，まずその建築計画にかかわる特性について考えてみる。

(1) 設備はすべて供給源から末端各部にいたるシステムとして成り立っている。したがって，それが院内に占める空間としては中央の電気室・機械室のほか，各所に配される二次（あるいは三次）の分室や各部までの経路（ダクト・配線・配管スペースなど）が重要である。まして設備階や設備廊下を設けるとなると，場合によっては供給源よりも経路の占める空間の方が大きくなることさえあろう。電気室も機械室もシステムの中の一部に過ぎないのである。

(2) 機械室におかれた設備機器の一部は駆動に伴って振動・騒音・熱などを発生する。これらが院内他部門あるいは近隣に迷惑を及ぼすことのないよう，設計上周到な配慮が求められる。

(3) 機器類の寿命は，それをいれる建屋に比べそう長いものではない。したがって，建設の当初から将来の修理・更新についての配慮が必要とされる。このことは前項とともに建築に対するかなり大きな注文であろう。

7.8.2 電気室・機械室の計画

a. 位置と規模

1) 占めるべき位置 電気室・機械室の位置については設計上二つの扱い——建築本体の中に取り込む方式とこれを別棟にする方式——がある。

建築本体の中に組み入れれば，おのずとエネルギー負荷の重心に近くなるから，供給経路における途中損失もそれなりに小さくなり，省エネルギーの観点からも有利である。反面，前にあげた振動・騒音・熱などの問題を抱え込むことになる。また，機械の更新・増設にはあらかじめしかるべき準備を必要とする。

別棟にした場合の長短は上述の逆になる。エネルギー棟から本館までの途中におけるエネルギー損失は無視できない。しかし，そこから発生する音や熱の処理は比較的容易になる。特に保守や交換・増設などへの対応については問題が少ない。ただ，わが国の現状では，敷地面積が十分でないこともあって，別棟型はそう多くない。

2) 所要面積 電気室・機械室の占める面積を既存の例についてみると，エネルギー供給にかかわる部分だけをとってもほぼ10％前後になっている。そのほかにも，たとえば太陽熱利用を積極的に進めようとすれば（建築の面積にはかかわりがないとはいえ），屋上が機器によって占められるなど設備面からの重装備

---

[20] エレベーターも配膳用・物品搬送用なら供給にかかわりがあるといえようが，乗用エレベーターなどについてはそれがあてはまらない。

化はさらに進む。

b. 各室の計画

1) 電気室

　a）受変電　　電力会社から高圧電力の供給を受け，各部の使用条件に応じ変圧してそれぞれに分配する。病院の規模や建物の広がりなどから，必要があれば二次変電室をおくこともある。

　契約容量2,000kW（設備容量でいえば3,000kWまたはそれ以上になる）以上では特別高圧受電が求められる。特高受電になると施設面でも建設費の面でも急に水準が上がるが，最近はある規模以上の高機能病院では特高受電が一般化しつつある。それだけ電力需要が増加したということであろう。

　設計にあたっては，防火的な配慮のほか，仮にも上階から水漏れの可能性があるような場所は避けなければならない。

　b）自家発電　　手術室の照明や未熟児保育器の電源など絶対に停電が許されないところが病院には数々ある。したがって，受電は2系統からというのが原則である。しかし，それとは別に，病院には自家発電設備が不可欠である。その運転に伴う振動・騒音と排気の処理には特に留意を要する。たとえば発電機の設置にあたっては緩衝材を挟むことで建築躯体への振動伝播を防ぎ，また室全体をコンクリート壁と気密扉で固めることで遮音を図り，排気は消音器を介して屋外へ導くことなどである。

　以上のほか，非常用の直流電源として蓄電池が準備されるが，これも別室に囲うのが普通である。

　c）コジェネレーション方式

　非常時だけでなく，平常時の電力をも自家発電でまかない，それにより生ずる排熱を冷暖房や給湯などに利用しようというコジェネレーション方式が一部の病院で採用されている。意図するところは省エネルギー（利用効率は70～80％に達するという）にあるが，昼夜を通して電気と熱を必要とする病院には有利だという。ただ，このシステムだけに頼ろうとすると電気と熱の所要バランスをとるのが難しく，今のところ商用電力との併用が一般的である。

2) 機械室　　供給関係の機械や設備の主だったものを以下に列記する。

　a）熱　源　　ボイラー室に十分な給気と上階に対しての断熱が必要なことはいうまでもない。関連機器としてはヘッダーや各種のポンプ類がある。なお，需要の季節的・時刻的変動に対応して，熱の有効利用を図るためアキュムレイターや蓄熱槽などが設けられる。

　b）空　調　　空調に関連しては冷凍機，冷温水発生機，空調機，熱交換機，

冷却塔，冷温水ポンプなどがある。また，給気・排気のため各種のファンが必要とされる。

　c）給水・給湯・排水　　主要機器は水槽とポンプである。貯水槽および給水槽はいずれもその周壁・天井面・底面の保守点検が外側から容易にできるように設置されなければならない。これを屋内におく場合にはかなりの空間を要することになるが，敷地の制約が大きい都市病院の場合，屋外に用地を割くのに比べれば屋内に取り込む方が得策であろう。院内各部への給湯のためには貯湯槽がおかれる。

　大規模病院では，中水設備を設けることが望ましい。

　d）医療ガス　　酸素（呼吸管理・麻酔用），笑気[21]（麻酔用），窒素（脳外科・整形外科などの手術器械の動力源）など医療用のガスを配管によって必要な場所に供給する。また，吸引（手術や重症患者の治療用）と圧縮空気（麻酔そのほか）の配管も各部[22]に必要とされる。

　酸素・笑気・窒素の供給室はボンベ運搬車が直接接近できる位置におき，そこからマニフォールドを介して各室に配管を導く。ただ，最近は酸素の消費量が増したので，ボンベに代えて液体酸素タンクをおく病院が多くなった。この場合，安全上タンクの位置（建物からの距離）について高圧ガス取締規則による制約がある。

　このほかに，都市ガスや高圧蒸気の供給が検査部・材料滅菌室・栄養部・洗濯室などから求められることがある。

　3）　監視室　　ここには以上の機器類の運転状況をみるための監視盤が置かれる。なお，監視室に接して仮眠室・浴室などを設ける。エレベーターの運行監視や火災監視をも含めて防災センターと併設することもある。

7.9　廃棄物処理施設

　廃棄物の処理は，本章のはじめにも書いたように，いわば負の供給である。その重要性については改めて述べるまでもない。廃棄されるべきものの種類に応じてそれぞれ適切な対策をたてる。

---

[21]　亜酸化窒素 N_2O
[22]　手術部・分娩部・ICU・重症病室・救急部など。そのほか検査部・放射線部などで患者に万一の危険が予想される処置を行う場所では救命用に酸素・吸引の配管を準備する。最近は一般病室でも1〜2床に1か所の割でこれを設けている例が多い。

病院から出る廃棄物には次のような特徴がある。
(1) 注射器・検体容器・輸液セットなど最近の医用材料には使い捨ての製品が多い。その分廃棄物が増えるだけでなく，大半がプラスチック製であるから，処理方法にもそれなりの配慮を必要とする。特に注射針などは危険性を伴うから当然別にまとめて処理されるべきであろう。
(2) 病原菌で汚染されたものはすべてビニール袋等で密封してから搬出しなければならない。
(3) 診療用 RI 廃棄物や毒薬・劇薬の排出も病院に特有である。それぞれに厳格な法規制があるから，それにしたがって処理されることになろう。
　以下，廃棄処理の対象別に塵芥，廃液，排気の順で施設計画の概要を述べる。

7.9.1　塵　芥
a.　処理の手順
1) ごみの種類　　塵芥（ごみ）の内容は多様であるが，これを処理方法に従って分類すると次のようになる。
① 可燃性ごみ：紙屑，ガーゼ，脱脂綿など。
② 不燃性ごみ：ガラス（空瓶・注射薬アンプル），金属（空缶・注射針），陶磁器など。
③ 粗大ごみ：医療機械・事務機器など。これらについては前もって廃棄処分のための書類的手続を必要とするものが多い。
④ 焼却可能ながら別途処分するもの：新聞紙・ダンボール（再生のため業者が回収する），ゴム・プラスチック類（自家焼却不適），病理標本（自家焼却不適），実験動物の屍体（自家焼却不適），厨芥・残飯（業者により回収），RI 汚染廃棄物（放射線障害防止にかかわる法規制がある）など。
⑤ 感染性廃棄物：注射針，汚染ガーゼ，透析材料など血液の付着したもの。

2) ごみの流れ
　a）収　集　　ごみは発生場所ごとに分別収集するのを原則とする。発生量の最も多い病棟の場合，各看護単位ごとにごみ置場を設け，そこに新聞・雑誌の受箱や可燃・不燃別のごみ箱（ポリボックス類）をおくことがすでに一般化している。看護関係では，使用済みの注射器やガーゼ・脱脂綿などをそれぞれ特定の容器に収集する。給食部に厨芥・残飯のための低温保管庫を設けている病院も少なくない。
　b）搬　送　　各所のごみを集めて回る運搬手段として最も広く使われているのは手押し車，時に電気自動車である。その際，上下交通はエレベーターに頼ら

ざるを得ないから，中規模以上の病院では，そのほかの用途とも兼ねて業務用エレベーターを準備すべきである．

　各部に投入口を設け，真空搬送によってごみを中央処理施設に集める方式[23]が一部の病院で試みられている．この方法だと人手による搬送の問題が解消するから人件費の面などで有利であるが，設備費・維持費ともかなり高価である．

　c）集　積　　まとめられたごみはいったん所定の場所に集積される．分別収集が徹底していればここで仕分けをすることはあまりないが，それでも大型容器への移し替えとか中間処理（紙屑の圧縮やガラスの粉砕など）の作業があるから，集積場は直接屋外作業のためのサービスヤードに続き，しかもできるだけ十分な広さを確保するようにしたい．さらに運営面では，なるべく搬出回数を多くして集積時間の短縮を図るべきであろう．排出されるごみの量は，病院によって大きなばらつきがみられるが，ある調査例では1日1床あたり約20lで，その30～40％を紙類が占めていた．

b. 処理の方法

1) 自家焼却　　すでに述べたように，ごみのうち相当部分が可燃性である．しかし，大気汚染防止法との関係から，多くの病院はすでに自家焼却をやめている．

2) 一般廃棄物と産業廃棄物　　廃棄物処理法では，家庭からの生活系廃棄物を"一般廃棄物"，事業所などからの事業系廃棄物を"産業廃棄物"と呼んで扱いを別にしている．すなわち，前者については通常自治体が収集処理を行い，後者に対しては事業者の責任において処理することを求めている．病院は事業者と見なされるが，多くはその処理を自治体の指定する廃棄物処理業者に委託しているのが実情である．

3) 業者委託　　廃棄物の種類により，それを扱う業者も異なる．

　新聞・雑誌類は，周知のように，再生のため専門回収業者が引き取る．

　不燃性のごみや粗大ごみ，そのほか一般的な可燃性のごみもすべてそれぞれの業者に委託する．

　手術室や解剖室から出た病理標本については，葬儀社に依頼して火葬場で焼いてもらっている例が多い．

　研究室をもつ病院では実験動物の屍体が出るが，その焼却についても外部に委託するしかない．

　核医学検査で使われた試薬瓶・使い捨て注射器などのRI汚染物は，核医学検

---

[23] これとは別に清掃用の真空集塵配管を院内全体にめぐらす方法がある．汚染空気を後方に排出しながら使用される真空掃除機の欠点を嫌ったものであるが，それほど普及していない．

査室内の廃棄物貯蔵施設に保管しておいて専門機関の処理にゆだねる。

7.9.2　廃液と排気

a.　廃　液

病院が公害源になることは許されないから，廃液の処理については特に厳格でなければならない。

(1)　**放射性廃液**　核医学検査室からの放射性廃液は減衰槽および希釈槽（ともに六面点検が可能なこと）を通し許容濃度以下にしてから放流する。放射性物質の使用量が増加するにつれ，これら処理槽の容量も大きくなるから，その設置場所を決めるにあたっては慎重な配慮を必要とする。処理槽の位置が病院の将来発展を妨げるようなことがあってはならない。

(2)　**検査室廃液**　検査室からの有害廃液は次の三つに大別できる。すなわち，水銀・クロムなどの重金属とシアン・ひ素などの毒物，および石炭酸・クレゾールなどの有機化合物である。対策としては，有害物質の使用制限と原点処理[24]を原則とすべきであろう。なお，それ以外の検査室排水についても，中和槽を通してからでなければ放流は許されない。

(3)　**現像廃液**　X線診断部から出るフィルムの現像廃液は銀を回収する目的で業者が引き取るから，適当な容器に入れて保管しておくのが普通である。

(4)　**その他の廃液**　水質汚濁防止法の規制などもあって，一般に排水の基準は相当に厳しい。近くに下水道のない場合，放流先によっては相当大規模な浄化槽を設置しなければならないこともある。この建設費とそのための用地とは，場合によりかなり大きな負担になるであろう。中水は負の供給を再び正の供給に還元しようという発想で，一部の大病院で比較的早い時期から採用されてきた。今後さらに積極的な対応が望まれるところであろう。

b.　排　気

(1)　**一般排気**　各部からの排気口については，外気取入口や冷却塔との位置関係が十分に検討されねばならない。なお，汚染された取入空気により生じたと思われる事故[25]も内外にいくつかみられる。

(2)　**放射性排気**　核医学検査室で気体のRIを使用する場合，その排気は高性能フィルターを通しRI濃度を許容値以下に落としてから放出する。

---

24) すべての有害物質は，それを発生させた場所で責任をもって処理すべきであるとする考え方。
25) たとえば，アメリカで発生し世界の注目を集めた"在郷軍人病（重度の大葉性肺炎の一種）"など。

7.10 供給センターの計画

供給センターの意義については，この章のはじめに述べた。供給をシステム化するといっても，7.2から7.9にあげた各種のものをととのえる業務自体に特段の変化があるわけではない。建築計画的にあえて整理すれば，病院全体を通じて搬送の問題を総合的に考えることにつきる。

7.10.1 搬送の条件

各部からそのつど必要なものを取りにくるのでは，それぞれの業務が円滑には運ばないだろうし，またそれは最近の専門業務確立の方向と相いれない。供給センターを中心に搬送業務を組織化し，必要なものが必要なときに届けられる体制がぜひとも確立されなければならないのである。

a. 定時搬送と臨時搬送

搬送が組織化された場合，すべての物品は曜日や時刻を定めて送られることになろう。搬送担当者の勤務体制や搬送設備の稼働時間からして当然である。しかし，それ以外に臨時の請求が発生することもまたやむをえない。特に患者の容態の変化に応じて予想外の薬品や滅菌材料が求められることは避けられないだろう。

定時搬送は比較的まとまった量になるが，あらかじめ決められた時刻に運べばよい。それに対して臨時搬送は，少量ながらなるべく早くという形になる（実際には一刻を争う緊急の要求はごくまれで，請求もれによる追加などが多いのではあるが）。難しさは，一種類の搬送設備でこの両方の要求にこたえさせようとするところにある。臨時請求への対応いかんが供給センターとしては一つの重要課題になるだろう。

臨時搬送を少なくするには，あらかじめゆとりをもって諸物品を配布しておけばよいのであるが，それは供給部の趣旨に反し，必然的に不経済につながる。計画を綿密に立て，物品の配置量を最少に抑えながら，しかも臨時搬送をできるだけ減らす方法を工夫すべきである。

b. 一括搬送と品目別搬送

送り先の部門別に各種の物品をまとめて1台（量が多ければ当然数台）の運搬車に積み込む一括搬送方式と，品目ごとに別の搬送体系を組む品目別搬送方式とがある。搬送を組織化し，特に機械搬送を導入しようとする場合には，いずれをとるか慎重な検討を必要とする。

c. 供給関係以外の搬送

物品供給以外にも搬送が問題にされるものがある。診療録（病歴）・X線フィルム・処方箋・各種伝票などいわば情報系のものと，検査部へ送られる検体とである。この章の主題からははずれるが，いずれも搬送の扱いが重要なものであるから以下設備についてはこれらをも含めて述べる。

7.10.2 搬送手段と搬送設備
a. 搬 送 手 段

搬送の手段としては，人手による方法と機械を利用する方法とがある。

1) メッセンジャー方式　人手に頼るといっても，病棟の各看護単位や外来部の各科から看護補助者が取りにくる方式は，最近ではようやく少なくなりつつある。供給部側に専任のメッセンジャーをおき，スケジュールにしたがった組織的な搬送が行われるべきであろう。人手による搬送が融通性そのほかの点で機械搬送よりも数段優れていることは改めていうまでもない。

運搬用具としては，一般に手押車[26]が主流を占めているが，搬送量の増加に伴って，一部の病院で使われている電動式ワゴンや電気自動車の実績が認められるようになってきた。いずれの場合でも上下交通はエレベーターによる。また，供給センターには十分な広さの車だまりが必要である。

2) 機械搬送　人手をできるだけ節減し，機械で間に合う仕事はなるべく機械に肩代わりさせようというのが最近の傾向である。しかし，病院の場合，特に大規模な搬送設備を導入しようとすると初期設備費・運転費・点検補修費などがかさみ，人件費との均衡は意外に難しいようである。しかも機械化したからといって搬送の人手を全くなくすわけにはいかない。積込み・送出しなどの作業があるからである。

3) 情報系と検体の搬送　診療録など情報系の搬送には，後に述べる小型搬送機が比較的よく使われているが，これも今後は電算化されてものの形を失うであろう。

検体については一部で搬送機（ボックスコンベヤーなど）が活用されているが，総体には人手による搬送が主流を占めている。ただ，手術部と病理検査室との間には，清潔管理上人の往来に制約が加えられることもあって，気送管やダムウェ

---

[26] アメリカの家具会社が開発した方式に手押車と搬送容器とを総合的に設計したものがある。搬送容器は届け先の各室でそのまま収納戸棚として使われる。容器には一定期間（1日または数日）の使用予定量がセットとして組込まれており，期間が過ぎれば未使用のものがあっても容器ごと交換される。戻ってきたセットの内訳で使用量ができる。

イターによる検体搬送の例が比較的多くみられる。
b. 搬送設備
以下，現在採用されている搬送機械について概説する。
 1) **小型搬送機** 普及度の比較的高い設備を一覧にしたのが表7.2である。
 2) **大型搬送機** わが国で大型の搬送機を採用している病院はまだ少ない。前述したような問題点をはらんでいることと，大型設備の利点を生かせるほどの大病院が少ないことによるものと思われる。結局のところ，品目の多様な割に量はさほどでもなく，徹底した機械化には乗せにくいということであろうか。

 いずれにせよ，既成の設備やシステムがあるわけではないから，病院ごとの条件にあわせてソフトウエアともども設計されることになる。実地に行われているシステムは，次の方式の組合せであるが，それらの始点・終点・途中接続点には適宜人手を挟むこともありえる。
 a) 水平方向
 ①大型搬送容器（ワゴンもしくはコンテナ）を吊り下げ，チェーンコンベヤーに

表7.2 小型搬送設備

機　　種	可搬寸法 (cm) 長×幅×高	可搬重量 (kg)	速　度 (m/min)	概　　　　要
①ベルトコンベヤー	―	―	―	単に水平ベルトの上に載せて送るものと，2枚のベルトの間に挟んで垂直方向にも送れるものとがある。
②気　送　管	10 4φ 〜×〜 40 8φ	0.1〜1.0	500〜600	多点間を配管で結び，搬送物品をいれた気送子（円筒型）を空気圧によって送る。単に2ステーション間を往復するものと，多数のステーション間を相互に自動選択で結ぶものとがある。書類・伝票のほか小さな物品や検体を送ることもできる。
③自　走　台　車	35 30 〜×12×〜 45 40	8〜10	25〜35	搬送容器自体がレール上を走る。水平・垂直・背面走行も可能で，搬送中水平保持が必要な場合は補助具を用いる。カルテやX線フィルムの搬送に使われている。
④垂直コンベヤー	50×30×20	10〜15	15	各階を結ぶ垂直チェーンコンベヤーによって特定のかごを一定間隔で運ぶ。水平方向にはベルトコンベヤーを使用する。薬品や滅菌材料，一部で検体の搬送に使われている。

よって運ぶ。②レールに沿ってみずから駆動装置を持った台車を走らせ，それに大型搬送容器を載せるかまたは吊る。モノレールに似た機構である。③無線誘導により大型自走車を運行させる（図7.12）。

　b）垂直方向　　エレベーターまたはダムウェイターに自動積込み・自働送出し装置を設けて，各搬送容器をそれぞれの目的階まで運ぶ。

供給センターを出た自走車は，幅の広い地下道を通って，それぞれ指示された部門へ向かう。

図7.12　無人搬送車（フディンゲ病院，ストックホルム）

7.10.3　設　計　例

　図7.13は400床の地域中核病院の供給センターである。乗用エレベーターとはホールを別にした大型エレベーターのうち1台は通り抜け型で，その両面にサービスホールを設けている。この階（1階）では，北側のホールに面してSPD事務室が窓口を開き，隣接して運搬車だまりと運搬車洗浄コーナーがおかれている。供給の業務運営には大幅にコンピューターが取り入れられているが，搬送は運搬車を使ったメッセンジャー方式である。

　運搬車だまりを囲んで，薬品庫，ME機器センター，中央倉庫，材料滅菌室，

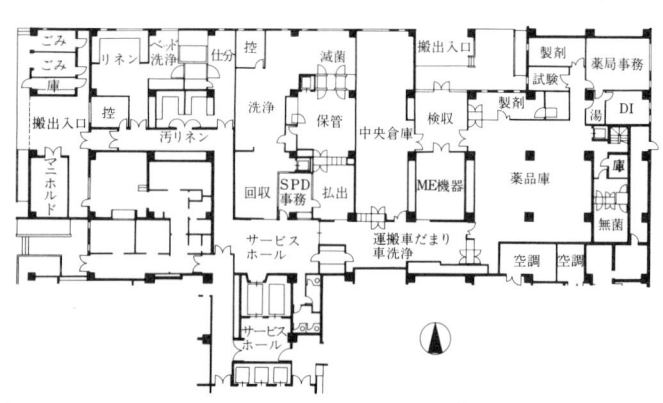

図7.13　供給センター／大牟田市立総合病院（設計：共同建築設計事務所）

270　病院の設計

リネン室,塵芥集積庫などが並び,反対側は2つの搬出入口(北と西)に続いている。

8 管理部

　管理部は，直接診療行為にはかかわらないが，病院全体の円滑な運営を図る上で重要な部門である。内容は大きく運営関係と厚生関係の二つに分けることができる。以下，まずはじめに所要室一覧を掲げ，続いてそれらのうち特徴的な部屋のみについて若干の説明を加える。いずれも大病院を前提にして記述するが，中小病院においてはそれらのうちいくつかが適宜縮小省略されることになろう。

　なお，各室の計画に必要な職員数などの資料は 2.2 にあげた。

8.1 運営関係の諸室

8.1.1 管理

　大規模な病院では，院長を総括責任者とし，診療面を副院長に，経営面を事務長に，看護面を看護部長に，それぞれ分割委任して運営管理にあたっているのが一般的である。これら管理中枢にある幹部の諸室は相互に密接な連携を必要とするから，それを補佐する一般事務室や看護事務室などをも含めてできるだけ一群の構成とする。それが占めるべき位置については特に厳しい条件はないが，病院としては対外的な関係もあるので，外からも接近しやすい場所を選びたい。

　夜間当直には医師（内科系，外科系，産婦人科，小児科，そのほか），事務員（医事担当），薬剤師，検査技師，X線技師などを必要とする。すべてをまとめて当直センターとし，病棟や救急部の近くに置けば運営上も管理上も利点が多い。

8.1.2 医局

　医師の仕事の場は外来部・病棟・診療部門など院内全般に広がっているが，ごく一部の医師以外は，そのいずれにも固定した居所をもっているわけではない[1]。

　医師の院内における拠点をまとめて，執務・研究・休息の場にしたのが医局[2]

表 8.1 運営関係の所要室

区　　分	所　　要　　室
管　　理	院長室，秘書室，副院長室，応接室 事務長室，一般事務室（庶務・経理・人事・用度・企画・家政など），印刷室 看護部長室，看護事務室 夜勤婦長室，当直室（医療・事務） 会議室，講堂
医　　局	医長室，医員室，研修医室，休憩談話室，医局事務室，診療会議室
医 療 事 務	医事事務室（外来事務，入退院事務）
情　　報	病歴室，図書室，写真室（撮影・現像） 電算機室 電話交換室
医療社会事業	面接(相談)室，事務室
霊　　安	霊安室，遺族控室
保　　安	防災センター，警備員室
そ の 他	営繕工作室 清掃員控室 車庫，運転手室

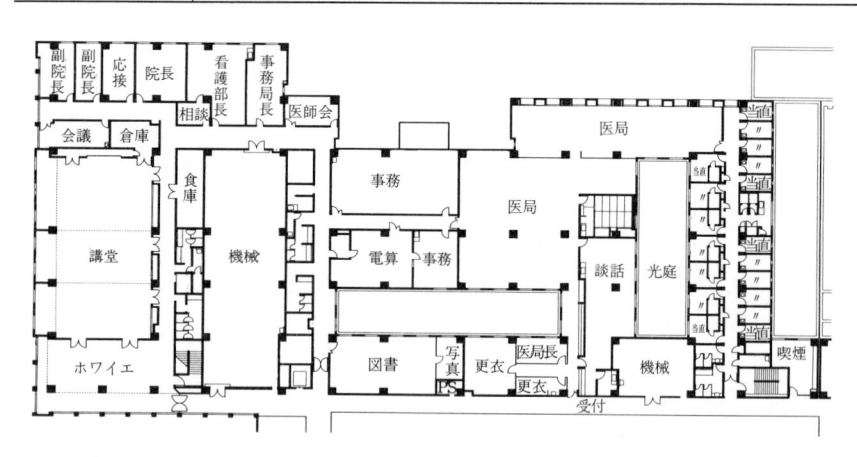

図 8.1 管理部／八戸市立市民病院，610床（設計：久米設計）

1) 診療の場に居所を占めているのは，通常，検査部・放射線部など診療各部の部長と麻酔医ぐらいである。
2) 医局という語は大学病院の臨床医学教室で使われた言葉であるが，第二次大戦後，一般の病院でも「医師の控えている場所」をこう呼ぶようになった。

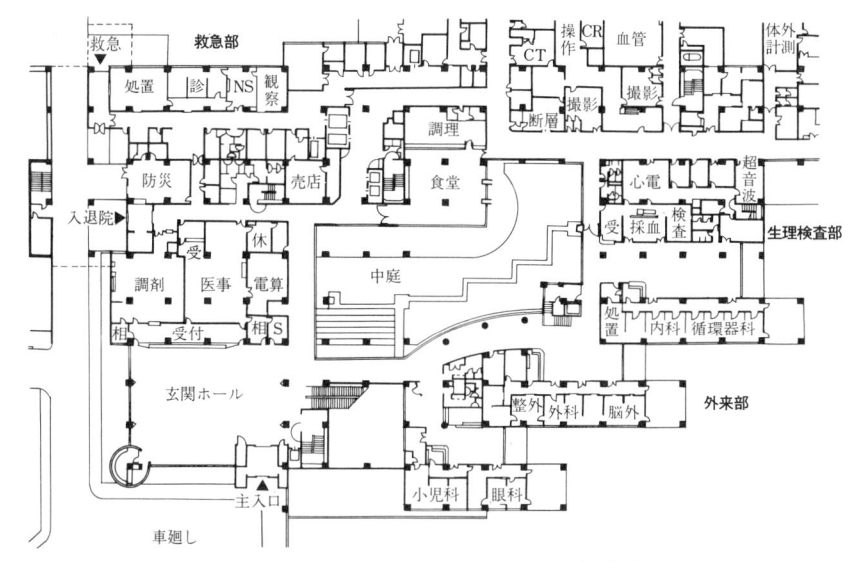

図8.2 医事事務室／多摩南部地域病院（設計：東京都営繕部＋横河建築設計事務所）

相：相談，S：ソーシャルワーカー

である．通常は各科の医長のために個室を準備し，一般の医員は相部屋に各個の机と書棚を並べる形が多い．休憩・談話のための場所は，それとは別にする．また，診療会議や症例検討会のための部屋を，事務系の会議室とは別に設ける．

8.1.3 医療事務

　医事事務室は，外来患者と入退院患者に対する窓口であるから，外来玄関と入退院玄関の双方に接していることが望ましい（図8.2）．しかし，普通はそれができないことも多い．その場合には，入退院事務室を別にするか外来窓口の分離もやむをえないが，これも大病院でないと人手の面で成り立ちにくい．

8.1.4 情　報

a．病　歴　室

1）**病歴管理**　病院内における医療情報の中心は病歴[3]である．その意味で，今日病歴室の位置は相応に認められるようになった．かつて病歴は医師個人の診療上の心覚えもしくはメモに過ぎなかったが，今や科学的な診療を行う上で，特に病院では専門を異にする医師相互が協力診療の実をあげるために，欠くことの

---

[3] 診療にあたって医師が書く記録を医師法では"診療録"と名付けているが，慣例で"病歴"もしくは"カルテ"と呼ぶことも多い．

できない資料となっている。しかも，一度ある病院にかかった患者の病歴は，何年か後に再び受診する際必ず参照されるから，診療の一貫性という点でも意義が大きい。そのほか，医学研究・疾病統計・医療訴訟など，いろいろな面で貴重な情報源である。

医師法（第24条）でも，病院または診療所の勤務医の書いた診療録についてはその管理者に対し，勤務医以外の診療録については医師自身に対して，5年間の保存を義務づけている[4]。しかし，実際には大半の病院が永久保存を建前にしている。

このような趣旨からすれば，1患者1診療録が原則であろう。しかし，わが国の現状では，ほとんどの病院が入院と外来の診療録を別にしている。理由の第1は，外来患者が圧倒的に多いことにある。すべての診療録を一元的に扱ったのでは，入院患者の分が膨大な量の外来診療録の中に埋もれてしまって利用上不便だというのである。第2には，外来患者の疾病には医学的に重大な意味をもっているものが少ないことがあげられている。だとするならば，比重の異なる入院診療録とは別にした方がかえって都合がよいであろう。第3には，外来部への通院では診療の終点が明確でないことが指摘されている。つまり，一過程の継続診療に関して入院の場合のようなまとめがつけにくいのである。

入院診療録は，患者が入院中はそれぞれの病棟の看護勤務室におかれ，退院後病歴室に移される[5]。外来診療録は，1日あたりの外来患者数が1,000人程度までなら一括して受付近辺に置いて管理した方が効率的であるが，反面，診療各科への搬送に手間と時間を要する。1日1,000人以上もの患者がある病院では，各科ごとに分散して管理する方が有利であるとされて

日本の病歴室に一般化している格納棚。病歴の検索・抽出・返還がすべて自動化されている。

図8.3　病歴室

---

[4]　病院に対しては，これ以外に「病院日誌，各科診療日誌，処方箋，手術記録，検査所見記録，エックス線写真並びに入院患者及び外来患者の数を明らかにする帳簿」について2年間の保存を義務づけている（医療法施行規則第20条）。

[5]　入院していた患者が退院後引き続き外来部に通院するような場合には，入院中の診療の総括である退院時抄録の複写が外来診療録に添付される。これによって診療の継続性が保たれるから，実際上ほとんど支障は生じないという。

いる．ただし，これも外来診療の予約制が一般化すれば事情が変わってくる．
　さらに，病歴の電算化（いわゆる電子カルテの採用）が進めば，当然のことながら，保管や搬送の問題は根本的に変化する．

2) 病歴室の設計　　病歴室は，専任の診療情報管理士の管理下におかれ，すべての退院患者の診療録を対象とする．内部は整理事務・閲覧・保管の3部分からなるが，このうち保管スペースは特に大きな面積を要し，しかも年々増加していく診療録にどう対応していくかという問題を抱えている[6]．
　外来診療録についても，数か月以上来院していない患者の分は別の棚に移すなどの整理をして，日々の作業を容易にすべく病院ごとに工夫が試みられている．最近，特に中規模以上の病院では，病歴の検索・抽出・返還と搬送の自動化が目立つ．

b. 図　書　室

　資料を利用する側からすれば，図書室と病歴室は共通の性格をもった施設である．したがって，建築的にも両者はごく近く，しかも医局から便利な場所を選びたい．図書室は司書の管理下におかれ，内部は病歴室と同じく整理事務・閲覧・保管の3部分からなる．
　またこれとは別に患者用の図書室を設け，ワゴンによる病棟巡回サービスを行っている病院もある（厚生関係の諸室というべきか）．

c. 電 算 機 室

　ほかの多くの分野と同様，病院でも電算機の導入が急速に進みつつある．適用範囲は病院管理面と診療業務面の二つに大別できるが，そのいずれにおいても情報のシステムはいよいよ活発化していくことであろう．具体的な活用の例としては次のようなものがある．
(1)　病院管理面：外来・入院の患者登録，診察・検査・入院の予約，保険基金に対する診療報酬請求事務，供給部門関係の請求・供給手続と物品管理，給与計算ならびに経理業務，病院運営に関する統計処理など
(2)　診療業務面：診療録をはじめとする院内医療情報の管理，検査・診断・治療計画への応用，救急体制・地域医療情報のシステム化など

8.1.5　医療社会事業

　医療社会事業は medical social work の直訳で，医療費の支払に関する相談，そのための家族や勤務先との連絡調整，福祉関連機関の斡旋など事務的な仕事の

---

[6] 診療録・X線フィルムなどのマイクロフィルム化が早くから提唱されているが，これを軌道に乗せている病院は少ない．

ほかに，患者や家族の心理的，経済的な悩みをはじめさまざまな問題についての相談などを主な業務とする。これを担当するのがソーシャルワーカー（あるいはケースワーカー）である。

部屋は面接室と小さな事務室とがあればよいが，面接室については患者や家族のプライバシーに対する配慮が重要である。場所としては，医事事務室の近くが適当であろう。

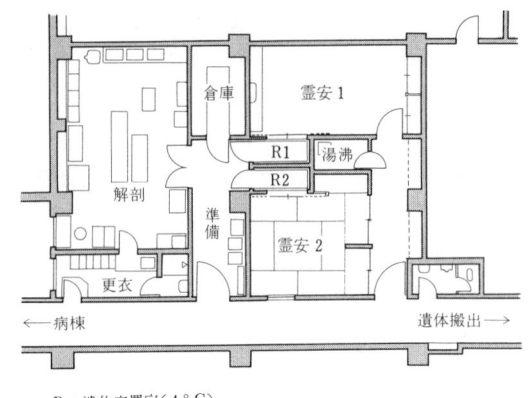

図8.4 霊安室／武蔵野赤十字病院（設計：浦辺建築事務所）
R：遺体安置室（4°C）

8.1.6 霊 安 室

霊安室は遺体を安置し丁重に弔うところであるから，できるだけ一般の目に触れないように配慮しながら，しかも温かみのある設計でありたい。位置としては病棟からのエレベーターに近く，外部への搬出に都合のよいところを選ぶ。また，解剖室に隣接させる。

8.2 厚生関係の諸室

厚生関係の諸室には，患者や見舞客のための施設と職員のための施設とがある。いずれも，わが国の現状（表8.2）は，欧米の病院に比べ格段に貧弱であ

表8.2 管理部の面積比率（%）

病院名（病床数）	運営関係	厚生関係
町 立 A (150)	6.6	4.5
市 立 B (200)	6.7	4.0
〃 C (201)	10.1	1.9
〃 D (290)	6.6	4.0
〃 E (304)	10.5	4.9
〃 F (330)	9.5	4.5
厚 生 G (333)	8.6	4.6
市 立 H (344)	9.6	4.2
県 立 I (349)	8.8	3.2
職 域 J (357)	12.6	5.8
市 立 K (411)	8.3	4.2
社 保 L (420)	7.6	4.4
日 赤 M (427)	14.8	3.8
〃 N (480)	7.8	6.0
県 立 O (493)	9.9	3.0
市 立 P (500)	7.8	4.0
〃 Q (502)	10.1	3.7
都 立 R (508)	10.4	2.4
職 域 S (510)	12.7	2.7
学 法 T (518)	11.1	3.4
農 協 U (567)	12.5	3.8
学 法 V (630)	13.6	3.6
市 立 W (700)	11.1	3.8
県 立 X (730)	13.5	2.6
府 立 Y (801)	12.6	3.2

る。われわれの経済水準が欧米並み，あるいはそれ以上になったといわれる今日，これらの部門もおのずから充実の方向に向かうことであろう。表8.3は所要室の一覧である。

表8.3 厚生関係の所要室

区　分	所　要　室
患者と見舞客のための施設	一般食堂，喫茶室，売店，自動販売器コーナー，理容室，美容室，託児室
職員のための施設	看護婦更衣室，看護婦仮眠室，職員更衣室，職員休憩室，職員食堂，クラブ活動室，保育所

8.2.1　患者と見舞客のための施設

a.　一般食堂
外来患者や見舞客，付添い，そのほかの来訪者のために食堂・喫茶室が必要である。職員食堂とは分離して，経営を外部に委託することが多い。

b.　売店
日用品一般を扱う売店は，付近に手ごろな商店がない場合，扱う品目も増え，面積もかなり大きなものになる。なお，自動販売機についてはあらかじめ設置場所を決め，周辺が乱雑にならないようにすべきである。

花類の売店は見た目にも美しいし，扱う業者も異なるので，日用品の売店とは別に，入退院や見舞客の出入口近辺におくのがよい。

c.　その他の諸室
以上のほかに理容室や美容室，場合によっては郵便局や銀行[7]の出張所もほしい。欧米諸国の病院には，外来患者や見舞客の連れてきた幼児を感染から守るため玄関脇に託児室を設けている例がある。

d.　ホスピタルモール
従来の病院がもっていたイメージ

彫刻やオブジェとともに植物をふんだんに取り込んだモールの両側には数々の店舗が並んで街並みの賑わいを醸し出している。

図8.5　ホスピタルモール／スウェーデンのエーレブルー地域中核病院

---

7) 最近は自動現金引出装置の設置が急速に増えつつある。

の暗い部分を払拭し，明るく親しみのもてる雰囲気をつくるために，外来患者や見舞客の主要動線を含む通路に空間的なゆとりをもたせ"病院らしからぬ"街並みの演出（いわゆるホスピタルモール）を試みている病院が増えてきた。世界的な傾向である。モールに面して，上にあげたような諸室（食堂・喫茶室・花屋・売店・理美容室・銀行・郵便局など）を並べている。

8.2.2 職員のための施設

a. 看護婦更衣室

看護婦は人数が多く，着替えも全身的になるので，十分な広さをもった専用の更衣室を設ける。職員の出入口に近く，しかも常に管理の目が届く場所を選びたい。

更衣室に接して仮眠室を設ける。交代勤務によって出・退勤時刻が深夜になる場合のためである。おのおの個室を原則とする。

b. 職員食堂

病院職員の仕事は一般の職場に比べて緊張を要する場面が多く，精神的ストレスも大きいから，食事のときぐらい解放されてくつろげる場所が必要であろう。たとえば，最上階や別棟などにしかるべき環境づくりが望まれる（図8.6）。

c. 保育所

子どもをもつ職員のために保育所をおく病院が増えた。病院本体の中に取り込んだ形，職員の出入口に近く別棟にしたもの，隣接敷地に独立させて建てた例などいろいろであるが，できれば屋外保育も可能な庭がほしい（図8.7）。

日の字型平面の高層棟は二つのアトリウムをもち，一方はエントランスホールに，他方は食堂にあてられている。

図8.6　職員食堂／ボルチモア退役軍人病院

乳児から学齢前までにわたる本格的な保育所で，遊び庭もかなり広い。

図8.7　保育所／J.C. リンカーン病院

9　専門病院と大学病院

　結核療養所や精神病院など，限られた疾病だけを対象とするいわゆる専門病院はかなり以前からあった。これらは，第1に，病気の性質上ほかの疾病とは別に扱いたいというところから出たものであろう。第2には，専門の病院を設けなければならないほど患者数が多い，あるいは多かったということもある。たとえば"亡国の病"といわれた結核の病床数は，1950年代の中頃，わが国の全病床のほぼ半分近くを占めていたし（それが20世紀末にはわずかに2％となった），精神病のベッドはいまだに病院病床数の4分の1近くを占めている。

　これとは別に，個人の経営する私的な病院も多くは専門病院の形をとる。みずからの病院を設立しようとするとき，自分がかつて学んできた専門領域に力点をおいた病院を志向するのは至極当然のことであろう。われわれが身近に知っているあれこれの私的専門病院は，いずれも院長個人の力量によって世間一般の評価を得てきたものである。

　しかし，この章でまず第1に取り上げたいのは，問題とされる疾病に対してさらに突っ込んだ取組みを目指す病院である。問題になる疾病という点からすれば，ただちに死因の上位を占めるがんとか心臓や脳血管の疾患などが浮かんでくる。突っ込んだ取組みということになると，当然，いろいろな分野からの専門家を集めた総合的・研究的な病院でなければならない。がんセンター，循環器病センターなどがそれらの代表として広く人々に知られている。これについての概説が 9.1 である。

　さらには周産期・小児・リハビリテーションを専門にする新しい形の病院も誕生した。そして，高齢化社会を迎えて老人を対象とする病院のあり方にも数々の問題が投げかけられている。9.2〜9.4 ではそれらの病院を順に取り上げる。

　9.5 では，はじめにも触れた精神病院について述べ，最後の 9.6 で，大学病院について略述する。

9.1 がん病院と循環器病院

9.1.1 日本人の死因
a. がん病院の誕生と発展

がんは，1981年，それまで日本の死因の第1位を占めていた脳血管疾患に代わって首位に出て以来，年々2位との差を広げつつある。

日本でがんに対して早くから先駆的な活動を展開してきた専門病院第1号は財団法人癌研究会である。その創立は1908年にさかのぼるが，1934年早くも東京の

表9.1 がん専門病院

病院名	所在地	病床数[*1]	病院の性格[*2]	地方がんセンター[*3]
国立札幌病院	札幌市	520	C	○北海道
青森県立中央病院	青森市	714	D	
岩手県立中央病院	盛岡市	685	D	
宮城県立がんセンター	名取市	358	A	○東北
山形県立成人病センター	山形市	639	D	
茨城県立中央病院	友部町	475	C	
栃木県立がんセンター	宇都宮市	200	A	
群馬県立がんセンター東毛病院	太田市	316	C	
埼玉県立がんセンター	伊奈町	300	A	
千葉県がんセンター	千葉市	316	A	
国立がんセンター東病院	柏市	375	A	
国立がんセンター中央病院	東京都中央区	600	A	
東京都立駒込病院	東京都文京区	752	C	
財団法人癌研究会付属病院	東京都豊島区	512	A	
神奈川県立がんセンター	横浜市	415	A	○関東
県立がんセンター新潟病院	新潟市	450	C	○北陸
富山県立中央病院	富山市	660	D	
愛知県がんセンター	名古屋市	500	A	○中部
国立名古屋病院	名古屋市	778	D	
福井県立成人病センター	福井市	665	D	
滋賀県立成人病センター	守山市	466	B	
大阪府立成人病センター	大阪市	500	B	○近畿
兵庫県立成人病センター	明石市	400	A	
国立呉病院	呉市	650	C	○中国
山口県立中央病院	防府市	525	D	
国立病院四国がんセンター	松山市	360	A	○四国
国立病院九州がんセンター	福岡市	419	A	○九州

[*1] 精神病・結核などの病床を除いた病床数。
[*2] A：がんを専門とする病院，B：がんや循環器病などを専門とする病院，C：がんに力点をおいた病院，D：がんと循環器病に力点をおいた病院。
[*3] 政府はがん診療体制の整備を目途に，国立がんセンターを中心に全国9地区に地方がんセンターを指定した。○印は各地区のがんセンター。

大塚に本格的な研究所と付属病院とを建設している。これらの施設は第二次世界大戦の爆撃によって大きな痛手を負ったが，戦後再びよみがえって，国立がんセンターが設立されるまでの間約20年近くわが国唯一のがん専門病院として，そしてその後も現在にいたるまで，研究面・診療面の第一線で数々の業績をあげてきた。

　国立がんセンターが発足したのは1962年である。施設は，旧海軍軍医学校とその付属病院の建物を改装し，一部に放射線治療棟などを付け加えただけの間に合わせ建築であったが，職員は全国から選りすぐられた人材をもって構成され，たちまちわが国におけるがん研究の中心的地位を占めるにいたった。建築も診療面・研究面での業績があがるにつれ，おいおいに増改築されて今日に続いている。

　その後，愛知県，千葉県などをはじめ，いくつかの地方自治体でもがん病院の設立がみられ，1990年代末には全国で計27施設をかぞえるにいたった。これを一覧にしたのが表9.1である。

b. 循環器病院の発足

　がんに続いて，わが国の死因の2位・3位は心臓と脳血管の疾患によって占められている。そのわりには，専門病院設立に関する国の動きは遅かった。大阪府吹田市に国立循環器病センターが完成したのは，がんセンターに遅れること15年の1977年である。循環器疾患の診療については，内科的にも外科的にも以前から多くの大学や病院で研究が進められており，相応の業績があげられてきたが，基礎的な研究から臨床応用にいたるすべての分野をおおう総合施設の誕生は世界的にみても画期的なことであった。県立の専門病院としては，がんよりさらに少なく，兵庫県立姫路循環器病センター，秋田県立脳血管研究センターなどがあるにすぎない。

c. 成人病センター

　表9.1にあげた病院の中に成人病センターと称する病院がいくつかある。成人病[1]とはわが国独特の用語であるが，その主体はがんと循環器疾患で，これらを専門に活発な診療・研究を行っている病院としては，大阪府立成人病センターが有名である。府立成人病センターの発足は1959年にさかのぼる。その点で戦後の専門病院の先駆的存在であった。ただし，最初は循環器部門だけで，2年後の1961年にがん部門を増設した。循環器については国より20年近く，がんについても国より先んじていたことになる。その後，1968年に胃の集団検診，1974年に循

---

[1]　"成人病"は，最近"生活習慣病"と呼ばれている。

環器検診の両部門を開設，1977年の全館にわたる大改修とともに新病院500床の増築を行った。1999年現在，研究部門の改築が進行中である。内容の充実に併せて地道に発展してきたのである。

9.1.2　施設の特徴
a．がん病院
1) がん病院の条件　施設を特徴づける最大の条件は，がんにはまだ未解決の問題が山積しているということである。ここから二つのことが求められる。研究部門の併設と機能の不確定性にかかわる建築面での対応である。

第1点，研究の必要性については今さら述べるまでもないだろう。

第2点に関して，現段階ではまだ診断や治療の方法も確立されているとはいえない。今後，模索を繰り返しながら変わっていく可能性が多分にある。このように不確定的であり，かつ変動の予想される働きを盛る器としての建築のあり方についてはすでに触れた（3.5.4）。多翼型の建築形態や設備廊下の考え方は，そもそもがん病院の計画から生まれたものである。そして，それはやがて一般病院の建築形態にもつながることとなった。

2) 計画の要点　がん病院計画の要点を研究・診断・治療の現段階に即していうならば次のようになる。

　a）病　棟　①一般の病棟より個室の割合を多めにする。②RI病室や無菌病室を設ける（4.11参照）。③ICUを充実する。④緩和ケアに配慮する。

　b）外来部　①他施設からの紹介患者が主たる対象になる。②化学療法など，通院治療の比重が大きい。

　c）診療部門　①検査部：全般的に内容の充実が求められるが，検体検査に関しては特に細胞診と病理検査，ひとの検査では内視鏡・超音波などの比重が大きくなる。②放射線部：X線診断・核医学検査・MRIを中心に画像診断機能の向上が求められる。放射線治療に関連して開創照射についての配慮も必要とされる。③手術部：化学療法や放射線治療も併用されているが，現状における治療の主流はやはり手術である。④リハビリテーション部：がんの治療成績が高まるにつれリハビリテーションの必要性も大きくなりつつある。乳がん手術後の上肢運動訓練や喉頭がん手術後の発声訓練，直腸手術後の人工肛門にかかわる生活指導などである。リハビリテーションが患者の精神面に及ぼす効果も見逃せないという。

　d）研究部門　機能変化の最も激しいのは研究部門であろう。ここでこそ設備階とか設備廊下といった発想が正当化されるはずである（図9.1）。

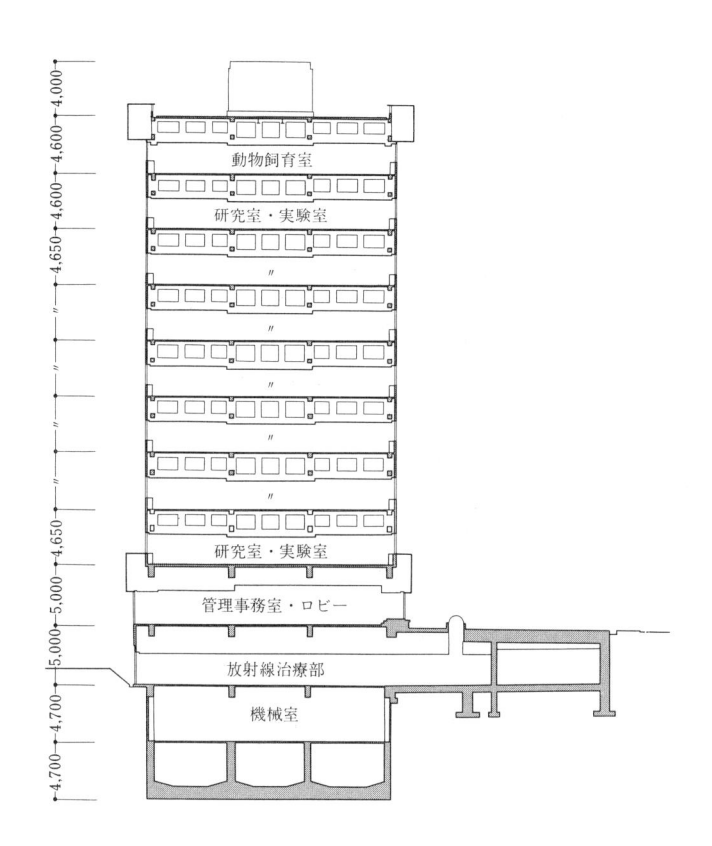

各階にフィーレンデール梁を採用し、そのふところを設備階にあてている。
図9.1 国立がんセンター研究所・断面図（設計：厚生省医務局整備課）

3）設計例　図9.2は千葉県がんセンターである。機能の成長・変化への対応をうたって提案された平面（多翼型）であったが、本書旧版の同番図（増改築以前）と比較されたい。

b. 循環器病院

問題の所在や計画の大筋はがん病院の場合とほとんど同じといってよい。
以下、現状に即して計画の要点を拾ってみよう。

　a）病　棟　当然のことながらCCUの充実が求められる。これに付随して院外患者の搬送体制（救急救命士の充実）が重要である。

　b）診療部門　①検査部：超音波・心電図検査室の充実はいうまでもない。②放射線部：心血管撮影・心臓カテーテル関係諸室の充実。また、核医学検査室ではRIを使った血流動態の検査などが行われる。③手術部：人工心肺を使った

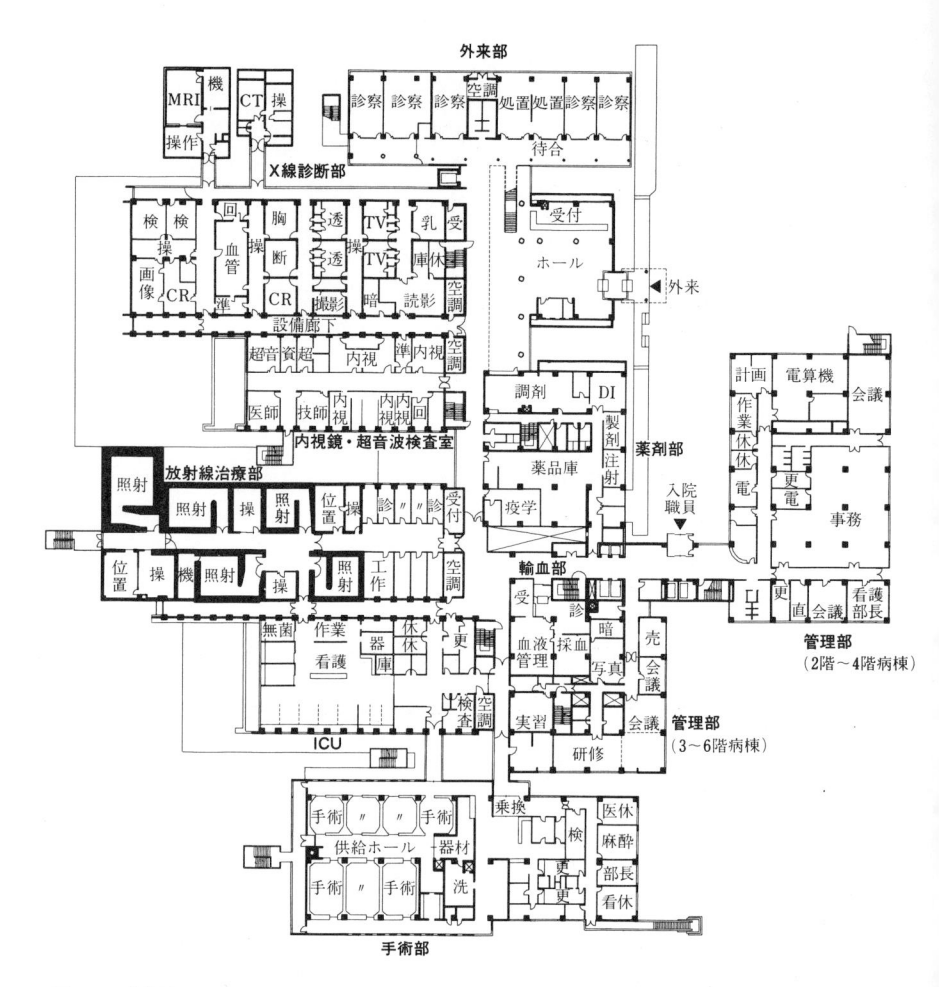

図 9.2 千葉県がんセンター・1 階平面図
／千葉市（設計：吉武・浦・西野・伊藤，増改築設計：田中西野設計事務所）

高度の手術が一般化した。やがては心臓移植手術や人工心臓の適用なども，期待されている。このためには施設面でより厳格な清潔管理が必要とされる。④リハビリテーション部：治療効果が顕著になるにつれ治療後のリハビリテーションの必要度が高まりつつある。たとえば，国立循環器病センターには心臓専門のリハビリテーション室がおかれている。

9.2 小児病院と周産期医療センター

9.2.1 小児病院の誕生と問題点

a. 小児病院の意義

子どもの医療は成人に対するそれとは異なる。成人にはすでに日常化された手術であっても，それをそのまま新生児や乳児に適用することはできない。レントゲン1枚撮るのにも，成人の場合には考えられない工夫がいるようだ。それに最近は小児外科や周産期医療の発達に伴い，以前なら失われていたであろう生命を救えるようになったし，また昔は運命としてあきらめられていた先天性異常による疾患なども，そのいくつかは未然に防げるようになった。それだけ医療は高度化し，同時に専門病院の必要性も大きくなった。

b. 小児病院の歩み

こうした背景のもとに，わが国で初めての国立小児病院が誕生したのは1965年である。よそでは手に負えないような病気をもった子どもたちに対して高度の医療を行うとともに，小児医学の基礎的・臨床的研究を推進し，かつ，診療・看護をはじめ各分野の人材を養成することを使命としている。以前にも小児内科の専門病院や肢体不自由児・小児結核などの病院はあった。しかし，小児医療にかかわる総合的な病院としてはここが最初である。国立小児病院は，その後の医療の発展に対応すべく，現在，出産にかかわるすべての医療をも一体化した施設（国立成育医療センター）として，21世紀初頭の開院を目指して工事中である。

その後，1970年代に入るといくつかの県・市がこれに続き，1990年代末には全国で20病院近くをかぞえるにいたった（表9.2）。

c. 通院距離と宿泊施設

上に記したような小児専門病院は，いずれもかなり大きな診療圏をもっている。したがって診療を受ける側からすれば，遠くて通院が困難ということもあり得る。事実，病院の近くに宿泊して診療を受けている例が少なからずあるようだ。最近，そのことに関する経済的負担の問題が取り上げられるようになった。家族のための，あるいは親子ともどもに利用できる低料金宿泊施設の必要性が認められるようになったのである。

アメリカでは，昔から，病院の隣接地に病院自体が利用者のためのホテルを置いたり，一部の企業が利益の社会還元という形で母子に対して宿泊施設を提供している例がある。日本の政府もようやくその種の事業に対して援助の手をさしのべることになったようだ。

表9.2 小児病院

病院名	所在地	病床数	
北海道立小児総合保健センター	小樽市	105	
茨城県立こども病院	水戸市	100	
群馬県立小児医療センター	勢多郡北橘村	98	
千葉県立こども病院	千葉市	200	
埼玉県立小児医療センター	岩槻市	300	
国立小児病院	東京都世田谷区	400	(成育医療センターに発展)
東京都立清瀬小児病院	清瀬市	303	
東京都立八王子小児病院	八王子市	90	
東京都立母子保健院	東京都世田谷区	116	
神奈川県立こども医療センター	横浜市	299	(ほかに母性30床)
静岡県立こども病院	静岡市	200	
長野県立こども病院	南安曇郡豊科町	100	(ほかに周産期計画中)
滋賀県立小児保健医療センター	守山市	100	
大阪府立母子保健総合医療センター	和泉市	265	(ほかに母性100床)
兵庫県立こども病院	神戸市	192	(ほかに母性 22床)
国立療養所香川小児病院	善通寺市	300	(ほかに重症心身障害児200床)
福岡市立こども病院・感染症センター	福岡市	190	

d. 周産期医療センター

従来は，妊娠から出産までは産科の領域で，新生児についても特段の異常がなければ退院までは産科の管理下におかれるのが一般的であった．無論，生まれた子に異常や病気が見つかれば，その時点で小児科に移された．しかし，最先端の医学は新生児を出生前からその管理下におこうというところにまで視野を広げつつある．このことによって，異常出産や新生児死亡を格段に少なくすることが可能になったのである．

産科と小児科の境界領域にまたがるこの新しい分野は周産期医学（perinatology）と名付けられたが，そこには当然未知の問題が山積している．これらの解明を目指し，生まれてくる子どもたちすべての幸せを願って設立された研究的な専門病院が大阪府立母子保健総合医療センターである．病棟は，母性50床×2看護単位，新生児（NICUを含む）60床，乳児25床×2，幼児30床×4，循環器35床からなっている．

その後，表9.2にもみられるように，同じような趣旨の病院がいくつか増えた．

9.2.2 小児病院の建築計画

a. 看護単位構成

主体部分を占める病棟について，まず決定しなければならないのが看護単位構

成であろう．看護単位の分類軸としては年齢と病種（または診療科）の二つがある．いずれをとるか，もとより設計者の決め得る問題ではない．現状では，病院ごとに二つの軸を多様な組合せで併用している（表9.3）．

表9.3 小児病院の看護単位構成

病院名 （略称）	看 護 単 位（病床数）
北海道	新生児 (30)，ICU (5)，乳児 (35)，幼児 (35)
茨 城	NICU (9)，新生児 (24)，ICU・乳児 (15)，内外科系混合 (22)，内外科系混合 (30)
群 馬	未熟児・新生児 (30)，乳幼児内科系 (40)，乳幼児外科系 (28)
埼 玉	未熟児・新生児 (40)，幼児・学童 (47)，幼児・学童 (47)，循環器 (30)，内科 (31)，内科 (35)，外科 (30)，外科 (34)，救急 (6)
清 瀬	NICU (6)，未熟児・新生児 (20)，内科系 (23)，内科系 (26)，内科系 (28)，外科系 (26)，外科系 (29)，整形外科・泌尿器科 (36)，腎臓 (34)，結核 (75)
神奈川	NICU (15)，新生児 (34)，新生児乳児外科 (26)，乳児内科 (26)，幼児内科 (24)，学童内科 (24)，幼児外科 (26)，学童外科 (24)，脳神経外科・ICU (19)，循環器 (26)，感染症 (15)，精神療育 (20)，精神療育 (20)，母性 (30)
静 岡	未熟児・新生児 (30)，循環器・ICU (22)，乳児内科 (28)，乳児外科 (30)，幼児学童内科 (34)，幼児学童外科 (34)，感染症 (22)
長 野	未熟児・新生児 (25)，内科系 (40)，外科系 (35)，周産期（未定）

b. 教育施設

一部分慢性疾患をも収容する場合には，学童・中学生に対して教育施設を準備しなければならない．院内学級を設けている病院や隣接敷地に養護学校を置いて慢性病棟との間を渡り廊下で結んでいるところなどがある（図9.3）．

c. 設計例

小児病院の例を図9.4に示す．この病院は，周産期病棟を併設する小児100床の病院である．敷地約5 ha，延べ面積11,500m²．

入口ホールから一直線に北へ伸びる廊下の左右に薬局，外来部，そのほかの診療各部門がつき，遊び庭を挟んでその西側に平行して走る廊下に病棟と供給部とがつく．この2本の幹線廊下はそのまま北へ伸びて周産期棟に続く．

回廊に囲まれた遊び庭は，イメージ的にもこの病院の中心空間である．

病棟は中庭を囲んだロの字型平面で，1階を内科系40床（無菌病室3床を含む），2階を外科系35床（集中治療病床4床を含む）にあてている．NICU 10床を

含む新生児病棟（25床）は，北に続く周産期棟に近く，供給部の上階におかれている。

外来部は1日平均40人の来院を見込んで設計されており，診察室は大まかに南列を外科系，北列を内科系といった程度に割りふるだけで，各ブースは各科の交代共用としている。

外観にも，赤い勾配屋根，シンボルとしての時計塔，アーチ型の窓や三角形の天窓など，数々の親しみを呼ぶ演出が試みられている。

図9.3 埼玉県立小児医療センターに隣接する養護学校
病院との間をガラス張りの渡り廊下で結んでいる。

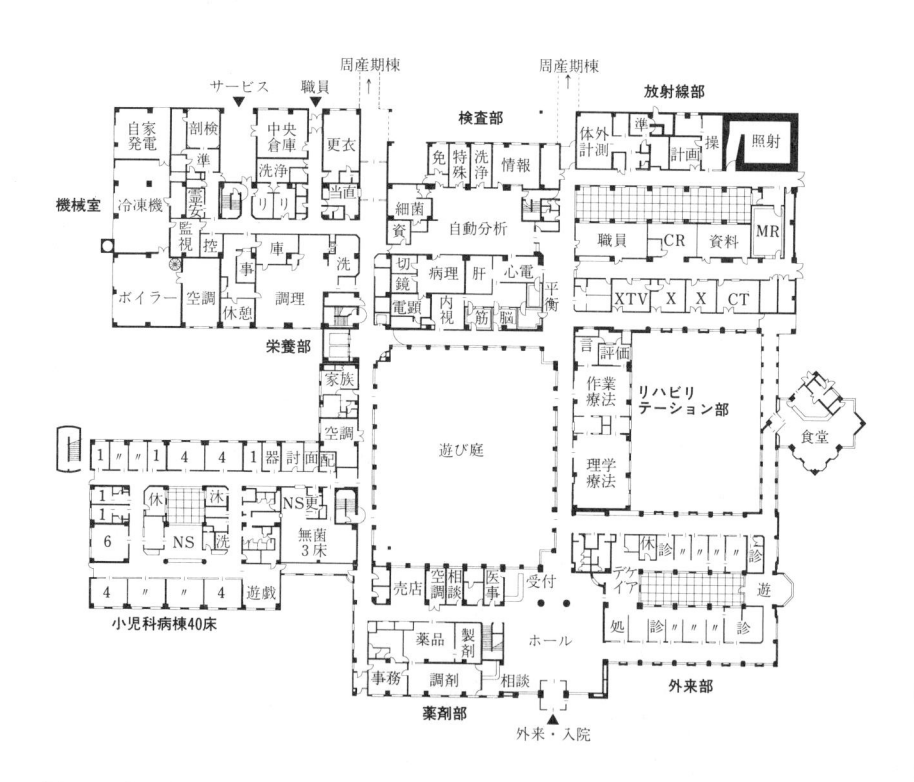

図9.4 長野県立こども病院（設計：田中建築事務所）

9.3 リハビリテーション病院

9.3.1 リハビリテーションの体系化

　リハビリテーションとは，心身になんらかの障害を受けた人をさまざまな側面から援助して，できるだけ良好な状態に回復させる過程を指すとされている。対象者としては，肢体に運動障害のある人，視覚または聴覚障害者，呼吸器・循環器そのほかの疾患による障害者，精神障害者などがあるが，このうち精神障害については 9.5.2 で取り上げる。

　リハビリテーションは，医療・職業・教育・社会など各分野にかかわりをもち，関連する施設の種類も多い。①医療：発病時または事故の直後には，当然まず医療が中心となり，医学的リハビリテーションとしての治療・看護・訓練が行われる。その場としては，一般病院のリハビリテーション部が中心になる（特にベッドサイド＝リハビリテーションの重要性が強調されている）。この段階で目標が達成されることも多いが，初期治療を終えてもなお日常生活に困難を伴うものはリハビリテーション専門病院に送られる[2]。②職業：就職や復職に関しては職能評価・職業訓練・職業紹介などを内容とする職業的リハビリテーションが必要になる。それには専門病院・障害者更生施設・授産施設・職業訓練施設・職業紹介施設などがかかわる。福祉工場のような保護的作業場（シェルタード＝ワークショップ）もある。③教育：子どもの場合には障害のいかんにかかわらず教育を欠くことができないから，各種の障害児施設や養護学校ではリハビリテーションが教育と不可分の関係におかれている。④社会：障害者が社会生活に復帰するには，リハビリテーションのさらに広範な拡大を必要とする。すなわち，住宅・公共建築・道路・交通機関などの整備（バリアフリー化）や身の回りの世話などの福祉的サービスも含まれなければならない。

　以上のような広がりをもつリハビリテーションが十分に機能するためには，各種施設の体系化が前提条件となる。その体系の中で個々の施設が担うべき機能が明確に位置づけられ，それら相互の密接な連携があって初めてリハビリテーション本来の目的が達成されることになろう。

　リハビリテーション病院は，すでに述べたように，一般病院での急性期リハビリテーションの後を受けた専門的・継続的施設として位置づけられる。対象とする疾患を，主として脳卒中や脊髄損傷だけに限定している病院もある。

---

[2] 二木立氏によれば，脳卒中の場合，8割は一般病院のリハビリテーションだけで2～3か月以内に帰宅でき，リハビリテーション病院に移されるべき患者は1割程度だという。残り1割は障害の重いことと家庭に受入れ態勢がないためナーシングホーム的な施設に送られている。

9.3.2 計画の要点
a. 全体計画

入院が比較的長期にわたることから，それなりの生活環境が求められ，できれば広い敷地がほしいところである．しかし，そのために都市からあまり離れた場所が選ばれるのは好ましいことではない．他施設との関係や社会との接触が希薄になりかねないからである．わが国では従来から好んで温泉地が選ばれてきたが，リハビリテーションの中で温泉そのものがもつ効果や意義はさほど大きなものではないといわれている[3]．

計画に際して重点がおかれるのは病棟とリハビリテーション部であろう．それ以外の診療部門は，いずれも小規模なもので足りる．外来部も普通は比較的小さなものになろう．

車いす使用者や歩行困難な患者に対するきめ細かな配慮が病院全体に行き届いていなければならないことはいうまでもない．

b. リハビリテーション部

基本的には 6.5 で述べた通りであるが，内容は一般病院の場合より充実したものになるだろう．

病院によっては前職業訓練部門をおいて，職能開発に向けて準備段階の訓練を行っているところもある．職業適性を見きわめ，それに向けて機能の回復や開発を図ろうというのである．施設としては作業療法室に準じて考えればよい．

体育館や屋内プールを設けている例が多い．運動による筋力・体力の増強のほかレクリエーションにも使われる．

最近ではリハビリテーション工学に基づく新しい補装具や補助具の開発が盛んである．この研究には身障者の動作を上下左右からビデオにとって解析する動作分析室などが必要とされる．この種の施設は日常生活動作能力の評価判定や指導にも活用できる．

c. 病棟

病室をはじめとして食堂，デイルーム，便所，浴室など病棟内の生活施設を充実することが求められる（その意味で，法的には療養型病床群にしているところが多い）．日常の生活行動そのものが直接機能回復につながっているからである．

ベッド間隔，食卓まわりの空き，便所の広さ，廊下幅など各部の寸法に車いすへの配慮が必要である．このため病棟の面積は一般病棟の場合よりやや大きめになる．

---

[3] 日本は温泉の豊富な国だし，また日本人は温泉好きだから，一概に温泉地を否定することもないが，リハビリテーション病院に昔ながらの"湯治場"のイメージを重ねることは誤りであろう．

d. 設　計　例

　図9.5は，岩手県立のリハビリテーションセンターである。敷地は約3 ha，延べ面積8,249m²，ベッド数100床で脳血管障害を主たる対象とする。

　正面玄関に続くアトリウムは2層分の吹抜けとなり，全面が電動ルーバー付きのガラス屋根でおおわれ，床には暖房が埋込まれている。寒さの厳しい冬に対して"患者のため"を意図した空間である。ここに面して，総合受付やリハビリテーションの窓口が開かれ，売店，図書コーナー，銀行，美容室などもおかれている。

　入って左手に外来部，検査部，放射線部が並び，右手にリハビリテーション部が伸びる。そのまま進めば病棟にいたる。

　病棟は1，2階にわたるが，各看護単位50床を二つずつのサブユニットに分け，それぞれに看護のためのサブステーションをおき，食堂，談話室なども別々にしている。50床は集団として大きすぎるとの判断であろう。

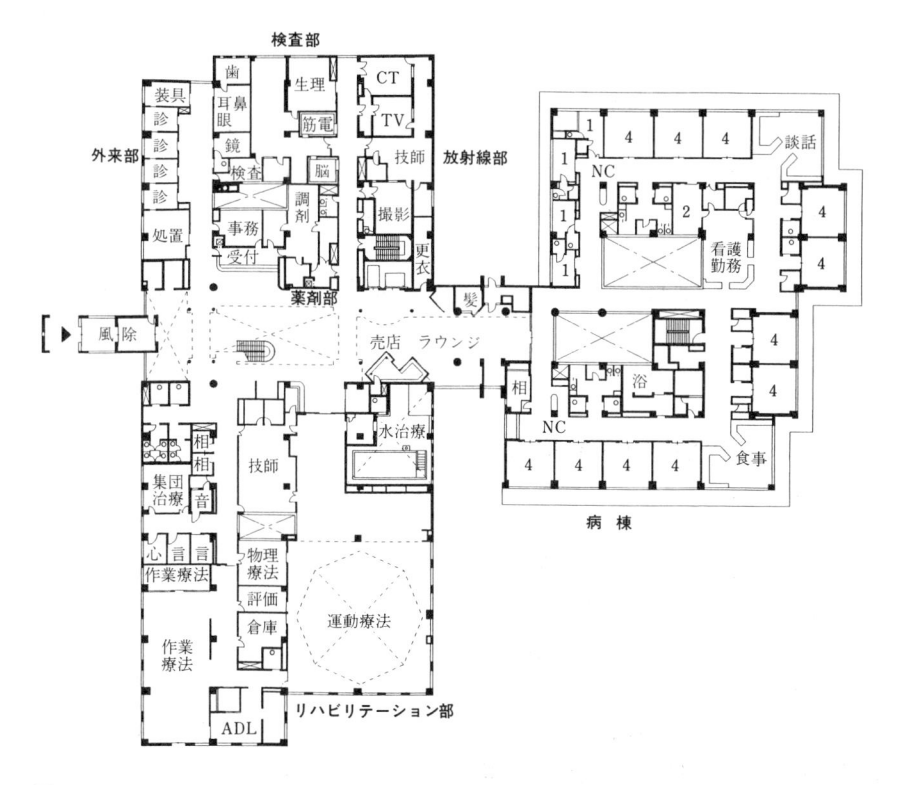

図9.5　いわてリハビリテーションセンター（設計：共同設計事務所）

9.4 老人病院と老人保健施設

9.4.1 老人の医療と介護

　老人に関してはがんや循環器疾患におけるような研究活動を伴った本格的な専門病院は少ない。わずかに東京都老人医療センター，浴風会病院など，いくつかを数えるだけである。これらの病院はそれぞれ老人を対象に適切な医療を行っているわけであるが，他方，一般病院の病床がかなりの割合で，病状の固定化した慢性の老人患者によって占められている。

　今後は，病院個々に，あるいは一つの病院の中でも，患者が必要とするところに応じて，積極的な診療を主とする一般病床と看護や介護に力点をおく療養型病床との性格づけが明確にされていくはずである。建築的にも，それぞれの患者の求めに対応できる環境づくりが目指されなくてはならない。

　1983年に施行された老人保健法では"特例許可病院"と呼ぶ老人専門病院がつくられた。70歳以上の患者を60％以上収容する病院で知事の許可を受けたものに対して，医療法で求められている医師や看護婦などの定数を緩和しようというのである。つまり，老人病院では医療の必要度がうすいことを認めた上での消極的な措置であった。そうではなくて，もっと積極的に老後の生活の質に配慮した豊かな環境づくりが考えられなければならないのではなかろうか。

　すでに述べたように，療養型病院，老人保健施設，特別養護老人ホーム，ケアハウス，在宅サービスといった体系の構築が急がれる。現行法では，このうち直接医療にかかわるのは療養型病院と老人保健施設の二つだけであるが，制度上はともかく，実態として意味の薄れている施設間の垣根など，介護保険制度の施行とともに整理されていくことになるだろう。

9.4.2 老人病院と老人保健施設の計画

a. 老人病院

　図9.6に浴風会病院の平面を示す。

　面積配分は，病棟に多く（46％），外来部に少なくなっている（6％）。診療部門は総体には一般病院と同じ比率（25％）を占めているが，内訳をみると検査・放射線・手術の各部とも比較的小さく，その分，リハビリテーション部の面積割合が大きくなっている。

　病棟は3階建てで，複廊下型平面を採用しながら随所に光庭を設けている。看護単位は内科・整形外科・精神科など診療科別の構成である。

　そのほか病棟平面に関しては，①食堂兼談話室がやや広めにとられている，

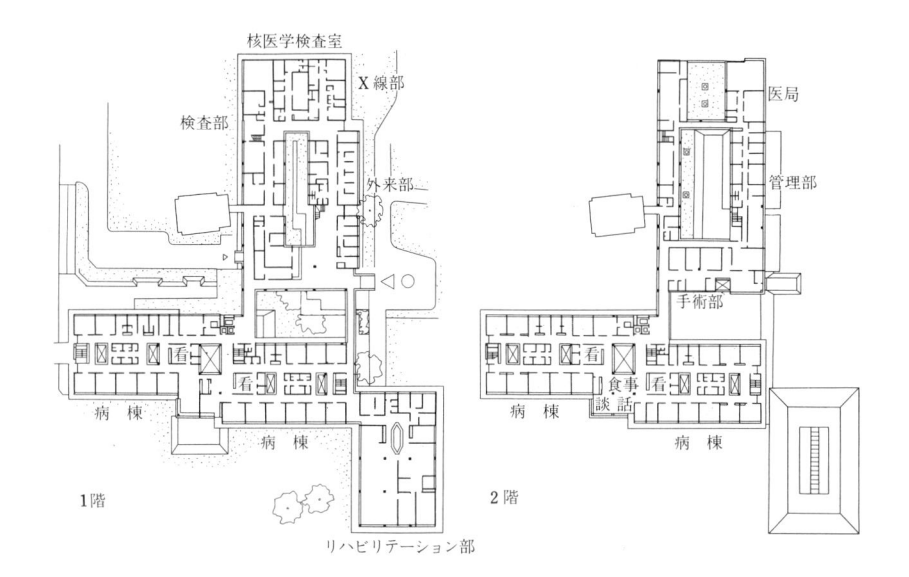

図9.6 浴風会病院（設計：信設計事務所）

②入浴については，介助浴室とふつうの浴室の二通りが用意されている，③端部の病室をおむつ使用患者にあて，下洗いのための汚物処理室を直結させている，などの点に特徴がみられる．

b. 老人保健施設

図9.7は，一般260床，精神科1,043床の大病院（浅香山病院／堺市）の一角に建つ老人保健施設である．

4階建ての2階を一般用（54名），3階を痴呆老人用（46名）の居住施設にあてているが，一般と痴呆との間にあえて設計上の差をつけていない．居室の主体は4人室であるが，3室ごとに居間的なスペースを囲むようにして，家庭的なスケールに近づけることを意図している．

1階にはデイケア（30名）のための諸室と大浴場，厨房，在宅看護支援センターなど，4階には理容室，洗濯室，更衣室がある．

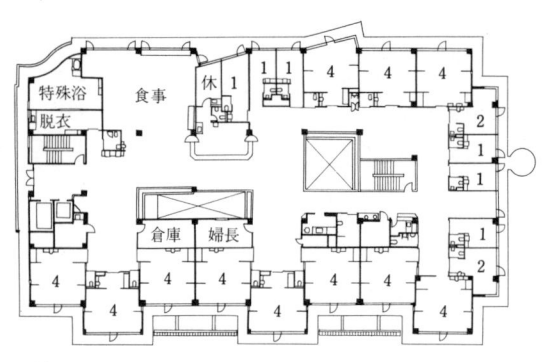

2階

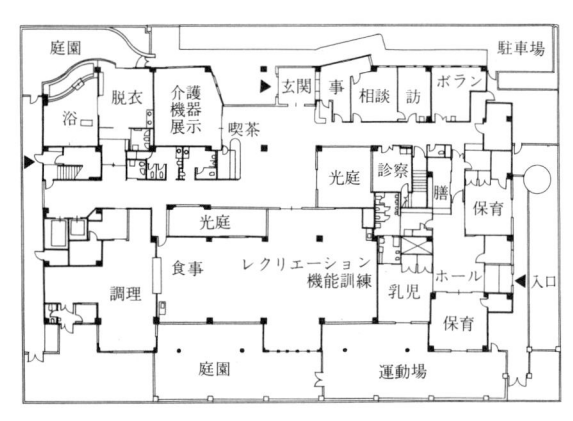

1階

延べ面積 4,271m² のうち老人保健施設分は 3,906m²。

図 9.7　老人保健施設／みあカーサ（設計：UR 設計）

9.5　精神病院

9.5.1　精神医療の変遷

a.　精神病院の急増

1950年，精神衛生法が成立し，それまでとかく日のあたらない場所におかれていた精神障害者にかかわる問題が，国の施策として正面から取り上げられるようになった。まず，以前しばしばみられた精神病者の私宅監置が廃され[4]，それに

4）精神衛生法は，精神障害者を"精神病院またはほかの法律によって定められた施設"以外の場所に収容することを禁じた。

応ずべく精神病院の新設・拡張に力が注がれた。当時，わが国の人口対精神病床数は欧米先進国に比べて格段に低かったし，また精神病院の病床利用率は軒並み100％を超えていた。

　その後，国民皆保険の達成，精神病院経営の特殊事情，国全体の経済成長などにより，精神病院の数もその病床数も大きな飛躍をみせた（図9.8）。すなわち，整備が軌道に乗りはじめた1955年からの35年間に，精神病院の対人口病床数は6倍近くにも増えた。しかし，急増は1970年までで，その後は増加の勢いも鈍った。さらに，90年代に入ると，一般病床をも含めた総病床数の漸減傾向に歩調を合わせて減少に向かいつつある。さすがに増え過ぎてしまったのである。

b. 治療の進歩と建築への影響

　1950年頃精神病院における治療の主体をなしていたのは電気やインシュリンによるショック療法であった。一部ではまだ精神外科的治療[5]も試みられてはいたが，以前からの持続睡眠療法などとともにすでに衰退の兆しを示していた。

　1955年頃から向精神薬[6]による薬物療法が導入されるに及んで，精神病院の様相は一変した。ショック療法をはじめとする従前からの治療法は急速に影をひそめ，患者の病状にも急性・慢性の双方にしばしば大きな好転がみられるようになったのである。そのため，どこの病院でも作業療法に参加できる患者や通院治療に切り換えられる患者の数が目立って増えたという。その結果，たとえば電気ショックやインシュリンショックのための治療室を設ける必要がなくなり，保護室[7]の所要数は減りその設計条件も大幅に緩められた。設計全般についても，むかし必要とされた特殊な配慮が格段に少なく

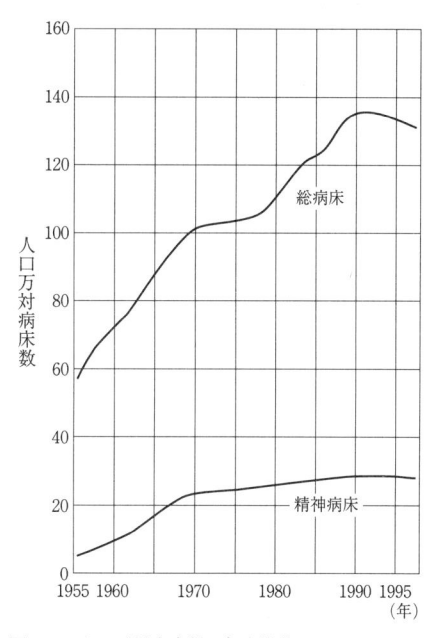

図9.8　人口万対病床数の年次推移
（厚生省統計情報部：医療施設調査・病院報告より作成）

---

[5] 脳の一部にメスを入れる治療法。ロボトミー，トペクトミーなどいくつかの手法があった。
[6] 精神病の病状に著効を示す薬剤。1952年フランスで開発されたクロルプロマジンをはじめとし，その後数々の薬品が出現した。
[7] 患者が激しい症状をみせ乱暴な行動をするような場合，一時収容して初期治療を行う個室。床・壁・天井とも堅固な構造にする一方，患者に危険がないよう留意しなければならない。

なった。病棟など，普通の意味で快適な環境をつくればそれでよいという線に近づいてきたのである。他方，通院治療を受ける患者が増したから，外来部の性格も一般病院のそれにかなり似てきた。向精神薬の出現は精神病院建築の質的転換に大きなモーメントとなったのである。

上述のような進歩にもかかわらず，精神病院における治療で今日なお大きな比重を占めているのは日々の生活を通じての指導である。洗面・歯磨きにはじまる身じまい，衣服や寝具の片づけなど身の回りの始末，あるいは何か作業をする，時にレクリエーションを楽しむ，など生活そのものが治療になっている。これらは通常生活療法と呼ばれる。

c. 現状における問題点

以上のような道程をたどってきた精神病院が現在抱えている問題のうちの2，3を整理しておこう。

1) 経営主体 わが国の精神病床の8割近くは私的病院（個人立と医療法人立）の病床によって占められている。一般病床でこの値が50％弱であるのに比べると，精神病床における私的病院依存度の大きさが知れよう。

精神保健福祉法では各都道府県に精神病院の設置を義務づけているが，47都道府県中みずからが経営する精神病院を持たないところがいまだに9県もある。いずれも法のただし書きによりほかの病院を代わりに指定して間に合わせているのである。

これらの事実が，より積極的な精神衛生対策になんらかの形で影を投げかけていることは否定できまい。

2) 入院期間 精神疾患における平均入院期間の年次推移をみたのが図9.9である。1950年代から1980年代の半ばにかけて，病床の増加傾向に比例するかのように入院期間も長くなった。医療の進歩とどうかかわっているのか，なんとも納得のいかないことであったが，1984年の540日を頂点にようやく減少傾向に転じた。建築設計の側からも今後のなりゆきを見守る必要があろう。

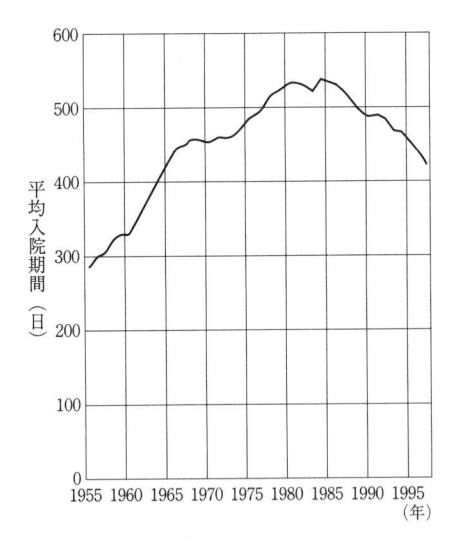

図9.9 精神疾患における平均入院期間の年次推移
（厚生省統計情報部：医療施設調査・病院報告より作成）

d. 施設の多様化と相互連関

前述のような諸問題を抱えながら，それでもよりよい精神医療を目指して，かつての入院中心の医療に対する反省を基盤に，病状の各段階に応じた多様な施設の提案がみられる。そして，それら相互の連携，ひいては全精神保健施設の体系化も説かれている。実現までには，解決されなければならない問題がいくつも残されているが，以下，現に機能している施設につき順を追って紹介しておこう。

1) 相談・指導　異常に気づいた家族や周辺の関係者が相談をもちかけ，それに対して適切な指導を与える第一線の施設としては保健所がある。保健所の手にあまる複雑・困難な例については精神保健福祉センターがこれにあたる。精神保健福祉センターは各都道府県ごとに設置され，直接の相談・指導を受持つほか精神保健に関する知識の普及や調査研究，関係職員の研修などをその任務としている。

2) 通院診療　精神病院や一般病院精神科の外来部における受診患者の数が目立って増えてきた。生活の基盤を社会の中におきながら治療を継続していくことに，入院治療では得られない利点が認められるからである。もっと身近な施設として，精神科診療所の機能が改めて注目されるようになり，精神科・神経科を標ぼうする診療所の数が徐々に増えつつある。

3) 入院診療　入院のための施設としては一般病院精神科と精神病院とがあるが，前者についてはすでに4.7で述べた。後者については後で改めて取り上げる。

4) 社会復帰　精神病院から直接社会復帰を図ろうとしても無理を伴うことが多い。この移行が円滑にいかないと，せっかくの治療成果も水泡に帰してしまう。こうした事情から，病院と社会の間をつなぐ施設としてリハビリテーションセンター（あるいは中間施設）の重要性が広く認められるようになった。同時に病院の中にもデイホスピタル（デイケアセンター）とかナイトホスピタルの運営に積極的な取組みをみせるところが増えてきた[8]。

制度上，社会復帰の第一歩として，まずは社会への適応を目指した援護寮（独立してみずから生活を営むことが困難な者を対象とし，定員20名，1995年現在の施設数80）と福祉ホーム（自活はできるが住宅の確保が困難な者を対象とし，定員10名，1995年現在の施設数73）がある。

職業についての訓練のためには，精神障害者授産施設（通所型と入所型）があ

---

[8] デイホスピタルでは，昼間，病院で作業療法・レクリエーション療法などを受け，夜は家庭に帰る。ナイトホスピタルでは，病院に寝泊まりし，そこから職場や学校に通う。いずれも医師の指導のもとに社会との接触を深めていくことを狙いとしている。

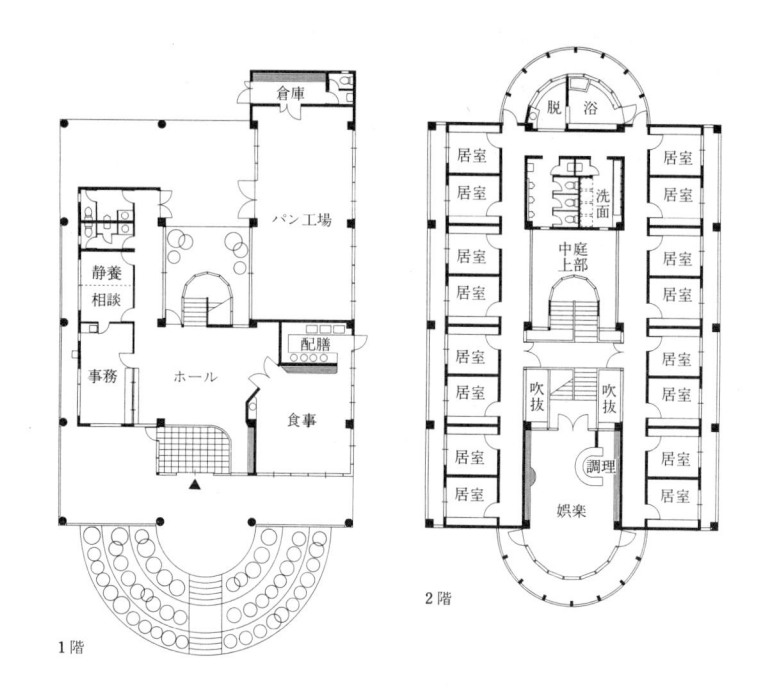

図9.10　社会復帰施設／キャンプ・グリーンヒル（設計：越智アトリエ）

沖縄県具志川市にある平和病院は210床の精神病院で，周辺に老人保健施設（140床）と授産施設，福祉ホームを併設している。授産施設（入所定員30名，地下1階・地上3階，延べ面積733m²）は，1階にパン工場と食堂を置き，2〜3階にすべて個別の居室と共用のラウンジなどを置いている。

る。さらに進んだ段階の施設として，今後，福祉工場の増加が期待されている。
　その後，数人で共同生活を営む障害者に対して，世話人を配置して，食事の世話や服薬指導などを行おうとするグループホームも法制化された。
　5）知的障害　知的障害児に対しては，児童福祉法による知的障害児施設（障害児を入所させて保護するとともに独立自活に必要な知識・技能を与えることを目的とする）と知的障害児通園施設の二つがあり，最近20年間の施設数は停滞もしくはわずかに減少気味である（1995年現在，前者が295，後者が222）。人口構造の少子化による結果であろうか。
　18歳以上の知的障害者に対しては知的障害者福祉法に基づく更生施設と授産施設があり，こちらは漸増傾向にある。前者では社会復帰に必要な指導・訓練が行われ，後者では就職困難なものに職業を与え自活させることを目的としている。いずれにも入所施設と通所施設とがあり，1995年現在の施設数は，更生施設・入所1,085，同・通所239，授産施設・入所210，同・通所608となっている。

1971年に知的障害者の総合福祉施設として国立コロニー"のぞみの園"（高崎市）が開設されたのと前後して，いくつかの府県に比較的大規模なコロニーが設置された。これは障害者を保護・教育し，生活指導・職業訓練を行いながら，できるだけ社会復帰を図ろうという趣旨で出発したものであるが，そのあり方をめぐっては当初から議論が多かった。批判的意見の主なものは，この種の施設は結局のところ社会防衛的な発想につながっており，障害者の隔離にほかならないというのである。他方，障害者をかかえる家庭の崩壊など現状を直視すれば，いたずらに理想論に固執してはいられないという意見もある。

　しかし，その後，巨大施設の欠点がいろいろに指摘され，最近ではほかの精神保健施設や福祉施設ともども，小規模化・分散化し，さらには地域社会との融合が一般的な選択肢となった。

9.5.2　精神病院の建築計画
a. 各部の概要
　1）　病　棟　　病棟は精神病院の主体をなす部門で，既存の例でも全体の60%前後の面積を占めているところが多い。したがって，病棟については項を改めて詳述する。

　2）　外来部　　精神疾患の場合でも，早期発見・早期治療の重要性がいわれている。また救急の必要性も高まった。さらに，最近はできるだけ早目に退院させ，継続的に通院治療を行うことの効果が認められるようになった。こうしたことから，精神病院の中で外来部が占める比重は一時代前に比べ格段に大きくなったといってよい。患者数はその病院の地理的条件によって異なるが，年間1日平均外来患者数は病床数の0.2～0.5倍が一般的である。

　設計としては，患者のプライバシーから各診察室の遮音に気を配るなどのほか，一般病院の場合とあまり変わらない。診察には臨床心理士やケースワーカーがかかわりをもつことが多いから，診察室と並んで心理検査室や相談室がおかれる。

　3）　診療部門　　一般病院に比べ総体にその面積比率は小さい。①検査部：検体検査の大半は，ごく簡単なものを除き外部に委託されることになろう。生理検査では脳波が比較的よく使われる。②X線診断：頭部CTの有用性がいわれている。精神科救急や老人性痴呆疾患の診断には欠かせない。③手術部：本格的な手術が行われることはほとんどない。④リハビリテーション部：精神科におけるリハビリテーションは，その必要性が繰り返し説かれている割にはめざましい進展がない。その点，新しく発足した秋田県立リハビリテーション・精神医療センタ

ーにおける成果のほどが期待されている。⑤生活療法部：古くから行われていた作業やレクリエーションをはじめとする生活療法は，現在でも薬物療法に次ぐ重要な地位を占めている。その施設については後に述べる。

b．全体計画

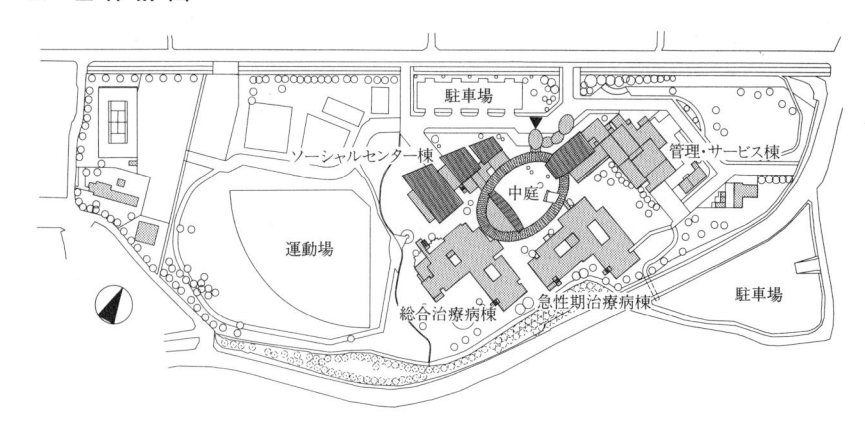

200床の精神病院。中庭を囲む楕円形の渡り廊下によって各棟を結ぶ。敷地面積59,000m²，延べ面積12,360m²。

図9.11　熊本県立こころの医療センター（設計：梓設計）

1) 規模　欧米にはかつて大規模な精神病院が多かったが，今日ではこれに対する反省が強い。わが国にも，欧米ほどではないがいくつか大病院がある。しかし，今のところこれについての明確な批判は聞かれない。

2) 敷地　精神病院の建築では低層が望ましい，運動場をはじめ作業・レクリエーションのための庭を十分に確保したい，などの理由から，敷地は一般病院の場合より広くほしい。公的精神病院の実状からすると1床あたり最低150 m²，できれば300m²程度を目安とすべきであろう。

3) 建築形態と所要面積　病棟は低層を原則とする。せいぜい2階建てとし，場合により3階までは認められるといった程度であろう。

建築全体の面積については，1床あたり60m²前後は必要であろうと考える。

c．病棟の設計

1) 看護単位

a) 病状による患者区分　かつては患者をその病状や経過により新入院・慢性・社会復帰のように分け，かつそれぞれを男女別にして看護単位を構成した。

新入院病棟では入院初期の患者（遺憾ながらそれは必ずしも発病初期ではない）を対象に，病状観察に続いて積極的な治療が試みられた。行動のやや不安定な患

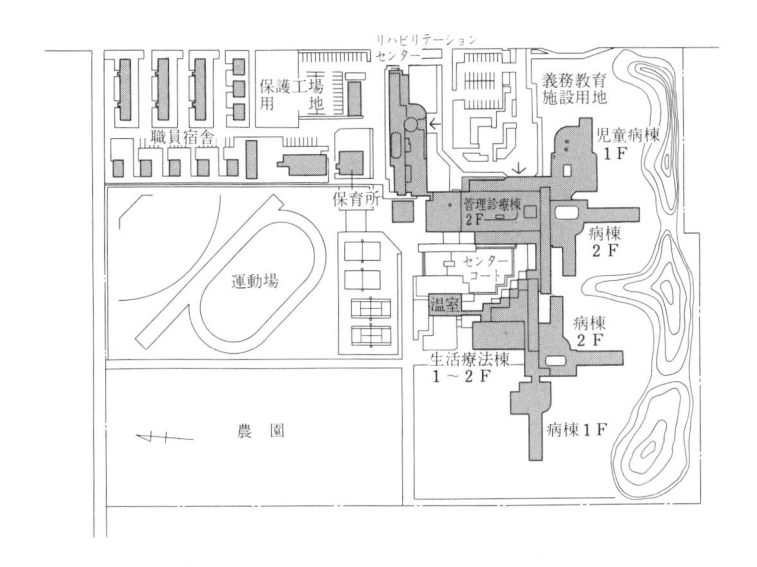

図9.12　北海道立緑が丘病院（設計：アルコム＋石本建築事務所）

者もいることから病棟は一般に閉鎖的に管理された。慢性病棟には病状の固定化した患者を収容した。人数が多く行動に幅もあることから閉鎖と開放の両方を設けるのが普通であった。社会復帰病棟はほとんどが開放管理になる。

　大規模病院では，これ以外に合併症・老人などの病棟もおいた。前者は主として結核，後者は長い入院を経て高齢化した患者を対象としていた。

　このような看護単位構成をとることにより看護や生活指導はやりやすくなるが，反面，病状の変化に応じた転棟により治療の一貫性が失われがちになるなどといった批判もある。

　b）最近の傾向　　病棟構成の基本的な考え方には，男女混合が増えたことなどを除けば，あまり大きな変化はみられない。変わるべきはそれらのベッド数割合であろう。

　かつての"新入院病棟"は，多くの場合"急性期治療病棟"として，より積極的な治療態勢がとられている。在棟期間は3か月ないし半年以内にすべきだといわれている。閉鎖的な病棟管理が前提とされ，保護室は不可欠であろう。中毒性患者や法に抵触するような行動のある患者への対応が問題となる。

　在院が1年を超すほどの患者は"慢性病棟"もしくは"長期病棟"に入ることになるが，その病棟名称についてはいろいろな心遣いがみられる。いわゆる社会

的事情による滞留患者をできるだけ少なくしたいというのが，多くの病院に共通の努力目標である。慣性化した患者をいれる病棟でも，男女の区分をしないところが増えてきた。

"社会復帰病棟"はほとんどが開放，男女混合である。先にあげた病院外の関連諸施設との連携が重要である。

"合併症"には，以前ほどではないがまだ結核が残り，ほかにも患者の高齢化に伴う疾患が増えた。また，高齢化に関連して痴呆患者への対応が問題になっている。いくつかの精神病院に老人性痴呆疾患治療病棟と療養病棟が設置されたが，老人保健施設や特別養護老人ホームなどでも同じ問題に取り組んでいる。どこでどのように対応するのがもっとも望ましいか，今後の方向づけが模索されている。

2) 病棟管理

a) 開放か閉鎖か　窓に鉄格子をはめ，出入口に鍵をかける昔ながらの閉鎖管理に対して，それらを廃し患者が自由に病棟外に出ることを認めた開放管理が提唱されてからすでに久しい。しかし，患者が病識[9]をもたないのが多くの精神疾患に共通する特徴であってみれば，入院患者が無断で離院することも当然起こりうるわけで，責任をもって病棟を運営していこうとするとき，ある程度までの閉鎖管理はやむを得ないといえるだろう。ただ，1日24時間の行動範囲が，さして広くもない一病棟内に限られるとしたら，患者にとっては苦痛以上のものがあろう。

現状では，多くの精神病院が，可能な患者はできるだけ開放病棟に入れ，閉鎖病棟でもなるべく機会をつくって患者を病棟外に連れ出すようにしている。

b) 患者の立場と看護者の立場　入院患者は病気のゆえに家庭から離れて集団生活を強いられる。しかし，だからといって朝から晩まで人と接触していなければならないとしたら耐えがたいことだろう。病人といえども（あるいは病人であればこそ）ひとり静かに落ち着ける"自分の場所"がどこかに必要である。こうしたことから，病棟の設計にあたっては，患者がそれぞれに1人になれる場所をもてるよう考慮すべきである，とする意見がある。

他方，限られた職員数で多数の患者を看護しなければならない現実的制約のもとでは，病棟はできるだけ見通しのよい空間であることが望ましい。看護者の目が届きにくい"死角"をできるだけ少なくすることが設計の要件である，とする意見もある。

---

[9] 精神病者が自分の異常な精神状態を病的なものと知り，自分が病気であることを認めること。

各病棟とも男女の区別をせず、1看護単位50床を4床室×8、2床室×1、個室×7、保護室×9で構成している。保護室の比率の高いのが特徴である。保護室AはBより一層堅固なつくりにしてある。

図9.13 急性期治療病棟／熊本県立こころの医療センター（設計：梓設計）

　両者はいずれにも相応の理がありながら、真向から対立する条件であるから、双方を同時に満足させることは不可能である。これら相矛盾する二つの要求の均衡を保ちながら設計をまとめていかなければならないのが実情だといってよい。
　c）患者の小集団化　　病棟は、患者個々の居室（病室）と居間・食堂などの共用空間とからなる。夜の場（寝室）と昼の場（デイルーム）、あるいは私的空間と公的空間といった見方もできるだろう。これについてかつての設計は、居室群はともかく、デイルームや食堂には1看護単位で1か所比較的大きなスペースをあてていた。これには、親しみに欠ける、広すぎて落着けない、などの批判があった。
　最近では、数個の居室で小さなくつろぎの場を囲み、それとは別に、必要があれば看護単位全体の集まりも可能なスペースを設ける、といった提案もみられる。1単位内の空間分化であり、おのずから患者どうしの交流の発生も期待できる。できるだけヒューマンな空間を、ということでもあろうか。

3) 設計の要点

a) 病　室　病室は，患者それぞれが，"自分の空間"であることを感じられるようなつくりでありたい。とはいっても，一般病院の場合と同様，結局は個室と4床室とから構成されることになろうが，4床室にも家具などの配置によって各自のコーナーを形づくれるような配慮がほしい。四つのベッドが平行して並ぶ従来型にこだわる必要はないだろう。

これまでは，入院前の生活環境を考慮して，寝室に畳を採用している例が多かった。畳にはそれなりの利点もあるが，一般の生活様式が急激に変化しつつある今日の状況からすると，ほどなくベッドの方が好まれることになるに違いない。

b) 保護室　不穏状態の患者を興奮がおさまるまでの間収容する隔離室である。最近は向精神薬の投与により狂躁的病態を示す患者は減ったが，入院初期の病状の不安定な患者に時折必要とされる。構造的に堅固でありながら，なるべく感じの柔らかい仕上げを選びたい。空調は不可欠である。なお，監視のためにテ

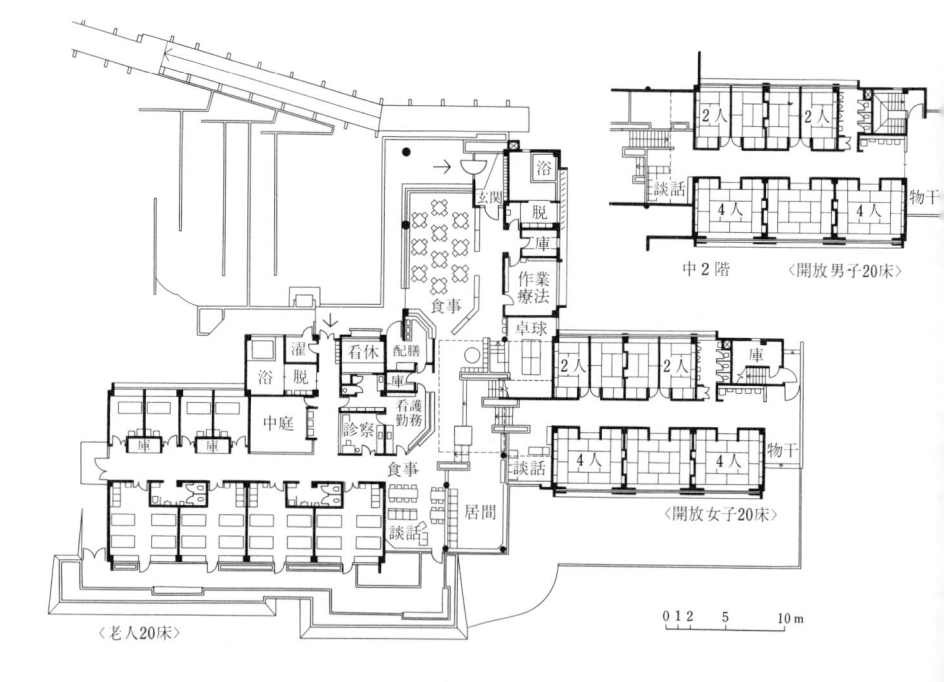

東翼の上下に男女20床ずつの開放ユニットをおき，食堂をはじめとするデイルームが，男女の中間階に配されている。デイルームは談話・図書・喫茶・卓球などそれぞれコーナーを別にする。西翼の老人ユニットは，開放患者との交流を保ちながら独自のデイルームを備える。ここでは便所を分散し，また看護の便を図って全室ベッドとしている。

図9.14　開放・老人病棟／寿泉堂松南病院（設計：宇野哲生・河口豊）

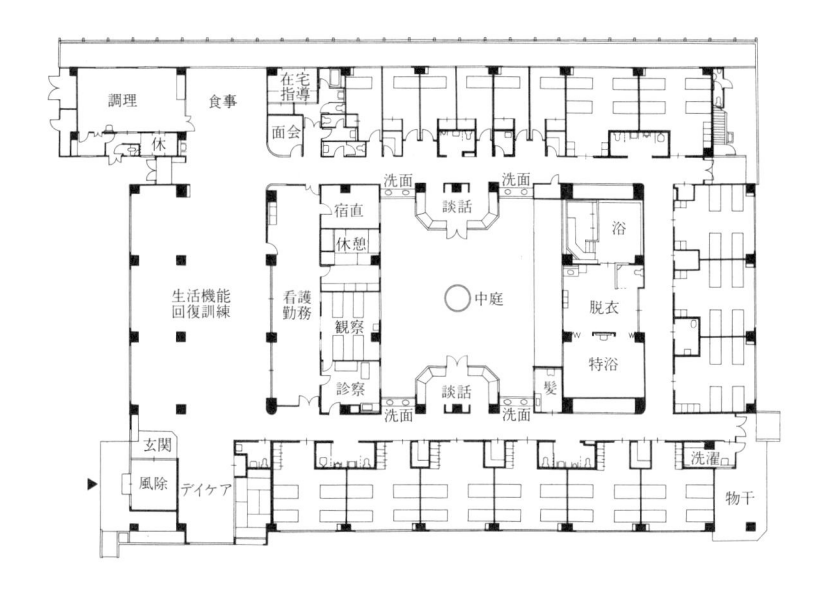

1看護単位50床，面積32m²/床。

図9.15 老人性痴呆疾患治療病棟／寿泉堂松南病院（設計：河口豊＋大林組設計部）

レビカメラを使っている例もあるが賛成できない。

　c）デイルーム　　先にも述べたように，いわゆるデイルームは病室の中の公的な部分として重要な意味をもつ。日々の生活自体がそのまま治療につながっている精神病院において，それはできるだけ変化に富んだ豊かな空間としたい。面積上の制約もあろうが，まずは食堂，次いでくつろぎの場としての居間，いくつかに分けた談話コーナー，卓球などのできる動的な空間，本を読んだり手紙を書いたりする静的なスペースなど，設計上多様な工夫があってよい。

　d）生活関連諸室　　便所：便器に物を詰められるような事故がときどき起こるから，排水管の点検が容易にできるようにしておく。また，隔壁やドアまわりに紐をかけられる横材を設けないように注意する。

　浴室：脱衣室とも十分に広くとる。病棟によっては介助を必要とする患者も少なくない。

　洗面所・洗濯室：洗面や手洗いの励行は生活指導上も大切である。また同じ意味合いから，身の回りの小物を自分で洗濯させるということもある。ここに付随して物干場を設ける。

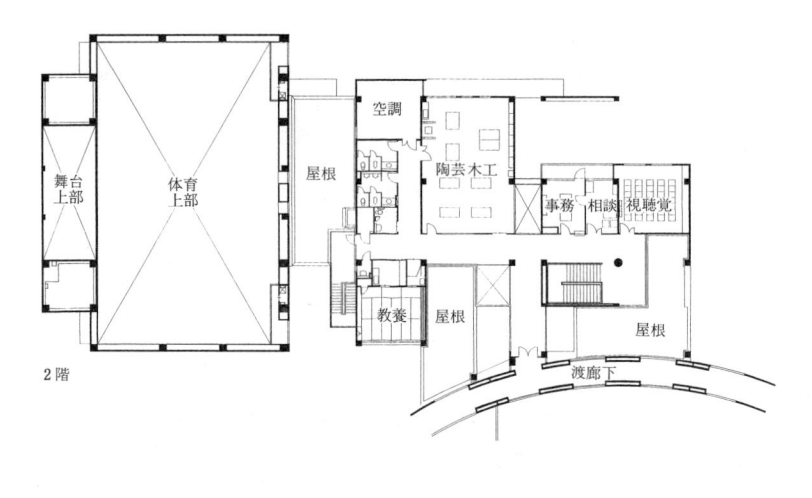

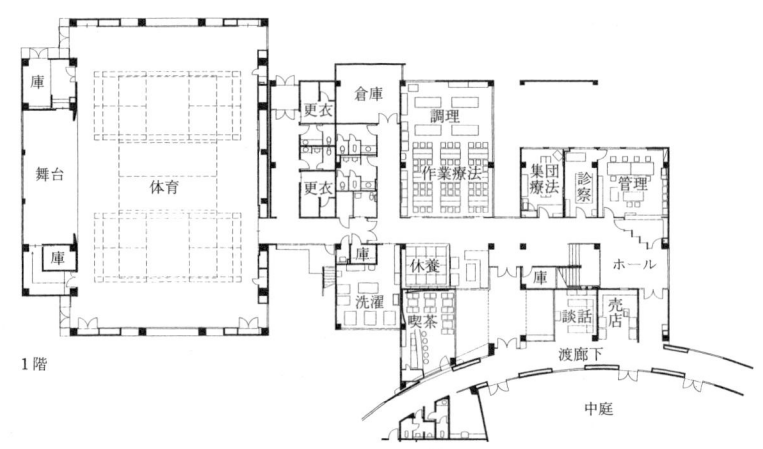

体育館をはじめ，作業療法・レクリエーション療法のための多様な諸室をそろえている。

図9.16　ソーシャルセンター／熊本県立こころの医療センター（設計：梓設計）

d. 生活療法施設

　生活療法の主体をなすのは，日常生活そのもののほか"作業"と"レクリエーション"である。そのいずれとも呼び難い各種行事（演芸会・運動会・遠足・盆踊りなど）もある。作業とレクリエーションの境界は必ずしも明確ではないが，あえていえば，なにがしかの生産性をもっているか否かといった程度であろう。仮にいくらかの生産性があったとしても，無論，それは収益を目的とするものでもなければ，退院後の就職を前提としたものでもない。従来行われてきた種目としては，ごく単純な手作業から院外の職場に通っての仕事まで，また病棟内でのゲ

ームから貸切バスを連ねての旅行まで，きわめて広範多岐にわたる．

1) **作業療法** 準備すべき作業種目とそのための施設は多彩であるが，うちいくつかをあげれば，木工・金工・陶芸・パソコン・印刷・園芸・農耕・畜産などがある．いずれを採用するかは，病院の立地条件，患者の経歴，病院側の指導能力などによる．

室内作業では，いろいろな種目に対しなるべく融通性のある部屋を備えるべきであろう．屋外作業に対しては，更衣室・シャワー室・器材庫などが必要とされる．

2) **レクリエーション療法** 手芸・裁縫・絵画・彫刻・音楽（カラオケ）・料理など，こちらも種目は豊富である．これらの部屋のほか，映画会・演芸会などのための講堂を体育館と兼用で設けている例が多い．

3) **その他** 理髪室・美容室・喫茶室・売店など，患者の日常生活にかかわる諸施設も生活療法施設の一部と考えた方がよい．

e. **リハビリテーション施設**

病院と社会をつなぐ中間施設の必要性はかねてから強調されているが，その数はまだ少ない．図9.17は東京都立世田谷リハビリテーションセンターであるが，ここでは回復途上の障害者を一定期間通所・宿泊または入院させて生活指導や職能訓練を行いつつ社会復帰の促進を図っている．

1) **通　所** 自宅から通いながらの治療訓練は，デイケアと作業の二部門に分かれている．前者は日常生活指導や集団精神療法によって家庭生活への適応や自立を図ることを目標とし，種目としては話合い・手芸・陶芸・絵画・音楽・スポーツなどが中心になる．後者は働く習慣と自信を身につけさせるところで，作業内容には木工・印刷・和洋裁・洗濯などがある．

2) **宿泊・入院** ここに宿泊して外部の事業所に通勤するのがナイトホステル部門である．就労過程における心の問題や生活上の問題についての指導・援助に重点がおかれる．このほか，ホステルに入所する前段階として一定期間入院させて観察を行う病院部門もある．

9.5.3　精神保健福祉の総合センター

すでに述べたように，入院偏重の傾向があったわが国の精神医療に反省が生まれ，今や予防や社会復帰，それに福祉をも含めた包括的な精神医療体系が求められている．

埼玉県では，たまたま県立精神病院の設置が遅れていたこともあって，その設立にあたっては精神病院に社会復帰施設と精神保健福祉センターとを併設した総

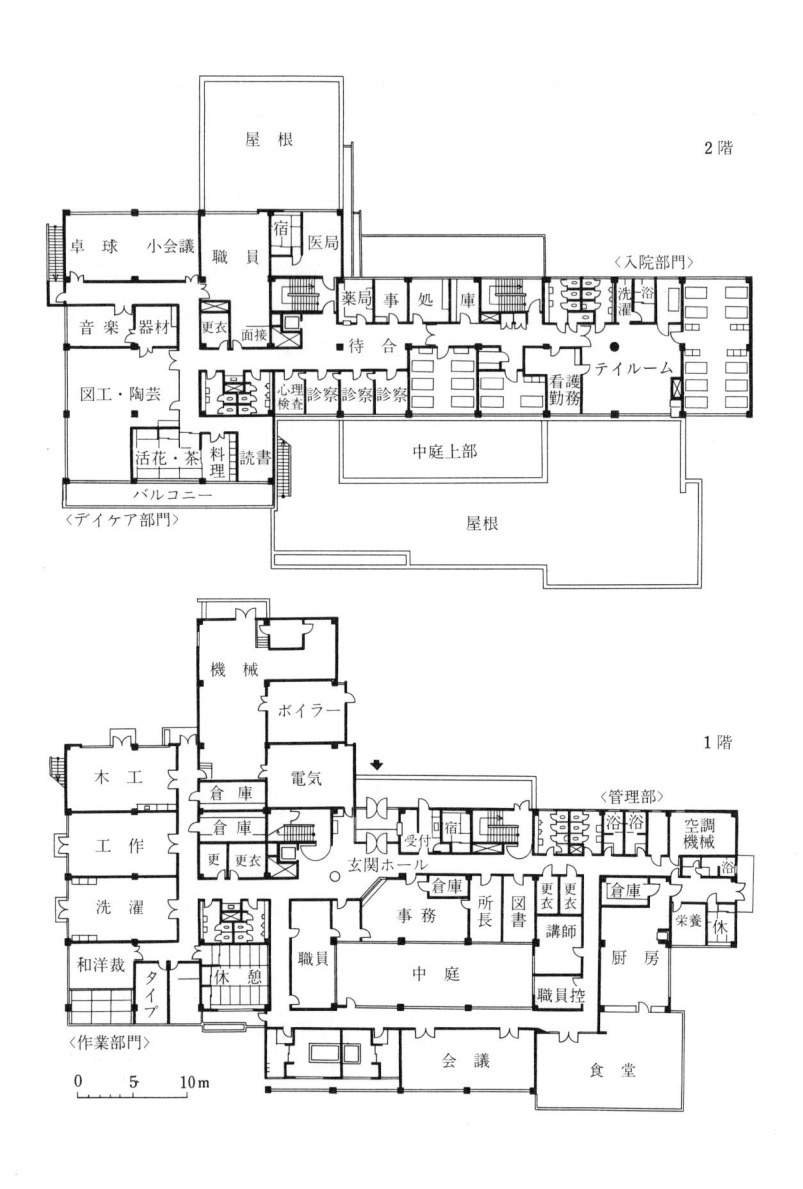

3〜5階は宿泊（ナイトホステル）部門で，各階は寝室13のほか相談室・談話室・調理室・洗濯室などから成り立っている。

図9.17　東京都立世田谷リハビリテーションセンター（設計：共同建築設計事務所）

合的な施設とした．図9.18はその1階平面図である．

　主玄関のある中央棟（本館）の1階は，左側に病院外来部の診察室・処置室をおき，反対の右側には精神保健福祉センターの相談室を並べている．2階には病院をも含めた施設全体の管理部門と精神保健福祉に関する研修や調査・研究のための諸室がおかれている．

　左奥は病棟で，3階建ての各階に40床前後の看護単位を配し，計120床と従来の県立精神病院に比べ規模の小さなものにしている．

　本館の左側（南）は社会復帰部門で，1階を各種作業療法や生活指導のための諸室，2階を宿泊室ならびに居住関係諸室にあてている．

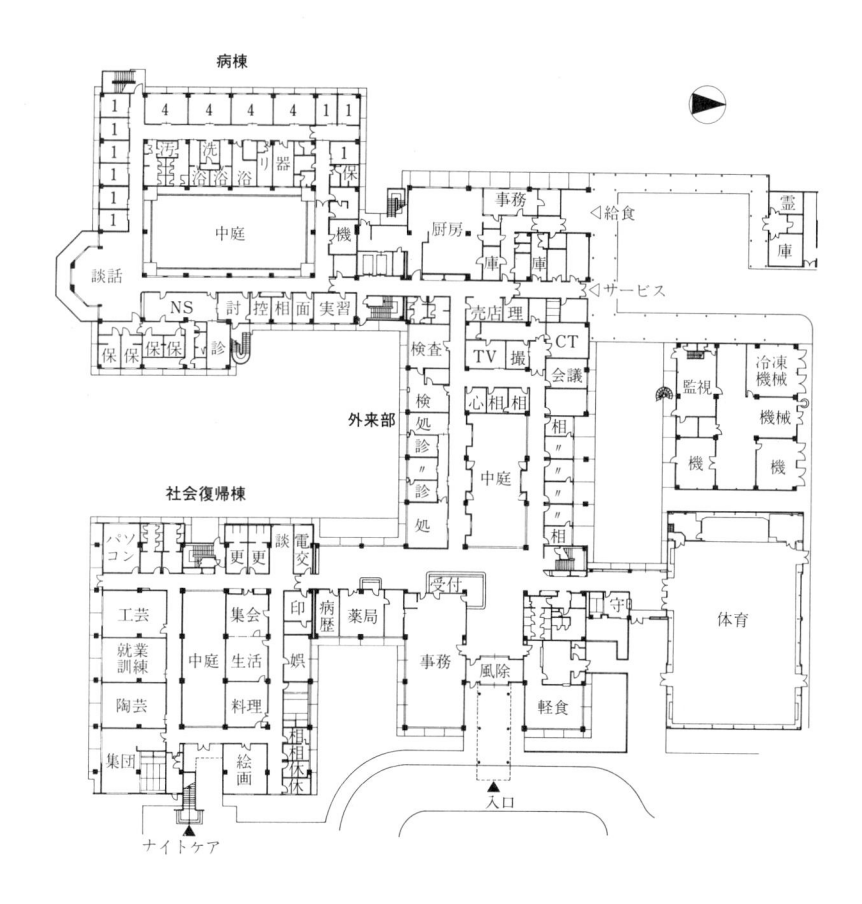

敷地面積 32,000m²，延べ面積 9,397m²

図9.18　埼玉県立精神保健総合センター（設計：埼玉県営繕課・伊藤喜三郎建築研究所）

本館の右側（北）は講堂兼体育館で，地域社会への開放も意図してこの位置が選ばれたという。

9.6　大　学　病　院

9.6.1　大学病院の機能と現況
a.　教育病院の使命
　わが国では，国公私立を問わず，医学部または歯学部をもつ大学には必ず附属病院をおかなければならないものとされている。附属病院は医学の教育・研究の一部が行われる場であり，また地域における最高の医療機関でもある。教育・研究に関しては，基礎・社会・臨床からなる医学の三分野のうち，特に臨床医学とのかかわりが深い。なお，ここを実習・研修の場とするのは医学部の学生や卒後研修医だけでなく，附属学校[10]の学生・生徒も含まれる。
　教育病院の組織構成は一般の総合的な病院とさほど大きく違ったものではない。ただ，これに教育・研究の機能が付加されたものである。
　厚生省は，医療施設体系化の中で大学病院の本院と国立がんセンター・国立循環器病センターの2病院を"特定機能病院"と位置づけている。診療・教育・研究に関し，人の面でも施設・設備の面でも，大学病院が最も充実した内容を備えることを期待してのことだろう。

b.　医科大学の現況
　第二次世界大戦中に急造された医学専門学校は戦後いち早く整理され，新制度の教育体系が発足した1949年頃，医科大学（または大学医学部）の数は，国立19，公立14，私立13の計46校であった。その後，約20年間医大の新設は全く行われず，ただ既存大学の入学定員を少々増すだけにとどまっていたから，さすがに医師不足が目立ち，1960年代の中頃からいろいろな面で不都合が訴えられるようになってきた。このような事態に対処すべく1960年代の末からにわかに医大新設の動きが活発化し，1970年代を通じて国立・私立の新設が相次いだ。その結果，今や全国で計80校をかぞえるにいたり，医大をもたない県はなくなった。
　わずか10年余の間に医大の数がほぼ倍近くにもなるということは，それ以前の増加が全くなかったことと併せて，きわめて異常なことだといわなければならな

---

10)　医学部附属の教育施設としては看護学校・助産婦学校・診療放射線技師学校などがあるが，最近は医学部に看護学科を設けたり，医療技術系学部や短期大学として看護婦・助産婦のほか放射線・臨床検査・理学療法・作業療法などの技師養成課程を置くところが増えてきた。

い。そして，一連の増設計画の達成と同時に今度は医師過剰が言われはじめ，各大学は学生定員の削減を迫られている（人口万対医師数は1970年には13人であったが，1980年には14人となり，1983年には早くも当初の目標15人を超してしまった）。こうした状況からすると，今後当分の間，既存施設の建替え以外に医科大学の建設計画はありえないだろう。

9.6.2　大学病院の計画
a.　建築構成
1）　教室と病院　医科大学の使命はいうまでもなく教育と研究にあり，附属病院は同時に診療の場でもある。その建築構成として，かつては基礎医学・社会医学の教育研究機能を分担する一群と，臨床医学の教育研究機能を附属病院に直結した一群との二つからなる形が一般的であった。しかし第二次世界大戦後，附属病院の診療機能が改めて見直されるに及んで，臨床医学の教育・研究にかかわるスペースと診療本来の場との間に明確な一線を画すべきであるとされるように

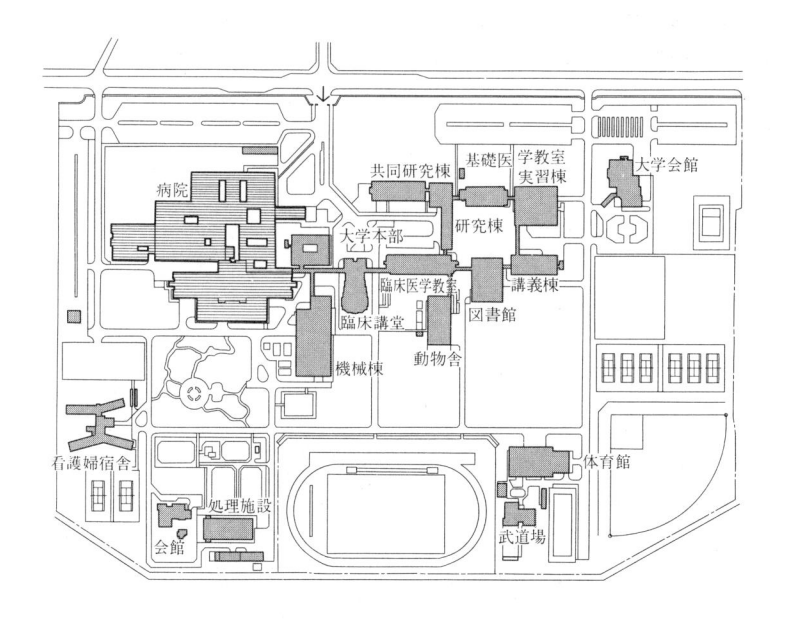

図9.19　島根医科大学（設計：教育施設研究所）

---

11)　これは，それ以前の医科大学に，病院が臨床医学教室の従属施設として位置づけられ，療養の場にふさわしくないような例が多かったことに対する批判もしくは反省から出たものであろう。

9　専門病院と大学病院　　313

なった[11]。つまり，医学部の機構を教室（基礎・社会・臨床）と病院の2本建てとし，それぞれの独自性を認めた上で，できるだけ相互の連携を図っていくべきだというのである。この考え方は今日までおおむねそのままに引き継がれている。

2) **島根医科大学**（図9.19）　これは1970年代の末近くに完成した単科大学であるが，病院と教室とは明確に離しておかれ，その間に大学本部と機械棟とを挟んでいる。これら各棟は互いに渡り廊下で結ばれているから，一応前述の線に沿った形だといえる。病院は地域の医療センターとして，建築的にも独自性を確保している。

3) **大阪大学医学部附属病院**（図9.20）　既存の大学病院の移転は，きわめて例の少ないことであるが，阪大医学部は大学の統合に合わせて都心の中之島から吹田市へ移った。新病院（診療科21科，1,076床）の開院は1993年である。

敷地（15.7ha）の東側，主要道路に向けて病院をおき，その西側に臨床研究棟と基礎医学研究棟が並ぶ。講義棟は研究棟群の南におかれている。

病院は，中央を南北に貫く幹線廊下の東側に外来部，西側に診療部門，南の突き当たりに病棟を配している。敷地面積がさほど大きくないこともあって，外来・診療棟は地下1階・地上5階，病棟は地下1階・地上14階で，全体に集約的

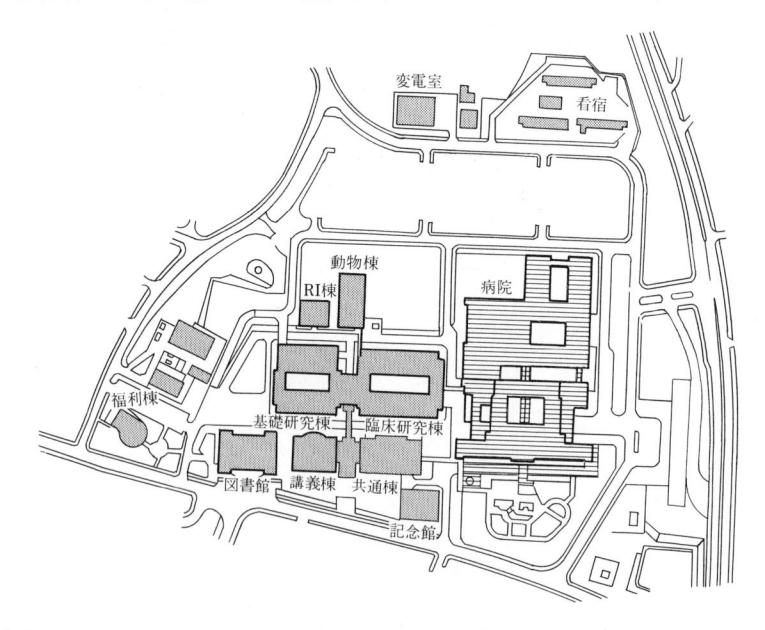

図9.20　大阪大学医学部（設計：教育施設研究所）

な形態をとっている。そのため，巨大病院でありながら，各部門間の動線は比較的短い。

4) 筑波大学附属病院（図9.21）

筑波大学では既存の大学のような学部制・講座制をとらず，教官は自分の所属する学系棟にそれぞれの拠点をもち，そこから講義のために学群棟へ，診療のために病院へ，研究（基礎医学・社会医学・臨床医学の三分野すべてを含む）のために

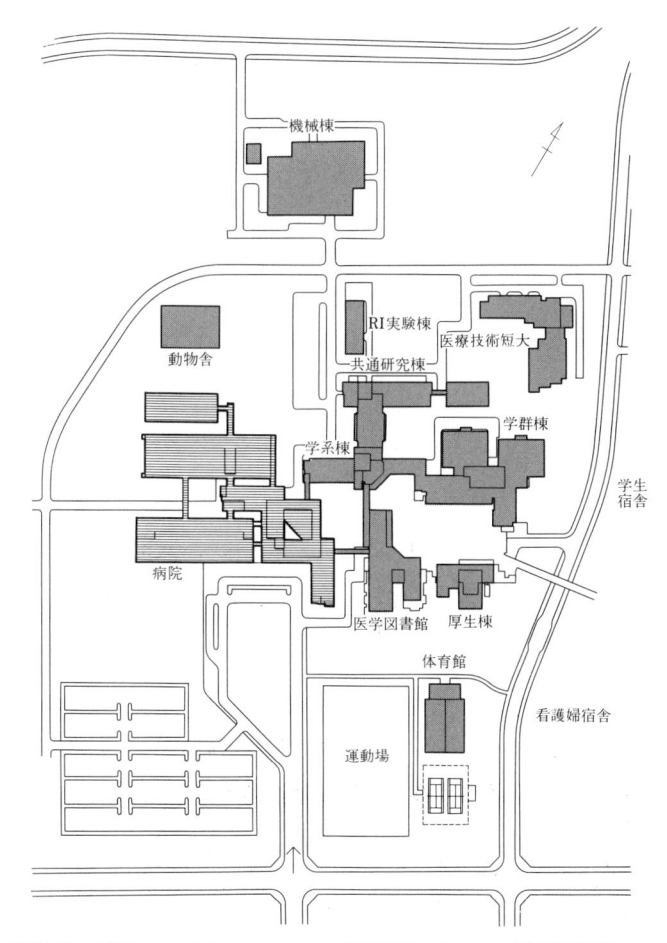

筑波大学の敷地はかなり広大である。ここには附属病院を中心にした医学関連施設の部分のみを示した。

図9.21　筑波大学医学系（設計：建築計画総合研究所，山下設計，伊藤誠）

---

12) 学系とは教官の組織，学群とは教育のための組織を指す。

は研究棟へ出向くということになる[12]。そこで建築構成としては学系棟を全体の核とし、そこと病院・学群棟・共通研究棟とを直結する形をとった。特に学系棟と病院の間には、1〜8の各階すべてを結ぶ連絡路を設けている。

病院の診療機能の独立性をおかさず、しかも大学として教育・研究面の便宜性を尊重した配置計画である。

b. 用 地 面 積

1970年代に創設された医科大学（附属病院だけではない）の用地面積を一覧にし

表9.4 医科大学の敷地面積

国立およびそれに準ずる医大	面積(ha)	私 立 医 大	面積(ha)
旭 川 医 科 大 学	23.2	獨 協 医 科 大 学	13.7
山 形 大 学 医 学 部	24.0	聖マリアンナ医科大学	9.4
自 治 医 科 大 学	42.0	北 里 大 学 医 学 部	23.0
浜 松 医 科 大 学	27.0	東 海 大 学 医 学 部	7.0
島 根 医 科 大 学	22.0	藤田保健衛生大学医学部	11.4
高 知 医 科 大 学	19.3	愛 知 医 科 大 学	7.5
愛 媛 大 学 医 学 部	19.0	金 沢 医 科 大 学	12.0
産 業 医 科 大 学	34.7	近 畿 大 学 医 学 部	25.7
佐 賀 医 科 大 学	22.1	川 崎 医 科 大 学	11.2
鹿 児 島 大 学 医 学 部	19.2	福 岡 大 学 医 学 部	14.5

病床数：左欄は600〜800床、右欄は800〜1,100床。

たのが表9.4である。図9.19〜21と照らし合わせてみると建ぺい率などおおよその感じがつかめるだろう。国立およびそれに準ずる医科大学では多くが20ha前後、中には40haを超す例もみられるが、私立では国立の約半分になっている[13]。

c. 計画上の特性

大学病院の設計は、すでに述べたように、教育・研究関係の諸室との関係さえ明確にされれば、あとはあまり難しく考えるには及ばない。建築的には、規模の大きな高機能総合病院とみればよいのである。

あえて問題点をあげれば、その第1は大規模病院に共通する難点を解決しなければならないというところにある。すなわち、各部門とも必然的に大きくなるから、相互間の動線も得てして長くかつ複雑になりやすい、したがって全体として分かりにくい建物になりがちである、などといったことである。

---

13) 国立でも、古い大学の中には、ごく少数ながら私立のこの値を下まわっている例がある。

第2に，医学の専門分化はますます進むであろうから，領域が細分化されることによる弱点を補うような工夫が必要になる。これは建築以前の問題になるが，たとえば外来部に総合診療科をおいて，ここで各患者を最も適切な診療科に送るような振りわけがなされることが望ましい。

　第3には，わずかながら病院内におかれるべき教育関連施設が病院本来の機能を阻害しないように留意すべきことである。この種の施設には次のようなものがある。①セミナー室または討議室[14]（病棟の各階または各看護単位ごと，外来部の各科ごと，検査部・放射線部・手術部など診療各部門ごとに），②小検査室（病棟の各階または各看護単位ごとに），③手術見学室（手術台の直上または斜上方から手術を見学させる），④控室（研修医・学生などのためにロッカーや自習用の机などをおく），⑤仮眠室（救急部・ICU・分娩部などに，研修医・学生などの待機用として）。

---

[14] かつては臨床医学の講義に際して，学生に直接患者を示しながら授業を進めるため病棟に近く臨床講堂が設けられた。しかし，患者の人権についての配慮から，今日ではこのような講義形式は許されない。むしろ，学生自身が実地の診療に参加しながら学習していく形が重視されるようになった。セミナー室・討議室は小人数で実地診療に伴う指導・教示や討議が行われる部屋である。

10　診療所と小病院

　医療法では20床以上の病床を有する医療施設を病院，20床未満の施設を無床のものまでを含みすべて診療所と規定している。それらの施設数を2000年1月末現在の統計でみると，一般診療所[1]は約92,000で病院の丁度10倍，歯科診療所が約60,000になっている。一般診療所における有床と無床の比率は2：8，歯科診療所ではほとんどすべてが無床である（一般診療所の有床割合は年々減りつつる）。また，病院では病床数が100床未満のものが半数近くを占め，全体として小規模施設の多いことが目につく。

　診療所は，小病院とともに，より高次の医療機関と密接な連携を保ちながら，疾病の初期段階に対応した診療を担当すべき施設である。同時に，地域の保健予防活動への協力や福祉施設に対する医療面からの援助など，さまざまな分野での働きが期待されている。ただ，入院施設の有無は，単に活動時間が1日24時間にわたるか昼間のみに限られるかの違いだけでなく，診療の本質にもかかわる問題であるから，病床数は少なくても入院施設をもつ診療所は，むしろ小病院と同じ範ちゅうに入れて考えるべきであろう。

10.1　診療所

10.1.1　診療所の位置づけ

a.　一次医療機関

　診療所に期待される最も重要な働きは，地域各戸の家庭医として住民の平生の健康管理に責任をもち，心身になんらかの故障があった場合気軽に相談相手になってもらえることである。そして，診察の結果，より高度の医療が必要と判断されたならただちに適切な医療機関に紹介されるような態勢が望ましい。これら診

---

[1]　医科の診療所を歯科のそれと区別して，通常，一般診療所と呼んでいる。

療所と病院との間には円滑な協力関係が保たれていて，病院での診療が一応終了した後は再び家庭医によって継続治療や追跡観察が行われるのである。

このような医療機関相互の機能分化と相互連携についての重要性は早くから指摘されていたが，各施設が担うべき役割に一次・二次・三次といった医療の段階づけが認められるようになったのは比較的最近のことである。この中で診療所は一次医療の担当機関として位置づけられている[2]。なお，診療所の医師は，予防接種担当医，小中学校の校医などとして，地域保健に重要な役割を果たしている。

b. 診療所の形態

既存の診療所の形態を整理してみると次のようになる。

1) 家庭医としての診療所　わが国の場合，診療所の大部分は個人の医師によって開業されており，通常"医院"とか"クリニック"と名づけられているものが多い。これら一般診療所の大半は標ぼう診療科として内科・小児科を掲げている。先にも述べたように，その多くが家庭医にふさわしい幅広い診療機能[3]を備えているものとみてよいだろう。

例数は少ないが，人口の希薄な村落などでは，自治体もしくは公的な機関によって開設された診療所で勤務医が診療を行っているところがある。

2) 専門診療所　個人医師の開業する診療所であっても，対象を特定の臓器や疾患に限っているところも少なくない。皮膚科・眼科・耳鼻咽喉科などは古くからみられる例であるが，最近では消化器内科・循環器内科・神経内科・精神科などの専門診療所が増えてきた。いずれもしかるべき病院と連携を保ちつつ地域医療に重要な役割を果たしている。ただ，外科や整形外科になると病床なしでは本格的な運営ができないし，またある程度以上の大きな手術になれば何人かの医師の手を必要とするから，個人の診療所で専門外科を標ぼうするところはさほど多くはない。

表10.1　開設者別一般診療所数

	国・公的医療機関	社会保険関係団体	医療法人	個　　人	その他	計
実　数 (％)	4,757 (5)	856 (1)	20,910 (23)	55,074 (61)	8,959 (10)	90,556 (100)

厚生省統計情報部：平成10年医療施設調査（1998年10月現在）

---

[2]　二次・三次になるほど，より高度の医療を担当する。
[3]　英米では一次医療を担当する幅の広い医師を general practitioner（略して GP）と呼んでいる。これに対して専門医は specialist と呼ばれる。

3) **施設内診療所**　各種の施設で，関係者の健康管理と一次医療のために診療所をおいている例がみられる。たとえば，企業内の医務室，大学の保健センター，福祉施設内の診療室などである。

4) **都心型診療所**　大都市には貸ビルの一角に開業する診療所が多数ある。いうまでもなく，あらゆる面で都市的利便性を活かそうというのが狙いである。

5) **休日夜間診療所**　多くの診療所の活動が停止する時間帯に発生した急病に対応するため，自治体によって設置されている診療所（休日夜間急患センター）がある。その運営は通常，地区の医師会員の輪番制によって支えられている。

6) **有床診療所**　すでに述べたように，有床診療所は小病院に準じて考えた方がよい。診療所でも外科・整形外科・産婦人科などでは病床を必要とするが，都市部を中心に無床化への傾向が目立つ。これに対し1998年から診療所でも療養型病床が認められるようになった。高齢社会への対応をもくろんでの施策である。

7) **外国の場合**　欧米でも，日本の診療所に相当する clinic や doctor's office は，家庭医・専門医とも個人経営によるものが大半を占める。アメリカの大都市ではいくつかの（時には数十以上もの）doctor's office を一つの建物に集めた形の施設がみられる。また，数人の医師の共同経営（group practice）による診療所もあり，一時期わが国でも注目された。医療の社会化という面で最も先進的な道を歩んできたイギリスでは，地域の保健予防活動のための health centre（わが国の保健所に相当する）に家庭医のための診療所を併設している。

8) **歯科診療所**　以上は一般診療所についての分類であるが，歯科は，ほとんどが私的な無床診療所で，ごく一部が病院の外来部で行われている（歯科専門病院としては歯科大学または歯学部に付属するものしかない）。歯科診療所の問題点や施設的な条件には一般診療所とそれほど大きな違いはない。

10.1.2　診療所の設計

a.　診療所と住宅の関係

大部分の診療所が個人的な経営形態をとっている現状では，仕事の場と住宅との関係がまず問題になる。

従来は同じ敷地に診療所と住宅とを併置した形をとり，しかもその両者を一つの建物にまとめた例もみられた。仕事場が住宅から近いのはなにかと便利であり，また家族の協力も得やすい。しかし反面，診療と私生活のけじめがつきにくく，場合によっては家族全員の生活が影響を受ける結果にもなりかねない。さらに，医師自身が高齢になり，しかも後継者がいない場合，診療施設の処置に困る

ことが起こる。

　最近では，仕事と生活に関する人々の考え方の変化もあって，住宅とは別に診療所を設ける形が一般化しつつあるように見受けられる。診療活動と私生活の区別が明確になり，特に診療所と住宅それぞれに適地を選ぶことができる，などのことから当然の傾向であろう。

b. 各室の設計

　図10.1〜3は無床・有床の一般診療所，図10.4は歯科診療所の設計例である。

（1）　玄　　関　　ほとんどが住宅と同様に履替えを前提としているから，玄関には上下足それぞれの棚を設ける必要がある。

（2）　受　　付　　患者の出入りをチェックしやすく，診察室と待合室の間の連絡

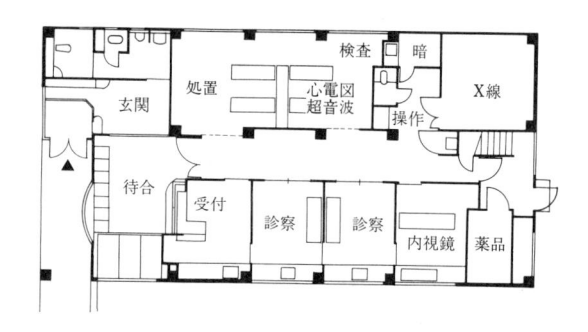

内科・消化器科・小児科。2階に院長室・医師室・会議室・職員休憩室・資料室などがある。

10.1　甘糟医院（設計：東北設計計画研究所）

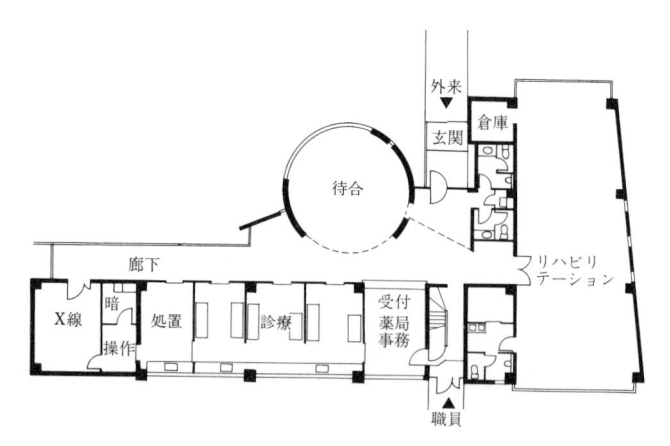

整形外科・リハビリテーション科。2階に院長室・職員休憩室・更衣室・倉庫などがある。

図10.2　佐藤ひでつぐ整形外科（設計：みちのく設計）

をとるのに都合がよい位置を選ぶ。病歴は普通ここにおかれる。会計窓口を含め，薬局を兼ねることが多かったが，最近は院外処方に切りかえるところが増えてきた。

(3) 待合室　一隅に便所をおく。便所が検査のための採尿室を兼ねる場合には，診察室とのつながりを考慮する。検体検査は，ほとんどの診療所が外部の検査センターに依頼している。

(4) 診察室　診療科によって所要設備が違い，また付属室も異なるが，その設計はおおむね病院の外来診察室に準じる。付属室には，処置室，小手術室，ギプス室，検査室（心電図・脳波など），X線室などがある。

(5) その他　必要に応じ医師休憩室・看護婦更衣室などを設ける。

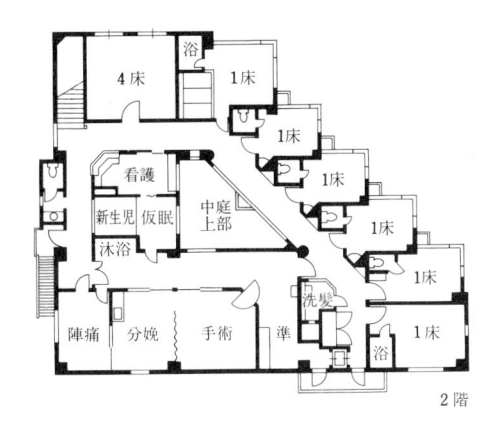

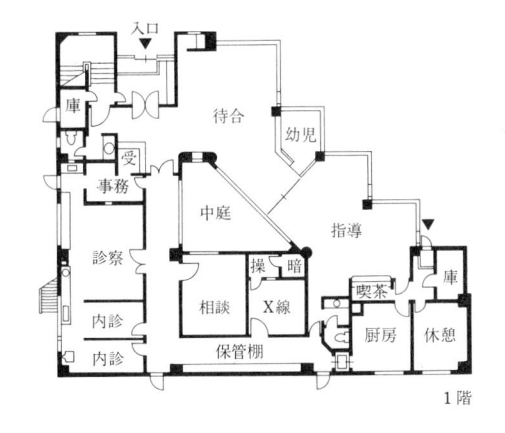

病床数10床の産婦人科診療所。ハイリスク患者は病院にゆだねる。

図10.3　神野レイディスクリニック
　　　　　（設計：西井建築事務所）

10.2　小病院

10.2.1　小病院の経営形態

　先にも触れたように，日本の病院の多くが小規模病院によって占められている。それらの大部分が個人または医療法人によって開設された私的な経営による病院である。ここから小病院の運営上・建築上の特性が規定されてくるといってよい。

10.2.2 大病院との違い

　小病院が大病院と異なる点の第1は，その部門構成にある。とはいっても，病院を形づくっている5部門のうち病棟・外来部・供給部・管理部の4部には，規模が小さくなることによる内容的な縮小や省略はあっても，本質的な違いを生む理由はない。はっきり異なるのは診療部門である。すなわち，小病院の場合，診療機能のすべてを備えることはなく，検査部・放射線部・手術部・分娩部・リハビリテーション部・特殊診療室のいずれか（特に手術部以下のどれか）を欠くのが普通である。逆にいえば，このうちのどれかだけに重点をおくのである。開設者もしくは院長の病院についての構想や診療における関心の方向からおのずと専門性が決まること，医師や診療関係の技師の人手からいってすべての分野を覆うのは不可能であること，などによる。どれをおき，どれを欠くか，これが小病院を計画する場合，まず第1に明確にしておかなければならない問題であろう。違いの第2は，私的な経営であるため経済的な制約が厳しいことによって生ずる。公的病院の一部のように建設費や経営上の赤字が別会計によって補塡されることは望めないから，なんとしても収支を合わせなければならない。そのためには用地や建築の面積もできるだけ切りつめて投資額を抑え，設備をはじめ各種の運営維持費も可能な限り軽減しなければならない。その結果，かつては病院としてのあるべき姿から遠く隔たった例も散見されたが，このような病院は今後は容赦ない淘汰にさらされることになるだろう。図10.5，6に示した設計例は，いずれもそのような厳しい条件の下でそれなりの運営実績をあげている病院である。

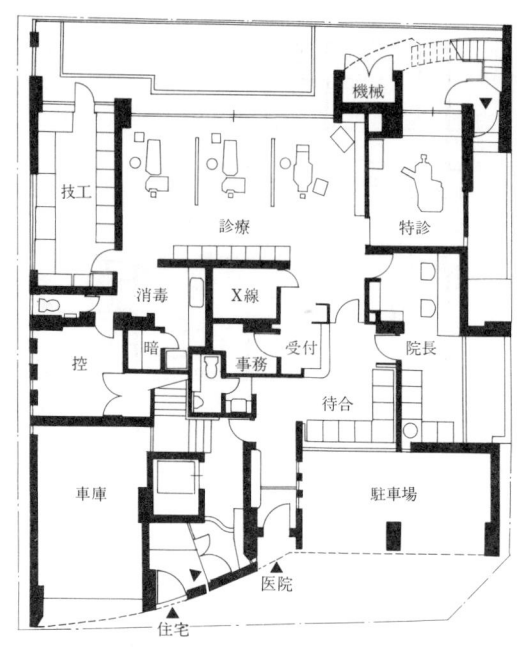

歯科・矯正歯科。医師2・非常勤医師1・歯科衛生士6・助手1・技工士1が勤務する。2～3階は医師住宅。

図10.4　鈴木歯科医院（設計：榎本建築設計事務所）

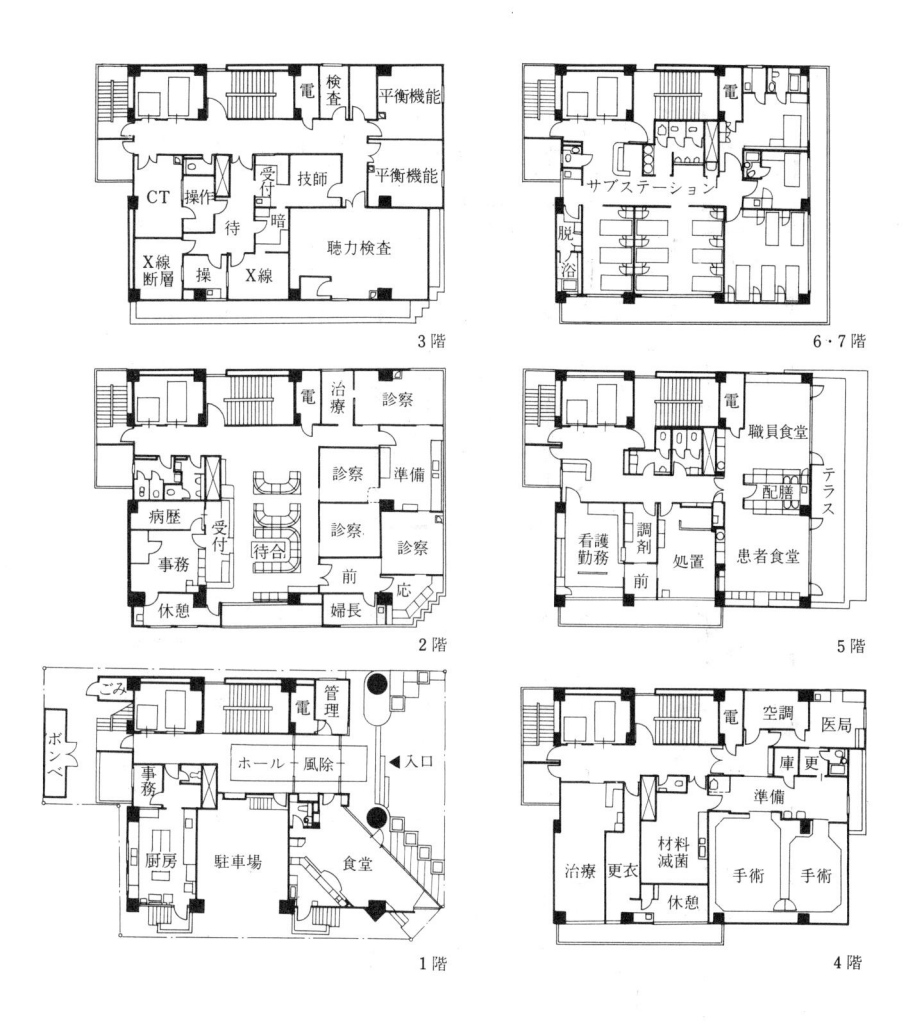

病床数34床の耳鼻咽喉科専門病院。限られた敷地条件のため，地下1階・地上7階であるが，院長室・会議室などは隣接の建物においている。

図10.5　神尾記念病院（設計：A＋A総合計画事務所）

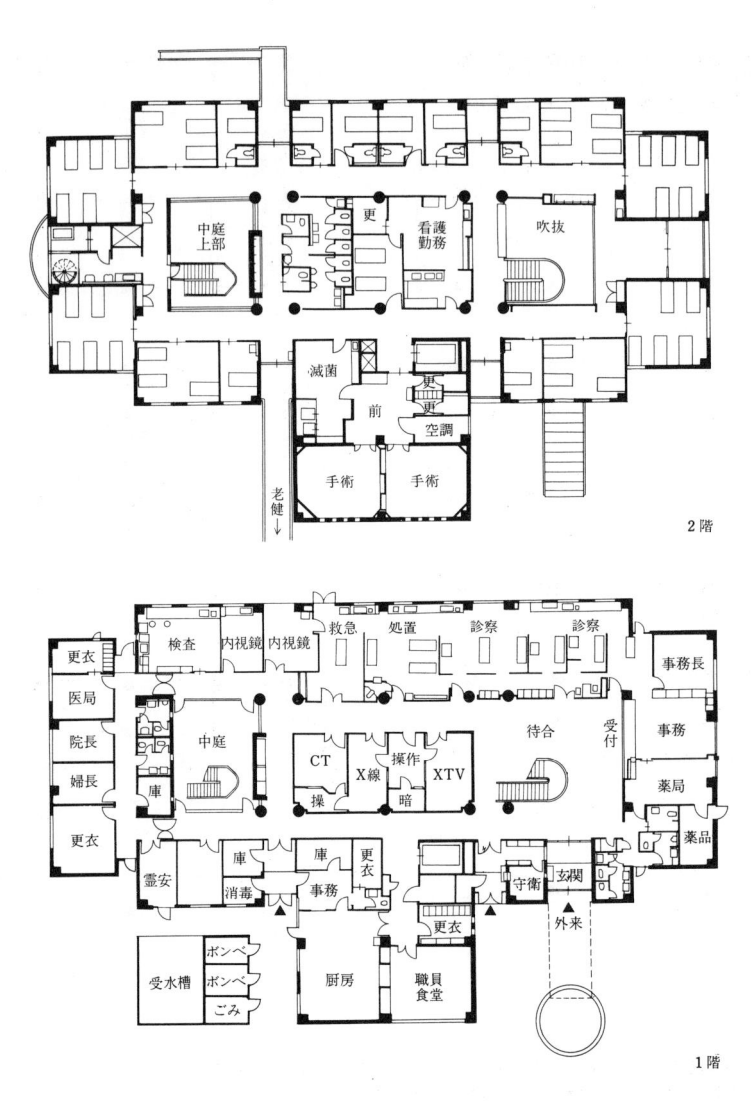

病床数48床の法人立病院。1970年，先代が甲府市中心部に開設した病院が老朽化など諸問題を抱えるにいたったため，市南部に新しい用地を求めて新築移転した。外科をはじめ7科を標ぼうする。敷地6,150m²，延べ面積1床あたり37m²。老人保健施設（100床）を併設する。

図10.6　武川病院（設計：大成建設）

11 保健施設

われわれの生活をより豊かなものにするには，病気になったとき適切な医療が受けられるという受身の対応だけでなく，傷病を未然に防ぎ，健康をさらに増進しようとする積極的な姿勢が求められる。こうした観点から健康政策に基づく数々の施設が設置されてきたが，この章ではそれらのうち保健所，市町村保健センター，健診施設，健康増進センターの四つを取り上げる。

11.1 保健所

11.1.1 保健活動の中核

保健所は疾病の予防，住民の健康増進，環境衛生などに関する保健活動の中核として人々の生活に密着した施設で，その歴史はこの種の施設の中でも最も古い。最初の保健所法制定は1937年，戦後の抜本改正が1947年である。その位置づけとしては，保健行政の中で，厚生省―都道府県―保健所―市町村という一貫した体系が確立されている。ただし，東京都23区と政令によって指定された都市（1998年現在43市）では直轄の保健所を設置しているから，保健所と区・市の関係が逆になる。

その後，国全体の経済水準の向上に伴う人々の要求の多様化，疾病構造の変化，人口の高齢化と出生率低下などにつれ，保健所に求められる機能も大きく変貌してきた。最近の変化としては，1994年，それまでの保健所法を改正し（地域保健法と改称），保健所自体の機能強化と同時に，それぞれの所轄区域を二次医療圏に対応させて調整することになった（1998年現在の二次医療圏数348に対して保健所の数は663である）。

保健所の業務は，保健行政と保健指導の二つに大別できる。前者には各種許認可事務，環境衛生・食品衛生にかかわる指導監視と試験検査，衛生統計，衛生教育などがあり，後者には健康相談，保健指導などがある。特に後者の対人保健サ

ービスにかかわる業務は，必要性の増大とともに，母子健康センター，精神衛生センター，などと逐次分化が図られてきたが，1978年以来，業務の市町村への大幅な移譲がすすめられている。母子健康センターは1950年代各地に設置されたが，ほどなくその役割を終え，今や残された業務は保健所と後述する市町村保健センターが分担している。精神衛生センター（現 精神保健福祉センター）についてはすでに **9.5** で述べた。

11.1.2　計画の要点

施設は，先にあげた二つの業務（保健行政と保健指導）に対応して2部門構成となる（図11.1）。

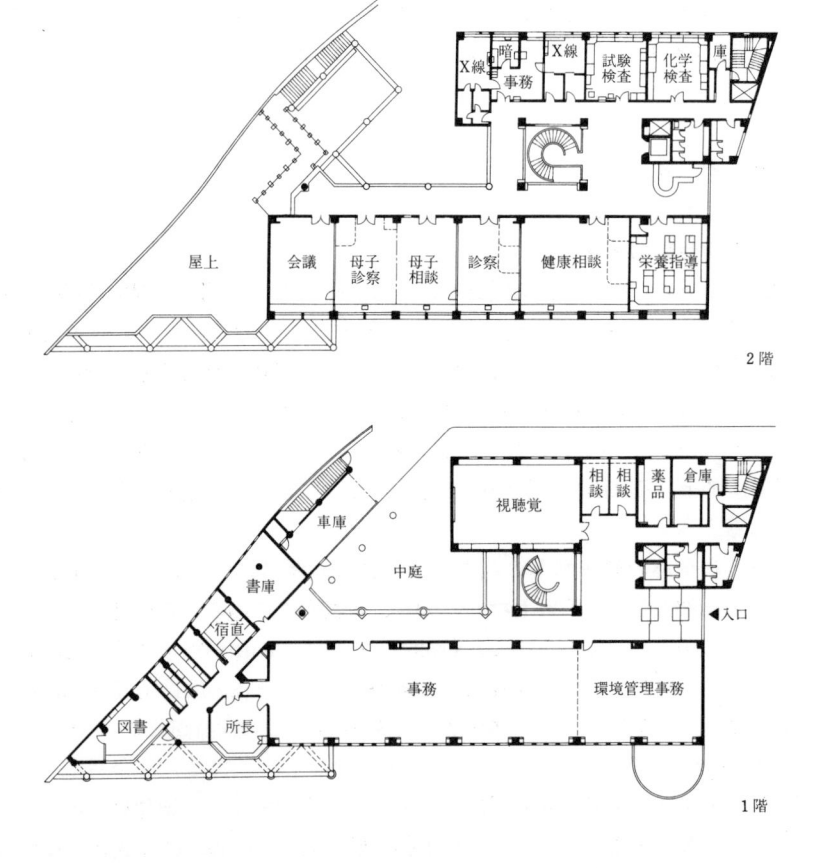

図 11.1　埼玉県中央保健所（設計：石本建築事務所）

a. 保健行政部門

(1) 管理・事務　　所要室としては，所長室，事務室，会議室，職員更衣室，車庫（検診車用）などがある．事務室は，許認可業務のための窓口と執務室，ならびに保健婦そのほかの職員の所外活動（訪問指導・監視指導など）の拠点となるところである．

(2) 試験・検査　　業務内容は食品衛生試験，環境衛生検査（水質・公害関係など），検体検査（食中毒・感染症・寄生虫など）である．設計は病院の検査室に準じる．

(3) 衛生教育　　所要室は講堂，会議室，展示室など．教育・研修には，住民を対象とするものと保健関係職員を対象とするものとがある．

b. 保健指導部門

(1) 指導・相談　　所要室としては，診察室，相談室，栄養指導室などがある．診察の内容にはエイズや結核など感染症の予防と母子保健，精神保健相談，歯科保健などがあるが，その設計は病院の外来部に準じる．また，集団検診に備えてできるだけ広い場所を確保しておきたい．栄養指導室は，調理設備が固定されてしまうので他と兼用しにくい．

(2) X線検査　　X線撮影室（直接および間接），更衣室，操作室，現像室など．

(3) 臨床検査　　病院の検査室に準じるが，件数が少ないから保健行政のための検査室で兼ねることもできる．

11.2　市町村保健センター

11.2.1　対人保健サービス

　保健所の担う二つの使命のうち住民の保健指導にかかわる業務は，その施設数や管轄区域の広さからしてきめ細かな行き届いたものにはなりにくかった．この問題を解決すべく，厚生省は1978年から全国の市町村に保健センターの設置をすすめてきた．住民の健康にかかわる相談・教育・検診などいわゆる対人保健サービスを担当する最先端の機関であり，同時に地域住民の自主的な保健活動に対してそのための場を提供することを目的とした施設で，保健所のような行政機能は負わされていないが，市町村の保健衛生担当部署をおいて行政サービスを一体的に提供しようという例が増えている．さらに，休日夜間急患センターの併設などもみられる．

本埜村は米作を主とする都市近郊農村。保健センターは村役場に隣接し、村の中心施設を形成している。

図11.2　本埜村保健センター（設計：松田平田）

設置主体は市町村で，国は建設費の一部を補助する。

設置場所としては，地域住民が利用しやすく関係保健医療機関からの協力が得られやすいところを選ぶ。

11.2.2　施設の内容

市町村保健センターの施設内容について厚生省が示している例は次のようなもので，規模としては500m²程度を標準としている。

　　管理部門／事務室，記録保存室など
　　保健指導部門／健康相談・保健指導室，機能訓練室など
　　健康増進部門／栄養指導・実習室，運動指導室
　　検診部門／診察室，検査室，更衣室など
　　共通部門／集会室，会議室，図書室，資料展示室など

設計については，乳幼児・成人・老人と幅広い来所者に対応できるような配慮が求められ，また多様な利用形態を前提とした融通の利く計画が要点となろう。

1998年現在の施設数は約1,500，保健所の2倍以上になる。

11.3 健診施設

11.3.1 健康診断

　人々の健康への関心増大と検診技術の向上によって，短期間で全身的な健康診断をすることが必要かつ可能になった。その方式には，数日（2日から1週間）入院して，一定の生活管理の下で徹底的な精密検診を行うもの（いわゆる人間ドック）から，わずか数時間で成人病を中心とする主要な項目について調べるものまでさまざまあり，多くの病院でかなり積極的に行っている[1]。また医療機関に従属しない独立の健診施設も各地に見られる。短時間（せいぜい半日あまり）で十数人から数十人の健診を可能にしている裏づけには，検査の自動化と電算機の導入があるが，いずれにせよ働き盛りで多忙な人々の要望にこたえて目覚ましい普及を示した。

　検診順序の一例を図11.3に示す。検診項目とその手順については施設ごとに多少の違いはあるが，要は胃のX線検査は空腹状態でなければできないことから，血糖検査のためのブドウ糖飲用は必ずX線よりは後にするとか，眼底検査のためには散瞳剤点眼後一定時間を必要とするとかいった制約を織り込みながらプログラムが組まれるのである。ただ，こうした手順は，検診技術の進歩と新しい検査機器の開発に伴って少しずつ変わってきているのが現状である。

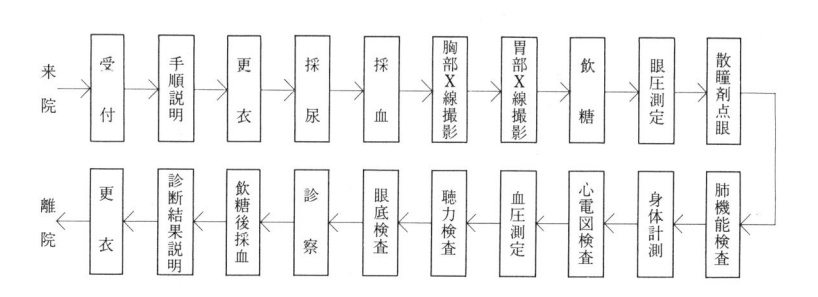

来院 → 受付 → 手順説明 → 更衣 → 採尿 → 採血 → 胸部X線撮影 → 胃部X線撮影 → 飲糖 → 眼圧測定 → 散瞳剤点眼 → 肺機能検査 → 身体計測 → 心電図検査 → 血圧測定 → 聴力検査 → 眼底検査 → 診察 → 飲糖後採血 → 診断結果説明 → 更衣 → 離院

　以上のほかに，検便・超音波検査・前立腺検診・子宮がん検診などを加えているところがある。また結果の説明とそれにかかわる指導は後日に回すとか文書をもってするとかしている例もある。

図11.3　健診順序の一例

---

[1] 1936年，当時の民政党代議士桜内・俵の両氏が次期政権に参画するための準備として，東京大学坂口内科に短期間入院して健康診断を受けた。"人間ドック"なる名称は両氏によるという。これを病院の業務として組織的にはじめたのは，1950年代半ば頃，国立東京第一病院（院長・坂口康蔵東大名誉教授）においてであった。

11.3.2 設　計　例

　健康診断には，現に多くの病院が力を入れており，また健診専門の施設もそれなりに活動しているが，検査項目の種類や力点のおき方，被検者への対応，などにいろいろ違いがみられるようになった。たとえば，入院の代わりに近くのホテルに宿泊させるなどの工夫もあるが，多くは日帰りスケジュールを主にしている。

　図11.4は，武蔵野市保健センター（地下1階・地上4階建て）の2階である。この施設は前項に述べた市の保健センターを中核とするが，同時に武蔵野市における保健行政の総合拠点として位置づけられている。すなわち，地階を集会室兼予防接種室，1階を武蔵野市健康課の事務室と健康教育・健康増進・運動機能訓練などのための諸室，2階を健診関係部門，3階を母子保健と歯科検診のための部屋，4階を医師会の臨床検査施設にあてている。

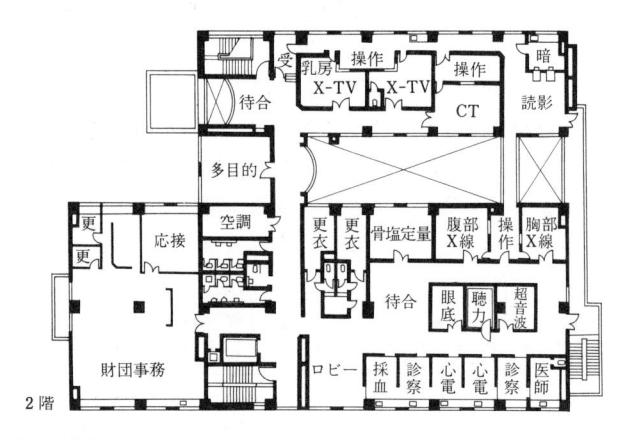

図11.4　武蔵野市保健センター（設計：浦良一・浮ヶ谷啓悟＋横河建築設計事務所）

　2階の健診部門では，一般撮影用のX線をはじめX線テレビとCTをおいて的確な健康診断を目指している。検体検査は4階の検査センターに依頼する。運営は㈶武蔵野健康開発事業団が担当しているが，行政的な枠組みにとらわれることなく有機的に運営されている点が特色であろう。現在の活動状況をみると，一般市民の健診，企業との契約による職域健診，胃・胸部・乳房など項目を限定したがん検診，超音波・CTなど診療所からの依頼検査など，相応に活発である。

11.4 健康増進センター

11.4.1 健康度の判定と健康増進の指導

　市町村保健センターが住民の保健に重点をおいているのに対して，健康増進センターはもう一歩前進した地点——つまり健康増進に目標をおいた施設である。各人の健康度を判定し，その結果に応じて栄養・運動・休養についての指導助言を行う。保健センターや健診センターと異なるところは次のような点にあるが，業務の一部にはすでに述べた施設との間に当然ある程度の重複はある。

① 健康度の判定には医学的な検診のほかに体力測定が加わる。
② 検診によって病気が発見された人に対しては，適当な指導を与えた上で医療施設を紹介するが，一応健康と判定された人や病気というほどではないが完全には健康でない人[2]に対しては，健康の保持増進について指導助言が与えられる。
③ 指導は医師のほか栄養士・運動指導員・保健婦によりそれぞれ栄養・運動・日常生活について行われる。

　既存の健康増進センターの活動現況をみると，健康度判定・体力増進（体育あるいはレクリエーション活動）・各種健康教室などのいずれかに重点が片寄っているものが多い。各々地域ごとの事情によるのであろう。なお，健康増進センターの発足当初には，県単位で設置するA型と市町村単位のB型とが設定されたが，B型は市町村保健センターの誕生によってそちらへ役割を譲ることになった。しかし，市町村保健センターにおける健康増進業務は，一般にはまだ低調のようである。

　また，設置形態としては，健康増進センター単独で置かれるよりは保健関連施設・社会福祉施設・コミュニティ施設などとの複合型が目立つ。その方が利用上・運営上の便が大きいことによるのであろう。今後はさらに民間施設との連携も考えられてよい。

11.4.2 施設計画

a. 所　要　室

(1) 健康度判定部門の大半は健診センターのスクリーニング部門に準じる。違うところは，検診のあと一次判定を行い，特別に異常の発見されなかった者については，改めて負荷心電図検査や体力測定などが課された上で総合判定にいたる

---

[2] 治療を必要とするまでにはいたっていない高血圧・糖尿病・肥満・貧血などの人々。

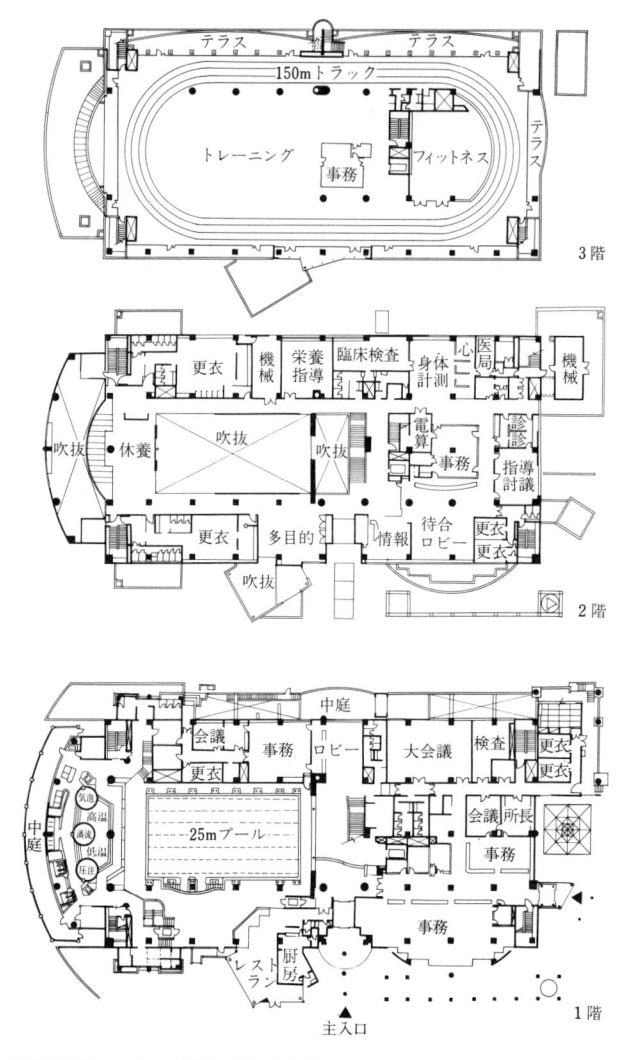

図11.5　仙台市健康増進センター（設計：関・岡設計）

点である．このための部屋としては，体力測定室，判定室，個別指導室などがある．

　(2)　体力増進部門では，トレーニング室，屋内プール，更衣室，シャワー室，運動指導員室，器具庫などが求められる．

　(3)　健康指導部門では，講義室，展示室などが必要とされる．

　(4)　管理運営部門の所要室には，受付，事務室，所長室，応接室，会議室，電

算機室，記録保存室，職員更衣室などがある。

b. 健康度判定

健康度判定をひとわたり行うにはかなり時間がかかるので，途中の休憩のために明るく快適なロビーを準備したい。

c. 総合判定

総合判定は医師が行う。次いで，栄養士，運動指導員，保健婦によって個別指導が行われる。このための小部屋が総合判定室と個別指導室である。

d. トレーニング室

トレーニング室には，ランニングトラックやプールなどを設けるが，それぞれ更衣室との関連に留意する。プールから上がってきたウェット動線が，トラックへのドライ動線と交錯するのは避けなければならない。

フィットネススタジオには，音に関して周辺への配慮が必要である。

索引

あ——お

ICU	128
相部屋	91
圧縮空気	217
アトリウム	156
アフターローディング	187
アメリカ航空宇宙局	139
RI	136, 186
アンギオグラフィ	185
医院	320
ESWL	235
医局	273
医事事務	275
1類感染症	124
1種感染症病室	125
一般病院	17
一般病院精神科	120
医薬分業	240
医療ガス	263
医療施設	13
医療社会事業	277
医療ソーシャルワーカー	35
医療法	7, 95
医療法人	16
院外調理	251
インタースティシャルスペース	61
Intensive Care Unit	128
インビトロ検査	196
インビボ検査	196
運動療法	230
ADL	230
エール・トラフィック・インデックス	85
永久磁石	185
衛生検査技師	34
HIV（エイズ）	127
HACCP	254
HMO	21
栄養士	36
栄養部	250
SPD	238
X線撮影	190
X線CT	194
X線手術室	218
X線深部治療	186
X線診断	184
X線診断部	188
X線テレビ	185
X線テレビ室	193
X線防護	193
NICU	128, 132
NHS	23
MRI	185
MRI室	194
MRSA	127
ME機器センター	260
MSW	35
LDR	109
円型病棟	88
援護寮	299
O-157	123, 127
オークリッジ型フード	197
オーダリングシステム	153, 158, 241
OT	35
オートクレーブ	245
オーバーベッドテーブル	97
オープンカウンター	157
汚物処理室	102
温乳室	117
温熱療法	229, 235

か——こ

ガードレール	108
会計窓口	158
介護保険	118
介護保険法	10
回収廊下型手術部	209, 212
介助浴室	102
開創照射	219
ガイドライン	92, 96
回復室	221
開放病棟	304
解剖室	182
外来患者	51

外来部	42,143,155	緩和ケア病棟	133
かかりつけ医	144	機械室	261
核医学検査	186	機械搬送	268
核医学検査部	195	器材庫	103
核磁気共鳴	185	希釈槽	266
学童	117	基準給食	250
隔離病棟	73	気送管	269
ガス滅菌器	245	基礎代謝	175
画像診断	200	基壇型	57
家庭医	320	喫煙室	165
加熱調理	255	救急患者	52
仮眠室	104	救急救命士	167
カルテ	275	救急告示病院	166
環境衛生検査	329	救急手術室	219
看護基準	69	救急体制	166
看護勤務室	98	救急病院	166
看護単位	69	救急部	166
看護単位の大きさ	74	休日夜間急患センター	166,321
看護度別看護単位方式	71	休日夜間診療所	321
看護婦	34	急性期治療病棟	303
看護婦休憩室	104	救命救急センター	166
看護婦更衣室	280	教育病院	312
看護婦ステーション	99	供給センター	238,267
看護婦動線	75	供給部	238
観察病室	116	供給ホール型手術部	209,211
観察病棟	128	共済組合	9
緩衝ベッド	128	緊急検査	180
冠状動脈疾患集中治療室	128	近接照射	186
乾性製剤	241	筋電図	175,183
間接撮影	184	義肢装具士	35
感染症	123	クックチル	252
感染症病室	72,127	クックフリーズ	252
感染症病棟	123	クリーンベンチ	139
感染症予防医療法	123	クリーンルーム	139
完全給食	250	クリニック	320
がん病院	282	clean utility	102
ガンマカメラ	186	車置場	104
ガンマナイフ	187	車摺	108
管理栄養士	36	group practice	321
管理単位	70	グローブボックス	197
管理部	42,273	ケースワーカー	278
緩和ケア施設	20	ケアハウス	294

軽症病棟	71	個室	91, 93
結核	4	コジェネレーション方式	262
結核病室	72	コット	132
結核療養所	18	骨髄移植	139
血管撮影	185	コバルト遠隔照射	186
血管造影撮影室	193	米サイロ	255
血清検査	173	コロニー	301
血液検査	173	混合病棟	73
血液センター	248	コンピューター断層撮影	185
血液透析	231	コンベヤー方式	256
健康診断	331	合成空気	217
健康増進センター	333	護送	66
健康保険	9	ごみ置場	102, 264
検査部	172, 176, 180		
健診施設	331	さ―そ	
健診病棟	73	サーモグラフィー	200
検体検査	173	採液室	177
検体採取	155	サイクロトロン	199
検体搬送	178	採血	177
現金払出し機	165	済生会	15
言語聴覚士	35, 228	採尿室	177
言語治療	228, 231	細胞診	174
減衰槽	266	差額病室	73
現像廃液	266	差額病棟	73
高圧蒸気滅菌器	244	作業療法	230, 309
広域災害・救急医療情報システム	167	作業療法士	35, 228
高エネルギー放射線照射	186	酸化エチレン	245
高エネルギー放射線照射室	38	三角形平面	88
高カロリー栄養輸液	241	産科病棟	71, 108
高額療養費	11	産業廃棄物	265
高気圧治療	233	3交代勤務	74
交差適合試験	248	3次救急	167
向精神薬	297	酸素アウトレット	216
高層	58, 76	3類感染症	124
公費医療	11	在宅看護支援センター	295
高齢化	4	在宅サービス	294
高齢社会	12	材料滅菌室	244
高齢者病棟	72, 117	残飯処理	257
呼吸機能	175	CR	184
国民健康保険	10	CRシステム	190
国立病院	13	CSSD	204, 244
国立療養所	13	CAPD	233

CCU	128, 131
CT	185
死因	4
歯科衛生士	35
歯科技工士	35
歯科診療所	321
敷地面積	45
下ごしらえ	255
市町村保健センター	329
湿性製剤	241
視能訓練士	35
シャウカステン	217
社会復帰	299
社会復帰病棟	304
シャワー	107
周産期医療センター	288
周産期集中治療室	128
集中治療病棟	71, 128
終末期医療	133
手術見学室	222
手術室	215
手術室数	202
手術室平面	209
手術部	111, 201, 214
平面型	209
手洗場	214
出産	109
笑気	217, 263
床頭台	97
小児科病棟	113
小児病院	287
小児病棟	71, 113
小病院	323
職員食堂	279
職員数	36
食堂	105
食品衛生試験	329
初診患者	148
処置	160
処置室	104
食器洗浄	256
心音図	174, 183
新看護	70
新感染症	124
診察	160
診察室	104, 159
新生児室	113
新生児室方式	110
新鮮血	248
シンチカメラ	186, 196
シンチスキャナー	186, 196
心電図	174, 183
深夜勤	74
診療X線技師	34
診療所	7, 18, 319
診療情報管理士	35
診療部門	42
診療放射線技師	34
診療録	275
心理療法	228
時間外診療	145
自己血輸血	249
自走台車	269
自動販売機	279
重粒子線治療	199
循環器病院	283
准看護婦	34
準夜勤	74
蒸留水製造	241
助産婦	34
塵芥	90, 264
人工腎臓	231
陣痛室	226
垂直コンベヤー	269
垂直層流	219
水治療法	228
炊飯器	256
水平層流	219
水平避難	67
Step Down Care Unit	128
sluice room	102
生化学検査	173
生活習慣病	4, 7
生活療法	308

清拭室	102
精神衛生センター	328
精神衛生法	5, 296
精神科専門病院	120
精神科病棟	120
精神科リハビリテーション施設	20
精神障害者	299
援護寮	299
福祉ホーム	299
精神病院	5, 8, 18, 296, 301
新入院病棟	303
急性期治療病棟	303
慢性病棟	303
合併症	304
精神病棟	72
精神保健福祉センター	311
精神保健福祉士	35
精神保健福祉法	298
成人病	4, 7
成人病センター	283
成長変化	60
成分採血	248
生理検査	174, 182
積層集約型	56
セシウム	187
設備階	61, 284
潜函病	233
先行投資型	60
洗濯	107
洗濯工場	259
洗濯室	258
洗髪	107
洗髪室	102
洗面	107
全体面積	46
ソーシャルワーカー	278
総室	93
造影撮影	185
臓器別看護単位	70

た──と

体外計測室	196
体外衝撃波結石破砕術	235
体腔管治療	187
託児室・授乳室	165
多床室	91
dirty utility	102
卵形手術室	218
多翼型	57, 62
単純撮影	185
担送	66
第1種感染症指定医療機関	124
大学病院	312
第2種感染症指定医療機関	124
断層撮影	185
談話室	105
地域医療支援病院	8
蓄尿	102, 106
蓄尿棚	106
知的障害児施設	300
知的障害児通園施設	300
知的障害者	301
知的障害者福祉法	300
中央倉庫	260
中間施設	299
駐車場	53
中水	266
超音波	175, 183, 229
長期病棟	71, 303
調剤	241
超伝導	185
調乳	256
直接撮影	184
通院診療	143
手洗器	132
DRG/PPS	23
TSSU	204, 244
帝王切開	111
低周波	229
定時搬送	267
低層	76
適温給食	256
手摺	108
デイケアセンター	299

デイホスピタル	299		日本赤十字社	15
デイルーム	307		入院患者	51
電気室	261		入院期間	19,114
電算機	277		乳児	114,117
伝染病	3		入退院事務	275
伝染病院	8,18		入浴	107
伝染病予防法	72,124		2類感染症	124
電話室	165		人間ドック	73,331
討議室	104		妊娠	109
特殊建築物	39		脳波	175,183
特殊治療病室	136		乗せ換えスペース	213
特定感染症指定医療機関	124			
特定感染症病室	127		**は ── ほ**	
特定機能病院	7,312		廃液	266
特別養護老人ホーム	5,8,294		廃気物処理	263
特例許可病院	294		配膳	256
トモグラフィ	185		配膳室	102
動線計画	64,82		配盤	220
動線短縮	64,75		ハイパーサーミア	235
動線分離	65		搬送室	103
読影室	195		バイオクリーンルーム	139
doctor's office	22,321		バイオクリーン手術室	219
独歩	66		売店	279
			パノラマ撮影	185
な ── の			パビリオンタイプ	54
内視鏡	175,183		パラフィン浴	229
ナイチンゲール病棟	86,91		Palliative Care Unit	134
ナイトホスピタル	299		PET	200
中待ち	151,160		PACS	200
nursery system	110		日帰り手術	222
nursing station	98		BGM	217,232
nurses' station	98		避難	66
nursing unit	69		非密封線源	137
ナッフィールド	84		表在治療	186
難病治療施設	20		標ぼう診療科	146
2種感染症病室	125		微生物検査	174
二次医療圏	166		PT	35
2次救急	166		PPC方式	71,128
日常生活動作訓練	230		病院	8
日勤	74		病院管理	31
二八裁定	75		病院群輪番制	166
日本アイソトープ協会	197		病棟	41,69

病理検査	174, 182
病歴	275
病歴管理	275
病歴室	275
フィットネススタジオ	335
福祉ホーム	299
腹膜灌流	233
複廊下型平面	86
物品搬送	65
部門構成	41
部門分類	49
ブルークロス	21
ブルーシールド	21
ブロック型	57
分棟型	60
分娩室	226
分娩部	108, 111, 223
閉鎖病棟	304
ベータトロン	188
ベッドセンター	259
health centre	321
ベルトコンベヤー	269
便所	105
集中型便所	105
分散型便所	105
保育所	54, 280
放射性同位元素	136, 186
放射性廃液	266
放射線管理区域	137
放射線治療	186
放射線治療病室	136
放射線治療部	197
放射線部	183
放射線防護	136, 197
保温トレイ	256
保温保冷配膳車	256
保健所	327
保健婦	34
保護室	297, 306
ホスピス	134
ホスピタルストリート	81
ホスピタルモール	279
ホットパック	229
防火区画	68
剖検室	182
防災拠点	43
防災計画	66
母子健康センター	328
母子同室方式	110
ボランティア	136

ま ── も

マイクロトロン	199
麻酔医	221
マスタープラン	64
待合室	162
マニフォールド	263
未熟児室	110, 117
未熟児保育器	132
密封小線源治療	187
密封線源	136
見舞客	52
ミルキング	197
無影灯	218
無菌手術室	139
無菌製剤	241
無菌病室	38, 139
medical social work	277
メッセンジャー方式	268
メディケア	21
メディケイド	21
免疫抑制剤	139
面積配分	50, 81
面談室	104
申送り	99
盛付け	256

や ── よ

薬剤部	239
薬局	239
遊戯室	117
有床診療所	321
輸血部	248
陽子線照射	199

幼児……………………………… 114,117	リハビリテーション施設………………20
浴室……………………………………… 107	リハビリテーション病院……………… 291
予約カウンター………………………… 158	粒子線照射……………………… 186,188
4類感染症……………………………… 124	療養型病院……………………………… 294
	療養型病床群………………………95,117
ら ― ろ	臨床検査技師……………………………34
らい病院…………………………………… 8	臨床工学技士……………………… 34,260
らい療養所………………………………18	臨時搬送………………………………… 267
ラジウム………………………………… 187	rooming-in system …………………… 110
理学療法………………………………… 228	霊安室………………………… 52,182,278
理学療法士………………………… 35,228	レクリエーション療法………………… 309
リニアック……………………………… 188	race track plan …………………………86
リニアック照射室……………………… 197	レノグラム……………………………… 186
リネン………………………………90,258	老人性痴呆疾患治療病棟……………… 304
リネン庫………………………………… 103	老人病院………………………………… 294
リハビリテーション………… 6,227,291	老人保健施設……………………… 5,8,294
リハビリテーションセンター………… 309	老人保健制度……………………………10

著者略歴

伊藤　誠（いとう　まこと）
1927年　千葉に生まれる
1953年　東京大学工学部建築学科卒業
1961年　千葉大学工学部助教授
1969年　千葉大学工学部教授
1993年　千葉大学名誉教授
　　　　足利工業大学教授
1999年　同上　定年退職
　　　　工学博士

小滝一正（おたき　かずまさ）
1940年　東京に生まれる
1965年　東京大学工学部建築学科卒業
1967年　東京大学大学院修士課程修了
1967年　厚生省病院管理研究所建築設備部研究官
1974年　横浜国立大学工学部講師
1994年　横浜国立大学工学部教授，現在に至る
　　　　工学博士

河口　豊（かわぐち　ゆたか）
1944年　東京に生まれる
1967年　千葉大学工学部建築学科卒業
1969年　千葉大学大学院修士課程修了
1969年　千葉大学工学部助手
1978年　厚生省病院管理研究所（現国立医療・病院管理研究所）建築設備部主任研究官，建築設備部長，施設計画研究部長を歴任
1998年　広島国際大学医療福祉学部教授，現在に至る
　　　　工学博士

長澤　泰（ながさわ　やすし）
1944年　福島に生まれる
1968年　東京大学工学部建築学科卒業
1968年　芦原義信建築設計研究所所員
1974年　厚生省病院管理研究所研究官，主任研究官を歴任
1978年　英国学術認定委員会 Dip. H.F.P. 取得
1989年　東京大学工学部建築学科助教授
1994年　日本建築学会賞（論文）受賞
1994年　東京大学工学部建築学科教授
1996年　東京大学大学院工学系研究科建築学専攻教授，現在に至る
　　　　工学博士

新建築学大系 31　病院の設計　第二版

1987年9月10日　第1版　発　行
2000年8月10日　第2版　発　行

編　者	新建築学大系編集委員会
著　者	伊藤　　誠・小滝　一正
	河口　　豊・長澤　　泰
発行者	山　本　泰　四　郎
発行所	株式会社　彰　国　社

著作権者と
の協定によ
り検印廃止

NSPA
自然科学書協会会員
工学書協会会員

Printed in Japan

© 新建築学大系編集委員会（代表）2000年

ISBN 4-395-15131-0　C3352

160-0002 東京都新宿区坂町25
電　話　03-3359-3231（大代表）
振替口座　00160-2-173401

製版・印刷・安信印刷　製本・関山製本社

定価は外箱に表示してあります

新建築学大系　全50巻書目　　彰国社刊

1　建築概論
2　日本建築史
3　東洋建築史
4　西洋建築史
5　近代・現代建築史
6　建築造形論
7　住居論
8　自然環境
9　都市環境
10　環境物理
11　環境心理
12　建築安全論
13　建築規模論
14　ハウジング
15　都市・建築政策
16　都市計画
17　都市設計
18　集落計画
19　市街地整備計画
20　住宅地計画
21　地域施設計画
22　建築企画
23　建築計画
24　構法計画
25　構造計画
26　環境計画
27　設備計画
28　住宅の設計
29　学校の設計
30　図書館・博物館の設計
31　病院の設計
32　福祉施設・レクリエーション施設の設計
33　劇場の設計
34　事務所・複合建築の設計
35　荷重・外力
36　骨組構造の解析
37　板構造の解析
38　構造の動的解析
39　木質系構造の設計
40　金属系構造の設計
41　コンクリート系構造の設計
42　合成構造の設計
43　基礎構造の設計
44　建築生産システム
45　建築構法システム
46　構造材料と施工
47　仕上材料と施工
48　工事管理
49　維持管理
50　歴史的建造物の保存

（太字は既刊）